Vincenz Ferrerius Klun

Statistik von Österreich-Ungarn

1875

Vincenz Ferrerius Klun

Statistik von Österreich-Ungarn
1875

ISBN/EAN: 9783743329140

Hergestellt in Europa, USA, Kanada, Australien, Japan

Cover: Foto ©ninafisch / pixelio.de

Manufactured and distributed by brebook publishing software
(www.brebook.com)

Vincenz Ferrerius Klun

Statistik von Österreich-Ungarn

STATIST[IK]

VON

OESTERREICH-U[NGARN]

VON

D^R. V. F. KLUN

K. K. MINISTERIALRATH. EMER. PROFESSOR DER GEOGRAPHIE

WIEN, 1876.

WILHELM BRAUMÜL[LER]

K. K. HOF- UND UNIVERSITÄTSBUCHHÄNDL[ER]

VORWORT.

Leider sollte es dem Autor nicht mehr vergönnt sein, dies, sein letztes Werk, eigenhändig der freundlichen Aufnahme seiner verehrten Leser zu empfehlen. Zwei Tage, nachdem er den Schluss dieser Arbeit zum Drucke übergeben, brach der treffliche Mann, im schönsten Mannesalter und in seiner vollsten Thatkraft, zusammen. Sein früheres Leberleiden, von dem er sich in den letzten Jahren vollständig geheilt wähnte, trat plötzlich mit aller Heftigkeit wieder auf und nöthigte ihn, unverzüglich nach Karlsbad zu reisen. Leider versagten diesmal die Heilquellen ihre segensreiche Wirkung, die der Verstorbene in früheren Jahren so oft und mit so grossem Erfolg erprobt hatte. Nach kaum halbvollendeter Cur verschlimmerte sich plötzlich sein Leiden, und nach kurzem Krankenlager raffte ihn der Tod unerbittlich hinweg, aus seinem vollsten Wirken und Schaffen.

Zweck dieses kurzen Vorwortes soll nun nicht sein, den wissenschaftlichen Werth dieses Werkes zu zergliedern und dessen Vorzüge hervorzuheben. Der

glänzende Erfolg, den unser Autor mit seinen früheren
Werken sich errungen, lässt uns mit Zuversicht auch
auf eine freundliche Aufnahme dieser neuen Arbeit
hoffen.

Wie in seinen geographischen Werken, so hat er
auch in diesem auf dem Gebiete der Statistik eine
ganz neue Richtung eingeschlagen, die in den betreffenden Kreisen gewiss epochemachend sein dürfte.

Mit wahrhaft fieberhaftem Fleiss und Eifer arbeitete
der Verblichene an diesem seinem Lieblingswerke;
konnte er es ja doch kaum erwarten, dasselbe vollendet vor sich zu sehen.

Leider sollte ihm diese so wohlverdiente Freude
nicht mehr zu Theil werden. So möge denn mit
diesen Zeilen das „geistige Lieblingskind” (wie der
Autor diese Arbeit stets nannte) der freundlichen Aufnahme der verehrten Leser bestens empfohlen sein.
Ehren wir in demselben das würdigste Denkmal, das
der treffliche Mann seinem Geiste und wissenschaftlichen Streben selbst gesetzt, und weihen wir ihm ein
treues ehrenvolles Andenken, wie er es verdient.

Wien, Ende September 1875.

M. Klun.

INHALTS-ÜBERSICHT.

I. ALLGEMEINER THEIL.

A. Die Grundmacht.

Seite

Einleitung. §. 1—3 . . . . 1— 9
I. Das Land. §. 4—8 . . . . 9— 29

Seite

§. 4. Lage, Flächeninhalt, Grenzen 9
§. 5. Das Bergland 12
§. 6. Das Flachland 20
§. 7. Die Gewässer 21
§. 8. Klimatische Verhältnisse 26

II. Das Volk. §. 9—25 . . . . 30—124
a) Bevölkerungsstand:
    §. 9. Absolute Bevölkerung 30
    §. 10. Relative Bevölkerung 37
    §. 11. Vertheilung nach Geschlechtern 52
    §. 12.   „   „   der Nationalität 55
    §. 13   „   „   dem Glaubensbekenntniss 61
    §. 14.   „   „   Altersclassen 65
    §. 15.   „   „   dem Civilstande 69
    §. 16. Wohnsitze der Bevölkerung 71
    §. 17. Die Bevölkerung nach der Beschäftigung 79

b) Bevölkerungswechsel:
    §. 18. Natürlicher Zuwachs 83
    §. 19. Ein- und Auswanderung 87

                                                                Seite
§. 20. Trauungen   87
§. 21. Geburten   94
§. 22. Sterblichkeit im Allgemeinen   107
§. 23. Sterblichkeit nach Alter und Geschlecht . 110
§. 24. Ethnologische und klimatische Einflüsse   116
§. 25. Wirthschaftliche Einflüsse   120

B. Der Staats-Organismus.
                                                                Seite
I. Die Verfassung. §. 26—34 . . . .   125—157
    §. 26. Staatsform, Staatsoberhaupt, Wappen, Hof-
           staat, Orden   124
    §. 27. Bestandtheile der Monarchie   127
    §. 28. Staatsgrundgesetze   128
    §. 29. Allgemeine Rechte und Pflichten der
           Staatsbürger   133
    §. 30. Gemeinsame Angelegenheiten   134
    §. 31. Vertretungskörper   136
    §. 32. Vertretungskörper in Oesterreich   138
    §. 33. Vertretungskörper in Ungarn   148
    §. 34. Verhältniss des Staates zu den Religions-
           genossenschaften   155

II. Die Verwaltung §. 35—40 . . . .   157—172
    §. 35 Oberste Verwaltung   157
    §. 36. Gemeinsames Ministerium   158
    §. 37. Centralverwaltung in Oesterreich . .   160
    §. 38. Provinzialverwaltung in Oesterreich . . .   163
    §. 39. Centralverwaltung in Ungarn   168
    §. 40. Landes-Administration in Ungarn . .   171

III. Das Staats-Finanzwesen §. 41—53 . . . .   173—219
    §. 41. Vorbemerkungen   173
    a) Die Budgets:
    §. 42. Gemeinsames Budget   175
    §. 43. Vergleichung der Budgets für 1875, 1874,
           1873   177
    §. 44. Oesterreichisches Budget für 1875 . . .   179
    §. 45. Vergleichung der Budgets für 1875, 1874,
           1873   181
    §. 46. Budgetwirthschaft von 1868—1873 . .   184
    §. 47. Ungarisches Budget für 1875   188
    §. 48. Vergleichung der Budgets für 1875, 1874,
           1873   191
    §. 49. Budgetwirthschaft von 1868—1874 .   192

b) Die Staatsschulden: Seite
§. 5o. Die allgemeine Staatsschuld 196
§. 51. Die ungarische Staatsschuld 200
§. 52. Historischer Rückblick auf die Staatsschuld 2o3
§. 53. Das Kriegswesen 210

C. Die Cultur. Seite
§. 54. Einleitung 220
I. Materielle Cultur. §. 55—65 . . . . 222—282
a) Urproduction:
§. 55. Productiver und unproductiver Boden . 222
§. 56. Landwirthschaftliche Production 225
§. 57. Die Viehzucht 23o
§. 58. Der Bergbau und das Hüttenwesen . . . 236
b) Industrie:
§. 59. Behandlung des statistischen Materials . . 242
§. 6o. Die Zoll- und Handelspolitik 248
§. 61. Uebersicht der einzelnen Industriezweige 254
§. 62. Fortsetzung der einzelnen Industriezweige 264
c) Handel und Verkehr:
§. 63. Der äussere Handel im Jahre 1874 . . . 269
§. 64. Förderungsmittel der materiellen Cultur 272
§. 65. Geld- und Credit-Institute 278
II. Geistige Cultur. §. 66—69 . . . . 282—297
§. 66. Das Kirchenwesen 282
§. 67. Das Schulwesen 287
§. 68. Wissenschaft und Kunst 292
§. 69. Die periodische Presse 295

II. BESONDERER THEIL.

Culturbilder. §. 70—87 . . . . 298—35o
§. 70. Einleitung 298
§. 71. Niederösterreich 299
§. 72. Oberösterreich 3o3
§. 73. Salzburg 3o4
§. 74. Steiermark 3o6
§. 75. Kärnten 3o8
§. 76. Krain 31o
§. 77. Küstenland 312
§. 78. Dalmatien 314
§. 79. Tirol und Vorarlberg 318
§. 80. Böhmen 321

		Seite
§. 81.	Mähren	324
§. 82.	Schlesien	326
§. 83.	Galizien	328
§. 84.	Bukowina	331
§. 85.	Ungarn	333
§. 86.	Siebenbürgen	340
§. 87.	Croatien-Slavonien	343
	Militärgrenze	345

I. ALLGEMEINER THEIL.

A. DIE GRUNDMACHT.

EINLEITUNG.

§. 1.

Die Grundmacht eines jeden Staates, die realen Grundlagen seiner Existenz, seines Gedeihens und Wachsthums bilden der „Grund und Boden" und die „Bevölkerung".
Die physische Gestaltung und die räumliche Ausdehnung des Territoriums prägen sich nicht selten im staatlichen, stets aber im culturellen Leben der Bewohner aus. „Land und Leute" sind auf's Innigste miteinander verbunden. Ueben auch die natürlichen Bodenverhältnisse nicht eine solche Macht aus, dass geistige und moralische Kräfte gar nicht oder nur in untergeordneter Weise in Betracht kämen, wenn die Bestrebungen und Leistungen eines Volkes prüfend untersucht und geschätzt werden; so darf doch die aus „Grund und Boden" emporwachsende Naturmacht nicht übersehen, deren Einfluss auf die Bevölkerung nicht unterschätzt werden. Sie beide — Boden und Volk — bilden ein zusammenhängendes, einheitliches Dasein, welches von der Statistik in seiner Totalität erfasst und dargestellt wird. Sind auch die Beziehungen von Grund und Boden, auf dem ein Volk lebt und sich entwickelt, zu eben dieser Entwicklung und zu seinem Leben nicht augenfällig, nicht bis in's Einzelne nachweisbar; so sind diese Wechsel-

beziehungen doch unleugbar, und der Totaleindruck derselben, der Natureinfluss, tritt insbesondere bei Vergleichen in grösseren Dimensionen unwiderlegbar zu Tage. Man vergleiche beispielsweise den Charakter, die Körperbeschaffenheit, ja mitunter die Denkart des Alpenbewohners mit jenen der Bewohner des Tieflandes, den Alpensohn aus den Tiroler Bergen mit dem Steppensohn aus der ungarischen Theissniederung, — oder die bergbautreibende Bevölkerung aus den steierischen Eisen- und Steinkohlen-Districten mit jener, welche in der Viehzucht und Landwirthschaft Galiziens, in der Schifffahrt am Adriatischen Meere Erwerb sucht und findet. Dann wird die thatsächliche Wechselwirkung zwischen Natur und Volk, zwischen Land und Leuten auch dem Befangensten laut genug die von der Wissenschaft längst als erwiesen hingestellte Behauptung klar machen. Eine Betrachtung dieser wesentlichen Grundlagen für jede Bevölkerung, für ihre Existenz, ihre Bestrebungen und Leistungen ist somit eine Aufgabe der Statistik.

§. 2.

Oesterreich, welches in neuerer Zeit so manchen Ausspruch über sich ergehen lassen musste, ist mit Rücksicht auf dessen Territorium und seine Bevölkerung auch das „Reich der Contraste" genannt worden. Weil dieser Ausspruch auch von namhaften Geographen gethan worden, ohne dass man dieser Bezeichnung eine unfreundliche Beigabe unterlegt hätte, so ist eine Prüfung desselben sicherlich nicht überflüssig. Es sollte damit wohl gesagt sein, dass die ethnographischen Verhältnisse Oesterreichs einen Contrast bilden zu den natürlichen, physischen Verhältnissen dieses Staates, d. h. der Mannigfaltigkeit, der Verschiedenheit der Bevölkerung stehe die compactere Einheit des Terrains, insbesondere jene des Flusssystems contrastirend gegenüber?

Ethnographisch ist Oesterreich allerdings ein „interessantes Object" für gelehrte Studien, und auch der Staatsmann findet überreichen Stoff zu allfälligen administrativen Experimenten. Denn Oesterreich ist der einzige Staat in Europa, in welchem die drei Hauptstämme der europäischen Bevölkerung — Deutsche, Slaven und Romanen — sich nicht blos berühren; sondern jeder dieser Stämme ist auch numerisch relativ so bedeutend vertreten, dass er sich zur Geltung bringt und gewisse Berechtigungen im Staatsleben beansprucht.

In physischer Beziehung ist das Stromgebiet der Donau für Oesterreich von weittragender Bedeutung. Die Gewässer sind im culturellen Leben der Völker überhaupt von Wichtigkeit, weil sie mehr verbinden als trennen und dadurch eine Verbindung zwischen verschiedenen Völkerschaften und Culturverhältnissen, eine Strasse für den Austausch der Producte erstellen. Die Bedeutung dieses Stromes für Oesterreich ist seit jeher und bis in unsere Tage wiederholt mit vollem Rechte hervorgehoben worden, weil die Geschichte dieses Reiches in so hohem Grade an diesen Einen Strom geknüpft ist, wie es bei keinem Staate in Europa hinsichtlich nur Eines Flusses der Fall ist. Dadurch tritt nur scheinbar eine centralistische Einheit in physischer Beziehung hervor, welche mit der Mannigfaltigkeit der Bevölkerung contrastirt, d. h. dem historischen Anwachsen Oesterreichs in dem Gebiete dieses Einen Stromes steht die Vielheit in ethnographischer Beziehung gegenüber. Boden und Bevölkerung, Land und Leute scheinen in dieser Richtung einen Contrast zu bilden.

Wird jedoch das Terrain, der Grund und Boden in Betracht gezogen, so kann von einer „centralistischen Einheit in physischer Beziehung" nicht im Entferntesten die Rede sein. Denn in die Naturlandschaften der sarmatischen Ebene, des Alpen- und des Sudetengebietes, der Karstplateaux greifen des Reiches Provinzen mit ihren politischen Grenzen bisweilen weit hinein, und zu dieser Mannigfaltigkeit in der Bodengestaltung der einzelnen Reichstheile bildet die ethnographische Vielheit wahrlich keinen Contrast.

Diese Verschiedenheiten des Terrains sind aber durch den mächtigeren Natureinfluss des Stromlaufes der Donau und ihrer Zuflüsse bei der Gestaltung des Staates Oesterreich nahezu vollständig paralysirt worden. Das weit ausgreifende Geäder der Donau hat die verschiedenen Terraingebilde zu Einem Ganzen, zum „Kaiserthum Oesterreich" verbunden, welches sonach mit allem Rechte das „Donaureich" im eigentlichen Sinne genannt werden darf. Besitzt auch Oesterreich jetzt nicht mehr,

wie ehemals, das Quellengebiet dieses Flusses; bildet auch das
Mündungsland desselben gegenwärtig nicht einen Bestandtheil
der Monarchie: so ist die Donau doch ein österreichischer
Strom im eminentesten Sinne, sie drückt diesem Reiche den
charakteristischen Stempel als „Donaureich" auf. Dieser Strom
ist ein Bindeglied zwischen dem „Deutschen Reiche" und
Oesterreich; er ist der Vermittler zwischen dem industriellen,
culturreichen Abendlande und dem agricolen, mehr interessanten als culturell entwickelten Morgenlande; er ist die bequemste,
billigste Fahrstrasse für den Handelsverkehr Central-Europas
nach den unteren Donauländern. Aus den Alpen- und dem
Karpathenlande fliessen ihm als Nebenadern die meisten Gewässer dieser Bodenerhebungen zu; sie tragen die Interessen
ihres Gebietes in die Hauptpulsader des Reiches, welche mitten
durch's Herz des Kaiserstaates, an der aufblühenden, heiteren
und geschäftsrührigen Residenz vorbei und durch das kräftig
aufstrebende Ungarn die Güter des materiellen Lebens, aber
auch der Cultur und Bildung nach dem Südosten unseres Erdtheiles als friedliebender Vermittler dem Nachbar zuführt. Um
diesen Strom, um diesen Culturträger und um seine bis in
entlegene Theile ausgreifenden Verkehrsadern haben sich die
kräftigsten Volksstämme Europas zu gemeinsamer Arbeit, zu
staatlichem Gemeinwesen verbunden: die Romanen, in der
Erinnerung an eine grosse thatenreiche Vergangenheit lebend
und sich neuerdings erhebend; die Deutschen, in geistiger
und materieller Vollkraft die ganze Gegenwart unseres Erdtheiles dominirend; die Slaven, mit sehnsüchtigen Wünschen
eine grössere beherrschende Zukunft erträumend. Sie Alle haben
vereint an dem Ausbau dieses Reiches mehr oder minder kräftig mitgewirkt, für dessen Erhaltung und Machtstellung manchen harten Kampf bestanden. Allein „auch uns ward das
Glück einer ruhigen, klaren Epoche nicht zu Theil; es ist uns
die Aufgabe zugefallen, die Geschicke des Vaterlandes über den
schwierigsten aller Wendepunkte glücklich hinüber zu leiten"*.

Aber Oesterreich, das lebenskräftige, hat in den anderthalb Decennien seines Verfassungslebens bewiesen, dass es die

---

* A. h. Thronrede bei Eröffnung des ersten Reichstages am 1. Mai 1861.

Fähigkeit, den Willen, die Kraft in sich besitzt, glücklich über diesen Wendepunkt hinüber zu kommen, eine klare, ruhige Epoche im Staats- und Volksleben sich zu erringen. Vermöge seiner centralen Lage in Europa, seiner günstigen Configuration und der natürlichen Bindeglieder mit den Nachbarstaaten hat Oesterreich überdies auch den Beruf, seinen Einfluss im politischen Leben der Staaten zur Geltung zu bringen, in wichtigen Fragen des europäischen Friedens eine höchst beachtenswerthe Machtstellung zu entfalten. Und diese, nach Innen wie nach Aussen kräftig und machtvoll auftretende Stellung verdankt der Kaiserstaat an der Donau nicht zum geringsten Theile seiner günstigen Lage im centralen Europa als Beherrscher des Donaugebietes, als Beschützer verschiedenartiger ethnographischer Elemente, die er Einem Staatsgedanken dienstbar zu machen verstand. Und hierin liegt dessen Existenzberechtigung in so hohem Grade, dass in den Tagen, als das ganze Staatsgebäude krachte und aus seinen Fugen zu gehen drohte, der vollberechtigte Ausspruch gethan wurde: „Man müsste ein Oesterreich schaffen, wenn es nicht schon bestünde." Es besteht. Es gab seit jenem Ausspruche zahllose Beweise seines selbstbewussten, zukunftssicheren Bestandes. Seine Grundmacht ruht auf fester, gesicherter Unterlage.

§. 3.

Der erste Factor der Grundmacht eines Staates ist das Terrain, das Staats-Territorium. Bei der statistischen Erörterung von „Grund und Boden" kommen dessen geographische Lage, dessen Stellung zu anderen Staaten, dessen Grenzen, Grösse und physische Beschaffenheit in Betracht.

Der zweite Factor der Grundmacht ist seine Bevölkerung. Die Bevölkerung, als das vorzüglichste Element der Statistik, beherrscht alle übrigen statistisch darstellbaren Momente und ist demgemäss am weitesten ausgebildet. Die Bevölkerungs-Verhältnisse sind ebenso die eigentliche Grundlage der gesammten Statistik und der darauf sich stützenden Volkswirthschaft,

wie sie überhaupt für beide den Ausgangs- und Endpunkt
bilden. In denselben finden (wie John Stuart Mill richtig
bemerkt) alle wichtigeren, praktischen Fragen der politischen
Oekonomie und der socialen Theorie ihre wesentlichen Bedingungen und in der Regel ihre Erklärung. Und den reellen
„Werth" des „Volkes", das durch die Individuen des Volkes
repräsentirte Capital bezeichnet der ebenso gelehrte als geniale
Statistiker Engel als das „beiweitem beträchtlichste Capital
im Staate; das in der lebenden Generation ruhende Erziehungs-
capital übersteigt weit die Summe aller übrigen Capitalien.
Jede Verkümmerung der physischen Beschaffenheit der Bevölkerung, welcher man hätte entgegenwirken können, ist eine
Verschwendung des edelsten Capitals, der Intelligenz und
der physischen Kraft der Bevölkerung und kommt einer absoluten Capitalsverschwendung gleich".

Weil man unter „Bevölkerung" die Gesammtheit der
Personen in einem Staate, die Staatsgesellschaft, versteht,
so können sich die statistischen Untersuchungen nicht auf das
einzelne Individuum beziehen, und die ermittelten Gesetze
und daraus resultirenden Schlüsse haben für die einzelne
Person keine unmittelbare Geltung. Diese Gesetze gelten
nur für die Gesammtheit einer als Ein Ganzes zu betrachten-
den Bevölkerung oder für den „Durchschnittsmenschen"
(„l'homme moyen" des Quetelet).

Die statistische Untersuchung der Bevölkerung hat zu ermitteln:

1. Den Bevölkerungsstand, oder die Volkszahl und

2. den Bevölkerungswechsel, oder die Bewegung der
Bevölkerung.

1. Der Bevölkerungsstand umfasst die Grösse der Bevölkerung und deren Vertheilung.

Die Grösse der Bevölkerung, d. i. die Volkszahl, kann
numerisch entweder durch wirkliche Zählung oder durch Berechnung ermittelt werden. Unter den Zählungen verdienen
die periodisch wiederkehrenden mehr Vertrauen als Zählungen,
welche aus besonderen Anlässen oder zu bestimmten Verwal-

tungszwecken vorgenommen werden*. Uebrigens sind in Bezug auf Volkszählungen durch Vereinbarung verschiedener statistischer Bureaux und auf den statistischen Congressen fast allgemein giltige, der Wissenschaft und der Staatsverwaltung entsprechende Grundsätze und Ausführungsnormen festgestellt und angenommen worden, wodurch die Genauigkeit und Verlässlichkeit in dem wichtigsten Zweige der Statistik ungemein gewonnen haben. Zumeist aber ist die durch die Volkszählung ermittelte Summe aus Gründen, welche selbst im sorgfältigsten Zählungsmodus nicht gänzlich zu vermeiden sind, gegen die volle Richtigkeit eher zu klein als zu gross.

Bei der Berechnung benützt man als Anhaltspunkte verschiedene Umstände, welche mehr oder weniger genau bekannt sind, als die Angaben über die Zahl der Geburten, der Sterbefälle, der Familien, der Häuser, der Feuerstellen, der Quantitäten gewisser Consumtionsartikel u. s. w. Mit diesen „Berechnungen" sind jedoch jene Berechnungen, welche auf Grund von vorausgegangenen Zählungen oder auf Grund der Ergebnisse aus den Geburten und Sterbefällen durch den ermittelten percentualen Zuschlag der „natürlichen Zunahme", d. i. durch den Ueberschuss der Geburten über die Sterbefälle berechnet werden, nicht zu verwechseln.

Die ermittelte Volkszahl heisst entweder „absolute" Bevölkerung, oder „relative" Bevölkerung. „Absolute" heisst die Totalsumme, die Gesammtbevölkerung, wie sie durch Zählung oder Berechnung für einen bestimmten Zeitpunkt ermittelt worden; „relative" ist die Berechnung der Anzahl der Bewohner, welche auf einem bestimmten Flächenraum innerhalb eines Staates, auf Einer Quadratmeile, auf Einem Quadrat-Kilometer u. s. w. leben.

Die Vertheilung oder die Beschreibung der Bevölkerung wird vorgenommen nach dem Alter, dem Geschlechte,

---

* In mehreren Staaten finden Volkszählungen alle 10 Jahre statt (Oesterreich, Grossbritannien, Italien, Schweiz, Spanien, Belgien, Niederlande, Dänemark, Norwegen, Nordamerika), in anderen alle fünf Jahre (Frankreich, Schweden, Finnland); in Deutschland war bis zum Jahre 1871 eine dreijährige Zählungsperiode festgestellt. In Russland sind die Termine nicht fixirt. In einigen Staaten finden alljährlich Berechnungen der Volkszahl statt.

der Familie, den Wohnplätzen und Wohnorten, der Heimat, der physischen Anlagen und Gebrechen, der Nationalität und Abstammung, dem Religionsbekenntnisse und der wirthschaftlichen Beschäftigung.

2. Unter **Bevölkerungswechsel** oder „Bewegung der Bevölkerung" versteht man die Zu- oder Abnahme der Volkszahl in einem Staate, d. i. die von Jahr zu Jahr vorkommende Veränderung in der Volkszahl.

Die Zunahme geschieht entweder durch „natürlichen Zuwachs" oder durch „Zufluss von Aussen", d. i. durch Einwanderung. Der natürliche Zuwachs entsteht dadurch, dass bei einer Bevölkerung in einem bestimmten Zeitraume die Zahl der Geburten jene der Sterbefälle übersteigt, wodurch sich ein „Geburtsüberschuss" herausstellt, der percentualiter berechnet wird und bei der Berechnung der absoluten Volkszahl in Anwendung kommt. Es ist unzweifelhaft, dass der natürliche Zuwachs der Bevölkerung in einem Staate abhängig ist von der Vermehrung der Subsistenzmittel. Auf reiche Getreide-Ernten folgt reicher Kindersegen, auf Theuerungs- und Nothjahre folgen relativ weniger Geburten und die Geborenen sind im Durchschnitte verhältnissmässig weniger kräftig und kleiner. Die Noth prägt sich in den Neugeborenen in analoger Weise aus, wie ein strenger Winter in den Jahresringen der Bäume, im Holzwuchse unserer Wälder seine Spuren zurücklässt. Die stetige, regelmässige oder rasche Zunahme der Bevölkerung auf natürlichem Wege kann als Beweis der Kraft und des Wohlstandes des Staates gelten. Die Behauptung des Statistikers Malthus, das Menschengeschlecht habe überall die Tendenz, sich zu rasch zu vermehren, d. h. in einem rascheren Verhältnisse als in jenem, in welchem die Vermehrung der Subsistenzmittel für die Menschheit vor sich gehen kann, beruht wohl zunächst auf mangelhafter statistischer Beobachtung; denn ohne eine angemessene Vermehrung der Subsistenzmittel kann eine Vermehrung der Population nicht erreicht werden. In welchen Dimensionen aber die Vermehrung der Subsistenzmittel bei den enormen Fortschritten der Naturwissenschaften und der Verwerthung von deren Resultaten für das praktische Leben noch steigen wird, das lässt sich nicht einmal annähernd

ahnen. Und von dieser Steigerung hängt die natürliche Zunahme der Bevölkerung eines Staates, die Vermehrung der
Menschheit im Allgemeinen ab. Es wäre somit ein gänzlich
unberechtigtes Vorgehen, der „Theorie Malthus" irgend eine
praktische Geltung im Staatsleben verschaffen zu wollen.
Der zweite Factor der Zunahme der Bevölkerung, die
„Einwanderung", ist in den europäischen Staaten kaum
nennenswerth. Mehr Beachtung verdient, namentlich in Bezug
auf die Volkswirthschaft, die Auswanderung (wenn sie nicht,
wie in England, aus dem Mutterlande nach den Colonien geht),
denn dadurch werden Arbeitskräfte und Capital dem Vaterlande
entzogen.

Diese gedrängte „Einleitung" möge den Standpunkt im
Allgemeinen skizziren, von welchem aus die in Zahlen ausgedrückten gesellschaftlichen Thatsachen unseres Vaterlandes
dargelegt und kritisch behandelt werden sollen.

I. DAS LAND.

§. 4. Lage. Flächeninhalt. Grenzen.

Die in ethnographischer und politischer Beziehung grösseren Territorien gestalteten sich neben einander weniger von
Süden nach Norden, sondern weit mehr von Osten nach Westen
im Breitenraum des continentalen Hauptkörpers, d. h. — im
geographischen Sinne — in der Entfernung der Längenkreise
von einander. In solcher Weise liegen vorwiegend neben einander die drei Hauptbestandtheile der europäischen Bevölkerung: im Osten die slavische, im Centrum die germa-
nische, im Westen die romanische Völkergruppe, welche in
Oesterreich ihren Berührungspunkt finden.

Die „österreichisch-ungarische Monarchie" — das „Kaiserthum Oesterreich" breitet sich gleichfalls in fast 17 Längen-
graden (16⁰ 49′ 56″) in west-östlicher, und in nur nahezu
9 Breitengraden (8⁰ 53′ 22″) in süd-nördlicher Richtung aus;
denn es liegt zwischen 27⁰ 11′ 29″ und 44⁰ 1′ 25″ östl. Länge
(von Ferro), und zwischen 42⁰ 10′ 5″ und 51⁰ 3′ 27″ nördl.

Breite. Die geradlinige Entfernung der äussersten Punkte in west-östlicher Richtung beträgt somit etwas mehr als 252, jene in süd-nördlicher nur wenig mehr als 133 geographische Meilen. Bekanntlich haben die östlicher gelegenen Orte früher Sonnenaufgang, also früher Mittag, als die westlicheren; ein um 15⁰ oder 225 geogr. Meilen weiter westwärts gelegener Ort hat um eine Stunde, — ein um 1⁰ (= 15 geogr. Meilen) in dieser Richtung gelegene um 4 Minuten später Mittag gegenüber seinem Vergleichungsorte im Osten. In Oesterreich beträgt die Zeitdifferenz demnach zwischen dem östlichsten Punkte in der Bukowina und dem westlichsten in Vorarlberg 1 Stunde und 8 Minuten.

Die Tageslänge wächst vom Aequator gegen die Pole zu; also auf unserer Hemisphäre von Süd nach Nord. Die Tageslänge zwischen dem südlichsten Punkte in Dalmatien (ungefähr 14 Stunden 45 Minuten) und dem nördlichsten in Böhmen (nicht ganz 16 Stunden) differirt um beinahe $1\frac{1}{4}$ Stunde.

Der Flächeninhalt des Gesammtstaates beträgt 11.333 geograph. Quadratmeilen (oder 624.045 Quadrat-Kilometer), d. i. 6.₃₃ Percent vom Flächeninhalte Europas (178.879 geogr. Quadratmeilen = 9,849.600 Quadrat-Kilometer). Seit der Feststellung des Staatensystems in Europa durch die Wiener Verträge im J. 1815 hat Oesterreich eine Verringerung seines Gebietes um 769 geogr. Quadratmeilen erfahren. Denn auf die Erweiterung des Staatsgebietes im J. 1846, da im Einverständnisse mit den beiden anderen Schutzmächten, Preussen und Russland, die „Republik Krakau" aufgelöst, zu Oesterreich einverleibt, und dadurch die Monarchie um 21 Quadratmeilen vergrössert wurde; — verringerten den Umfang der Monarchie der Friedensschluss zu Zürich um 353 Quadratmeilen durch Abtretung der Lombardie, der Friedensschluss zu Wien um 437 Quadratmeilen durch Abtretung Venedigs an Italien. Auch die Länder der Secundo- und der Tertiogenitur kamen an das Königreich Italien. Dessungeachtet ist Oesterreich in Hinsicht der Grösse des Staatsgebietes der drittgrösste Staat in Europa, denn es wird im Areale von nur zwei europäischen Staaten übertroffen, von Russland (europ. Russland mit Finnland 97.211 geogr. Quadratmeilen = 4,352.703 Quadrat-Kilo-

meter) und von Schweden-Norwegen (13.775 geogr. Quadratmeilen = 758.510 Quadrat-Kilometer).

Von dem Gesammtareal Oesterreich's entfallen auf:

a) die „im Reichsrathe vertretenen Königreiche und
Länder"(„Cisleithanien" — „Oesterreich" im engeren Sinne):
5452 Quadratmeilen = 300.191 Quadrat-Kilometer, —
und auf

b) die „Länder der ungarischen Krone" (Ungarn im weiteren Sinne): 5881 Quadratmeilen, = 323.854 Quadrat-
Kilometer.

Vom Standpunkte der Statistik kommen nur die Arron-
dirung des Staatsgebietes und die Arten der Grenzen in
Betracht.

Während in geographischer Beziehung und für den
Verkehr eine reiche Gliederung des Landes günstig ist, gewährt
ein wohlarrondirtes Staatsgebiet die grössten Vortheile
für die Staatsverwaltung und die Entfaltung der Wehrkraft.
Die Grenzen sind: a) natürliche (Meer, Gebirge, Flüsse), —
b) nationale und Sprachgrenzen, und — c) politische,
welche auf Grund von Staatsverträgen gezogen werden.

Am günstigsten ist es für den Staat, wenn alle diese Arten
der Grenzen zusammenfallen, wie bei Grossbritannien. Auch in
Skandinavien, der Pyrenäenhalbinsel, Italien sind die Grenzen
ziemlich normal und daher günstig. In Oesterreich kommen
nur an einzelnen Stellen natürliche oder Sprachgrenzen vor.

Oesterreich ist ein continentaler Staat. Von der Grenzlinie des Kaiserstaates, welche auf 1138 Meilen berechnet wird,
entfallen an 915 Meilen, also über 80 Percent (genauer 80.₄₁
Percent) auf die Landgrenze; dagegen an 223 Meilen, also über
19 Percent (genauer 19.₅₉ Percent auf die Wassergrenze. Diese
Wassergrenze erreicht ihre relativ hohe Ziffer nur durch den
ungefähr 150 Meilen langen Küstenstrich Dalmatiens, ohne
welchen der Charakter der compacten Landmasse des Reiches
noch schärfer hervortreten würde. Ueberdies wird durch den
Umstand, dass nur ein isolirtes, in cultureller Hinsicht mit den
meisten anderen Reichstheilen gegenwärtig noch nicht auf gleicher Höhe stehendes Gebiet (Dalmatien) vom Meere bespült

wird, der Vortheil einer langen, vielfach gegliederten Meeres-
begrenzung bedeutend aufgewogen.

Von der Wassergrenze kommen 220 Meilen auf das
Adriatische Meer, 3 Meilen auf den Bodensee.

Von den 915 Meilen der Festlands- oder der „trockenen"
Grenze entfallen:

132 Meilen auf Baiern (das Fichtelgebirge, der Böhmerwald, der
Inn, die Salzach, die Saale, die Allgauer-Alpen),
42 — — die Schweiz (Canton St. Gallen 4, Grau-
bündten 38 Meilen),
3 — — Liechtenstein,
110 — — Italien (Hochalpen, Lago di Garda, die cadorischen und karnischen Alpen),
8 — — Montenegro,
140 — — Türkei (die Provinzen Herzegowina, Croatien
und Bosnien, die Karsthöhen; — die Flüsse
Unna und Save),
50 — — Serbien (Save und Donau),
133 — — Rumänien (Walachei 62 Meilen, die Banater
und Siebenbürger Karpathen; Moldau 71 Meilen; die Siebenbürger und Bukowinaer Karpathen),
152 — — Russland (Bessarabien, Podolien, Wolhinien, Polen; der Dnjestr, der Podhorze, die Weichsel),
89 — — Preussen (die Oppa, das Gesenke, das Riesen-
und das Isergebirge),
56 — — Sachsen (das Erzgebirge).
915 Meilen.

Das österreichische Staatsgebiet wird in Dalmatien zwei-
mal von der Türkei, welche hier an das Adriatische Meer reicht,
durchbrochen; einmal am Canal di Stagno (zwischen Slivno
und Imolizza) auf etwa 1¼ deutsche Meilen, dann zwischen
Vitaglina und Porto Rose (unweit der Bocche di Cattaro)
auf eine unbedeutende Strecke.

§. 5. Das Bergland.

Oesterreich ist nächst der Schweiz der gebirgigste Staat
in Europa; ungefähr 73½ Percent des Bodens (gegen 8500

Quadratmeilen) gehören dem Berglande an. Es breiten sich jedoch auch viele Thäler und Ebenen im Reiche aus, und verleihen demselben Mannigfaltigkeit und landschaftlichen Reiz. Zwischen der schwäbisch-baierischen Hochebene und der lombardisch-venezianischen Tiefebene, dann zwischen dem Donauthale und dem Adriatischen Meere erhebt sich das Alpenland mit vielen Längen- und Querthälern, aber ohne grössere Ebenen. Im Norden der Donau schliesst das böhmisch-mährische Gebirge ein wellenförmiges Terassenland ein. Im Osten von der March ziehen sich die Karpathen im grossen Halbbogen zwischen Mähren, Schlesien, Galizien, der Bukowina einerseits, Ungarn andererseits, zum siebenbürgischen Hochland, welches ziemlich steil zum moldau-walachischen Tieflande abfällt. Nordwärts geht das Karpathengebirge über die galizischen Stufen- und Hügellandschaften in die polnisch-russische oder sarmatische Ebene über. Eingeschlossen von Ausläufern der Alpen und Karpathen breitet sich die ungarische Tiefebene, durchflossen von der Donau und der Theiss, an 1800 Quadratmeilen, aus. Die Flussthäler des Isonzo, der Idriza und Zeyer (im Küstenlande und in Krain) scheiden das Alpengebiet von den Plateaulandschaften des Karst ab, welcher das Adriatische Meer im Norden und Osten einschliesst, sich durch ganz Dalmatien und auf den vorgelagerten Inseln fortsetzt und in die benachbarte Türkei hineinstreift. Der Karst ist ein zumeist ödes, vegetationsarmes Kalkplateau mit vielen Mulden, Trichtern und Höhlen, mit unterirdischen Grotten und Gewässern, welche wegen der grossartigen Stalaktiten-Formationen und der eigenthümlichen Fauna (darunter der *proteus anguineus*) zahlreich besucht werden; er hat fast keine offenen Flussthäler, aus der Hochfläche ragen vereinzelte Berghöhen und Höhenzüge empor.

I. Das **Alpengebiet**, zu welchem in Oesterreich über 3000 Quadratmeilen gehören, wird durch Längenthäler in drei Zonen geschieden: die Mittel- oder Urgebirgszone (auch Central- oder Uralpen), und die im Norden und im Süden die Centralalpen begleitenden nördlichen und südlichen Kalkalpen.

1. Die Central-Alpen (Uralpen) kommen aus der Schweiz und entsenden die Bernina-Kette gegen Osten, welche mit Oesterreichs höchstem Berge (Ortles, 12.356') in

den tirolischen Vintschgau hinüberzieht, durch die Hochfläche der Malserhaide mit den Oetzthaler-, Gebatsch- und Stubai-Fernern zusammenhängt und endlich über den Brenner (Jochübergang 4450') nach der Südgrenze Salzburgs ausläuft. Die zweite Kette, die Septimer-Kette, tritt nordwärts des Inn mit dem Innthaler-Ferner nach Tirol und wendet sich über den Arlberg zum Lechthale. Diese beiden Ketten bezeichnet man collectiv als Rhätische Alpen.

An der Dreiherrnspitze (11.090') — wo ehemals „dreier Herren Länder" (Tirol, Salzburg, Kärnten) an einander grenzten — beginnen die Norischen Alpen, welche mit dem Sulzbacher Venediger (11.600'), Grossglockner (12.018') und anderen Bergriesen über 10.000' hoch aufsteigen und sich im Salzburgischen (in der Nähe von Gastein) in zwei Arme spalten, die an Höhe und Schroffheit der Formen allmälig abnehmen. Der eine Arm zieht über den Radstätter-Tauern zum Rottenmann-Tauern und senkt sich zur Mur herab; der zweite streicht an der Grenze zwischen Steiermark und Kärnten, sendet einen Zweig längs den Flussthälern der Mur und der Mürz bis zum Wechsel (5497'), dem östlichsten Eckpfeiler der Central-Alpen, in der Nähe des Semmering, — ferners zahlreiche Ausläufer nach Kärnten und senkt sich in Untersteiermark über die „windischen Bücheln" und das Bachergebirge zur Drave herab. Die äussersten Ausläufer der Central-Alpen sind das Leithagebirge (Rosalienberg 2356') und der Bakony-Wald (Köröshegy 2255').

Die Axe der Central-Alpen besteht aus krystallinischen Schiefern, vorherrschend Gneis, ohne organische Ueberreste. Nördlich schliesst sich derselben eine Kette von Uebergangsgesteinen an (silurische und devonische Gebilde, Steinkohlen-Formation). Am südlichen Rande des Gneisgebirges und des syenitartigen Granits tritt in Tirol der rothe Porphyr, umgeben von rothem Sandstein und Dolomit ein. Das Leithagebirge besteht aus krystallinischen Schiefern und dichtem Kalkstein.

In statistischer Beziehung sind die von Gebirgen umschlossenen Thäler und die ihre Rücken übersteigenden Joch- und Passübergänge als Verbindungswege von Wichtigkeit. Diese verbinden die oft nach verschiedenen Richtungen auslaufenden Strassen, sie vermitteln den materiellen und geistigen Verkehr, sie beseitigen die durch Bodenerhebungen hervorgebrachten Hemmnisse für den Verkehr und die Ausbreitung der Cultur; denn Bergmassen sind nicht nur Wasserscheiden, häufig auch Sprachscheiden und Grenzen der Cultur - Entwicklung der stamm- oder sprachverschiedenen Nachbarn.

Die bedeutendsten Thäler, dann Jochübergänge und Pässe in den Central-Alpen sind: (Jamthaler Gruppe) das Montavon-, Kloster-, Stanser- und Innthal; das Arlbergjoch, der Fünstermünzpass; — (Ortles- und Adamello - Gruppe) das Taufersthal, Trafoith-Thal und Judicarien; das Wormser- und Stilfserjoch; —· (Tiroler Alpengruppe) das Passeier-, Eisack-, obere Etsch-, Puster-, Nauders-, Oetz-, Stubai-, Wipp- und Zillerthal; die Rechenscheideck, der Brennerpass, die Pässe über den Krimmlertauern und Jauffen, der Lienzerpass, die Brixnerklause; — (hohe Tauern) das Brixen-, Isel-, Möll-, Fusch-, Rauris-, Gastein- und Arlthal; die Pässe über die Velber- und Kalsertauern, das Hochthor, über den Malnitzer Tauern und der Pass Klamm; — (niedere Tauern) das Liesing-, Mürz-, Mur- und Ennsthal; die Jochübergänge über den Radstätter- und den Rottenmann-Tauern, der Mandlingpass; — (kärntnerisch-steierische Alpen) das Gurk-, Glan-, Lavant- und das obere Raabthal; Uebergänge über den Katschberg, über die Packalpe und über den Radl.

2. Die nördlichen Kalkalpen ziehen sich vom Bodensee bis zum Kahlenberge bei Wien. Unregelmässige Formen, lichtgraue, zerrissene Felsen, zahlreiche Engpässe charakterisiren sie. Sie gehören den Formationen der Jura-Kalkgruppe und jener des Muschelkalkes an und schliessen auch Ablagerungen der Kreide-Formation (Gosau-Gebilde) in sich. Tirol von Baiern trennend, treten sie mit der Berchtesgadner Gruppe, welche sich um den Watzmann (8434′) lagert, nach Salzburg. Daran schliesst sich in Oberösterreich die Gruppe des Schafberg (5630′) mit seinem pitoresken Panorama und jene des Dachstein (9490′) an der österreichisch-steierischen Grenze. In Niederösterreich sind bemerkenswerth die Gruppen des Oetscher (5969′), der Raxalpe (6336′) und des Schneeberges (6566′),

das „Ostcap der Alpen", an welche sich der Wiener Wald mit dem Kahlengebirge (Leopoldsberg 1329′) anschliesst. Die wichtigsten Thäler, dann Jochübergänge und Pässe in den nördlichen Kalkalpen sind: (Allgauer Alpen) das Bregenzer-, Iller- und Lechthal; die Bregenzer- und die Ehrenbergerklause, der Scharnitzpass; — (Berchtesgadner Alpen bis zum Oetscher) die Flussthäler der Alm, Salzach, Gosau, Traun, Enns, Steier, Ips, Erlaf, Bielach und Traisen; die Jochübergänge des Hirschbüchel, Pass Lueg, Pass Gscheid, Pyhrn und über den Seeberg, endlich der Uebergang aus dem Becken im Südosten von Wien über den Semmering in's Mürzthal.

3. Die südlichen Kalkalpen erstrecken sich in Oesterreich vom Gardasee bis gegenüber der Theissmündung in Ungarn. In diesen zeigen sich vereinzelte Partien vom Kreidegebirge, während im Karste jüngerer Kalkstein und untergeordneter Sandstein vorherrschen. Als Trienter mit den lessinischen und cadorischen Alpen *(Vedretta Marmolata* 11.056′, Schlern 8102′) scheiden sie Tirol vom venezianischen Gebiete, deren Fortsetzung nach Osten die karnischen Alpen (Reiskofel 7472′, Dobrač oder Villacher Alpe 6814′) bis an die Grenze von Kärnten, Görz und Krain heissen. Der mächtigste Gebirgsstock der südlichen Kalkalpen liegt in der Massenanhäufung, welche durch das Isonzothal in zwei Gruppen zerlegt wird, in: a) die Gruppe des Monte Canin (7200′), eine Hochfläche von Porphyr, von schnee- und eisbedeckten Dolomitmassen umstellt, welche über die Predilsenkung (3720′) mit der nordöstlichen, höheren Mangart-Gruppe in Verbindung steht (Mangart 8462′), und b) in die zwischen den Längenthälern des Isonzo und der Save sich erhebende Triglav-Gruppe (Triglav 9036′, Grintouz 8085′, Stou 7064′). Dieser südwärts ziehende Gebirgszug wird auch die Julischen Alpen genannt und findet seine Begrenzung in den früher erwähnten Flussthälern, welche ihn vom Karstgebiete scheiden. Zwischen den Flussthälern der Save und Drave ziehen sich die östlichsten Ausläufer dieses Alpenzuges als Warasdiner und Sirmisches Gebirge (Fruška Gora und Wrdnik-Gebirge).

Bemerkenswerth in den südlichen Kalkalpen sind: (Trienter Alpen) die Thäler Val Sugana, das Fleinser-, Grödner-, Abtei- und das Ampezzothal; die Pässe von Posubio, Covelo, des Pellegrino und von Peutelstein. (Karnische Alpen): Gail- und Canalthal, die Pässe von Bleiberg, Ponteba und Malborghet. (Triglav-Gruppe): Der Flitscher-Boden, die Thäler der Wohein, Kanker, Feistriz, die Sulzbach und das Santhal; die Pässe über den Predil, die Flitscher Klause, über die Wurzen und über den Loibl. (Julische Alpen): die Thäler des Isonzo, der Idriza und Zeyer, welche das Alpengebiet von den Plateau-Landschaften des Karst abschliessen, dann die Thäler der Save, Laibach und Kulpa.

II. Der **Karst**, ein zwischen 1000 bis 1500' hohes, ödes Kalkplateau mit vielen Mulden, Trichtern, Höhlen mit Tropfsteingebilden und einer eigenthümlichen Grottenflora und Grottenfauna, hat fast keine offenen Flussthäler und sehr spärliche Vegetation. (Die Grotten von Adelsberg, Corgnale, die Magdalenengrotte u. a.) Aus der Hochfläche ragen nur vereinzelte Höhenzüge und Berggipfel (Nanos 4108', andere zwischen 3—4000') empor. Er zieht sich von der früher bezeichneten Grenze zum Adriatischen Meere, durch Istrien, längs der Küste des Quarnero-Busens, auf den benachbarten Inseln, durch Dalmatien und in die Türkei bis zu den Vorbergen des Hämus. Der nordwestliche Theil mit dem Tarnowaner Wald, dem Tschitscher Boden kann „hoher Karst", der sich südöstlich daran schliessende der „niedere" genannt werden. Im Osten des Quarnero treten zwei parallele Arme — die grosse und die kleine Kapella — im nördlichen Dalmatien der Velebic (oder Velebit 5570') als zusammenhängende Ketten bemerkbar hervor. Die vielen Längen- und Quergruppen werden zwar vielfach unterbrochen, doch tragen sie alle den ausgeprägten Karstcharakter. Unrichtig ist daher die allgemein gebräuchliche Bezeichnung „dinarische Alpen" (vom Berge Dinara, 5700', in Dalmatien) für die eben genannten Höhenzüge in Dalmatien.

Bedeutendere Thäler im Karstgebiete sind: die Flussthäler der Arsa und des Quieto in Istrien, der Zermagna, Krka, Cettina und Narenta in Dalmatien.

III. Die einzelnen Theile der **böhmisch-mährischen** Gebirge, oder des hercynisch-sudetischen Bergsystems, welches an 1600 Quadratmeilen einnimmt und von der oberen

Eger bis zur Oder das Land erfüllt, sind: der Böhmerwald,
bestehend aus krystallinischen Schiefern, vorwiegend Gneis
(Plöckenstein 4352', Dreisesselberg 4716'). Als Grenzgebirge
gegen Baiern zieht er sich vom Egerthale bis zur Donau; der
nördliche Theil (český les) ist minder hoch, als der dichtbewal-
dete südliche (Šumava). In der Westecke Böhmens das Fichtelgebirge, das bei Eger und Asch nach Böhmen hineinragt,
und das sächsische Voigtland durchzieht. Das Erzgebirge,
als Grenzhöhe gegen Sachsen, in welches viele Passübergänge
führen (Keilberg 4032', Sonnenwirbel 3650'). Der Urgebirgs-
stock am rechten Elbeufer zerfällt in das Lausitzer-Plateau,
das Iser- und das Riesengebirge. Ersteres besteht aus einzelnen Gruppen von Granitbergen (Durchschnitthöhe 2000');
das zweite aus parallelen Kämmen (bis 3000', Tafelfichte 3557')
und wird durch die Einsattlung von Neuwelt vom Riesengebirge
getrennt. Letzteres ist ein breiter, über 4000' hoher Granit-
rücken mit ausgeprägtem Gebirgscharakter (Schneekoppe 5066').
Das Glatzer Randgebirge (Spieglitzer Schneeberg 4438'); das
„Gesenke" als Grenzgebirge zwischen Mähren und Schlesien
(Altvater 4704'). Die letzteren Gebirge bezeichnet man mit dem
Collectivnamen der Sudeten, welche ebenfalls grösstentheils
aus krystallinischen Schiefern mit einigen Basalt-Erhebungen bestehen.

Unter den Thälern sind hervorzuheben die Flussthäler
der Moldau, Eger, Elbe, Iser, Oppa, das obere Oder- und das
obere Marchthal, sowie jene der zahlreichen Zuflüsse. Pässe:
(Böhmerwald): Tirschenreiter Einsenkung, Einsattlung von
Neumarkt, die Pässe von Philippsreit, Eisenstein, Waldmünchen
und Neugedein. (Erzgebirge): Viele Uebergänge, darunter von
Eibenstock, Gottesgab, Pressnitz, Nollendorf u. a. (Lausitzer
Plateau): Uebergang von Georgenthal, Gabel, Friedland. (Iser-
und Riesengebirge): Pass von Neuwelt, Hohenelbe, Trautenau
(Glatzer Gebirge): Uebergang bei Nachod, Mittelwalde, Spieg-
litz. (Gesenke): Uebergang bei Spornhau, Karlsbrunn, Hof.

IV. Das Gesammtgebiet der **Karpathen** kann auf ungefähr
4400 Quadratmeilen abgenommen werden. Die Karpathen werden in ein inneres und ein äusseres Gebirge gesondert. Das
innere Gebirge ist das höhere und heisst gewöhnlich Central-

Karpathen. Es erreicht seine grösste Höhe in der Gruppe der Tatra am Ursprunge der Waag, mit einer mittleren Kammhöhe von über 6000' und den höchsten Berggipfeln; sie reichen bis an die oberste Theiss; die einzelnen getrennten Gruppen steigen meist inselartig empor. Das äussere Gebirge besteht aus einem fortlaufenden, reichbewaldeten Sandsteinzuge (mittlere Höhe 4000'), der an einigen Stellen mit den Central-Karpathen in Verbindung tritt. Das siebenbürgische Hochland hat Randgebirge aus Urgestein, welche nach Aussen steiler abfallen als nach Innen und im Südosten die grösste Höhe erreichen. Die einzelnen Theile der Karpathen sind:

a) der westliche Zug: Pressburger- oder kleine Karpathen von der Donau bis zur Thalhöhe von Miava; Miava-Gruppe oder „weisses Gebirge", vom Miavathale bis zur Kisucsa (Jaworina 3060'); die Beskiden vom Ostra- bis zum Dunajec-Thale (Lissa hora 4166', Beskid 3000'), die Arvaer-Gruppe oder die Magura zwischen der oberen Waag und den Quellen der Arva (Babiagora 5660', Baranio 4300');

b) die Hochkarparthen und das innere Bergland: die hohe Tatra zwischen den Flussthälern der Arva und Waag, dem Poprad und Dunajec (Gerlsdorfer Spitze 8414', Lomnitzer Spitze 8342', Eisthaler Spitze 8324', der hohe Krivàn 7884'); die Fatra zwischen den Flussthälern der Neutra und Gran, der Thurocz, Gran und Revucza (Krivàn Fatra 5274'); die niedere Tatra zwischen der oberen Waag, der oberen Gran, dem Hermanecz und der Revucza (Königsberg [oder magyarisch: Királyhegy, slovakisch: Kralovahora] 6144', Gyömbér 6462'); die Ostroski-Gruppe zwischen der Gran, der Donau und Eipel mit dem Mittelpunkt der Gruppe von Schemnitz (Fabova 4760', Polyána 4572'); zwischen dem Sajo, der Eipel, der Donau und der grossen ungarischen Ebene sind die Berggruppen des Karencs, der Cserhát und Matra (Kékes 3066'); endlich von Eperies bis Tokay das durch Formenreiz, üppigen Pflanzenwuchs und die köstlichsten Weinreben berühmte Hegyalja-Gebirge (spr.: Hödjalja; Simonka 3426').

c) Im Siebenbürger Hochlande sind das nördliche Grenzgebirge (Pietrosz 7316'), das östliche (Pietroszul 6666',
Kelemen 6438', mehrere über 5000'), das südliche (Negoi 8040' Retyczát 7860' und viele über 7000'), der Gebirgszug der Hargita (Mezöhavas 5583', Margitta 5510')
und das ungarisch-siebenbürgische Grenzgebirge
(Gogu 7400', Gondján 7100, mehrere über 6000', viele
über 5000').

Wichtigere Thalengen und Bergpässe im Karpathen-
lande sind:
(Beskiden): Lissa-Enge, Jablunkapass (1860'), Polhorapass.
(Arva-Gruppe): Punov- (2234'), Ölyved- (1133') Pass. (Hohe
Tatra): Tichaer Pass, Polnischer Kamm (6889'), der Kamm
Szkopa (5352'), Zagyàrer Pass. (Niedere Tatra): Bócza- (3800'),
Pohorella- und Dobschan-Pass. (Karpathisches Waldgebirge):
Pass von Dukla, von Vereczke, von Delatyn. (Siebenbürgen,
nördliches Grenzgebirge): Pass Rodna, Romul, Borgo, der gol-
denen Bistritz. (Östliches Grenzgebirge): Thalenge von Tölgyes,
Békás, Gyimes und Ojtoz. (Südliches Grenzgebirge): Predjalpass,
Bodzaer Thalenge, Törzburger Pass, Thalengen des Altflusses,
(im Csiker Stuhl, bei Rákos und am Rothenthurm), Thalenge
des Schielflusses, Vulkanpass. (Hargita): Maroscher Thalenge
(zwischen Olàh-Toplicza und Sächsisch-Regen), die Pässe von
Olàhfalva und Bucsin. (Ungarisch-siebenbürgisches Grenzgebirge):
Eisenthorpass, die Thalengen von Karánsebes, der Körös und
Maros, die Pässe von Belény, Felvincz, Felek und Királyhágó.

§. *6. Das Flachland.*

Das Flachland mit über 3000 Quadratmeilen nimmt an $26\frac{1}{2}$
Percent der Gesammtarea des Reiches ein. Die zwei grössten Ebenen sind in Ungarn (an 2000 Quadratmeilen) und in Galizien
(an 1000 Quadratmeilen); in Niederungarn wechselt die Bodenerhebung zwischen 100—200' absoluter Meereshöhe, das höher
gelegene ungarische Flachland, sowie die galizische Ebene haben
eine Seehöhe zwischen 200—400'.

Die grosse ungarische Ebene (an 1800 Quadratmeilen),
von den Karpathen bis zur südlichen Donau, vom Bakony-
Walde bis zum siebenbürgischen Hochlande, ist grösstentheils

Getreideboden, zum Theil jedoch auch Steppenland (die Kecs-kemeter Haide zwischen Donau und Theiss, die Debrecziner Haide zwischen der Theiss und der Körös); an den Niederungen der Theiss und Drave ist viel Sumpfland. In Südungarn, wo sich die croatisch-slavonische Tiefebene längs der Drave und Save an die grosse ungarische anschliesst, gedeiht im „Banat" das beste Getreide im reichlichsten Masse. Zwischen dem Ba-kony-Walde, den Westzügen der äusseren Karpathen und dem Leithagebirge breitet sich die kleine ungarische Tiefebene (an 180 Quadratmeilen) aus, welche nach Niederösterreich und Steiermark hineinreicht. Am Nordabhange der Karpathen dehnt sich im Flussgebiete der Weichsel die galizische Ebene aus, häufig auch ein von mässigen Hügeln durchzogenes, wellen-förmiges Plateau, ein aus Sand, Sandstein und Grobkalk be-stehendes Tertiärland.

Kleinere Ebenen sind: das March- und das Tulnerfeld, das Neustädter Steinfeld in Niederösterreich, die Welser-Ebene in Oberösterreich; das Grazer-, Leibnitzer- und Pettauerfeld in Steiermark; die Klagenfurter Ebene in Kärnten; das Oberkrainer Becken mit dem Laibacherfeld in Krain; die Wittingauer (Bud-weis) und die Georgenthaler (Saaz) Ebene in Böhmen; das „Kuhländchen" (Oderthal) und die fruchtbare Hanna in Mähren; die Klausenburger „Kampia" oder „Mezöség" in Siebenbürgen. In den eigentlichen Gebirgsländern Salzburg, Tirol, Sieben-bürgen bilden nur die erweiterten Flussthäler eigentliches Flach-land; auch in Böhmen, Mähren, Schlesien und in der Buko-wina sind die Ebenen zumeist nur Thalweitungen der Flüsse; das Gleiche gilt von den Karstlandschaften in Istrien und Dalmatien.

§. 7. Die Gewässer.

Das Adriatische Meer bespült auf einer Länge von un-gefähr 220 Meilen die vielfach gegliederte österreichische Küste von der Isonzo- (Sdobba-) Mündung bis südlich von Budua. Die illirische Küste (etwa 50 Meilen) vom Isonzo bis nächst Fiume ist steil, zum Theil felsig, die vielen Buchten bilden mehrere sichere Häfen, als jene von Triest, Capo d'Istria, Pirano, Rovigno, den ausgezeichneten Kriegshafen Pola; dann

an Istriens Ostküste die Häfen von Rabač (bei Albona) und
Volosca. Die ungarisch-croatische (directe Länge 18, die
Gesammtgliederung 26 Meilen) bis südlich von Carlopago ist
ebenfalls felsig und minder zugänglich, als die frühere. Häfen
sind in Fiume, Buccari, Portorè, Zengg und Carlopago. Die dalmatinische Küste (über 150 Meilen lang) ist zumeist steil, zer-
rissen, zum Theil ganz unzugänglich. Die bedeutendsten Häfen
sind: Zara, Trau, Spálato, Almissa, Macarsca, Gravosa (Ragusa)
und Cáttaro. Die grössten Golfe sind jene von Triest, von
Fiume (der Quarnero) und die Bocche di Cáttaro. Unter den 30
quarnerischen Inseln haben Veglia, Cherso, Ossèro und ganz
besonders Lussin piccolo tiefe, geräumige Häfen.

Das Adriatische Meer hat seine geringste Tiefe an der
illirischen Küste, seine grösste (2800') bei der dalmatinischen
Insel Méleda. Der Meeresgrund ist an der Westküste der Adria
lehmig oder sandig, an der Ostküste kommen mitunter Koral-
lenstämme vor. Das Meer hat an der Ostküste bedeutenden
Salzgehalt; hier ist die Strömung nordwärts, an der Westküste
südwärts. Ebbe und Fluth sind relativ nicht bedeutend; Haupt-
winde Sirocco (Süd) und Bora (Nordost); im Spätherbst und
Winter herrschen oft starke Stürme.

Die meisten Seen liegen im Alpengebiete und stehen mit
dem Flusssysteme der Donau im Zusammenhange. Eine Ausnahme hiervon bilden die zwei Grenzseen: der Bodensee,
welcher zum Rheinsysteme, und der Garda-See, der zum
Flusssysteme des Po gehört. In der nördlichen Alpenzone sind
die bedeutenderen: der Achensee, der Zellsee, der Hall-
stätter- (0.14 Quadratmeilen), der Traun- (oder Gmund-
ner-, 0.1 Quadratmeilen), der Fuschel-, Mond- (0.25 Quadratmeilen), Atter- (0.8 Quadratmeilen) und der St. Wolfgang-See (0.5 Quadratmeilen) — in der südlichen Alpenzone:
der Garda-See, der Veldes- und der Woheiner-See (in
Krain), der Millstätter-, Ossiacher- und Wörther- (oder
Klagenfurter-) See (in Kärnten). Im Karstgebiete sind einige
kleine Seen wegen ihres regelmässig wiederkehrenden, wech-
selnden Wasserstandes bemerkenswerth; der grösste darunter
der Zirkniz-See. In Ungarn ist der grösste der Plattensee
(Balaton) mit einer Oberfläche von 9 Quadratmeilen. Der Neu-

siedlersee ist beinahe vollständig ausgetrocknet. Auf dem hercynisch-sudetischen Berglande ist die Anzahl und Grösse der Seen sehr gering; dagegen kommen in Böhmen viele und auch grosse Teiche vor. Die Hochseen in den Karpathen „Meeraugen" genannt, kommen sogar in Höhen von 6000' mitten im Granitgestein vor. **Flüsse.** Der nördliche kleinere Theil des Kaiserstaates gehört zu den Gebieten der Nord- und Ostsee; der südliche, grössere zu den Gebieten des Adriatischen und Schwarzen Meeres. Mit Ausnahme von Istrien, welches selbst an Küstenflüssen arm ist, und einiger anderer Karstdistricte, erfreuen sich alle Kronländer einer entsprechenden Anzahl fliessender Gewässer, welche der Binnenschifffahrt eine Ausdehnung von mehr als 1000 Meilen schiff- und flössbarer Wasserstrassen bieten. Das grösste Flussgebiet innerhalb Oesterreichs hat die Donau, welches ungefähr 71 Percent des gesammten Flächenraumes des Kaiserstaates einnimmt (an 8000 Quadratmeilen), wodurch auch die Bedeutung dieses Stromes, auf welche schon früher hingewiesen worden ist, unwiderlegbar constatirt ist. Das kleinste Flussgebiet (mit nur 42 Quadratmeilen) hat der Rhein, der für Oesterreich nur eine ganz locale Bedeutung hat. Zunächst der Donau stehen in Bezug auf Grösse des Gebietes die Elbe, die Weichsel, der Dnjestr und die Etsch, auf welche zusammen an $22\frac{1}{2}$ Percent der Gesammtarea Oesterreichs als ihr Gebiet entfallen, u. z. auf die Elbe $8._9$ Percent, Weichsel $6._1$ Percent, Dnjestr $5._3$ Percent und Etsch $1._8$ Percent. Alle übrigen Flüsse der Monarchie, auf welche zusammen nur $6\frac{1}{2}$ Percent des Flächenraumes des Kaiserstaates als Flussgebiet entfallen, haben somit nur eine ganz untergeordnete, locale Bedeutung. Es werden desshalb nur diese fünf wichtigen Flüsse hier behandelt.

1. Die **Donau** ist die wichtigste Wasserstrasse für den Verkehr Oesterreichs, welches sie bei Passau betritt und nach einem 180 Meilen langen Laufe bei Orsova verlässt. Von Passau bis Wien treten häufige Verengerungen des Flussbettes ein, und auf jede Flussenge folgt ein Becken, welche im Mittellaufe (von Wien bis Orsova) an Grösse zunehmen. Flussengen sind: bei Passau, Grein bis Krems mit dem „Strudel" und dem

„Wirbel", deren Gefährlichkeit für die Schifffahrt durch Felsen-
sprengungen gänzlich behoben ist; dann bei Greifenstein, Pressburg, Waitzen und Orsova. Becken: bei Linz, Tuln, Wien,
die kleine, dann die grosse ungarische Tiefebene. Im Oberlaufe
hat der Fluss starkes Gefälle, im Mittellaufe fliesst er träge und
ist auen- und inselreich.

Der Ursprung hat eine Seehöhe von 2210'; beim Eintritte
nach Oesterreich, bei Passau, ist die Seehöhe 900', bei Pressburg nur mehr 400'. Während also die Donau auf der nur
120 Meilen langen Strecke vom Ursprung bis Pressburg ein
Gefälle von 1800' hat, kommen auf die zwei Drittheile des noch
zurückzulegenden Weges von Pressburg bis zur Mündung, d. i.
auf diesen 254 Meilen langen Lauf nur noch 400' Gefälle; Beweis genug, dass im Mittel- und Unterlauf der Fluss nur träge
seine Wasser vorwärts schiebt. Der Verkehr mit Dampfschiffen
ist zwar ziemlich lebhaft, doch steht er sehr weit hinter dem
schwunghaften Verkehre auf dem Rhein (Mainz-Köln) zurück.

Die namhafteren Uebergänge über die Donau sind in:
Linz, Mauthhausen, Stein, Wien, Pressburg, Komorn, Gran,
Budapest, Peterwardein, Semlin.

Die bedeutendsten Nebenflüsse, welche regelmässig be-
schifft werden, sind (links) die March (mit der Becwa und
Thaja), die Waag (mit der Arva und Thurocz), die Neutra,
Gran, Eipel, Theiss (mit der Számos, Körös, Máros, Bega,
Berzsowa, Bodrog, Hernad, Zagyva), die Temes; die Aluta, der
Sereth und der Pruth münden ausserhalb der Monarchie in die
Donau; (rechts) der Inn (mit der Salzach), die Traun, Enns
(mit der Steier), Leitha, Raab, Sár, Drave (mit der Kärntner-
Gurk, Lavant, Gail und Mur), die Save (mit der Feistriz, Lai-
bach, Krainer-Gurk, Kulpa, Unna).

2. Die Elbe entsteht aus mehreren Quellbächen des
Riesengebirges, die stärksten sind das „Weisswasser" von der
„weissen Wiese" (4378') am Nordabhange des Brunnberges,
und der „Elbebrunnen" von der „Elbewiese" (4424') unter dem
Wenzelsteine. Beide vereinigen sich unterhalb Festungshübel
(2166'); der Elbebach tritt unterhalb Hohenelbe aus dem Gebirge. Bei Herrnskretschen verlässt die Elbe nach einem 50
Meilen langen Laufe, nachdem sie von Pardubitz an beschifft

und von Melnik an mit Dampfern befahren wird, die Monarchie und tritt nach Sachsen ein.

Die namhafteren Uebergänge über die Elbe sind in: Königinhof, Josefstadt, Königgrätz, Kollin, Brandeis, Melnik, Leitmeritz.

Die bedeutenden Nebenflüsse (von denen nur die Moldau beschifft wird) sind, (links): die kleine Elbe, die Aupe, die Metau (bei Josefstadt), die Adler, die Chrudimka (bei Pardubitz), die Moldau, Böhmens wichtigster, grösster Fluss. Sie hat ihre Quellen im Böhmerwalde, die „warme" und die „kalte" Moldau vereinigen sich bei Humwald. Bis Hohenfurt ist der Lauf südöstlich, dann nördlich. Bis Budweis wird sie mit Flössen, von Moldautein mit grösseren Schiffen, von Prag bis zur Mündung in die Elbe bei Melnik mit Dampfschiffen befahren. Ihre wichtigeren Zuflüsse sind die Lužnić, die Wotawa, Sazawa und Beraun. Von den Nebenflüssen der Elbe auf dem linken Ufer sind noch zu erwähnen: die Eger und die Biela; (rechts): die Iser, der Bšowka, Polzen und Kamnitz.

3. Die Weichsel aus den schlesischen Beskiden ist der grösste Fluss des Ostseegebietes. Sie bildet die Grenzscheide zwischen dem germanischen und dem slavischen Tieflande; wird bei Dwory für kleine, bei Krakau für mittlere, bei Sandomir für grössere Fahrzeuge schiffbar. In Oesterreich hat ihr Lauf eine Länge von 52 Meilen. Sie vermittelt auf einer schiffbaren Länge von 84 Meilen den Verkehr von Westgalizien mit der Ostsee.

Namhaftere Uebergänge sind bei Skotschau, Schwarzwasser und Podgorce-Krakau.

Die bedeutenderen Nebenflüsse auf dem rechten Ufer sind: der Dunajec (mit dem Poprad), die Wisloka, der San und der Bug.

4. Der Dnjestr entspringt am Nordabhange des karpathischen Waldgebirges. Von Sambor bis zur Stry-Mündung breiten sich am rechten Ufer grosse Sümpfe aus. Der Lauf ist reissend, das Bett und Wasser sind schlammig. Bei Chotim tritt er nach Russland über. Auf 45 Meilen, von Rozwadow an, wird er in Oesterreich beschifft.

Namhaftere Uebergänge sind bei Sambor, Zydaczow, Halycz und Zaleszczyk.

Links ergiessen sich der Sered und der Podhorce, Grenzfluss gegen Russland; rechts der Stry, die Lomnica und die Bistritza in den Dnjestr.

5. Die Etsch erhält ihre Wasser aus dem Oetzthaler Fernerstock (Langtauferer Ferner). In Oesterreich ist sie nur 14 Meilen von Bozen an nach dem Einflusse der Eisack schiffbar. Das Bett ist im Oberlaufe felsig, im Mündungsgebiete (bei Portofossone) schlammig; der Lauf ist in Tirol reissend, später ruhig.

Namhaftere Uebergänge in Tirol sind bei Salurn und bei Trient. Die Etsch nimmt links die Passeier, den Eisak und den Avisio, rechts den Nos auf.

§. 8. Klimatische Verhältnisse.

Auf das Klima eines Landes üben, ausser den grossen kosmischen und terrestrischen Einflüssen, zunächst die Bodengestaltung, das Wassernetz und die Vegetations-Dicke ein, zu denen sich noch locale Einflüsse zugesellen.

Der Nordwesten des Kaiserstaates hat ein noch annähernd oceanisches Klima, im Anschlusse an Westeuropa; doch wirken die Erhebungen des Bodens ungleichmässig vertheilend auf die Niederschläge. Nach Süden zu herrscht das Klima der mittelländischen Küsten, besonders in Bezug auf Vertheilung der Niederschläge und der höheren Wärmegrade. Starke Contraste bringen die Karsthöhen mit den Bora-Stürmen herein. Ein ihm eigenthümliches Klima hat der Alpenzug mit den oft verheerenden Föhn-Stürmen. Die Alpen bestimmen das Klima der Vorländer, ebenso wie die Karpathen. Der östliche Reichstheil gravitirt klimatisch nach Osten, er hat beinahe südrussisches Steppenklima, welches nur durch die waldreichen Karpathen in seinem excessiven Charakter gemildert wird.

Im Allgemeinen genommen, hat der Kaiserstaat ein mildes, dem Pflanzen- und Thierleben zuträgliches Klima, wovon nur die Hochgebirgsgegenden eine Ausnahme machen. Die continentale Lage, die Ausbreitung gegen Osten, vorzüglich aber die Mannigfaltigkeit in der Bodenerhebung bewirken eine grosse

Verschiedenheit in der mittleren Jahres-Temperatur. Die Differenz der höchsten und tiefsten Monats-Temperatur wächst, je mehr man von der Küste in das Innere des Landes vordringt, namentlich von Süd nach Nord und Nordost, dann von West nach Ost. Sie nimmt naturgemäss mit der Erhebung des Bodens ab. Der stärkste Temperaturwechsel findet in der ungarischen Tiefebene statt, wo die Sommerhitze nicht selten bis zur süditalienischen steigt, indess bei Stürmen zur Winterszeit die Kälte jener von Hochschottland nicht nachsteht. (Bisweilen Sommerhitze bis $+45^0$ C. und Winterkälte von -22 bis -25^0 C.).

Im Allgemeinen betrachtet läuft die Isotherme von 11^0 R. durch den Norden von Dalmatien; jene von 10^0 R. durch Südtirol, über Rovigno nach Fiume; die von 9^0 R. berührt Temesvár; die von 8^0 R. verbindet Bregenz mit dem Marchfelde bei Wien und dem mittleren Siebenbürgen; die von 7^0 R. steigt in Böhmen bis in das Egerthal von Saaz, nähert sich dann den Karpathen an deren Südabhange; die von 6^0 R. durchschneidet das Stufenland der Sudeten und geht mitten durch Galizien gegen den Pruth. Die Küstenstriche sind selbstverständlich — wegen der regelmässigeren Land- und Seewinde — geringeren Temperaturschwankungen ausgesetzt, als die Binnenländer; erstere haben einen relativ mehr constanten, letztere mehr excessiven Charakter. Für jeden Grad wachsender Polhöhe vermindert sich im Allgemeinen die mittlere Jahres-Temperatur um $o._{44}^0$ R.; der Wärme-Unterschied zwischen dem äussersten Westen und Osten beträgt im Durchschnitte 1^0 R. In verticaler Richtung mindert sich in Oesterreich die Jahreswärme um 1^0 R., sobald man sich um 650' über die Meeresfläche erhebt. Die Schneegrenze findet sich in den Alpen durchschnittlich bei 8100', in den Karpathen bei 7900 bis 8000'.

Die Menge der atmosphärischen Niederschläge ist, mit Ausnahme von Dalmatien, Istrien und dem ungarischen Tieflande, welche häufig Mangel daran leiden, im Ganzen befriedigend. Der stärkste Niederschlag ist in den Alpengegenden. Die Isohyetose von 40" steigt vom Garda-See über Trient und Triest nach Fiume und kehrt über den Triglav nach dem

Ortles zurück. Jene von 35″ umkreist die erstere ganz in der
Nähe; jene von 3o″ zieht sich vom Bodensee über Klagenfurt,
Untersteiermark (Tüffer) nach Agram; die von 25″ läuft längs
des Nordrandes der Alpen. Diese Isohyetose tritt überdiess in
zwei Punkten, in Westböhmen und in den Sudeten, als in sich
zurückkehrende Linie auf. Die Curve von 2o″ geht durch das
nördliche Böhmen, kommt an Wien vorbei und zieht sich über
den Plattensee und Essek nach Semlin. Das östliche Böhmen,
die Nordhälfte von Mähren, endlich Galizien mit der Bukowina
liegen jenseits der Isohyetose von 15″, wobei in den Karpathen
allerdings Niederschlagsinseln mit 2o—5o″ vorkommen.

Gewitter gibt es relativ am wenigsten in Niederösterreich (Wien) und bei Innsbruck (Wien und Innsbruck 11—15
im Jahre), ihre Zahl und Heftigkeit nimmt gegen Süden zu:
die häufigsten sind in den hohen Alpen- und Karpathengegenden
(Galizien 22, Kärnten 25, in der ungarischen Ebene 28
durchschnittlich im Jahre), dann auch im Böhmerwalde. Hagel
am häufigsten in Tirol, Südsteiermark und Unterkrain. Unter
den Winden ist der feuchte Westwind vorherrschend; auf
dem Karstplateau, in den Golfen von Triest und Fiume wüthet
der furchtbar tobende Nordostwind, „Bora” genannt. Der er-
mattende Südwind „Sirocco” — in Tirol der „warme Wind”
oder „Föhn” genannt — schmilzt im Frühlinge rasch den Schnee
auf den Alpen und verursacht dadurch häufig Lawinenstürze
und Ueberschwemmungen.

Demnach kann die Monarchie in drei klimatische Regionen
eingetheilt werden.

a) die südliche (42—46° nördl. Br.) begreift Südtirol, das
   Küstenland, den südlichen Theil von Croatien, Slavonien
   und von Ungarn nebst Dalmatien. Kurzer Winter mit
   wenig Schnee und Eis. Es gedeihen ausser allen Getreidearten der Oel- und Maulbeerbaum, Mais, Wein, Reis,
   Feigen, und hie und da (in Dalmatien) auch andere Süd-
   früchte;

b) die mittlere (46—50° nördl. Br.), in welche das Erz-
   herzogthum Oesterreich, Salzburg, Steiermark, Kärnten,
   Krain, Nordtirol, Mähren mit einem Theile Süd-Schlesiens,
   Süd-Böhmen, der grösste Theil von Ungarn, Siebenbürgen,

Galizien und der Bukowina fallen. Längerer, strengerer Winter. Es gedeihen noch alle Getreidearten und Mais in Fülle; in einigen Strichen sehr gute Weine und edles Obst;

c) die nördliche (über den 50° nördl. Br.), zu welcher Nordböhmen, die nördlichen Theile von Schlesien und Galizien gehören. Der Getreidebau ist minder ergiebig, Mais- und Weinbau kommen nicht mehr vor; dagegen ist der Anbau von Flachs und Hanf stärker.

Mittlere Jahreswärme einiger Orte (in Grad Celsius):

Lesina 16.6	Laibach 9.4	Teschen 8.0
Cattaro 14.8	Prag 9.3	Salzbugr 7.9
Ragusa 14.7	Graz 9.1	Lemberg . . . 7.9
Triest 14.3	Brünn 8.9	Klagenfurt . . . 7.1
Fiume 12.8	Hermannstadt . 8.7	Rumburg . . . 7.0
Trient 12.0	Bludenz 8.6	Hohenelbe . . . 6.5
Roveredo 11.9	Troppau 8.6	Tarnopol . . . 6.4
Temesvár 11.5	Krakau 8.5	Arva 6.0
Szegedin 11.3	Bihač 8.5	Gastein 5.4
Agram . . . 11.3	Linz 8.4	Schneekoppe . . . 0.2
Ofen 10.9	Czernowitz . . . 8.3	
Wien 9.8	Innsbruck . . . 8.2	

Der jährliche Niederschlag beträgt (in Centimeter):

Wien 57	Trient 94	Lemberg 72
Linz 71	Kitzbüchel 112	Czernowitz 58
Salzburg 111	Prag 40	Lesina 78
Gastein 74	Brünn 50	Arva 88
Graz 74	Troppau 52	Ofen 46
Klagenfurt 95	Teschen 73	Szegedin 49
Innsbruck 88	Krakau . . . 57	Hermannstadt . . . 66

II. DAS VOLK.

a) Der Bevölkerungsstand.

§. 9. *Absolute Bevölkerung.*

Bei der statistischen Untersuchung der Bevölkerung ist zu ermitteln:

1. Der **Bevölkerungsstand**, d. i. die Volkszahl, die absolute und die relative Bevölkerung, dann die Vertheilung oder Beschreibung der Bevölkerung (nach Geschlecht. Nationalität, Confession, Beschäftigung, Wohnorte u. s. w.).

2. Der **Bevölkerungswechsel** oder die Bewegung der Bevölkerung, d. i. die Zu- oder Abnahme der Volkszahl (die Trauungen, Geburten, Sterbefälle, Ein- und Auswanderung u. s. w.).

1. Der **Bevölkerungsstand.** Vorerst kommt die Gesammtbevölkerung, mit der absoluten Volkszahl in Betracht. Das Materiale dazu liefern die verschiedenen Volkszählungen, obwohl so manche Zählungen, nicht blos in Oesterreich, weder der Wissenschaft noch den Bedürfnissen der Staatsverwaltung vollkommen entsprochen haben. In Oesterreich selbst haben sogar zwischen den zwei letzten Zählungen am 31. October 1857 und 31. December 1869, welche die relativ richtigsten Resultate unter den bisherigen Volkszählungen Oesterreichs lieferten, einige Differenzen stattgefunden, und sind die von den einzelnen Behörden verfassten Uebersichten nochmals einer eindringlichen Ueberprüfung nach einheitlichen Grundsätzen nicht überall unterzogen worden. Auch die Wahl des Zeitpunktes der letzten Zählung in Oesterreich — der 31. December — wurde beanständet; denn man wählt im Allgemeinen Zeiten hierzu, in welcher die Einwohner am wenigsten von ihrer eigentlichen Wohnung entfernt zu sein pflegen. Es ist nicht die Aufgabe, an diesem Platze das Zählungsoperat vom Jahre 1869 einer kritischen Prüfung zu unterziehen; doch dürfte ein Hinweis nicht überflüssig sein, dass der vorsichtige, gewissenhafte Statistiker wohl daran thun wird, prüfend bei Benützung der Zahlen vorzugehen. Auf allfällige Widersprüche, wenn sie störend erscheinen, soll übrigens rectificirend hingewiesen werden.

Schon ein flüchtiger Blick auf die verschiedenen geographischen und statistischen Publicationen, in denen die allgemeinsten Ziffer-angaben über Oesterreich oft weit von einander differiren, zeigt zur Genüge, dass vorsichtige Prüfung vielfach angezeigt ist. In Oesterreich sind seit den Rescripten der Kaiserin Maria Theresia vom 13. October 1753 und vom 7. Januar und 16. Februar 1754, in welchen für die zum österreichischen und schwäbischen Kreise des deutschen Reiches gehörigen Länder eine zweifache „Seelenconsignation" durch geistliche und welt-liche Vorsteher angeordnet wurde, und welche sich alle drei Jahre wiederholen sollte, — im Laufe eines Jahrhunderts zahl-reiche Volkszählungen vorgenommen worden. Die Zählungen von 1754, 1761 und 1762 hatten nur allgemein politische Zwecke, nur die „factische Bevölkerung" (population de fait) im Auge, wobei die Consignation der Geistlichkeit um 2—3 Percent höhere Ziffern lieferte, als jene der weltlichen Behörden. In den Jahren 1770—1781 wurde bei der „Consignation" nur der militärische Zweck, die Grundlage der Heeresergänzung berücksichtigt, und hier trat die „einheimische Bevölkerung" (population de droit) in den Vordergrund. Kaiser Josef II. führte nach diesen Grund-sätzen in den Jahren 1785—1786 in allen österreichischen Ge-bieten (mit Ausnahme der Militärgrenze, Mailand, Mantua und Belgien) diese Conscription durch. Zu Anfang des laufenden Jahrhunderts zerfiel somit die österreichische Monarchie in: a) die „altconscribirten" Länder (Oesterreich, Salzburg, Steiermark, Kärnten, Krain, Görz mit Gradiska, Istrien, Böhmen, Mähren, Schlesien Galizien und Bukowina); — b) Provinzen mit rein administrativer Volkszählung (Triest mit Gebiet, Tirol mit Vorarlberg, Lombardo-Venezien); — c) Ungarn sammt Nebenländern und Siebenbürgen; — d) die Militärgrenze.

Im Jahre 1850 fand in den „altconscribirten" Ländern, sowie in Ungarn eine wesentlich verbesserte Volkszählung statt, in den Ländern der Gruppen b) und d) wurde in „bisher üblicher Weise" conscribirt. Das Resultat dieser Zählung war aus man-nigfachen Gründen kein befriedigendes. Erst die auf Grundlage des Gesetzes vom 23. März 1857 am 31. October 1857 vorge-nommene Volkszählung gibt in vielen Beziehungen befriedigende Aufschlüsse. Dieses Gesetz gibt den einseitig militärischen Cha-

rakter der Conscription auf und verwandelt das ganze Zählungs-
geschäft rücksichtlich des grösseren Theiles der Civilbevölkerung
in eine ausschliessliche Aufgabe der Administrativorgane; es
bezieht alle Thatsachen auf Einen und denselben Termin,
gliedert die gesammte „einheimische" Bevölkerung nach Alters-
klassen, nach Beruf, nach Erwerb und Unterhaltsquelle und
sucht in besonderer Sorgfalt auch die im Auslande ansäs-
sigen Oesterreicher zu ermitteln. Die durch Militärbehörden
aufzuzeichnenden Personen werden in ganz gleicher Art aufgenommen. Die Kosten des Zählungsgeschäftes, welches nach
diesem Gesetze „alle 6 Jahre" stattfinden „sollte", trägt der
Staatsschatz.

Unter Zugrundelegung der Resultate der erwähnten Volkszählungen — am 31. October 1857 und am 31. December
1869 — sind die unten folgenden Berechnungen und Reflexionen
angestellt worden. Zeitweise wurde auch auf die Zählung vom
Jahre 1850, trotzdem sie als sehr mangelhaft bezeichnet werden
muss, zurückgegriffen, um theilweise vergleichend vorzugehen.
Diese Resultate stimmen allerdings mit den Zifferangaben der
meisten statistischen Schriften über Oesterreich nicht überein;
desshalb erscheint es angezeigt, die gewonnenen Ergebnisse
dieser Berechnungen hier etwas mehr ins Einzelne gehend vorzulegen.

Die Berechnung findet für jeden der beiden Reichstheile
abgesondert statt.

I. In den Ländern, welche gegenwärtig im Reichsrathe vertreten sind, und welche wir der Kürze wegen als **Oesterreich** —
im engeren Sinne — bezeichnen, betrug die absolute Bevölkerung

$$
\begin{array}{llll}
& \text{im Jahre } 1830 & . . . & 15,588.142 \\
& \text{\textit{n} \quad \textit{n} \quad } 1850 & . . . & 17,534.950 \\
\text{(am 31. October) \textit{n} \quad \textit{n} } & 1857 & . . . & 18,224.500 \\
\text{(am 31. Dec.) \quad \textit{n} \quad \textit{n} } & 1869 & . . . & 20,419.683 \\
\end{array}
$$

u. zw. Civilbevölkerung: 20,242.234

Militärbevölkerung: 177.449

Während der 40 Jahre 1830—1870 hat die Bevölkerung einen
natürlichen Zuwachs im Jahresdurchschnitt von $0._{775}$ Percent erhalten. Weil aber die Bevölkerungszahl für das Jahr 1830
durchaus nicht als verlässlich angesehen werden kann; so ist

auch dieser ermittelte Percentsatz für den natürlichen Zuwachs in der bezeichneten Periode kein genauer.

Auch das Resultat der Zählung vom Jahre 1850 befriedigt nicht, weder administrativ, noch viel weniger wissenschaftlich. Aus diesem Grunde ist der Percentsatz von $0._{562}$ Percent, welcher aus den vorliegenden Daten für den jährlichen Zuwachs in der siebenjährigen Periode 1850—1857 ermittelt wird, gleichfalls für weitere Berechnungen und Schlussfolgerungen nicht geeignet.

Wird die zwanzigjährige Periode 1850—1870 in Betracht gezogen, in welcher die Bevölkerung von 17,534.950 auf 20,419.683 gestiegen ist, trotzdem in dieser Periode die Abtrennung der Lombardei und Venedigs mit über 5 Millionen Einwohnern fällt, so ergibt sich eine natürliche Populationsvermehrung im Jahresdurchschnitt von $0._{823}$ Percent. Allein auch dieser Percentsatz kann wegen der Unsicherheit der Bevölkerungsziffer des Zählungsjahres 1850 nicht als richtig angesehen werden.

Die relativ richtigsten Ziffern sind jene der zwei letzten Zählungen, im Jahre 1857: 18,224.500, und im Jahre 1869 20,419.683 Einwohner. Für diese zwölfjährige Periode resultirt als Percentsatz $1._{004}$ für den durchschnittlichen jährlichen natürlichen Zuwachs, welcher nun bei Berechnung der Bevölkerung für Oesterreich (im engeren Sinne) zu Grunde gelegt worden ist, weil im Quinquennium 1870—1875 keinerlei die natürliche Zunahme störende Einflüsse vorgekommen sind.

Laut officieller Zählung am 31. December 1869 betrug die Civilbevölkerung 20,242.234, das active Militär 177.449, zusammen also:

am 31. Dec. 1869 20,419.683; dazu $1._{004}$ % mit 205.014
„ 31. „ 1870 20.624.697; „ $1._{004}$ „ „ 207.072
„ 31. „ 1871 20,831.769; „ $1._{004}$ „ „ 209.151
„ 31. „ 1872 21,040.920; „ $1._{004}$ „ „ 211.251
„ 31. „ 1873 21,252.171; „ $1._{004}$ „ „ 213.572
„ 31. „ 1874 $\Big\}$ **21,465.543.**
oder am 1. Januar 1875

Dass die hier berechneten Bevölkerungszahlen von den Zählungsergebnissen, falls solche vorgenommen worden wären, um eine kleine Summe differiren würden, ist selbstverständlich. Indessen wäre diese Differenz bei der Verlässlichkeit der jüngsten Zählungen und bei der Genauigkeit der Nachweisungen von Geburten und Sterbefällen eine sehr geringe; der wahrscheinliche „Zählungsfehler" wird amtlich auf $0._{14}$ Percent angenommen. Dieses Percent resultirt nämlich, wenn man die Bevölkerungszahl, wie sie auf Grund der Zählung von 1857 für Ende December 1869 berechnet wird, mit dem an diesem Tage vorgenommenen Zählungsresultate vergleicht.

Die Zählung ergab 19,788.219
Die Berechnung ergab 19,759.818

Die obigen Ziffern dürften demnach um eine geringe Summe kleiner als die factische Bevölkerung sein; der Zählungsfehler vermindert sich aber, je genauer zwei unmittelbar auf einander folgende Zählungen vorgenommen wurden. Demnach dürften obige Ziffern ziemlich richtig den Stand der Bevölkerung angeben.

Hier ist jener Percentsatz, welcher aus den Zählungen von 1857 und 1869 für die natürliche Zunahme der Bevölkerung resultirt, als Basis der Berechnung genommen worden.

Nimmt man jedoch jenen Percentsatz, welcher aus den Ergebnissen der Geburt- und Sterbefälle, u. zw. in jedem einzelnen Lande sich ergibt (§. 18), so erhält man für die Bevölkerung Oesterreichs am 1. Januar 1875 die Summe von: 21,462.814 Seelen.

Hier ist aber zu bemerken, dass in den Ländern: Niederösterreich, Oberösterreich, Salzburg, Steiermark, und Galizien, auf Grundlage der Zählungen ein ansehnlich höherer Percentzatz resultirt, als aus den Ergebnissen der Geburten und der Sterbefälle.

Die höchst unbedeutende Differenz zwischen den beiden Berechnungen: a) auf Grund der Zählungsresultate, und b) auf Grund der Geburts- und Sterblichkeits-Ergebnisse beträgt somit für die ganze fünfjährige Periode nur 2729 Individuen, was gewiss ein glänzendes Zeugniss für die Genauigkeit und Richtigkeit der Zählungen ablegt.

Unter Staats-Organismus (§. 26) kommt übrigens der Detailnachweis nach den einzelnen Ländern vor.

II. In den „Ländern der ungarischen Krone", welche wir
der Kürze halber hier mit „Ungarn" — im weiteren Sinne —
bezeichnen, wird für das Jahr 1850 die absolute Bevölkerung
mit 13,191.553, und für das Jahr 1870 mit 15,417.327 ange-
gegeben (letztere Ziffer nach Ausscheidung der im officiellen
ungarischen statist. Jahrbuche de 1874 zu „Ungarn" gezählten
Bevölkerung Dalmatiens mit 442.796 Seelen). In dieser zwanzig-
jährigen Periode resultirt ein natürlicher Zuwachs von 2.225.774;
doch entspricht der resultirende Percentsatz auch für Ungarn
wegen der Unsicherheit der Jahreszählung von 1850 und der
Lücken im Operate von 1870 nicht genau und kann unbeachtet
gelassen werden.

Werden aus dem Volkszählungsoperate des Jahres 1857
jene Landestheile, welche heute die Länder der ungarischen
Krone bilden, ausgeschieden und zusammengefasst, nämlich:

1. die fünf Statthalterei-Abtheilungen mit 8,125.785
2. die serbische Wojwodschaft und das Banat mit . 1,540.049
3. Croatien und Slavonien mit 865.009
4. Siebenbürgen mit 2,172.748
5. die Militärgrenze mit 1,064.922

so ergibt sich für das J. 1857 eine Gesammtsumme von 13,768.513
was für die siebenjährige Periode 1850—1857 eine Vermehrung von 0,625 Percent im jährlichen Durchschnitte bildet. Dieser
Percentsatz, welcher dem Percensatze der westlichen Reichshälfte für diese Periode beinahe gleichkommt, kann aus dem
mehrfach erwähnten Grunde der Unsicherheit der Ziffern des Jahres
1850 gleichfalls nicht als verlässlich angesehen werden.

Nach der Zählung vom 31. December 1869 wird für
Ungarn, einschliesslich der Militärgrenze, die Gesammtsumme
(Civil und Militär) angegeben mit: 15,523.551, darunter 92.159
Militär (81.177 actives Militär, 10.982 Honvéd).

Am 31. December 1869 war also die Gesammtbevölkerung der Monarchie (Civil und Armee):

	Männlich:	Weiblich:	Zusammen:
Oesterreich:	10,005.601	10,414.082	20,419.683
Ungarn:	7,791.260	7,732.291	15,523.551
	17,796.861	18,146.373	35,943.234

3 *

Die Zählung des Jahres 1857 wurde bereits früher als die relativ richtigste unter den vorausgegangenen bezeichnet; das Gleiche gilt von den Ziffern des Jahres 1869. — Für das Jahr 1870 hat das k. ung. statist. Bureau aus den Original-Ausweisen der einzelnen Seelsorger ohne Intervention irgend einer Mittelbehörde ein Operat zusammengestellt und bearbeitet, bei welchem nach der Bemerkung dieses Amtes nur einige verhältnissmässig geringe Lücken constatirt werden.

Für Ende 1870 gibt die k. ung. Statistik an:

	Männlich:	Weiblich:	Zusammen:
Ungarn-Siebenbürgen . .	6,722.887	6,838.358	13,561.245
Fiume sammt Gebiet . .	8.153	9.731	17.884
Croatien-Slavonien . . .	566.822	572.148	1,138.970
Croat.-slav. Militärgrenze .	355.698	343.530	699.228
	7,653.560	7,763.867	15,417.327

Diese Ziffern nehmen wir als Grundlage für die weiteren Berechnungen und Schlussfolgerungen an, indem sich der Percentsatz für die dreizehnjährige Periode, von 1857 bis Ende 1870 auf 0.921 Percent stellt. Wird dieser für die natürliche Zunahme in den Jahren 1871, 1872, 1873 und 1874 angenommen, so berechnet sich die Bevölkerung Ungarns für:

31. December 1870 15,417.327; dazu 0.921 % mit 141.994
31.   „   1871 15.559.321;   „   „   „   „   143.301
31.   „   1872 15,702.622;   „   „   „   „   144.621
31.   „   1873 15,847.243;   „   „   „   „   146.953
31.   „   1874
oder: am 1. Januar 1875 } 15,993.196

Nach diesen Berechnungen stellt sich somit die Summe der Gesammtbevölkerung für den **1. Januar 1875** heraus:

Oesterreich 21,465.543
Ungarn 15,993.196
Hauptsumme . . . 37,458.739

Mit Rücksicht auf die früher gemachte Bemerkung über die Differenz zwischen den aus der Zählung und den aus der „Berechnung" resultirenden Endzahlen und auf den „wahrscheinlichen Zählungsfehler" kann die Bevölkerung der Gesammtmonarchie für den **1. Januar 1875** mit nahezu $37\frac{1}{2}$ Millionen angenommen werden.

Im Jahre 1857 zählte der Kaiserstaat im damaligen Umfange 37,754.856 Einwohner. Der Ausfall, welchen das Reich durch Abtrennung der Lombardei und Venedigs (mit über 5 Millionen Einwohnern) erlitten, ist nach obiger Berechnung in neuester Zeit beinahe schon vollständig ersetzt.

§. 10. Relative Bevölkerung.

Unter relativer Bevölkerung oder Volksdichtigkeit versteht man das Verhältniss der Volkszahl zum Flächeninhalt des Gebietes, auf welchem dieses Volk lebt. Es wird nämlich berechnet, wie viel Menschen durchschnittlich auf einem bestimmten Raume (gewöhnlich 1 Quadratmeile, oder 1 Quadrat-Kilometer) leben, und diese Bevölkerungszahl wird relative Bevölkerung genannt.

Eine gewisse Höhe der Volksdichtigkeit ist eine nothwendige Bedingung für die materielle und sittliche Entwicklung der bürgerlichen Gesellschaft. Eine über weite Räume vereinzelt zerstreute Bevölkerung kommt unter die Herrschaft der Natur, sie verwildert; statt dass der Mensch die Natur beherrscht, sie sich dienstbar macht und als Culturmensch ein menschenwürdiges Dasein lebt. Beispiele solcher Verwilderung sind die in den Pampas Südamerikas lebenden Nachkommen der spanischen Eroberer, die französischen Ansiedlungen in Canada im 17. Jahrhunderte und noch andere.

Im Allgemeinen kann die Volksdichtigkeit wohl als ein Massstab für die Stärke und Macht der Civilisation und des Reichthums eines Volkes angesehen werden. Es ist jedoch dabei zu berücksichtigen, dass der Werth der Höhe der relativen Bevölkerung für die Kraft eines Staates doch auch eine natürliche Grenze hat; dass unter übrigens gleichen Verhältnissen in zwei Ländern von verschiedener relativer Bevölkerung in dem dünner bevölkerten Lande das Volk häufig dadurch kräftiger ist, dass ihm ein grösseres Mass von Naturkräften zu Gebote steht, als in dem dichter bevölkerten Lande.

Der erwähnte Werth der Höhe der relativen Bevölkerung ist aber auch in soferne verschieden, als sich die Volksdichtig-

keit dem Zustande der sogenannten Uebervölkerung nähert,
oder von demselben noch entfernt ist. Das Eintreten einer
Uebervölkerung wäre stets von physischen Culturverhältnissen,
d. h. von den Erwerbs- und Erhaltungsmitteln abhängig. Sie
würde eintreten, wenn ein Land nicht genug Nahrungsmittel
für die Bevölkerung produciren könnte, aber auch in anderer
Weise sich das Volk die Mittel zu erwerben nicht vermöchte,
um die fehlenden Ernährungsmittel sich zu verschaffen, in welchem Falle also die Bevölkerung aus Mangel an Ernährungs-
mitteln successive sich vermindern müsste, was eine absolute
Uebervölkerung zu nennen wäre. Kann sich aber das Volk nur
so viel Mittel nicht erwerben, um momentan die geforderten
Preise für die nothwendigen Ernährungsmittel zu bezahlen, so
wäre das eine relative Uebervölkerung. Von einer „absoluten Uebervölkerung" haben wir kein Beispiel und tritt
bei der enormen Steigerung der Cultur im Allgemeinen, des
Ackerbaues, der Industrie und des Verkehrswesens insbesondere,
die Grenze in so unabsehbare Weite zurück, dass an eine solche
gar nicht gedacht werden kann. Ueberdies nimmt mit dem
Abnehmen der Ernährungsquellen auch die Vermehrung der
Bevölkerung ab, und eine Vermehrung der Bevölkerung bei
Abnahme der Ernährungsquellen widerstreitet einem anerkannten
Naturgesetze. Es kann sich also nur darum handeln, welche
Abnahme—jene der Subsistenzmittel oder jene der Bevölkerung—
für einen gegebenen Zeitraum rascher und in grösserer Progression vor sich geht. Für einen längeren Zeitraum ist jedoch ein
solcher Zwiespalt nicht denkbar. Eine absolute Uebervölkerung kann also nie und nirgends eintreten. Anders
steht es um die relative Uebervölkerung, welche momentan
eintreten kann, wenn durch Missernten und derartige Calami-
täten grosse Noth über ein Land hereinbricht, ohne dass für
Herbeischaffung der nothwendigen Quantitäten von Nahrungsmitteln Vorsorge getroffen worden wäre. Doch ist auch dieses
im Zeitalter der hochentwickelten Communicationen, des Asso-
ciationswesens und Speculationsgeistes nicht zu besorgen.

Besondere Rücksicht verdient die Betrachtung der Dich-
tigkeitsverhältnisse in den einzelnen Theilen eines Staates. Denn
darauf beruhen bisweilen Unterschiede, deren Beachtung für

die Staatsverwaltung von Wichtigkeit ist, soll die naturgemässe Entwicklung des Gesammtstaates nicht beeinträchtigt werden. Ueberdies haben Durchschnittszahlen (in welchen die relative Bevölkerung immer ausgedrückt wird) nur dann einen wissenschaftlichen und praktischen Werth, wenn sie auf kleinere Districte angewendet werden. Hier treten jedoch einzelne Extreme bisweilen auf, u. z. von übermässig grosser, oder übermässig kleiner Dichtigkeit. Man könnte derlei Districte „Dichtigkeits-Inseln," und zwar erstere „positive", letztere „negative" nennen. Positive Dichtigkeits-Inseln bilden die Hauptstädte mit der nächsten Umgebung, wo auf einem relativ kleinen Territorium eine grosse Bevölkerung lebt, die aus allen Theilen des Reiches und wohl auch aus der Fremde herzugeströmt ist. Negative Dichtigkeits-Inseln treten dort auf, wo durch Binnenseen, Sümpfe, uncultivirbares Land und andere terrestrische Hemmnisse eine Unterbrechung plötzlich eintritt, und für einen solchen District eine weitaus geringere relative Volkszahl sich ergibt, als es durch die gleichartigen Zustände der Nachbarschaft sein sollte.

Die Volksdichtigkeit ist eine durch die Ziffer ausgedrückte Thatsache, sie ist der ziffermässige Ausdruck für viele gleichartige Zustände auf einem gegebenen Territorium. Am schärfsten prägen sich in der Dichtigkeitsziffer die Bodengestaltung und die Beschäftigungsart der Bewohner, die Wechselwirkung zwischen Boden und Volk, „Land und Leuten" aus. Derlei Zustände schränken sich aber weder auf ganz kleine Territorien ein, noch machen sie Sprünge von einem Extrem zum andern in ihrer unmittelbaren Umgebung. Dichtigkeits-Inseln müssen also sowohl für sich selbst — nach ihrer Ausscheidung aus dem ganzen Complex — als auch im Zusammenhange mit dem Complexe (Provinz, Kronland u. dgl.), innerhalb dessen sie vorkommen, in Betracht gezogen werden.

Eine weitere Frage ist: ob nur das Verhältniss zwischen dem ertragsfähigen Boden und der Bevölkerung — also mit Ausscheidung des ganzen unproductiven Bodens — bei der Berechnung der relativen Bevölkerung in Betracht zu ziehen wäre? Dadurch kämen für die österreichischen Alpenländer, sowie für

Ungarn mit seinen ausgedehnten „Puszta" bedeutend höhere
Ziffern heraus.

Die hier folgende Darstellung ist das Resultat der Zählung von 1869. In Oesterreich leben durchschnittlich 3881,
in Ungarn 2724 Menschen auf einer Quadratmeile.

Diese Durchschnittsziffern übersteigen:

in Oesterreich (3881)   in Ungarn (2724)
Schlesien mit 5719   Ungarn mit Siebenbürgen 2823
Niederösterreich mit . 5672   Croatien 2855
Böhmen   „   . 5655
Mähren   „   . 5207
Küstenland   „   . 4203
Galizien   „   . 3970

Unter dieser Durchschnittsziffer stehen:

Oberösterreich mit . 3509   Croatisch-slavonische Mi-
Steiermark   „   . 2899   litärgrenze (jetzt pro-
Bukowina   „   . . 2819   vincialisirt, — in Civil-
Krain   „   . . 2678   verwaltung) 2127
Dalmatien   „   . . 2045
Kärnten   „   . . 1866
Tirol mit Vorarlberg mit 1724
Salzburg mit 1216

Bei der nicht zu bestreitenden Bedeutung einer detaillirten
Kenntniss der Volksdichtigkeit in einem Staate gehen wir
im Hinblicke auf die oben dargelegten Principien an die Detail-
darstellung der Volksdichtigkeit in den einzelnen Königreichen
und Ländern über, wobei die „Civilbevölkerung" nach der
Zählung vom 31. December 1869 als Grundlage dient.

A. OESTERREICH.

1. **Niederösterreich.** Absolut: 1,954.251; relativ: 5672;
Area: 344.10 österreichische Quadratmeilen. Ausser den drei,
der Statthalterei unmittelbar unterstehenden Städten: Wien,
Wiener Neustadt und Waidhofen (an der Ybbs) werden
noch die zwei „Vororte"-Bezirke: Hernals und Sechshaus als
„Dichtigkeits-Inseln" hier behandelt, und vom gesammten Complexe ausgeschieden.

Dichtigkeits-Inseln:

Stadt Wien	607.514	absolut;*	$1._{01}$ □ M.;	601.499	relativ
„ Wiener Neustadt . .	19.173	„	$1._{73}$ „	11.083	„
„ Waidhofen a. d. Y. .	3.497	„	$0._{09}$ „	43.712	„
Hernals	126.410	„	$6._{17}$ „	20.488	„
Sechshaus	132.699	„	$5._{27}$ „	25.180	„

889.293 absolut; $14._{26}$ □ M.

Nach Abzug dieser Dichtigkeits-Inseln wohnen 1,064.958 Einwohner auf $330._{23}$ österreichischen Quadratmeilen, und sinkt die für g a n z Niederösterreich berechnete Durchschnittsziffer 5672 für jeden der noch übrigen 16 Bezirke auf 3224 herab. Diese Ausscheidung gewährt einen klareren Einblick in die wirklichen Populationsverhältnisse Niederösterreichs. Die auf 5672 für das g a n z e Land berechnete D u r c h s c h n i t t s - z i f f e r wird n u r von den „Dichtigkeits-Inseln" und dem Bezirk von Baden (5738) überschritten; während 15 unter 16 Bezirken diese Ziffer g a r n i c h t e r r e i c h e n, — diese Ziffer demnach unmöglich als die „Durchschnittsziffer" angesehen werden kann.

Wird hingegen die nach Ausscheidung der Dichtigkeits-Inseln ermittelte Ziffer 3224 als Grundlage bei der Betrachtung angenommen, so stellt es sich heraus, dass n e b s t den fünf Dich-tigkeits-Inseln n o c h a n d e r e a c h t (unter 16) Bezirke dieselbe ü b e r s c h r e i t e n, u. z. Baden (5783), Bruck an der Leitha (5363), Oberhollabrunn (4341), Korneuburg (4133), Krems (4003), St. Pölten (3546), Waidhofen an der Thaya (3468) und Mistel-bach (3349); Neunkirchen reicht nahe an die Durchschnittsziffer heran (3148); in fünf Bezirken schwankt die relative Ziffer zwi-schen 2000—3000, nämlich: Amstetten (2867), Umgebung Wie-ner Neustadt (2633), Zwettl (2515), Horn (2457) und Gross-Enzersdorf (2279); nur in zwei Bezirken bleibt die Ziffer unter 2000, u. z. Scheibbs (1922) und Lilienfeld (1304).

Die industriellen Bezirke Baden und Bruck, bei welchen übrigens auch der aus dem directen Verkehr zwischen diesen

---

* Nach der Zählung am 17. April 1875 hat W i e n: 1,001.999 Ein-wohner; davon kommen 660.745 auf die X Bezirke der S t a d t, und 341.254 auf die V o r o r t e. Weil wir auf Grund der Volkszählung in der Gesammt-monarchie im Jahre 1869 alle Berechnungen machen, behalten wir obige Ziffer bei.

Bezirken und der Residenz entspringende Einfluss sich bemerkbar macht, haben die dichteste, die Hochgebirgsbezirke Scheibbs und Lilienfeld die dünnste Bevölkerung. Bodengestaltung und Beschäftigungsart der Bewohner finden ihren ziffermässigen Ausdruck. Dass nach Ausscheidung ,der Dichtigkeits-Inseln ein normaleres Verhältniss in der Vertheilung der Bevölkerung hervortritt, ist klar und unbestreitbar.

2. **Oberösterreich.** Absolut: 731.541; relativ: 3509; Area: 208.$_{47}$ österr. Quadratmeilen.

Dichtigkeits-Inseln:

Stadt Linz	. . .	30.538 absolut;	0.$_{31}$ ☐ M.;	92.058 relativ	
„ Steyer	. . .	13.392 „	0.$_{07}$ „	193.314 „	
		43.930 absolut;	0.$_{38}$ ☐ M.		

Nach Abzug der Dichtigkeits-Inseln kommen 687.611 Einwohner auf 208.$_{09}$ Quadratmeilen; es sinkt also die frühere Durchschnittsziffer 3509 auf 3304 für jeden der 12 Landbezirke. Diese Differenz ist so geringe, dass sie bei Betrachtung der Bezirke ohne Einfluss bleibt. Von den 12 Bezirken des Landes übersteigen sechs die grössere, und sieben die kleinere Durchschnittsziffer: Wels (5172), Umgebung Linz (4790), Ried (4528), Schärding (4119), Rohrbach (3927), Perg (3560), Vöcklabruck (3304); die mindeste Ziffer hat Kirchdorf (1664) — und 4 Bezirke haben zwischen 2—3000, u. z. Braunau (2930), Umgebung Steyer (2832), Freistadt (2753) und Gmunden (2003). Die Entwicklung des Eisenbahnwesens hat in Oberösterreich einen bemerkbaren Zuwachs der Bevölkerung zur Folge gehabt; dagegen ist auf die Abnahme der Sensen-Industrie ein stetiger Rückgang der Bevölkerung in Kirchdorf eingetreten.

3. **Salzburg.** Absolut: 151.410; relativ 1216; Area 124.$_{52}$ österr. Quadratmeilen.

Dichtigkeits-Insel:

Stadt Salzburg 20.336 absolut; 0.$_{15}$ ☐M.; 135.573 relativ.

Nach Abzug der Dichtigkeits-Insel kommen 131.074 Einwohner auf 124.$_{37}$ Quadratmeilen; es sinkt also die Durchschnittsziffer 1216 auf 1053 für jeden der vier Landbezirke.

Von den vier Landbezirken übersteigt nur Einer, Salzburgs Umgebung (2039), diese Ziffer, während die drei anderen bedeutend darunter bleiben; St. Johann (892), Tamsweg (734), Zell am See (638). Der Charakter des Hochalpengebietes ist in diesen Ziffern deutlich ausgesprochen.

4. Steiermark. Absolut: 1,131.309; relativ : 2899 ; Area: 390.$_{19}$ österr. Quadratmeilen.

Dichtigkeits-Inseln:

Stadt Graz	81.119 absolut;	0.37	☐M.;	219.241	relativ	
„ Marburg	12.828	„	0.15	„	85.520	„
„ Cilli	4.224	„	0.03	„	140.800	„

98.171 absolut; 0.55 ☐M.

Nach Abzug der Dichtigkeits-Inseln kommen 1,033.138 Einwohner auf 389.$_{64}$ Quadratmeilen; es sinkt also die Durchschnittsziffer 2899 auf 2651 für jeden der 18 Landbezirke. Diese geringe Differenz bleibt beinahe vollständig ohne Einfluss. Von den 18 Bezirken des Landes übersteigen 11 die höhere, und 12 die niederere Duchschnittsziffer : Leibnitz (4829), Radkersburg (4689), Luttenberg (4569), Feldbach (4554), Pettau (4446), Umgebung Marburg (4165), Umgebung Cilli (3390), Deutsch-Landsberg (3285), Weiz (3227), Umgebung Graz (3182), Hartberg (2823); von den restirenden sechs erreicht Lietzen (899) nicht einmal die Ziffer 1000, es ist der am dünnsten bevölkerte Bezirk; die Bezirke Murau (1124), Bruck (1471), Judenburg (1505) und Leoben (1877) erreichen nicht 2000; Windischgrätz endlich rückt nahe an die kleinere Durchschnittsziffer heran (2613). Die dichteste Bevölkerung ist in dem getreide- und weinreichen Mittellande; die dünnste im nördlichen Alpenbezirke.

5. Kärnten. Absolut: 336.400; relativ: 1866; Area: 180.$_{26}$ österr. Quadratmeilen.

Dichtigkeits-Insel:

Stadt Klagenfurt : 15,285 Einwohner auf 0.09 ☐M ; 191.062 relativ.

Nach Abzug der einzigen Dichtigkeits-Insel kommen 321.115 Einwohner auf 180.$_{18}$ Quadratmeilen; es sinkt somit die Durchschnittsziffer 1866 auf 1782 für jeden der sieben Landbezirke. Diese Differenz übt keinerlei Einfluss aus; denn von den sieben Bezirken übersteigen fünf die Ziffer von 2000, u. zw. Wolfsberg (2333), Umgebung Klagenfurt (2298), Völkermarkt (2293), Villach (2135) und St. Veit (2051); die geringste Dichtigkeit hat Spital (904), dann folgt Hermagor (1240). Die Landbezirke in Kärnten sind demnach von ziemlich gleichmässiger Dichtigkeit. In den Bezirken Villach, Völkermarkt und Wolfsberg hat gegen das Jahr 1857 eine Verminderung der Volkszahl stattgefunden; wohl in Folge verminderten Betriebes der Bergwerke und Gewerkschaften.

6. **Krain.** Absolut: 463.273 ; relativ: 2678; Area: 172.$_{98}$ österr. Quadratmeilen.

Dichtigkeits-Insel:

Stadt Laibach: 23.593 Einwohner auf 0.$_{59}$ $\square$M.; 38.293 relativ.

Wird die Dichtigkeits-Insel abgezogen, so kommen 440.680 Bewohner auf 172.$_{39}$ Quadratmeilen, und die Durchschnittszahl 2678 sinkt auf 2556 für die 11 Landbezirke.

Auch hier übt diese Differenz keinen wesentlichen Einfluss aus, denn von den 11 Bezirken übersteigen acht die höhere Durchschnittsziffer, u. zw. Stein (3577), Gurkfeld (3311), Umgebung Laibach (3284), Tschernembl (3117), Krainburg (2999), Litaj (2809), Rudolfswerth (2692), Adelsberg (2635); von den drei restirenden hat Gottschee (1891), Loitsch (1686) und Radmansdorf (1413).

7. **Küstenland.** Absolut: 583.535; relativ: 4203; Area: 138.$_{82}$ österr. Quadratmeilen.

Dichtigkeits-Inseln:

Stadt	Triest	70.274 absolut;	0.$_{03}$ $\square$M.;	2,342.466 relativ
Gebiet	Triest	52.824 „	1.$_{6}$ „	33.015 „
Stadt	Görz	16.659 „	0.$_{41}$ „	40.632 „

139.757 absolut; 1.$_{50}$ $\square$M.

Nach Abzug der Dichtigkeits-Inseln wohnen 443.778 Einwohner auf 137.$_{32}$ Quadratmeilen; demnach sinkt die Durchschnittsziffer für die 10 Landbezirke von 4203 auf 3231.

Von den 10 Landbezirken übersteigen nur drei die höhere Durchschnittsziffer, dagegen fünf die kleinere, u. zw. Gradisca (5741), Capo d'Istria (4609), Umgebung Görz (4465), ferners Sessana (3293), Pola (3244). Von den fünf anderen Bezirken sinkt keiner unter 2000. Die Grafschaft Görz-Gradisca ist dichter bevölkert, als Istrien, die Volkszahl hat übrigens gegen das Jahr 1857 im ganzen Küstenlande erheblich zugenommen; bei Pola und Capo d'Istria ist dieses eine Folge des lebhaften Schiffsverkehrs; Görz gestaltet sich immer mehr zu einem klimatischen Curorte.

8. **Tirol und Vorarlberg.** Absolut: 878.524; relativ: 1724; Area: 509.$_{62}$ österr. Quadratmeilen.

Dichtigkeits-Inseln:

Stadt Innsbruck	16.324	absolut;	0.$_{09}$ ☐M.;	181.378	relativ	
„ Trient	17.073	„	0.$_{76}$ „	22,464	„	
„ Bozen	9,355	„	0.$_{19}$ „	49.237	„	

42.752 absolut; 1.$_{04}$ ☐M.

Nach Abzug der Dichtigkeits-Inseln wohnen 835.772 Einwohner auf 508.$_{58}$ Quadratmeilen; demnach sinkt die Durchschnittsziffer für jeden der 24 Landbezirke von 1724 auf 1643.

Von den 24 Landbezirken übersteigen acht die Durchschnittsziffer, neun weitere haben eine Bevölkerung von je 1100—1620, und sieben Bezirke stehen unter 1000, zwischen 726—991. Zu den ersten gehören: Feldkirch (5226), Umgebung Trient (5141), Roveredo (4741), Riva (3717), Borgo (3479), Bregenz (2696), Cles (2308) und Umgebung Bozen (2111). Die niederste Ziffer (726) hat Landeck. — Das Gebirgsland Tirol ist im Allgemeinen dünn bevölkert. Die dichteste Bevölkerung haben das gewerbereiche Feldkirch in Vorarlberg, und das Etschthal in Wälschtirol mit der lebhaften Seiden-Industrie. Im Deutschtirol schwankt die Durchschnittsziffer zumeist zwischen 1000—1600 Einwohner auf 1 Quadratmeile.

9. **Böhmen.** Absolut: 5,105.682; relativ: 5655; Area: 902.$_{85}$ österr. Quadratmeilen. Ausser den zwei, der Statthalterei unmittelbar unterstehenden Städte P r a g und R e i c h e n b e r g werden von den Landbezirken die durch hochentwickelte Industrie hervorragenden Bezirke von G a b l o n z, R e i c h e n b e r g s Umg e b u n g, R u m b u r g und S c h l u c k e n a u als Dichtigkeits-Inseln hier behandelt.

Dichtigkeits-Inseln:

Stadt Prag . . .	157.713	absolut;	0.$_{14}$ ☐M.;	1,126.521	relativ	
„ Reichenberg .	22.394	„	0.$_{11}$ „	203.582	„	
Bezirk Gablonz .	52,428	„	3.$_{70}$ „	13,043	„	
Umgeb. Reichenberg	62.115	„	5.$_{02}$ „	12.373	„	
Bezirk Rumburg .	56.357	„	2.$_{85}$ „	19.774	„	
„ Schluckenau	46.599	„	3.$_{32}$ „	14.036	„	

397.606 absolut; 15.$_{20}$ ☐M.

Nach Abzug dieser Dichtigkeits-Inseln wohnen 4,708.076 Einwohner auf 887.$_{65}$ österr. Quadratmeilen, und sinkt demnach die für das ganze Land geltende Durchschnittsziffer 5655 für jeden der übrigen 85 Bezirke auf 5304.

Von den 85 Bezirken übersteigen 36 die höhere Durchschnittsziffer, vier weitere blos die niedere; im Ganzen kommt also in 40 Bezirken eine Durchschnittsbevölkerung von mehr als 5300 auf 1 Quadratmeile.

Die dichteste Bevölkerung (über 8000 auf 1 Quadratmeile) haben ausser den oberwähnten sechs Dichtigkeits-Inseln noch fünf Bezirke: Asch (10.414), Semil (9212), Starkenbach (8949), Königinhof (8289), Aussig (8087); zunächst stehen 13 Bezirke mit 7000—8000 auf 1 Quadratmeile: Smichow (7993), Gabel (7878), Senftenberg (7868), Tetschen (7850), Karolinenthal (7850), Neustadt an der Mettau (7590), Landskron (7584), Braunau (7284), Trautenau (7204), Königgrätz (7147), Böhmisch-Leipa (7073), Jičin (7023) und Graslitz (7015); weitere 12 Bezirke haben eine relative Bevölkerung von 6000—7000; 15 Bezirke zwischen 5000—6000; 28 zwischen 4000—5000; 11 zwischen 3000—4000 und nur Ein Bezirk hat nicht ganz 3000 (Krumau 2911).

Von sämmtlichen 91 Bezirken (einschliesslich die Dichtigkeits-Inseln) haben 79 eine dichtere Bevölkerung als 4000 auf 1 Quadratmeile, und die Durchschnittsziffer „Oesterreichs" (3881) wird in Böhmen von 80 Bezirken überstiegen.

Böhmen hat durch den Krieg im Jahre 1866 und die darauf folgende Cholera grosse Verluste erlitten, welche trotz des Aufschwunges der böhmischen Industrie und die „notorische Propagationskraft des čechischen Stammes" bis zum Zählungstermine, welcher diesen Berechnungen zu Grunde liegt, noch nicht sanirt werden konnten. Ausserdem fand aus čechischen Bezirken eine erhebliche Auswanderung nach Amerika und nach Russland statt. Dagegen hat in den „Industriebezirken", in den „Bergbaubezirken" und an Verbindungspunkten des in Böhmen so schwunghaft betriebenen Eisenbahnbaues ein erfreulicher Aufschwung stattgefunden, so dass die oberwähnten Wunden der Population gegenwärtig zum grösseren Theile schon geheilt sein dürften.

10. **Mähren.** Absolut 2,011.406; relativ: 5207; Area 386.$_{29}$ österr. Quadratmeilen.

Dichtigkeits-Inseln:

Stadt Brünn . . .	73.771	absolut;	0.$_{29}$	□M.;	254.383	relativ	
„ Olmütz . .	15.229	„	0.$_{05}$	„	304.580	„	
„ Znaim . . .	10.415	„	0.$_{18}$	„	57.861	„	
„ Iglau . . .	20.049	„	0.$_{27}$	„	74.255	„	
„ Ung. Hradisch	3.100	„	0.$_{06}$	„	51.666	„.	
„ Sternberg .	13.509	„	0.$_{17}$	„	79.465	„	

136.073 absolut; 1.$_{02}$ □M.

Werden diese zwei Summen der sechs Dichtigkeits-Inseln von der Gesammtbevölkerung und der Gesammtarea abgezogen, so wohnen 1,875.333 Einwohner auf 385.$_{27}$ österr. Quadratmeilen. Demnach sinkt die für das ganze Land geltende relative Ziffer 5207 für jeden der übrigen 30 Bezirke auf 4867.

Von den 30 Bezirken übersteigen 11 die höhere (5207), und weitere acht die niedere (4867) Durchschnittsziffer; im Ganzen übersteigen somit 19 Bezirke die für dieselben geltende relative Ziffer, nämlich: Neutitschein (7278), Hohenstadt (6799), Prossnitz (6671), Kremsier (6093), Littau (6001), Mährisch-Trübau (5855), Umgebung Olmütz (5679), Nikolsburg (5705), Umgebung Brünn (5628), Umgebung Ungarisch-Hradisch (5475), Boskowiz (5138), Schönberg (4137), Gaya (5116), Wischau (5071), Römerstadt (5060), Weisskirchen (5026), Auspitz (4931), Umgebung Sternberg (4930).

In den übrigen 11 Bezirken schwankt die Durchschnittsziffer zwischen 3286 (Kromau) und 4423 (Holleschau); die dichteste Bevölkerung hat somit Neutitschein mit 7278, die dünnste Kromau mit 3286. Eine Verminderung gegen das Jahr 1857 (um 399 Seelen) hat nur der Bezirk Auspitz (wegen des Wegzuges vieler Israeliten) zu verzeichnen. Uebrigens hat auch Mähren durch den Krieg und die Cholera im J. 1866 sehr viel, relativ noch mehr als Böhmen, gelitten. Die hohe agricole und industrielle Entwicklung dieses Landes hat jedoch diese in den Volkswohlstand tief einschneidenden Schäden bis zur Gegenwart wohl zumeist schon gut gemacht.

11. **Schlesien.** Absolut: 511.581; relativ: 5719; Area: 89.$_{45}$ österr. Quadratmeilen.

Stadt Troppau: 16.608 Einw. auf $0_{.19}$ ☐ M.; relativ 87.410.

Nach Abzug der Dichtigkeits-Insel kommen 494.973 Bewohner auf $89_{.26}$ österr. Quadratmeilen, und die Durchschnittsziffer des Landes 5719 fällt für jeden der übrigen sieben Bezirke auf 5545.

Diese Differenz ist aber ohne wesentlichen Einfluss, denn nur zwei Bezirke übersteigen die höhere und die niedere Durchschnittszahl, nämlich: Freistadt (8344) und Jägerndorf (6062). Dagegen tritt in Schlesien die erfreuliche Erscheinung einer sehr gleichmässig vertheilten, dichten Bevölkerung zu Tage, wie in keinem andern Lande der Monarchie in so hohem Grade. Denn von allen sieben Bezirken hat nur Einer (Freiwaldau 4820) eine 5000 nicht ganz erreichende Ziffer; vier andere stehen zwischen 5000—6000, u. z. Bielitz (5522), Freudenthal (5438), Teschen (5319) und Umgebung Troppau (5164), und die zwei dichtesten Bezirke sind früher bezeichnet worden. Das industrielle und durch reiche Kohlenausbeute hervorragende Schlesien weist in allen Bezirken eine ansehnliche Vermehrung der Population gegen das Jahr 1857 auf.

12. **Galizien.** Absolut: 5,416.742; relativ: 3970; Area: $1364_{.06}$ österr. Quadratmeilen.

Stadt Lemberg . . .	87.109 absolut;	$0_{.55}$ ☐ M.;	158.380 relativ
„ Krakau . . .	49.835 „	$0_{.23}$ „	216.674 „
	136.944 absolut;	$0_{.78}$ ☐ M.	

Werden die Dichtigkeits-Inseln abgezogen, so ergibt sich eine Bewohnerzahl von 5,279.798 auf $1363_{.28}$ österr. Quadratmeilen. Demnach sinkt die für das ganze Land geltende relative Ziffer 3970 für jeden der übrigen 74 Bezirke auf 3872.

Von den 74 Bezirken übersteigen 39 die höhere Durchschnittsziffer, sechs weitere blos die niedere; im Ganzen übersteigen somit 45, oder 61 Percent sämmtlicher Bezirke die für dieselben geltende Durchschnittsziffer, d. h. es leben mehr als 3871 Individuen auf einer Quadratmeile in 45 galizischen Bezirken.

Die dichteste Bevölkerung (über 7000 auf 1 Quadratmeile) haben ausser den zwei Dichtigkeits-Inseln nur zwei Bezirke:

Wieliczka (7444) und Biala (7144); zunächst stehen drei Bezirke mit 6000—7000 auf 1 Quadratmeile: Tarnow (6542), Bochnia (6437) und Snjatin (6097); weitere 14 Bezirke haben eine relative Bevölkerung von 5000—6000, u. z. Umgebung Krakau (5944), Brzesko (5770), Czortków (5714), Wadowice (5599), Borszczów (5589), Jasło (5498), Chrzanów (5323), Stanislau (5290), Dabrowa (5246), Lancut (5242), Rzeszów (5086), Zaleszczyk (5077), Brzozów (5022), Przemysl (5003); 19 Bezirke haben eine relative Bevölkerung von 4000—5000; 28 zwischen 3000—4000; fünf zwischen 2000—3000 und nur drei Bezirke zwischen 1618 und 1811, nämlich: Nadworna (1618), Dolina (1636) und Kossow (1811).

Von sämmtlichen 76 Bezirken (die zwei Dichtigkeits-Inseln mitgerechnet) haben 48, oder fast 65 Percent aller Bezirke, eine höhere relative Volkszahl, als die für „Oesterreich" überhaupt geltende Durchschnittsziffer (3881).

Unter allen Ländern „Oesterreichs" hat Galizien das stärkste Wachsthum der Bevölkerung (jährliche Zunahme 1.$_{49}$ Percent), u. z. ziemlich gleich im ganzen Lande vertheilt. Im Jahre 1866 raffte in den östlichen Bezirken die Cholera eine so grosse Menge dahin, dass dieser Ausfall trotz der lebhaften Propagation nicht so bald ersetzt sein wird.

13. **Bukowina.** Absolut: 511.964; relativ: 2819; Area: 181.$_{61}$ österr. Quadratmeilen.

Dichtigkeits-Insel:

Stadt Czernowitz: 33.884 Einwohner auf 1.$_{00}$ □M.; relativ: 33.884.

Nach Abzug der Dichtigkeits-Insel kommen 478.080 Bewohner auf 180.$_{61}$ österreichische Quadratmeilen, und die Durchschnittsziffer des Landes 2819 fällt für jeden der übrigen acht Bezirke auf 2647.

Diese Differenz übt keinerlei Einfluss aus, denn vier Bezirke übersteigen die höhere wie die niedere Durchschnittsziffer, u. z. Sereth (7078), Kotzmann (4874), Umgebung Czernowitz (4686) und Suczawa (3023); unter der Durchschnittszahl stehen: Storozynec (2233), Wisznitz (2149), Radautz (1937) und Kimpolung mit der dünnsten Bevölkerung (1018). Die Gegensätze zwischen dem fruchtbaren Bezirk Sereth, und dem im karpathischen Gebirge gegen Siebenbürgens Grenze zu liegenden

Kimpolung sprechen obige Ziffern in bestimmtester Form aus. Uebrigens litt im Jahre 1869 die Bukowina noch sehr an den Folgen der im Jahre 1866 aus Russland eingeschleppten Cholera. 14. **Dalmatien.** Absolut: 454.616; relativ: 2045; Area: 222.$_{30}$ österr. Quadratmeilen.

Dichtigkeits-Insel:

Stadt Zara: 20.990 Einwohner auf 0.$_{03}$ ☐M.;   419.800 relativ.

Nach Abzug der Dichtigkeits-Insel kommen 433.626 Einwohner auf 222.$_{25}$ österr. Quadratmeilen, und die Durchschnittsziffer des Landes 2045 fällt für jeden der übrigen 12 Bezirke auf 1951.

Diese Differenz äussert keinen Einfluss, denn die sechs am stärksten bevölkerten Bezirke übersteigen auch die höhere Durchschnittsziffer, während von den anderen sechs keiner auch nur die niedere erreicht. Zu den ersteren zählen: Cattaro (3993), Ragusa (2794), Lesina (2766), Imoschi (2325), Spalato (2290), Sebenico (2278); zunächst kommt Curzola (1925), dann folgen Knin (1745), Macarsca (1738), Sign (1562), Umgebung Zara (1192) und der am dünnsten bevölkerte Bezirk Benkowacz (1109). Das Karstland mit den unwirthlichen Hochflächen hindert eine rasche Zunahme der Bevölkerung; nur im südlicheren Landestheile wohnt eine dichtere Bevölkerung.

B. UNGARN.

1. **Ungarn-Siebenbürgen.** (Magyarország-Erdély). Absolut: 13.561.245; relativ: 2823; Area: 4682.$_{52}$ österr. Quadratmeilen.

Von den 79 Comitaten und sonstigen Administrationsbezirken (Comitat, Stuhl, Bezirk, District), in welche das „vereinigte Ungarn-Siebenbürgen" gegenwärtig eingetheilt ist, bleiben 40 (also 50.$_{6}$ Percent) unter der obigen Durchschnittsziffer (2823 Bewohner auf einer Quadratmeile). Die niederste Ziffer hat der District Naszód im Sachsenlande Siebenbürgens (1026); diesem zunächst steht das Comitat Marmaros (1225). Von den 39 Bezirken, welche obige Durchschnittsziffer übersteigen, hat der Stuhl Reussmarkt (im siebenbürgischen Sachsenlande) die dichteste Bevölkerung im Ungarlande (5117 auf eine Quadratmeile). Mehr als 4000 auf einer Quadratmeile haben

nur drei Comitate: Raab (4212), Pest (4103) und Oedenburg (4004); 25 Bezirke haben eine Bevölkerung zwischen
3000—4000, u. z. Pressburg (3969), Zala (3916), Eisenburg
(3789), Stuhl Maros (3733), Neutra (3613), Csongrád (3599),
Kokelburg (3538), Békés (3525), Tolna (3487), Stuhl Mediasch
(3462), Stuhl Mühlbach (3423), Csanád (3324), Gran (3420),
Abauj (3338), Hajduken-District (3321), Gross-Kikinda (3300),
Ugocsa (3262), Stuhl Aranyos (3236), Baranya (3203), Szörény
(3192), Borsod (3166), Bács (3166), Kraszna (3138), Trencsin
(3097), District Kövár (3082); endlich haben 10 Bezirke zwischen der Durchschnittsziffer 2823 bis 3000, nämlich: Stuhl
Broos (2973), Bars (2955), Mittel-Szolnok (2953), Arad (2915),
Heves (2902), Krassó (2888), Bihar (2883), U. Weissenburg
Alsó-Fehér (2835), Stuhl Schässburg (2833) und Zarand reicht
beinahe an diese Ziffer (2812). In acht Bezirken ist die relative
Volkszahl weniger als 2000, und in 22 Bezirken schwankt sie
zwischen 2000—2812 (Zarand).

Verhältnissmässig sind also am dichtesten bevölkert die
Comitate an der Donau, dann jene an der ungarischen Westgrenze (gegen Niederösterreich und Steiermark) und in dem
getreidereichen Banate; dagegen am dünnsten in den nördlichen Comitaten (im Karpathengebiete), insbesondere in den
Hochkarpathen, im Quellgebiete der Theiss.

In Siebenbürgen ist die Vertheilung ziemlich gleichartig;
nur im Centrum des Landes wird die Durchschnittsziffer erheblich überschritten (Reussmarkt, Kokelburg, Mediasch, Mühlbach und Aranyos). Dass in den Hochgebirgs-Comitaten die
Dichtigkeit der Bevölkerung sehr bedeutend abnimmt, ist wohl
selbstverständlich.

2. **Croatien-Slavonien.** (Horvát-Szlavonország.) Absolut:
1,138.970; relativ: 2855; Area: 399 österr. Quadratmeilen.

Von den acht Comitaten des Landes übersteigen vier die
Durchschnittsziffer, u. z. Warasdin (5153), Agram (3279), Kreuz
(3026) und Syrmien (2935); dagegen bleiben vier unter dieser
Ziffer, nämlich: Fiume (2735), Belovar (2472), Virovitz oder
Veröcze (2310) und Posega mit der geringsten Dichtigkeit (1775).
Dieses Land ist somit mässig, aber ziemlich gleichartig bevölkert;
nur die beiden Extreme Warasdin und Posega fallen besonders auf.

3. **Croatisch-slavonische Militärgrenze.** (Horvát-Slavon határörvidék). Absolut: 699.228; relativ: 2127; Area: 328.₆₉ österr. Quadratmeilen.

Von den neun Regimentern, in welche das Land vor dessen „Provincialisirung" d. i. Uebernahme in Civilverwaltung, administrativ eingetheilt war, übersteigen vier obige Durchschnittsziffer, u. z. erstes Banalregiment (2900), Sluiner Regiment (2730), zweites Banalregiment (2715) und Brooder Regiment (2410); dagegen bleiben fünf unter der Durchschnittsziffer, nämlich: Gradiscaner Regiment (2118), Oguliner Regiment (1964), Peterwardeiner Regiment (1899), Likkaner Regiment (1857) und das Otocsaner Regiment (1591).

Unter allen Ländern der ungarischen Krone hat die ehemalige „Grenze" die dünnste Bevölkerung; wohl zum grössten Theile eine Folge der militärischen Organisation und der patriarchalischen „Hauscommunionen".

4. **Stadt und Gebiet Fiume.** (Fiume város és kerülete.) Absolut: 17 884; Area: 0.₃₄ österr. Quadratmeilen. — Die königliche Freistadt Fiume mit Gebiet bildet seit 1868 einen der ungarischen Krone annectirten, abgesonderten Landes-Complex.

§. 11. Vertheilung nach Geschlechtern.

Der Kaiserstaat gehört zu jenen europäischen Staaten, in welchen beide Geschlechter bezüglich der Zahl zu einander in dem höchst wünschenswerthen Gleichgewichte stehen, indem die Abweichung hievon eine relativ ganz unbedeutende ist. Ueberall tritt die Tendenz zu Tage, das numerische Gleichgewicht beider Geschlechter herzustellen, wodurch Schwankungen in den Verhältnisszahlen entstehen, die jedoch bei Beobachtung grösserer Zeiträume so geringe sind, dass sie für die Gesammtmonarchie ungefähr 1.₅ Procent betragen.

Es werden in Oesterreich, wie überall, mehr Knaben als Mädchen geboren, im Allgemeinen ungefähr auf je 100 Mädchen 106 Knaben; dennoch überwiegt das weibliche Geschlecht an Zahl das männliche. Die Sterblichkeit ist schon im ersten Lebensjahre bei Knaben eine grössere; dazu kommen lebensgefährliche, oder doch die Lebenskraft untergrabende Beschäftigungen des männlichen Geschlechtes, die Auswanderungslust,

Kriege, welche Erklärungsgründe in den meisten europäischen Staaten das Ueberwiegen des weiblichen Geschlechtes über das männliche bedingen.

Die Volkszählung im Jahre 1869, welche wir als die letzte und zuverlässigste Zählung zur Grundlage unserer Berechnungen und Reflexionen für Oesterreich nehmen weist folgende Ziffern aus:*

1. **Oesterreich.**

	Männlich:	Weiblich:	Zusammen:
Nieder-Oesterreich	967.087	987.164	1,954.251
Oberösterreich . .	358.097	373.444	731.541
Salzburg	73.468	77.942	151.410
Steiermark . . .	555.289	576.020	1,131.309
Kärnten	161.609	174.791	336.400
Krain	220.224	243.049	463.273
Küstenland . . .	288.745	294.790	583.535
Tirol	429.046	449.478	878.524
Böhmen	2,433.367	2,672.315	5,105.682
Mähren	954.749	1,056.657	2,011.406
Schlesien	242.574	269.007	511.581
Galizien	2,660.704	2,756.038	5,416.742
Bukowina . . .	255.919	256.045	511.964
Dalmatien . . .	227.274	227.342	454.616
	9,828.152	10,414.082	20,242.234
Militär	177.449		177.449
	10,005.601		**20,419.683**

2. **Ungarn.** Für Ungarn nehmen wir die durch das k. ung. statistische Bureau für das Jahr 1870 veröffentlichten Ziffern zur Grundlage der weiteren Berechnungen.

	Männlich:	Weiblich:	Zusammen:
Ungarn-Siebenbürgen	6,722.887	6,838.358	13,561.245
Fiume und Gebiet	8.153	9.731	17.884
Croatien-Slavonien	566.822	572.148	1,138.970
Croat.-Slav. Grenze	355.698	343.530	699.228
	7,653.560	**7,763.767**	**15,417.327**

* Die Ergebnisse der Volkszählung von 1869, die Trauungen, Geburten und Sterbefälle nach Städten und Bezirkshauptmannschaften u. s. w. hat der um die Bevölkerungsstatistik Oesterreichs vielfach verdiente Hofsecretär

In allen österreichischen Ländern überwiegt das weibliche Geschlecht, — unter den ungarischen ist es blos die „Militärgrenze", in welcher das umgekehrte Verhältniss stattfindet; auch in Siebenbürgen, wenn es von Ungarn abgesondert behandelt wird, ist die Zahl der Männer grösser (im Jahre 1869: 1,051.145 Männer, 1,050.582 Frauen; im Jahre 1870 dagegen: 1,043.897 Männer, 1,065.210 Frauen).

Das Sexualverhältniss für die Gesammtmonarchie stellt sich im Jahre 1869: 1024 Frauen gegenüber 1000 Männern; in Oestereich (1869) stehen 1041 Frauen 1000 Männer, in Ungarn (1870) 1014 Frauen 1000 Männer gegenüber.

Diese Ziffern erleiden in den einzelnen Theilen der Monarchie erhebliche Differenzen; denn es kommen auf 1000 Männer (im Jahre 1869):

in Schlesien . .	1109 Frauen	in Tirol . . .	1048 Frauen
„ Mähren . .	1107 „	„ Oberösterreich	1043 „
„ Krain . . .	1104 „	„ Steiermark .	1037 „
„ Böhmen . .	1098 „	„ Galizien . .	1036 „
„ Kärnten . .	1082 „	„ Niederösterreich	1021 „
„ Salzburg . .	1061 „	„ Küstenland .	1021 „

In Dalmatien und in der Bukowina ist das Sexualverhältniss nahezu 1000 : 1000 — (genauer 1000.₃ : 1000, und 1000.₄ : 1000)

Ungarn mit Siebenbürgen (1870) . .	1017 Frauen
Croatien-Slavonien (1870)	1009 „
Croatisch-Slavonische Grenze (1870) .	966 „
Siebenbürgen allein (1869)	999 „
Ungarn allein (1869)	1014 „

Im Hinblick auf die geographische Lage der Länder und auf die Nationalität der Bewohner derselben ergeben sich folgende Schlüsse:

a) das Uebergewicht des weiblichen Geschlechtes über das männliche nimmt nach zwei Richtungen ab, nämlich: von Norden nach Süden, und von Westen nach Osten, so dass es zuletzt in

im k. k. statist. Bureau G. A. Schimmer sehr eingehend bearbeitet und mit Erläuterungen begleitet. Schimmer's gediegene Arbeiten wurden mehrfach benützt; doch sind bei der veränderten Anlage und Methode dieses Buches die diesfälligen Partien theils umgearbeitet, theils ganz neu bearbeitet worden.

die entgegengesetzte Erscheinung übergeht (im Südosten: die
Grenze und Siebenbürgen);

b) die Čechen, Slovenen und die Deutschen haben das
stärkste Uebergewicht des weiblichen Geschlechtes, bei den Polen,
Ruthenen und Magyaren halten sich beide Geschlechter nahezu
das Gleichgewicht, beim serbisch-croatischen und rumänischen
Stamme tritt ein Ueberwiegen des männlichen Geschlechtes hervor. — In den grösseren Städten ist das männliche Geschlecht
in der Regel an Zahl noch geringer, als die Durchschnittsziffer
des betreffenden Landes für das Sexual-Verhältniss es ausspricht,
was zumeist im grösseren Bedarf an weiblichen Dienstboten in
den Städten seinen Grund hat. Bei Industrie-Districten entscheidet der Fabricationszweig, ob bei demselben mehr weibliche,
oder männliche Arbeiter verwendet werden.

§. 12. Vertheilung nach der Nationalität.

Bei keiner der jüngsten Volkszählungen ist die Nationalität der
Bevölkerung erhoben worden. Ob dieses Moment mehr aus staatsrechtlichen, oder aus politisch-administrativen Gründen nicht
beachtet worden ist, wollen wir unerörtert lassen; nur den hie und
da vorgebrachten Rechtfertigungsgrund, die ethnographischen
Verhältnisse wären zu verwickelt, um sie gründlich, erschöpfend
darstellen zu können, dürfen wir nicht gelten lassen, obwohl
wir die Schwierigkeit einer gründlichen Erhebung weder leugnen,
noch unterschätzen. Erwägt man hingegen, dass ausser Russland kein Staat in Europa so vielerlei Volksstämme in seinem
Staatsgebiete vereinigt als Oesterreich; — dass nebst dem
numerischen Verhältniss der Stämme zu einander, der Culturstand derselben, deren Bildungsfähigkeit und Bildungsdrang
massgebend dafür sein sollen, in welcher Weise sich die einzelnen Theile zu einander zu fügen haben, um ein geordnetes,
auf gerechter Grundlage ruhendes Staatsganze zu bilden; —
dass in diesen Momenten das Mass für die Autonomie gelegen
ist, welche einzelne Reichstheile beanspruchen, sollen die mehr
oder minder berechtigten Klagen über Vergewaltigung des einen
Stammes durch den andern beseitigt werden: dann wäre eine
Nichtbeachtung des Nationalitäts-Verhältnisses in Oesterreich
schwer zu begründen. Denn die verschiedenen Nationalitäten

existiren doch, und machen sich — leider häufig nur allzusehr
— im Staatsleben geltend, wenn man sie bei officiellen Volkszählungen auch ignorirt. Das ethnographische Moment ist in
unseren Tagen ein beachtenswerther Factor im Staatsleben.
Aber nicht in ethnischen Momenten liegt die Existenzberechtigung dieses polyglotten Staates; das Ergebniss einer jahrhun-
dertelangen historischen Entwicklung, der Kaiserstaat Oesterreich,
ist eine unanfechtbare politische Nothwendigkeit für die
Culturentwicklung unseres Erdtheiles, für die Culturentwicklung
jener Volkstämme, die es in kluger und weiser, daher gerechter
Behandlung, für welche das Schlagwort „nationale Gleichberechtigung" im Schwange ist, zu einer compacten, mächtigen und
kräftigen Einheit verband.

Im Jahre 1847 wurden amtliche Erhebungen über die
Nationalitäten des Kaiserstaates (mit Benützung der Volkszählung
vom Jahre 1846) gepflogen. Die vor dem Jahre 1848 gepflogenen
amtlichen Erhebungen und private Mittheilungen können desshalb als genauer und richtiger betrachtet werden, weil sie durch-
gängig einer Zeit angehören, welche den „nationalen Bewegungen"
noch ferne war, oder in welcher diese mindestens noch nicht
jene Intensität erreicht hatten, mit welcher sie später auftraten.
Seit dem sturmbewegten Jahre 1848 sind so viele Berechnungen, insbesondere von Seite der „kleineren Nationalitäten" gemacht worden, dass bei Benützung derselben die grösste Vorsicht geboten ist. Selbstverständlich ist jede Berechnung der
Bevölkerung nach Nationalitäten eine nur annähernd richtige,
und die Berechnungsresultate differiren von einander, je nachdem man das ethnologische Moment, die Abstammung, oder
das rein ethnographische, das im Hause gesprochene Idiom
zur Grundlage der Berechnung nimmt. Die Muttersprache der
Kinder in der Volksschule, die Diöcesan-Schematismen mit An-
gabe der Sprache, in welcher die Predigt gehalten, und dergleichen Anhaltspunkte sind ebenfalls beachtet worden, um das
numerische Verhältniss der einzelnen Volksstämme festzustellen.*

---

* Freiherr von Czörnig nimmt in seiner bekannten „Ethnographie
Oesterreichs" (1857) das ethnologische Moment zur Grundlage. Der jetzige
Chef des österreichischen statistischen Bureaus, Dr. Ficker, hat (1869) auf
dieser Grundlage weiter gebaut, kommt aber zu abweichenden Resultaten.

Unbeeinflusst durch die von den Strömungen der Zeit dictirten, ziemlich schwankenden Ziffernangaben über das Nationalitäten-Verhältniss in Oesterreich lässt sich Nachfolgendes, als der Wahrheit möglichst nahekommend, feststellen.

Die drei Hauptvölker Europas: Deutsche, Slaven und Romanen vertheilen sich in den Gebirgsländern der Monarchie, während der später hinzugekommene Volksstamm der Magyaren vorwiegend das Flachland der mittleren Donau bewohnt. In Hauptmassen genommen gehören die Nordabhänge der Alpen, dann die Gebirgsstrecken des Böhmerwaldes, des Erz-, Riesen- und Sudetengebirges den Deutschen an, welche auch in vielen Sprach-Inseln längs der Donau und an beiden Seiten der Karpathen weit nach Osten sich ausdehnen und in fast allen Theilen des Reiches sporadisch vorkommen. — Im Süden, an den Südabhängen der südlichen Kalkalpen, und im Karstgebiete wohnen die Süd-Slaven (Slovenen, Croaten und Serben), welche auch Südungarn und die Flussgebiete der Mur und der Save bewohnen. In den Gebieten der Sudeten und Karpathen sind die Wohnstätten der Nord-Slaven (Čechen, Slovaken, Polen und Ruthenen). Im Osten des Reiches, in der Bukowina, in Siebenbürgen, in der Militärgrenze wohnen die Ost-Romanen (Walachen, Moldauer); in Südtirol, am Küstensaume des Adriatischen Meeres, auf den Inseln der Adria und in Dalmatien die West-Romanen (Italiener, nebst Ladinern in einigen Thälern Tirols und den Friaulern im Isonzogebiete). Die Magyaren verbreiten sich in der Ebene der mittleren Donau und Theiss, sowie die stammverwandten Szekler im siebenbürgischen Hochlande. Die kleineren Stämme leben zerstreut unter den andern Nationalitäten.

In runder Summe berechnen wir auf Grund der Volkszählung vom Jahre 1869:

9,156.000 Deutsche,
16,420.000 Slaven, u. z. 12,260.000 Nordslaven, 4,160.000 Südslaven,
3,492.000 Romanen, u. z. 2,892.000 Ostromanen, 600.000 Westromanen,
5,553.000 Magyaren,

Der Chef der ungarischen Statistik, Keleti, hat für Ungarn das ethnographische Moment zur Berechnung benützt. Die Berechnungen von Schimmer und Dr. Bracchelli fussen zumeist auf diesen Grundlagen.

1,570.000 kleinere Stämme, u. z. 1,376.000 Juden, 150.00 Zigeuner, 26.000 Bulgaren in Ungarn, 16.000 Armenier, dann Albanesen Griechen u. s. w.

Nach Percenten vertheilt sich die Bevölkerung in den beiden Reichstheilen approximativ:

	Oesterreich:		Ungarn:	
Deutsche	(7,320 000)	$36._{13}\%$	(1,780.000)	$11._4\%$
Slaven	(11,256.000)	$55._{63}$ „	(4.746.000)	$30._6$ „
Romanen	(794.000)	$3._{93}$ „	(2,673.000)	$17._6$ „
Israeliten	(822.300)	$4._{10}$ „	(553.700)	$3._5$ „
Kleine Stämme	(41.000)	$0._{21}$ „	(199.000)	$1._2$ „
Magyaren	(— —)	— „	(5.553.000)	$35._7$ „
	approx. = 20,233.000	100%	approx. = 15,505.000	100%

Für die Gesammtmonarchie berechnet sich das Percentverhältniss **annähernd**:

$25._4\%$ Deutsche

$45._6\%$ Slaven, und zwar: $\begin{cases} \text{Nordslaven} \dots 34._1 \\ \text{Südslaven} \dots 11._5 \end{cases}$

$9._5\%$ Romanen, u. z. $\begin{cases} \text{Ost-Romanen} \dots 8._0 \\ \text{West-Romanen} \dots 1._5 \end{cases}$

$15._4\%$ Magyaren

$\underline{4._1\%}$ kleinere Stämme (Juden, $3._8\%$).

$100.\% =$ (rund) 35,943.000 Bewohner im Jahre 1869.

Die Deutschen. Obwohl unter den einzelnen deutschen Stämmen keine innere Verschiedenheit obwaltet, so unterscheidet man doch **Ober- und Niederdeutsche**; weiters unter den Ersteren den baierisch-östereichischen Stamm (in Inneösterreich und sporadisch fast in der ganzen Monarchie), den fränkischen (im Nordwesten Böhmens), den obersächsischen (im Erzgebirge sammt Umgebung), den Sudeten- oder schlesischen (im Riesengebirge nebst Umgebung, auch im mährischen Kuhländchen), und den alemanisch-schwäbischen Stamm (in Vorarlberg); während die in Oesterreich lebenden Niederdeutschen dem niedersächsischen Stamme zugezählt werden, zu welchem die Sachsen in der Zips (in Oberungarn), die Siebenbürger-Sachsen und einige Colonisten in Galizien gehören.

Die absolute Majorität haben die Deutschen in folgenden Kronländern:

In Niederösterreich über 90 % der Gesammtbevölkerung
„ Oberösterreich „ 99 „ „ „
„ Steiermark „ 63 „ „ „
„ Kärnten „ 68 „ „ „
„ Tirol „ 60 „ „ „
„ Schlesien nahezu 51 „ „ „

In der Minorität sind ihre Percentantheile an der Gesammtbevölkerung folgende:

In Krain ungefähr . . . . $6._5$ %
„ Küstenland „ . . . . . $4._3$ „
„ Böhmen „ . . . . . $38._2$ „
„ Mähren „ . . . . . 26 „
„ Galizien „ . . . . . $3._1$ „
„ der Bukowina ungefähr . . . $8._6$ „
„ Ungarn „ . . . $11._4$ „
„ Dalmatien leben wenig Deutsche, zumeist als Staatsangestellte.

Die Slaven. Die Slaven scheidet man in Nord- und Südslaven. Zu den **Nordslaven** gehören die Čechen (in Böhmen, Mähren, Schlesien, Niederösterreich, und sporadisch in der ganzen Monarchie) in der Gesammtzahl von ungefähr 4,650.000; die Slovaken (hauptsächlich im nördlichen und nordwestlichen Ungarn und den angrenzenden österreichischen Gebieten), an Zahl ungefähr 1,860.000; die Polen (in West-Galizien, in Schlesien und in der Bukowina) 2,750.000; endlich die Ruthenen (in Ost-Galizien, der Bukowina und im nordöstlichen Ungarn), zusammen 3,320.000. — Zu den **Südslaven** werden gerechnet: die Slovenen (in Steiermark, Kärnten, Krain, im Küstenland, im süd-westlichen Ungarn und in Slavonien), zusammen 1,257.000; der serbo-croatische Stamm (in Dalmatien, Istrien, Croatien, Slavonien, in der ehemaligen Militärgrenze) ungefähr an 2,980.000.

Die absolute Majorität haben die Slaven in folgenden Kronländern:

in Krain die Slovenen etwa . . . . $93._5$ %
im Küstenland die Slovenen (42 %) . . . }
„ Croaten (21 %) . . . } 63 „
in Böhmen die Čechen an . . . . . . $60._5$ „

in Mähren die Čechen an . . . . 71.₅ °/₀

„ Galizien die Polen „ 48 ⎱ . . . . 98 „
„ Ruthenen an 5o ⎰

„ Dalmatien, Serbo-Croaten über . . . . 90 „

„ Croatien-Slavonien „ „ . . . . 94.₆ „

„ der Militärgrenze „ und Čechen an 80 „

In der Minorität sind ihre Percentantheile an der Gesammtbevölkerung folgende:

In Niederösterreich (Čechen und andere) an . 6. °/₀

„ Steiermark (Slovenen) . . . . 36.₇ „

„ Kärnten (Slovenen) . . . . 31.₂ „

„ Schlesien (Čechen 19.₂, Polen 28.₇ °/₀) . . . 47.₉ „

„ der Bukowina (Ruthenen) . . . . 40 „

„ Ungarn: Čechen und Slovaken 11.₆ ⎱
Ruthenen . . . . 3. ⎰ . . . 14.₉ „
Slovenen . . . . 0.₃ ⎰

Die Magyaren. Zwischen den Magyaren und Szeklern, welche Einem Stamme angehören, bestehen nur mundartliche Unterschiede. Sie nehmen von der Gesammtbevölkerung des eigentlichen Ungarn (11,53o.000) mit 5.₁ Million etwa 44.₂ Percent, in Siebenbürgen ungefähr 25.₅ Percent der dortigen Bevölkerung ein; in Croatien-Slavonien an 16.000 und in der Militärgrenze an 6000. Die überwiegende Majorität bilden sie somit in keinem Bestandtheile der ungarischen Krone; diesseits der Leitha wohnen in Niederösterreich an 10.000 und in der Bukowina etwa 8000; überdies sporadisch in einzelnen Kronländern.

Die Romanen. Die Romanen werden eingetheilt in **Ost-Romanen** (auch Rumänen, Rumunen, Wallachen und Moldauer), und in **West-Romanen** (Italiener, Ladiner, Friauler). Erstere bewohnen die östlichen Theile der Monarchie, doch bilden sie nur in Siebenbürgen die Majorität der Landesbevölkerung, von welcher ungefähr 52 Percent diesem Volksstamme angehören. In der Bukowina gehören etwa 40 Percent, in der Militärgrenze 15 Percent und in Ungarn an 10.₄ Percent der Bevölkerung dem rumänischen Stamme an. Die **West-Romanen** bewohnen als „Italiener" in compacter Masse nur das Trienter Gebiet (il Trentino) in Südtirol, als „Ladiner" einige Thäler in Tirol (das Grödner-, Abtei- und Ennebergerthal), als

„Friauler" oder „Furlaner" den südwestlichen Theil vom Görzer Gebiet. Ueberdies wohnen sie an der Adria-Küste in Istrien nnd Dalmatien. Die Majorität der Landesbevölkerung bilden sie in keinem dieser Länder; in Tirol bilden die 320.000 Italiener und 10.000 Ladiner ungefähr 37.₅ Percent der Gesammtbevölkerung des Landes; im Küstenlande etwa 31 Percent, in Dalmatien an 9.₅ Percent.

Von den „kleineren Stämmen" kommen Armenier in einigen geschlossenen Colonien in Siebenbürgen vor, namentlich in Szamos-Ujvár; sonst leben sie zerstreut unter anderen Nationalitäten. Albanesen leben in Dalmatien, Bulgaren in Ungarn.

Die Juden finden sich in fast allen Theilen der Monarchie, doch fallen sie sprachlich gewöhnlich dem im Lande herrschenden Volksstamme zu, so in der westlichen Reichshälfte den Deutschen, in Ungarn den Magyaren, in Galizien theils den Polen, theils den Deutschen. Numerisch sind sie vorwiegend in den östlichen Reichstheilen; am geringsten in den deutschen Alpenländern. Annähernd lässt sich folgende Uebersicht aufstellen:

In Galizien (mindestens) .	. 575.000	In Steiermark		700
„ Ungarn „	. . 520.000	„ Tirol und Vorarlberg (un-		
„ Böhmen (ungefähr) .	. 90.000	gefähr)		400
„ Niederösterreich (zumeist		„ Dalmatien (ungefähr). .		200
Wien) mindestens . . .	50.000	„ Salzburg ⎫ ist die Anzahl der		
„ der Bukowina	48.000	„ Kärnten ⎬ Israeliten ganz		
„ Siebenbürgen (ungefähr) .	25.000	„ Krain ⎭ unbedeutend		
„ Croat.-Slav. (ungefähr) .	10.000	im Küstenland (zumeist Triest)		
„ Schlesien (mindestens) .	6.000	ungefähr		4.700
„ Oberösterreich (ungefähr)	700			

Die Zigeuner, nur selten sesshaft, schweifen im nördlichen und östlichen Ungarn, in Siebenbürgen, zum Theile auch in der Bukowina und in Galizien herum. Sprachlich fällt in der Regel auch dieser Stamm dem im Lande herrschenden Volksstamme zu, und wird derselbe in Ungarn officiell den Magyaren zugezählt. Deren Zahl lässt sich selbstverständlich kaum annähernd bestimmen, doch wird fast allgemein dieselbe mit mindestens 150.000 angenommen.

§. 13. Vertheilung nach dem Glaubensbekenntnisse.

Die Erhebung und Constatirung des Glaubensbekenntnisses der Bewohner ist, wo volle Glaubens- und Gewissensfreiheit, verfassungsmässig garantirt, in Wahrheit und zu Recht besteht, von keiner administrativen oder wissenschaftlichen Bedeutung. Nur vom Standpunkte der Volkswirthschaft ist das Glaubensbekenntniss nicht ganz gleichgiltig, weil z. B. schon die Anzahl der Feiertage, denen sich — namentlich bei der ländlichen Bevölkerung — noch sogenannte „halbe Feiertage" dann „Vor"- und „Nachfeiertage" und bei den Gewerben die bedauerlichen „blauen Montage" anschliessen, ein nicht zu unterschätzendes Moment bei Berechnung der Arbeitskraft und der Production ist. Die durchschnittlich auf 60 angenommenen „Ruhetage" der Katholiken repräsentiren schon ungefähr 16 Percent Entgang an Jahresarbeit. Diese 60 Tage steigern sich in streng katholischen Bezirken mit den obenerwähnten halben, Vor- und Nachfeiertagen nicht selten auf nahe gegen 100, bisweilen auch mehr; bei den orthodoxen Griechen sogar auf nahezu 120 und darüber, und bei der — glücklicherweise numerisch und in Rücksicht auf die Production ganz bedeutungslosen — Secte der „Lipowaner" (oder „Philipponen") wohl auf mehr als 150 „Ruhetage". Berechnet man den Ertrag eines Arbeiters und eines Arbeitstages noch so geringe, so wird sich dieser Entgang alljährlich doch auf viele Millionen Gulden belaufen. Denn laut der Volkszählung vom Jahre 1869 sind in der Gesammtmonarchie beim Landbaue über 12$^1/_2$ Millionen, beim Bergbau, den Gewerben, der Industrie und dem Handel zusammen über 3$^3/_5$ Millionen, und in persönlicher Dienstleistung an 2 Millionen beschäftigt; die Lohnpreise sind ziemlich allbekannt, um annähernde Berechnungen anzustellen. Ausser dem finanziellen Entgange verdienen besondere Beachtung auch noch so manche Nachtheile, welche aus diesen „Ruhetagen" mit ihren Genüssen für den Charakter des Volkes, seine Moralität und seinen Sparsinn entspringen. Die Concurrenzfähigkeit zwischen Fabriken in katholischen Bezirken mit katholischer Arbeiterbevölkerung, — und Fabriken in protestantischen Bezirken mit protestantischer Arbeiterbevölkerung, wie sie in Deutschland, England und der Schweiz vorkommt, darf nicht unerwähnt gelassen werden; weil eine Reducirung der Feiertage und deren Verlegung auf Sonntage (wie dieses sogar in extrem katholischen Cantonen der Schweiz stattgefunden hat) für die Industrie und die Volkswirthschaft im Allgemeinen gewiss erfolgreich wäre und auch auf die Vermehrung der Staatseinkünfte durch Hebung der Steuerkraft einen wohlthätigen Einfluss üben müsste. Von diesem Standpunkte ausgehend hat die Constatirung des Glaubensbekenntnisses der Bevölkerung praktischen Werth. In Oesterreich hängt das Religionsbekenntniss häufig mit der Nationalität zusammen. Noch gegenwärtig heisst in Ungarn der katholische Glaube „der alte", die augsburgische Confession „der deutsche", die helvetische „der magyarische Glaube". Croaten lassen sich von Serben, Polen von Ruthenen häufig (besonders an den Grenzen der beiderseitigen Gebiete) nur nach dem Glaubensbekenntnisse scheiden. Im Allgemeinen sind die Deutschen, wo sie die Mehrzahl der Bevölkerung bilden, katholisch; dort aber, wo sie als Colonisten „aus dem Reiche" in's Land kamen, protestantisch. Die Čechen, Polen, Slovenen und Croaten sind katholisch. Die Ruthenen sind in der Majorität griechisch-katholisch; nur in der Bukowina und in Ungarn sind sie griechisch-orthodox (nicht-unirte, oder orientalische Griechen), welchem Glaubensbekenntnisse überwiegend auch die Serben, und Ost-Romanen angehören. Die Magyaren sind vorwiegend Protestanten, und zwar helvetischer Confession; die West-Romanen fast ausschliesslich Katholiken. Unter den christlichen Secten sind die Unitarier, zu denen die Szekler nebst Magyaren und Walachen in der Anzahl von etwa 55.000 gehören, die relativ zahlreichste.

Nach dem Religionsbekenntnisse vertheilt sich die Bevölkerung der Monarchie:

	Oesterreich:	Ungarn:	Gesammtmonarchie:
1. Römisch-Katholisch:			
lateinischer Ritus	16,400.000	7,600.000	24,000.000
griechischer Ritus (unirte Griechen)	2,350.000	1,600.000	3,950.000
armenischer Ritus	3.100	5.200	8.300
Katholiken:	18,753.100	9,205.200	27,958.300
2. Protestanten:			
Augsburger Confession	253.000	1,114.000	1,367.000
Helvetischer Confession	112.000	2,031.000	2,143.000
Protestanten:	365.000	3,145.000	3,510.000
3. Orientalische Griechen (nicht-unirte oder orthodoxe Griechen)	462.000	2,590.000	3,052,000
4. Gregorianische (oder nicht-unirte) Armenier	1.200	650	1.850

5. Unitarier	160	55.000	55.160
6. Andere christliche Bekenntnisse	4.240	2.600	6.840
7. Israeliten	822.300	553.700	1,376.000
8. Sonstige Nichtchristen und Con-			
fessionslose	370	220	590

Es entfallen somit (annähernd):

77.7% der Gesammtbevölkerung Oesterreichs auf die Katholiken

9.8% „   „   „   auf die Evangelischen

8.5% „   „   „   auf die orientalischen Griechen

3.8% „   „   „   auf die Isrealiten, und

0.2% „   „   „   auf die unter Nr. 4, 5, 6 und

8 aufgeführten Glaubensgenossen.

Nach den einzelnen Reichstheilen vertheilt, ergibt sich folgende allgemeine Uebersicht: Beinahe vier Fünftel der Gesammt-bevölkerung des Kaiserstaates bekennen sich zum Ka-tholicismus; es ist somit erklärbar, dass in den meisten Kron-ländern die Römisch-Katholischen die Majorität bilden; in Salzburg, Tirol und Krain bilden sie nahezu die ausschliess-liche Bevölkerung. — In Steiermark nehmen neben denselben die Protestanten ungefähr ein Percent, in Oberösterreich zwei Percent, und in Kärnten fünf Percent ein. — In Nieder-österreich wohnen neben 96 Percent Katholiken ungefähr zwei Percent Evangelische und zwei Percent Israeliten, die beiden letzten vorwiegend in Wien; — im Küstenlande fast 99 Percent Katho-liken, in Triest Evangelische und ein Percent Israeliten; — in Böhmen 96 Percent Katholiken, zwei Percent Protestanten, zwei Percent Israeliten; — in Mähren 95 Percent Katholiken, drei Per-cent Protestanten, zwei Percent Israeliten; — in Schlesien 85 Percent Katholiken, 14 Percent Protestanten, 1 Percent Israe-liten; — in Galizien 89 Percent Katholiken (darunter 46 Per-cent römisch-, 43 griechisch-katholisch) und 11 Percent Israe-liten; — in der Bukowina 15 Percent Katholiken (11 Percent römisch-, vier Percent griechisch-katholisch), 73 Percent nicht-unirte Griechen, zwei Percent Protestanten und 10 Percent Israeliten; — in Dalmatien 82 Percent römisch-katholisch, 18 Percent nicht-unirte Griechen.

In Ungarn rechnet man 62 Percent Katholiken (53 Per-cent römisch-, neun Percent griechisch-katholisch), 23 Percent Protestanten (15 Percent helvetischer, acht Percent Augsburger Confession), 10 Percent nicht-unirte Griechen, fünf Percent Israeliten; in Siebenbürgen 41 Percent Katholiken (28 Percent griechisch-, 13 Percent römisch-katholisch), 24 Percent Protestanten (14 Percent helvetischer, 10 Percent Augsburger Confession), drei Percent Unitarier, ein Percent Israeliten; in Croatien-Slavonien 84 Percent römisch-katholisch, 14 Percent nicht-unirte Griechen, ein Percent Evangelische, ein Percent Israeliten; in der Militärgrenze 43 Percent römisch- und ein Percent griechisch-katholisch, 55 Percent nicht-unirte Griechen, ein Percent Israeliten.

Seit einer 40jährigen Beobachtung stellt es sich heraus, dass diese Percentziffern im Verhältnisse zu den absoluten Zahlen durch Uebertritte von einem Religionsbekenntniss zu einem andern nur ganz unbedeutende Aenderungen erleiden; diese Verhältnisszahlen bleiben fast unverändert. Nur grössere Ein- oder Auswanderung, oder die bei den Anhängern eines Glaubensbekenntnisses erhebliche, rasche Vermehrung durch natürlichen Zuwachs könnten nach einem längeren Zeitraume diese Percentsätze wesentlich alteriren, was aber kaum angenommen werden kann.

§. 14. Vertheilung nach Altersclassen.

Die Vertheilung der Bevölkerung auf die verschiedenen Altersclassen ist ein wichtiges statistisches Object, insbesondere wenn das ökonomische Moment, das Volk als das wichtigste Capital im Staate, dabei in Berücksichtigung kommt.

Die Lebensjahre des Menschen scheidet man in productive und unproductive; der Unterschied zwischen der Quantität und der Qualität der verlebten Jahre ist, wie Quételet mit Recht betont, ein wichtiger für den grossen Haushalt der menschlichen Gesellschaft, für das durch den Staat organisirte Leben der Menschheit.

In den unproductiven Jahren, d. h. bis zum 15. Lebensjahre verdient der Mensch nicht nur nichts im Interesse der Gesammtheit; sondern er verursacht Kosten, er wird dadurch Schuldner an seine Familie und an die Gesammtheit des Volkes, dem er angehört. In den productiven Jahren zahlt er nicht nur diese Schuld ab, sondern erwirbt sich auch seinen

Unterhalt und steuert zu den Erhaltungskosten der unproductiven Bevölkerung bei. Zu den productiven Jahren können die vom 15. bis zum 70. gerechnet werden. Nach dem 70. Lebensjahre tritt das Individuum wieder in das Stadium der Unproductivität.

Oekonomisch betrachtet verliert die Gesammtbevölkerung bei jedem Todesfall unter 15 Jahren die Erziehungs- und Erhaltungskosten, welche einen um so höheren Betrag repräsentiren, je später der Todesfall eintrat. — Beim Todesfall während des productiven Alters verliert die Gesammtheit desto mehr, je früher der Tod eintrat. An Todesfällen im unproductiven Alter über 70 Jahr verliert das Volk materiell nichts.

Dieses Verhältniss stellt sich heraus, wenn nur die Quantität der Lebensjahre betrachtet wird.

Zieht man auch die Qualität der verlebten Jahre in Betracht, so stellen sich gewöhnlich ganz andere Resultate heraus, und der Tod eines siebzigjährigen Greises ist nicht selten ein grosser Verlust, indessen ein „im besten Mannesalter" Gestorbener bisweilen nicht nur keine Lücke hinterlässt, sondern auch ökonomisch dessen Abgang keinen Verlust bedeutet. Nicht blos, was der Mensch arbeitet, sondern wie er arbeitet, hat ökonomischen Werth. Ueberdies ist das sociale Moment neben dem ökonomischen nicht unbeachtet zu lassen, und die Qualität der Lebensjahre, die sich allerdings ziffermässig nicht ausdrücken lässt, hat neben der Quantität derselben ihre vollgiltige Berechtigung.

Untersuchungen über die Bevölkerungen der bedeutendsten Staaten (namentlich durch Wappaeus) haben ergeben, dass ein Drittheil (33.$_{66}$ Percent) der Bevölkerung aus Individuen bis zum 15. Lebensjahre besteht; — ein Zehntheil (9.$_{72}$ Percent) kommt auf die Alterclasse von 15 — 20 Jahren; — nahezu die Hälfte (48.$_{88}$ Percent) kommt auf die Zeit voller Kraft und Thätigkeit zwischen 20 und 60 Jahren; — ein Zwanzigstel (4.$_{92}$ Percent) kommt auf die Zeit der abnehmenden Kraft zwischen 60 und 70 Jahren; und der vierzigste Theil der Bevölkerung (2.$_{81}$ Percent) fällt in die Zeit des höchsten, unproductiven Alters.

In den cultivirten Staaten stehen sonach ungefähr 36½ Percent der Gesammtbevölkerung im unproductiven, und 63½ Percent im productiven Alter.

Betrachten wir von diesem Gesichtspunkte aus den Kaiserstaat Oesterreich in seinen beiden Reichstheilen.

I. **Oesterreich.** Auf Grund der Zählungsresultate vom Jahre 1869 ergeben sich folgende Zusammenstellungen und Berechnungen. Es standen im genannten Jahre im Alter

	bis zu 15 Jahren:	von 15—20 Jahren:	von 20—70 Jahren:	über 70 Jahre:
Männlich:	3,438.123	915.956	6,183.987	191.918
Weiblich:	3.462.281	974.253	6,751,407	189.808
	6,900.404	1.890,209	12,935.394	381.726

II. **Ungarn.**

Männlich:	2,855.483	686.313	3,995.621	106.143
Weiblich:	2,883.087	782.147	4,006.716	91.817
	5,738.570	1,468.460	8,002.337	197.960

III. **Gesammtstaat.** Hier kommt die effective, anwesende Bevölkerung *(population de fait)* als jener Factor der Grundmacht in Betracht, der an der Production und Consumtion, an Vortheilen und Lasten des Staates unmittelbar Antheil nimmt: — während die einheimische ortszuständige Bevölkerung *(population de droit)* nur für bestimmte Zwecke (Wahlen, Heeresergänzung) bekannt sein muss. — Die effective Bevölkerung stellt sich nach obiger Zusammenstellung folgender Art heraus:

Im Gesammtstaate standen

12,638.974	oder 33.7%	der Gesammtbevölkerung im Alter unter 15 Jahren
3,358.669	„ 8.95%	„	„	„	„	von 15—20 Jahren
20,937.731	„ 55.53%	„	„	„	„	„ 20—70 Jahren
579.686	„ 1.54%	„	„	„	„	über 70 Jahre.

Vergleichen wir das für den Kaiserstaat Oesterreich ermittelte Resultat mit dem für eine Reihe europäischer Staaten und Nordamerikas berechneten Durchschnitte, so ergibt sich:

a) Im Alter unter 15 Jahren stehen in Oesterreich . . 33.70%
    im Durchschnitte anderer Staaten . . . . 33.66 „
b) „ „ von 15—20 Jahren stehen in Oesterreich . 8.95 „
    im Durchschnitte anderer Staaten . . . . 9.72 „

c) Im Alter von 20—70 Jahren stehen in Oesterreich . 55.$_{63}$ %

im Durchschnitte anderer Staaten . . . 48.$_{88}$ „

d) „ „ über 70 Jahre stehen in Oesterreich. . . . 1.$_{54}$ „

im Durchschnitte anderer Staaten . . . 2.$_{81}$ „

Die unter a) und d) aufgeführten Percentsätze bezeichnen das un productive,

„ „ b) „ c) „ „ „ „ productive
Alter.

im Durchschnitte stehen im unproductiven Alter 36.$_5$ %,

„ „ „ „ productiven 63.$_5$ % der Gesammtbevölkerung.

In Oesterreich „ „ unproductiven Alter 35.$_{24}$ %,

„ „ „ „ productiven 64.$_{76}$ % der Gesammtbevölkerung.

Dieses für Oesterreich so günstige Resultat hat vornehmlich in dem grossen Ueberwiegen der eigentlichen productiven Altersclasse (20—70 Jahre), welche das Durchschnittspercent beinahe um 7 Percent übersteigt, seinen Grund.

Betrachten wir die beiden Reichstheile jeden für sich, so ergeben sich folgende ökonomisch und social unverkennbar bedeutsame Resultate:

Es standen im Alter:

	in Oesterreich:		in Ungarn:	
unter 15 Jahren	6,900.404,	oder 31.$_{22}$ %	5,738.570	oder 37.$_{25}$ %
zwischen 15—20 Jahren	1,890.209	„ 8.$_{55}$ „	1,468.460	„ 9.$_{52}$ „
„ 20—70	„ 12,935.394	„ 58.$_{51}$ „	8,002.337	„ 51.$_{95}$ „
über 70	„ 381.726	„ 1.$_{72}$ „	197.960	„ 1.$_{25}$ „

Im productiven Alter standen somit

in Oesterreich 67.$_{06}$ %   in Ungarn nur 61.$_{47}$ %

im unproductiven Alter standen somit

in Oesterreich 32.$_{94}$ %   in Ungarn jedoch 38.$_{53}$ %.

Während die Durchschnittsziffer für das productive Alter (mit 63.$_5$ Percent) von Oesterreich (mit 67.$_{06}$ Percent) um mehr als 3½ Percent überschritten wird, bleibt Ungarn (mit 61.$_{47}$ Percent) um mehr als 2 Percent unter derselben; hinsichtlich des unproductiven Alters steht Oesterreich (mit 32.$_{94}$ Percent) um mehr als 3½ unter der Durchschnittsziffer (36.$_5$ Percent), während Ungarn (mit 38.$_{53}$ Percent) dieselbe um mehr als 2 Percent überschreitet.

Das günstige Resultat für die Gesammtmonarchie in dieser Beziehung hat also seinen Grund im günstigen Verhältnisse der Vertheilung der österreichischen Bevölkerung nach Altersclassen; denn die Bevölkerung Ungarns stellt sich in Hinsicht der productiven, wie der unproductiven Altersclassen im Verhältnisse zur Durchschnittsziffer der grossen europäischen Staaten als ungünstig dar. Weil jeder Altersclasse ein bestimmter Antheil an der Staatskraft zukommt, so ist die Kenntniss der Vertheilung der Bevölkerung nach Altersclassen von Wichtigkeit für den Staat. Doch stösst die Durchführung einer Volkszählung in dieser Richtung auf bedeutende Hindernisse, so dass an eine mathematische Genauigkeit hiebei nicht zu zählen ist, und die Ausmittlung der Stärke der einzelnen Altersclassen nur annähernd richtig ist.

§. 15. Vertheilung nach dem Civilstande.

Es wird als im Interesse des Staates gelegen betrachtet, dass die Zahl der Ehen gegenüber der Gesammtbevölkerung möglichst hoch sei. Wie früher bei Beleuchtung des Sexualverhältnisses (§. 11) dargethan worden ist, strebt die Natur darnach, dass die Gleichzahl beider Geschlechter möglichst genau hergestellt werde, wodurch der Mensch durch das Naturgesetz auf die Ehe verwiesen wird, d. h. dass nahezu der ganze erwachsene Theil der Bevölkerung zur Verheiratung gelange. Dieser Fall tritt jedoch bei keinem Volke auch nur annäherungsweise ein. Die Gründe für die Ehelosigkeit sind theils confessioneller, theils staatlicher Natur (beim Militär); überwiegend aber sind es ökonomische, sociale, leider auch in ungesunden Sittlichkeitszuständen liegende Hindernisse, welche die Heiratsfrequenz beeinträchtigen.

Wappaeus hat die Percentsätze der Verheirateten für 19 europäische Staaten, welche zusammen eine Bevölkerung von 121 Millionen Individuen repräsentiren, zusammengestellt. Darnach sind unter 1,000.000 Einwohnern 348.817 Verheiratete und 651.183 Unverheiratete; es entfallen somit $34_{.88}$ Percent der Gesammtbevölkerung (im Durchschnitte) auf die Verheirateten. Weiters stellt es sich heraus, dass in den südeuropäischen Staaten mit romanischer Bevölkerung die Zahl der Unverheirateten geringer ist, als in den nordeuropäischen mit germanischer Bevölkerung, was wohl in der früher eintretenden Reife, sowie in der leichteren Befriedigung der geringen Lebensbedürfnisse in den südlichen Ländern seinen Hauptgrund haben dürfte. Im Allgemeinen scheint jedoch die Zahl der Verheirateten regelmässig abzunehmen.

Bei Betrachtung des Civilstandes darf übrigens nicht die Gesammtbevölkerung des Staates in Rechnung gezogen werden, sondern nur der im heiratsfähigen Alter stehende Theil der Bevölkerung. Werden als durchschnittliche Grenze dieses Alters 18 Jahre angenommen, so stehen fast genau 62.₅ Percent der Gesammtbevölkerung der erwähnten 19 europäischen Staaten in diesem „heiratsfähigen" Alter, und es stellt sich die Verhältnisszahl der Verheirateten viel günstiger; denn es leben in den civilisirten Staaten mehr als die Hälfte der Erwachsenen in der Ehe. Unter 10.000 Erwachsenen sind durchschnittlich 6598 verheiratet oder verheiratet gewesen.

Betrachten wir von diesem Standpunkte aus **Oesterreich.** Wenn man von der Ehelosigkeit im Militär absieht, bei welchem nur etwa neun Percent verheiratet sind, dann vom Clerus und den Klöstern, so sind von der Gesammtbevölkerung:

Ledige in Oesterreich 12,154.364
„   „ Ungarn 8,151.375
                                    _____
                                     20,305.739

Verheiratet   } in Oesterreich 8,063.167
oder verheiratet gewesen } in Ungarn   7,265.952
                                    _____
                                     15,329.119

Von der Gesammtsumme der Ledigen im Kaiserstaate mit. 20,305.739
muss das „unproductive Alter" bis einschliesslich
mit dem 15. Lebensjahre abgezogen werden, näml. 12,638.974
und zwar: in Oesterreich von
          12,154.364 ab 6,900.404 = 5,253.960
in Ungarn von 8,151.375 „ 5,738.570 = 2,412.805
                                    _____
verbleiben Ledige im Alter über 15 Jahre . . . 7,666.765

Werden von der Gesammtsumme, wie sie sich nach Abzug von Militär und Geistlichkeit herausstellt, also von 35,634.858 die Ledigen unter 15 Jahren abgezogen mit . . 12,638.974

so bleibt eine Bevölkerung im productiven Alter von 22,995.884 was 64.₅₃ Percent der Gesammtbevölkerung ergibt. Kommen davon noch die im 16. und 17. Lebensjahre Stehenden in Abzug, wodurch das 18. Jahr als die früheste Grenze des heiratsfähigen Alters angenommen wird; so stellt es sich heraus, dass im Kaiserstaate die für die übrigen europäischen Staaten ermittelte Durchschnittsziffer, laut welcher 62.$_5$ Percent der Gesammtbevölkerung im heiratsfähigen Alter steht, gleichfalls zutrifft.

Für die beiden Reichstheile ergibt sich folgende Uebersicht:

Oesterreich:

	männlich	%	weiblich	%
1. Ledige über 15 Jahre alt	2,608.409	40.$_{91}$	2,645.595	38.$_{11}$
2. Verheiratete	3,475.658	54.$_{51}$	3,503.281	50.$_{47}$
3. Verwitwete	289.471	4.$_{54}$	788.335	11.$_{36}$
4. Geschiedene	2.421	0.$_{04}$	4.001	0.$_{06}$

Ungarn:

	männlich	%	weiblich	%
1. Ledige über 15 Jahre alt	1,397.445	29.$_{30}$	1,015.360	20.$_{60}$
2. Verheiratete	3,157.146	65.$_{80}$	3,163.154	64.$_{81}$
3. Verwitwete	226.719	4.$_{72}$	676.172	13.$_{86}$
4. Geschiedene	16.767	0.$_{35}$	25.994	0.$_{53}$

In Ungarn ist das Verhältniss ein weit günstigeres als in Oesterreich; denn der Percentsatz der im heiratsfähigen Alter stehenden Ledigen ist bedeutend geringer, jener der Verheirateten um mehr als 11 Percent höher als in Oesterreich. Dies hängt einerseits mit den Ernährungsverhältnissen zusammen, weil die agricole Bevölkerung in der Regel früher heiratet, als die industrielle; zumeist aber dürfte hierbei die frühere Reife der magyarischen, südslavischen und romanischen Race gegenüber der germanischen bestimmend einwirken.

§. 16. Die Wohnsitze der Bevölkerung.

„Stadt" und „Land" bilden in mehrfacher Beziehung Gegensätze. Kann auch die Grösse der städtischen Bevölkerung im Verhältnisse zu der ländlichen nicht als ein verlässlicher Massstab bei Beurtheilung der Civilisation und des Wohlstandes eines Staates angesehen werden; so ist es doch nicht zu bestreiten, dass die den Volkswohlstand zumeist fördernden Elemente, die Industrie, der Handel und Verkehr vorzugsweise in Städten und deren Umgebung sich concentriren; während die ländliche Bevölkerung vorwiegend der Landwirthschaft und

deren Nebenbeschäftigungen ihre Thätigkeit widmet. Daraus
ergibt sich der geistige und wirthschaftliche Einfluss der Städte,
der auch im politischen Leben stärker hervortritt. Diese Con-
centration der Kräfte unter der städtischen Bevölkerung ist von
hoher Wichtigkeit für das gesammte Staatsleben, welches mit
dem Abnehmen der städtischen Bevölkerung, d. i. mit dem
Sinken der Städte, einer Zersplitterung seiner politischen Bedeutung um so rascher und sicherer entgegengeht, je mehr der
Einfluss der Städte dem im politischen, wie im wirthschaftlichen
und dem ganzen geistigen Leben allzusehr conservativen Elemente der ländlichen Bevölkerung unterliegt. Dadurch soll
jedoch keineswegs verkannt werden, dass die ländliche Bevölkerung manche Vorzüge vor der städtischen hat, die in biologischer
Hinsicht von hoher Bedeutung sind, so z. B. die grössere Proportion von Knabengeburten, ein günstigeres Verhältniss des
relativen Heiratsalters, eine numerisch gleichmässigere Vertheilung der beiden Geschlechter, eine günstigere Lebensdauer,
eine grössere Tüchtigkeit für den Militärdienst u. s. w.

Der Begriff der „städtischen" und der „ländlichen" Bevölkerung ist jedoch keineswegs feststehend und übereinstimmend
in den verschiedenen Staaten, wesshalb in dieser Richtung Vergleiche erst dann angestellt werden können, wenn die Begriffe
von „Stadt", „Markt", „Dorf" u. s. w. genau präcisirt sind.
In einigen Staaten bestimmt die Volkszahl, die gewisse Dichtigkeit auf einem gegebenen Terrain, den Begriff „Stadt"; in anderen die „Gesetzgebung"; in Oesterreich entscheiden „Privilegien" und „Freiheitsbriefe", kraft deren ein „Dorf" zum
„Markt", ein „Markt" zur „Stadt" wird. Uebrigens schleifen
sich die Gegensätze zwischen Stadt und Land bei regerem politischen Leben und der wachsenden Culturentwicklung immer
mehr ab, insbesondere, wenn die wirthschaftlichen und socialen
Beziehungen lebendiger sich gestalten können in Folge erhöhten
Verkehrslebens und der relativ geringeren Entfernung der Ortschaften unter einander.

I. Laut der Volkszählungen in den Jahren 1857 und
1869 ergibt sich für Oesterreich folgende Uebersicht:*

---

* Nach Dr. Glatter's „Oesterreich in Ziffern". — Wien. 1872.

| Land | Zahl der | | | | | | Es kam im Jahre 1857 | | |
| | Städte | | Märkte | | Dörfer | | 1 Stadt | 1 Markt | 1 Dorf |
	im Jahre 1857	im Jahre 1869	im Jahre 1857	im Jahre 1869	im Jahre 1857	im Jahre 1869	auf Quadratmeilen		
Niederösterreich	35	36	227	232	4380	4187	9.55	1.48	0.09
Oberösterreich	15	15	99	90	6434	6058	13.89	2.31	0.03
Salzburg . .	3	3	20	21	724	733	41.50	5.93	0.17
Steiermark . .	20	20	96	98	3420	3834	19.50	3.98	0.10
Kärnten . . .	11	10	27	28	2856	2911	18.02	6.43	0.06
Krain	14	14	17	23	3195	3194	12.39	7.54	0.05
Küstenland . .	27	28	15	22	969	991	4.95	6.31	0.14
Tirol u. Vorarlb.	22	22	33	33	1522	2420	23.16	15.44	0.21
Böhmen . . .	355	372	223	226	12274	12551	2.43	3.99	0.07
Mähren . . .	89	86	191	190	3027	3041	4.49	2.03	0.12
Schlesien . .	26	25	6	9	669	671	3.58	9.94	0.13
Galizien . . .	95	83	234	230	6271	11060	16.43	5.93	0.12
Bukowina . .	4	7	6	8	326	456	25.94	22.70	0.39
Dalmatien . .	14	17	44	60	983	812	13.08	3.70	0.27
Im Ganzen . .	730	738	1238	1270	47050	52919	7.06	4.10	0.09

II. Für **Ungarn** wird für das Jahr 1870 folgende Uebersicht gegeben:

Land	königliche Freistädte	Städte mit geordneten Magistraten	Marktflecken	Dörfer	Puszten-Ansiedelungen u. s. w.	Zusammen
Ungarn-Siebenbürgen . . .	81	88	719	11869	3710	16467
Fiume mit Gebiet	1	—	—	3	—	4
Croatien-Slavonien	10	1	40	3310	250	3611
Croat.-slavon. Militärgrenze .	8	2	10	1190	—	1210
	100	91	769	16372	3960	21292

Bei der **Oesterreich** darstellenden Uebersicht fällt es auf, dass in Kärnten, Mähren, Schlesien und Galizien für das Jahr 1869 weniger Städte, als für das Jahr 1857 in den officiellen Ausweisen aufgeführt werden; das Gleiche ist in Betreff der

Märkte bei Oberösterreich, Mähren und Galizien, und hinsichtlich der Dörfer bei Oberösterreich und Dalmatien der Fall.
Allerdings können auf Grund neuer Privilegien Dörfer zu
Märkten, und Märkte zu Städten erhoben werden; allein in
Oberösterreich ist die Zahl der Städte unverändert geblieben,
folglich ist kein Markt zur Stadt erhoben worden, und gleichzeitig (innerhalb 12 Jahren) ist die Anzahl der Dörfer um 376
geringer (?). In Mähren ist die Zahl der Städte um 3, jene der
Märkte um 1 gefallen (?). In Schlesien ist 1 Stadt weniger aufgeführt. Am grellsten stellen sich die Ziffern in Galizien heraus,
wo die Zahl der Städte um 12 (!), jene der Märkte um 4 gefallen, jene der Dörfer hingegen um 4789 (!) gestiegen ist.
Bei Dalmatien wird eine Verminderung der Dörfer um 171 (?)
ausgewiesen, obwohl die Zahl der Märkte nur um 14, jene der
Städte um 3 vermehrt worden ist.

    Dass der Ausweis für das Jahr 1869, weil diese auffälligen
Differenzen amtlich nicht erläutert worden sind, für eine Percentuirung unbrauchbar ist, bedarf keines Beweises; der Ausweis vom Jahre 1857 scheint jedoch zu veraltet zu sein, um
weitere Schlüsse, als eben die Percentuirung (weil Percentsätze
nicht so rasch alterirt werden) daraus zu ziehen.

    Die Zahl der Häuser wurde im Jahre 1869 festgestellt auf:

I. Niederösterreich . . .	183.218	II. Ungarn	1,753.062
Oberösterreich	110.499	Siebenbürgen	483.139
Salzburg	25.311	Gebiet von Fiume . . .	1.402
Steiermark	179.048	Croatien-Slavonien . . .	124.082
Kärnten	50.279	Militärgrenze	133.528
Krain	75.550		
Küstenland	85.343		
Tirol und Vorarlberg .	139.745		
Böhmen	647.775		
Mähren	286.412		
Schlesien	63.591		
Galizien	855.949		
Bukowina	98.096		
Dalmatien	86.543		
	2,887.359		2,450.213

III. Gesammtmonarchie . . 2,887.359
                            2,450.213
                            5,337.572

Im Verhältnisse zur Area und zur Bewohnerschaft ergeben sich:

	in Oesterreich:	in Ungarn:	in der Gesammtmonarchie:
auf 1 ☐Meile Orte . .	10.5	3.8	7.0
Häuser auf 1 Ort .	53	115	70
Bewohner auf 1 Ort . .	369	724	467
Bewohner auf 1 Haus .	7.0	6.3	6.7

Der Begriff eines „Wohnortes" ist noch vielfach schwankend, was für die Grösse der Ortsgemeinden und die Vertheilung der Bevölkerung nicht werthlos ist. Im Osten der
Monarchie werden häufig meilenweit zerstreute Häusergruppen
zu Einer Namenseinheit, zu Einer „Gemeinde" verbunden; desshalb findet man hier grosse, starkbevölkerte Gemeinden, bei
denen durchschnittlich mindestens 200 Wohngebäude auf eine
Ortschaft kommen. Das Gleiche ist in Dalmatien der Fall,
wo die Gemeinden Sign, Imoschi und Knin wegen der weiten, landesüblichen Fassung des Begriffes „Gemeinde" verhältnissmässig übergrosse Einwohnerzahlen aufweisen. — In Oesterreich,
Salzburg, Steiermark, Kärnten, Krain wird das entgegengesetze
Princip eingehalten, wonach im Durchschnitte schon 30 Wohngebäude eine Ortschaft bilden; hier sind die Ortschaften demnach kleiner und minder bevölkert. — Im Nordwesten des Kaiserstaates ist die Bevölkerung gleichmässiger auf viele und stark
bevölkerte Ortschaften vertheilt.

I. In **Oesterreich** gibt es 145 Orte, deren jeder eine
5000 übersteigende Einwohnerzahl beherbergt, u. z. gibt es
drei Städte mit mehr als 100.000 Einwohnern, — 4 Städte mit
einer Bevölkerung zwischen 50—100.000, — 14 Orte haben je
20—50.000, — 41 Orte zwischen 10—20.000, — und endlich
83 Orte je 5000—10.000 Einwohner. Wir lassen diese Orte
hier folgen.*

---

* Die durchschossen gedruckten Städte sind die Hauptstädte der
betreffenden Kronländer.

Wien *	. . . .	1,020.770	**Graz** (Steiermark) . . .	90.700
Prag (Böhmen)	. . . .	157.000	**Lemberg** (Galizien) . .	87.100
Triest (Küstenland)	. .	123.000	**Brünn** (Mähren)	74.000
			Krakau (Galizien) . . .	50.000

* Die am 17. April 1875 vorgenommene Zählung ergab:

I.	Bezirk	innere Stadt	70.760
II.	„	Leopoldstadt	94.599
III.	„	Landstrasse	90.256
IV.	„	Wieden	53.873
V.	„	Margarethen ·	54.491
VI.	„	Mariahilf	63.963
VII.	„	Neubau	72.837
VIII.	„	Josefstadt	50.898
IX.	„	Alsergrund	62.917
X.	„	Favoriten	40.710
			660.745
	Vororte	. . . .	341.254
			1,001.999

Die durch die „Sicherheitswache" im Polizei-Rayon Wiens in etwas primitiver
Art vorgenommene Volkszählung ist jetzt „rectificirt" worden. Darnach leben

im Gemeindegebiete	. . . . . .	673.865
in den Vororten	. . . .	346.905
zusammen	. . . .	1,020.770 Einwohner. (?)

Czernowitz (Bukowina)	34.000	Laibach (Krain)	23.000
Linz (Oberösterreich) . .	33.400	Reichenberg (Böhmen) . .	23.000
Sign (Dalmatien)	29.800	Tarnow (Galizien) . . .	21.800
Imoschi (Dalmatien) . . .	25.900	Zara (Dalmatien)	20.800
Pilsen (Böhmen)	24.000	Salzburg (Salzburg) . .	20.400
Knin (Dalmatien)	23.800	Iglau (Mähren)	20.000
Brody (Galizien)	23.000	Tarnopol (Galizien) . . .	20.000

Dernis (Dalmatien) . . .	19.200	Stanislau (Galizien) . . .	14.500
Wiener Neustadt (Nieder-		Karolinenthal (Böhmen . .	14.000
österreich)	19.200	Trau (Dalmatien)	13.600
Spalato (Dalmatien) . . .	18.300	Eger (Böhmen)	13.500
Kolomea (Galizien) . . .	17.700	Sternberg (Mähren) . . .	13.500
Budweis (Böhmen) . . .	17.500	Steier (Oberösterreich) . .	13.400
Drohobycz (Galizien) . .	17.000	Warnsdorf (Böhmen) . .	13.200
Innsbruck (Tirol) . . .	17.000	Marburg (Steiermark) . .	13.100
Trient (Tirol)	17.000	Kuttenberg (Böhmen) . .	12.000
Troppau (Schlesien) . .	17.000	Rovigno (Istrien)	12.000
Görz (Küstenland) . . .	16.800	Pisino (Istrien)	11.800
Prossnitz (Mähren) . . .	15.800	Jaroslaw (Galizien) . . .	11.200
Smichow (Böhmen) . . .	15.400	Almissa (Dalmatien) . . .	11.000
Klagenfurt (Kärnten). .	15.300	Aussig (Böhmen)	11.000
Olmütz (Mähren)	15.300	Bozen (Tirol)	11.000
Przemysl (Galizien) . . .	15.200	Pirano (Istrien)	10.800
Sebenico (Dalmatien . .	15.100	Sambor (Galizien) . . .	10.800

Bielitz (Schlesien)	10.700		Znaim (Mähren)	10.600
Kladno (Böhmen)	10.700		Kremsier (Mähren) . . .	10.000
Sniatyn (Galizien)	10.700		Leitmeritz (Böhmen) . .	10.000
Obrovazzo (Dalmatien) . .	10.600		Stryi (Galizien)	10.000

Teschen (Schlesien) . . .	9.800	Gablonz (Böhmen) . . .	6.800
Asch (Böhmen)	9.500	Krumau (Böhmen) . . .	6.800
Chrudim (Böhmen) . . .	9.500	Tabor (Böhmen)	6.800
Kolin (Böhmen)	9.500	Wels (Oberösterreich) . .	6.800
Neu-Sandez (Galizien) . .	9.400	Mährisch-Ostrau (Mähren)	6.700
Böhmisch-Leipa (Böhmen)	9.300	Zloczow (Galizien) . . .	6.700
Brzezan (Galizien) . . .	9.300	Frankstadt (Mähren) . . .	6.600
Ragusa (Dalmatien) . . .	9.300	Jičin (Böhmen)	6.600
Capo d' Istria (Istrien) . .	9.200	Freudenthal (Schlesien) .	6.500
Pisek (Böhmen)	9.200	Sereth (Bukowina) . . .	6.500
Rzeszow (Galizien) . . .	9.200	Brüx (Böhmen)	6.400
Rumburg (Böhmen) . . .	9.100	Parenzo (Istrien)	6.400
Grodek (Galizien) . . .	9.000	Veglia (Istrien)	6.400
Radauz (Bukowina) . . .	9.000	Königinhof (Böhmen) . .	6.300
Roveredo (Tirol)	9.000	Schönlinde (Böhmen) . .	6.300
Saaz (Böhmen)	8.900	Wieliczka (Galizien) . . .	6.100
Verlicca (Dalmatien) . . .	8.800	Gmunden (Oberösterreich)	6.000
Jungbunzlau (Böhmen) . .	8.700	Hohenmauth (Böhmen) . .	6.000
Neuhaus (Böhmen) . . .	8.700	Prevali (Kärnten)	5.900
Neutitschein (Mähren) . .	8.700	Kuty (Galizien)	5.800
Jägerndorf (Schlesien) . .	8.500	Zwittau (Mähren)	5.800
St. Pölten (Niederösterreich)	8.500	Spital (Kärnten)	5.600
Trautenau (Böhmen) . .	8.300	Biala (Galizien)	5.500
Krems (Niederösterreich) .	8.200	Königgrätz (Böhmen) . .	5.500
Pardubitz (Böhmen) . . .	8.200	Nona (Dalmatien)	5.500
Scardona (Dalmatien) . .	8.200	Gross-Meseritsch (Mähren)	5.400
Klattau (Böhmen) . . .	8.000	Hohenelbe (Böhmen) . .	5.400
Trebitsch (Mähren) . . .	7.900	Cormons (Küstenland) . .	5.300
Lussin piccolo (Küstenland)	7.800	Freiwaldau (Schlesien) . .	5.300
Cherso (Küstenland) . . .	7.600	Klosterneuburg (Niederöst.)	5.300
Bochnia (Galizien) . . .	7.500	Stagno (Dalmatien) . . .	5.300
Schlan (Böhmen)	7.500	Stockerau (Niederösterr.) .	5.300
Suczawa (Bukowina) . .	7.500	Göding (Mähren)	5.200
Karlsbad (Böhmen) . . .	7.300	Mährisch-Trübau (Mähren)	5.200
Prerau (Mähren)	7.300	Schüttenhofen (Böhmen) .	5.200
Schönberg (Mähren) . . .	7.300	Strakonitz (Böhmen) . .	5.200
Nikolsburg (Mähren) . .	7.200	Wittingau (Böhmen) . .	5.200
Leitomischl (Böhmen) . .	7.000	Zaleszczyki (Galizien) . .	5.200
Ischl (Oberösterreich) . .	6.900	Časlau (Böhmen)	5.000

Hall (Tirol)	5.000	Leipnik (Mähren)	5.000
Kaaden (Böhmen)	5.000	Riva (Tirol)	5.000
Landskron (Böhmen)	5.000		

II. In **Ungarn** gibt es 112 Orte, deren jeder eine 5000 übersteigende Einwohnerzahl beherbergt, u. z. gibt es 4 Städte mit mehr als 50.000 Einwohnern, 30 Ortschaften mit einer Bevölkerung von je 20—50.000, 53 Ortschaften haben je 10 bis 20.000, und 25 Orte je 5—10.000 Einwohner. Wir lassen hier diese Orte folgen:

Pest	218.000	Ofen	60.000
Szegedin	70.000	Maria-Theresiopel	56.300

Hodmezö-Vásárhely	49.200	Békés	22.600
Pressburg	46.500	Szarvas	22.400
Debreczin	46.200	Czegléd	22.200
Kecskemét	41.200	Nyir-Egyháza	21.900
Arad	32.800	Kaschau	21.700
Temesvár	32.200	Felegyháza	21.300
Csaba	30.000	Miskolcz	21.200
Grosswardein	28.700	Oedenburg	21.100
Kronstadt	27.800	Werschetz	21.100
Szentes	27.700	Agram	20.600
Makó	27.500	Mezö-Tur	20.400
Klausenburg	26.400	Jáss-Berény	20.200
Zombor	24.300	Nagy-Körös	20.100
Fünfkirchen	23.900	Raab	20.000
Stuhlweissenburg	22.700	Zenta	20.000

Gross-Becskerek	19.700	Oroshéza	14.600
Bösörmény	19.200	Karczag	14.500
Erlau	19.200	Pécska	14.300
Neusatz	19.100	Pápa	14.200
Baja	19.000	O-Bécse	14.000
Hermannstadt	19.000	Schemnitz	14.000
Gross-Kikinda	18.800	Pancsova	13.400
Gyula	18.500	Fiume	13.300
Szathmár	18.400	Hajdu-Nánás	13.200
Csongrád	17.400	Halas	13.100
Essek	17.300	Török-Szent-Miklós	13.000
Kalocsa	16.300	Waitzen	13.000
Szolnok	16.000	Nagy-Károly	12.800
Gyöngyös	15.900	Maros-Vásárhely	12.700

Alt-Kaniža	12.600	Szegszárd	11.100
Duna-Földvár	12.400	Apatin	11.000
Nagy-Szalonta	12.300	Unghvár	11.000
Hajdu-Szoboszló	12.300	Tur-Keve	11.000
Komorn	12.300	Mező-Berény	10.900
Moház	12.100	Eperjes	10.800
Veszprim	12.000	Warasdin	10.700
Neusohl	11.800	Kis-Ujszállás	10.400
Bistritz	11.800	Abony	10.200
Bries	11.800	Dévávanya	10.200
Lugos	11.700	Kun-Szent-Marton	10.000
Gross-Kaniža	11.100	Dettva	10.000
Tyrnau	9.700	Felső-Bánya	6.000
Nagy-Bánya	9.100	Deés	5.800
Semlin	8.900	Mühlbach	5.800
Gran	8.800	Zillenmarkt	5.800
Torda	8.800	Broos	5.700
Kremnitz	8.400	Ungarisch - Weissenburg	5.700
Schässburg	8.200	Sächsisch-Regen	5.500
Karlsburg	8.000	Bártfa	5.300
Karlovicz	7.500	Skalitz	5.300
Weisskirchen	7.500	Modern	5.200
Güns	6.900	Göllnitzbanya	5.200
Leutschau	6.900	Szamos-Ujvár	5.200
Mediasch	6.400		

§. 17. Die Bevölkerung nach der Beschäftigung.

Die Beschreibung der Bevölkerung eines Staates nach der Beschäftigung hätte für die Administration einen eminent praktischen Werth, wenn dieselbe verlässlich und vollständig wäre. Denn einerseits übt die Beschäftigungsart des Volkes auf alle populationistischen Beziehungen einen mächtigen Einfluss aus; andererseits böten die Vergleiche der Thätigkeit des Volkes am Schlusse des vorausgegangenen, und zu Beginn des neuen Zählungstermines, — insbesondere wenn diese Thätigkeit durch Resultate der Volksarbeit in wirthschaftlicher Richtung während dieser Periode beleuchtet und erklärt würde, — der Staatsverwaltung werthvolle Anhaltspunkte und Motive, fördernde oder hemmende Massregeln zur gleichmässigen Entfaltung des Volkswohlstandes mit mehr Sicherheit zu treffen,

als es so häufig da und dort der Fall ist. Allein die bisherigen
Angaben über „Beschäftigung" entbehren fast jeder reellen
Grundlage. Ist es auch nicht zu verkennen, dass der Erhebung
über die Berufsclassen ungemeine Schwierigkeiten sich entgegen-
stellen, weil subjective Auffassung der Beschäftigungsart, mehr-
fache Thätigkeit eines Individuums, der Wechsel in derselben,
absichtliches Verweigern bestimmter Angaben u. s. w. dabei
witwirken; so wäre eine genauere Nachweisung doch möglich,
sobald man nicht in das äusserste Detail der Specialisirung sich
einlässt, die gemischten Beschäftigungen in einige wenige Unterabtheilungen bringt und mit praktischem Blick einem bestimmten, erreichbaren Ziele zusteuert, nicht aber sich in theore-
tisirende Kleinlichkeiten verliert, die allerdings bisweilen viel
Scharfsinn im Schematisiren, aber wenig Sinn für die Brauch-
barkeit solcher Nachweisungen, wie sie von der Staatsadministra-
tion benöthigt und mit Recht gewünscht werden, an Tag legen.
Uebermässiges Specialisiren und ein zu weit gehendes Detail
schafft zumeist wenig verwerthbare Resultate und steht in
keinem richtigen Verhältnisse zu der darauf verwendeten Kraft
und Zeit. Zudem können solche Elaborate trotz der äussersten
Anstrengung erst zu einer Zeit vollständig finalisirt werden, wo
die ganze Arbeit häufig nur mehr einen „historischen" Werth
hat, in der Wissenschaft zu Vergleichen allerdings noch verwendet werden kann, für die administrative Praxis aber als
zu antiquirt allen Werth verloren hat.

Zu dieser Digression gibt die Nachweisung über die „Beschäftigungsart" Veranlassung, welche den analogen Erhebungen
in Deutschland, England, der Schweiz, Frankreich
u. s. w. weit zurücksteht.

Wenn hier die Angaben aus der Volkszählung des Jahres
1869 aufgeführt werden, so geschieht es nur, um einen Anhalts-
punkt zu fixiren, der zu Vergleichen mit der nächsten Volkszählung (im Jahre 1880) benützt werden soll. Einzelne Zahlen
fordern allerdings zu einer Kritik, andere zu Vergleichen unter
einander und mit anderen Staaten heraus; nach der oben aus-
gesprochenen Ansicht über die Unverlässlichkeit und Unvoll-
ständigkeit dieser Ziffern aber scheint jeder Commentar, jede
Vergleichung zwecklose Zeitverschwendung.

Nach der Volkszählung vom 31. December 1869 werden angegeben:

	Oesterreich: absolut	%	Ungarn: absolut	%
Geistliche	31.389	0.$_{15}$	19.858	0.$_{13}$
Beamte	72.147	0.$_{38}$	35.540	0.$_{23}$
Lehrer	40.503	0.$_{20}$	27.221	0.$_{18}$
Studirende	75.642	0.$_{37}$	63.437	0.$_{41}$
Literaten und Künstler	15.888	0.$_{08}$	12.018	0.$_{08}$
Rechtsanwälte u. Notare	7.230	0.$_{04}$	4.884	0.$_{03}$
Aerztliches Personal .	28.142	0.$_{14}$	14.283	0.$_{09}$
Haus- u. Rentenbesitzer	442.986	2.$_{10}$	80.680	0.$_{52}$
beim Landbau Beschäftigte	7,497.500	37.$_{13}$	5.015.899	32.$_{54}$
beim Bergbau Beschäftigte	104.342	0.$_{52}$	48.854	0.$_{32}$
bei Industrie, Gewerbe und Handel . . .	2,706.960	13.$_{21}$	833.885	5.$_{41}$
Diener für persönliche Leistungen. . . .	817.835	4.$_{05}$	1,143.075	7.$_{41}$
Personen ohne bestimmten Erwerb .	8,404.063	41.$_{57}$	8,117.693	52.$_{65}$

In **Ungarn** werden für das Jahr 1870 angegeben:
Beschäftigte mit der Feld- und Waldcultur:
    a) Grundbesitzer und mit Jahresgehalt Angestellte. 3,640.366
    b) Taglöhner 1,369.312
                          5,009.678

Beschäftigte beim Bergbau und der Salzproduction (im
Jahre 1871) 15.862
Bei der Industrie und den Gewerben im Ganzen:
    a) Unternehmer 291.091
    b) Beamte und Arbeiter . . . 355.873
                         646.964

Beim Handel:
    a) Unternehmer 65.785
    b) Beamte und Arbeiter . . . 67.797
                         133.582

Bei der „Beschäftigung" der Bevölkerung kommen auch jene Individuen zu berücksichtigen, welche zwar im erwerbsfähigen Alter stehen, aber wegen körperlicher oder geistiger Gebrechen erwerbsunfähig sind. Im Allgemeinen ist die Zahl der Blinden, Taubstummen, überhaupt der mit Körpergebrechen Behafteten (mit Ausnahme der Kretins) in der östlichen Reichshälfte grösser als in der westlichen; dagegen jene der Irrsinnigen und Kretins in der westlichen, wozu die Alpenländer das grösste Contingent stellen. Die Anzahl der Blödsinnigen (Kretins, Idioten, „Troddeln") ist kaum genau zu ermitteln; häufig sind Kretins zugleich taubstumm. In Oberösterreich kommt im Durchschnitte 1 Taubstummer auf 613 Bewohner, in Steiermark auf 483, in Salzburg auf 355 in Kärnten auf 224; in einzelnen Bezirken dieser Länder (Zell am See und St. Johann in Salzburg, St. Veit und Wolfsberg in Kärnten, im Hochgebirge von Steiermark) ist das Verhältniss noch ungünstiger. Ungefähr ein Viertel der Taubstummen erweist sich als bildungsfähig. — Die Anzahl der Irrsinnigen beläuft sich auf ungefähr 0.₀₇ Percent der Bevölkerung, wovon die grössere Hälfte auf Oesterreich kommt. In den Irrenanstalten wird das Verhältniss der Männer zu dem der Frauen wie 116:100 angegeben. Die meisten Heilanstalten entlassen an 25 Percent, bisweilen sogar nahezu an 50 Percent der Aufgenommenen als geneilt; $\frac{1}{6}$ bis $\frac{1}{7}$ stirbt. Die Anzahl der Blinden beträgt etwa 0.₀₈ Percent der Gesammtbevölkerung; in Oesterreich kommt am auffälligsten die Blindheit in Dalmatien vor (1 Blinder auf 1027 Bewohner), was der durch Schiffe eingeschleppten egyptischen Augenkrankheit zugeschrieben wird. Die Anzahl der Blindgeborenen ist im Allgemeinen ganz unbedeutend, wie überhaupt mit der steigenden Cultur und der grösseren, sorgfältigeren Pflege und ärztlichen Hilfeleistung im zarten Kindesalter die Anzahl dieser unglücklichen Geschöpfe sich vermindert: Auf Grund der Volkszählung im Jahre 1869 ergibt sich folgendes Resultat:

	Oesterreich:	Ungarn:	Monarchie:
Blinde	11.329	18.180	29.509
Taubstumme . .	19.701	19.504	39.205
Irrsinnige approx.	16.000	13.175	29.175
Kretins approx. .	25.000	18.351	43.351

Es kommt darnach:

	Oesterreich:	Ungarn:	Monarchie:
1 Blinder auf Bewohner . .	1785	848	1208
1 Taubstummer auf Bewohner	1027	791	909
1 Irrsinniger . „ „	1250	1170	1220
1 Kretin . . . „ „	808	842	821

b) Der Bevölkerungswechsel.

§. 18. Natürlicher Zuwachs.

Der **Bevölkerungswechsel** oder die **Bewegung** der Bevölkerung. Nachdem wir den Bevölkerungsstand in seinen verschiedenen Vertheilungen dargelegt haben, gelangen wir zum Wechsel in der Bevölkerung, wie sich derselbe durch natürliche Zu- oder Abnahme, durch Ein- und Auswanderung vollzieht. Dabei kommen der Erfolg dieses Wechsels, die grössere oder geringere Schnelligkeit der Veränderung, deren Regelmässigkeit und Ursachen in Betracht.

Dass die Gesammtheit, wie ein jeder Theil derselben — die Menschheit, die Bevölkerung eines Staates, das Individuum — etwas Werdendes ist, welches die Entwicklungsphasen des Wohnsitzes der Menschheit mehr oder minder auffällig, historisch oder ziffermässig nachweisbar, mitlebt und durchmacht, ist unleugbar. Stationär ist weder der Planet, welcher der Menschheit als Wohnsitz dient, noch ist es die Menschheit; Bewegung ist das grosse Gesetz in der Natur, wie in der Menschheit. Wir verfolgen diese Bewegung der „Bevölkerung", die Veränderungen der absoluten Volkszahl, in dem kleineren Rahmen des Kaiserstaates, ohne die Gesichtspunkte und Gesetze, nach welchen sich diese Veränderungen im Grossen, Ganzen vollziehen, ausser Acht zu lassen. Auf diesen fussend, gehen wir vorerst an den „natürlichen Zuwachs" der Bevölkerung.

Der „natürliche Zuwachs", d. i. die Volksvermehrung auf natürlichem Wege, durch den Ueberschuss der Geborenen über die Gestorbenen, lässt sich im grossen Massstabe für eine

6*

längere Zeitperiode mit ziemlicher Genauigkeit berechnen, und die Uebereinstimmung der berechneten Bevölkerungszahlen mit den Ergebnissen der Volkszählung liefern dafür den sprechendsten Beweis. Allein es kommt bei der Volksvermehrung eine Mannigfaltigkeit sittlicher und physischer Factoren in Betracht, welche in ihrer Einzel- wie in ihrer Wechselwirkung dem mathematischen Calcul sich durchaus nicht in der Art unterwerfen lassen, dass sie in eine mathematische Formel gefasst werden könnten. Es muss bei der Berechnung somit nach Möglichkeit auf alle fördernden und hindernden Factoren Rücksicht genommen und die „natürliche Grenze der Vermehrung" nicht ausser Acht gelassen werden.

Diese „Grenze" ist relativ ziemlich enge, und wird gezogen: *a)* durch das bestimmte Verhältniss der Frauen im gebährungsfähigen Alter zur Gesammtbevölkerung, welches Verhältniss in cultivirten Staaten im Ganzen gleichmässig und durch Naturgesetze geregelt ist; *b)* durch den Zeitraum, welcher zwischen zwei Geburten bei einer und derselben Frau naturgemäss zum mindesten verfliessen muss; *c)* durch das Mass der „nothwendigen", d. h. geringsten Sterblichkeit; *d)* durch gewisse, mit der Civilisation als nothwendig sich ergebende Einschränkungen des blos als „Naturmensch" auftretenden Individuums; endlich *e)* durch das Verhältniss der Mehrgeburten zu den Einzelgeburten.

Werden alle die Einschränkungen berücksichtigt, so erscheint eine regelmässige, andauernde, natürliche Vermehrung der Bevölkerung um drei Percent per Jahr als das Höchste, das man für eine längere Periode annehmen darf (auf 100 Individuen fünf Geburten und zwei Sterbfälle, d. h. auf 20 Lebende eine Geburt, auf 50 Lebende ein Todfall).

Die stärkste natürliche Vermehrung ist in Nordamerika beobachtet worden, doch war sie selbst dort noch niemals auf drei Percent per Jahr gestiegen. Nach der erlangten Selbstständigkeit betrug in den „Vereinigten Staaten" im Decennium 1790—1800 die natürliche Vermehrung im Jahresdurchschnitte 2.$_{89}$ Percent — das Maximum der bisherigen Beobachtungen; — ist aber seitdem stets abnehmend und dürfte jetzt zwei Percent kaum übersteigen. In Europa erreicht kein Staat zwei Percent;

im Ganzen und Grossen beobachtet man sogar eine verzögerte Zunahme, wenn die Dichtigkeit der Bevölkerung steigt. Eine Bevölkerung, welche fortwährend Zuwachs erhält, muss sich in einem gegebenen Zeitraum verdoppeln. Die Zeit, innerhalb welcher dieses geschehen sollte, nennt man die Verdopplungsperiode. Die Berechnung der Verdopplung geschieht nach Art der Zinseszinsrechnung. Derlei Berechnungen haben jedoch kaum einen theoretischen, geschweige einen praktischen Werth; denn die Bevölkerung ist mancherlei Stürmen, Krisen und Katastrophen ausgesetzt. Ausser Hungerjahren, Kriegen, Seuchen üben so viele kosmische und tellurische, sociale und politische Factoren ihren Einfluss aus, dass weder King's 600, noch Graunt's 280 Jahre, weder Petty's 360, noch Süssmilch's 100 Jahre, welche sie als Verdopplungsperiode Englands ausrechnen, irgend einen Werth für die Wissenschaft oder die Administration haben. Und wenn Malthus behauptet, dass sich die Bevölkerung in etwa 25 Jahren verdoppeln können, wenn „sie in ihrer Vermehrung ungehemmt wäre" — so liegt ja eben in diesem „wenn" die Kraft, welche alle diese Hypothesen über den Haufen wirft. Die Vermehrung kann eben nicht „ungehemmt" vor sich gehen, und die Hemmnisse können und werden niemals vollständig beseitigt werden. Auf diese „Verdopplungsperiode" gehen wir somit nicht ein und streichen das luftige Nebelbild aus den sehr concreten Elaboraten der Statistik als werthlose Spielerei.

Als ein betrübendes Zeugniss der socialen Verhältnisse erscheint die natürliche Verminderung der Bevölkerung. Eine in der Neuzeit geradezu unerhörte Erscheinung bot Irland im Decennium 1841—1851 dar, in welchem die natürliche Verminderung (ohne Rücksicht auf die massenhafte Auswanderung) im Jahresdurchschnitt 2.26 Percent betrug! Die düstersten Beispiele der Volksverminderung bis zum völligen Verschwinden einzelner Stämme finden wir im Innern von Amerika, insbesondere aber auf dem australischen Continente und auf einigen Inseln der Südsee. Das Verschwinden vollzieht sich in so rascher Progression, dass eine ziffermässige Darstellung bisweilen gar nicht gegeben werden kann. Auf Tasmania gab es, beispielsweise, im Jahre 1835 noch 210 Ureinwohner; bis zum Jahre 1868 war deren Zahl auf sieben zusammengeschmolzen! Die englische Regierung bot Alles auf und verwendete nicht unbedeutende Kosten, um das Aussterben der „Tasmanier" hintanzuhalten; vergebens — gegenwärtig ist die Race ausgestorben. Aehnlicher Beispiele könnten von den Südseeinseln noch manche gegeben werden.

Für Oesterreich ist nur die „natürliche Vermehrung" von Wichtigkeit, weil die Ein- und Auswanderung die Bevölkerungsziffer des Kaiserstaates kaum merklich alteriren. Die Fluctuation zwischen den einzelnen Kronländern, das Zuströmen nach der Reichshauptstadt und in die Hauptstädte der Kronländern sind allerdings erheblich; aber diese finden innerhalb der Reichgrenzen statt und sind nur für die einzelnen Provinzen und deren Bezirke von Einfluss.

Nach den früher dargelegten Berechnungen ergibt sich für „Oesterreich" für die zwischen den zwei letzten Volkszählungen (31. October 1857 und 31. December 1869) liegende zwölfjährige Periode im Jahresdurchschnitt ein Percentsatz von $1._{004}$, — für „Ungarn" der Percentsatz von $0._{921}$ für die durchschnittliche jährliche natürliche Vermehrung der Bevölkerung.

In den einzelnen „Königreichen und Ländern" ergeben sich grössere Differenzen zwischen Zählung und Berechnung, welche in den erwähnten Fluctuationen ihren Grund haben. Diese Differenz ist um so geringer, je stabiler die Bevölkerung ist; daher steigt die Differenz in Niederöstereich wegen des Zuströmens nach Wien aus allen Theilen des Reiches am höchsten, und berechnet sich hier die percentuale Zunahme der Bevölkerung nach den Ergebnissen der letzten zwei Zählungen auf $1._{35}$ Percent — während das Ergebniss der Geburten zu den Sterbefällen (1854—1868) nur einen Percentsatz von $0._{63}$ Percent ausweist. Für die einzelnen Reichstheile werden somit beide Percentsätze hier aufgeführt, und bezeichnet die erste Ziffer den Percentsatz aus den erwähnten Zählungen, — die zweite aus dem Ergebnisse der Geburten und Sterbefälle von 1854 bis 1868.

Niederösterreich	$1._{35}$—$0._{63}$	Salzburg	$0._{26}$—$0._{01}$
Oberösterreich	$0._{28}$—$0._{20}$	Steiermark	$0._{59}$—$0._{40}$

Kärnten	. . . . $0._{10} - 0._{38}$	Mähren	. . . . $0._{64} - 0._{92}$
Krain	. . . . $0._{21} - 0._{64}$	Schlesien	. . . . $1._{27} - 1._{32}$
Küstenland	. . . $1._{00} - 1._{10}$	Galizien	. . . . $1._{49} - 1._{25}$
Tirol	. . . . . $0._{27} - 0._{40}$	Bukowina	. . . $1._{00} - 1._{50}$
Böhmen	. . . . $0._{71} - 1._{09}$		

Dieser Zweig der Statistik hat in Oesterreich eine grosse
Vollständigkeit und Genauigkeit erreicht, so dass mit den Ziffern
desselben die thatsächlichen Verhältnisse der Bevölkerungs-
zustände zum vollen Ausdruck gelangen.

§. 19. Ein- und Auswanderung.

Der Einfluss der Ein- und Auswanderung auf die Bewegung der Bevölkerung ist in Europa im Allgemeinen ein un-
erheblicher, namentlich in Oesterreich ist er gegenüber den
natürlichen Momenten der Vermehrung und Verminderung der
Volkszahl stets von geringer Bedeutung gewesen. In neuerer
Zeit findet eine zahlreichere Einwanderung nach Oesterreich
statt, doch ist die Zahl kaum zu constatiren, weil der grösste Theil
dieser Einwanderer aus verschiedenen Gründen es vorzieht, ein
„Fremder" zu bleiben, als die Staatsbürgerschaft nachzusuchen.
Die Auswanderung aus Oesterreich (nicht dem Gesammtstaate) betrug von 1850—1868: 57.726 Personen, wovon 43.645
auf čechische Ackerbaudistricte in Böhmen entfielen. Die relativ
stärkste Auswanderung fand statt in den Jahren 1853, 1854,
1855 und 1868; diese betrug in jedem der genannten Jahre
über 4000 Individuen.

§. 20. Trauungen.

„Es klingt eben nicht poetisch, ist aber trotzdem wahr,
dass die Menge der Ehen in jedem Jahre von den Kornpreisen
abhängt; je wohlfeiler das Brot, desto mehr Ehen und
umgekehrt."

Möchten wir auch diesen Ausspruch des berühmten bel-
gischen Statistikers in seiner Allgemeinheit und so ganz unbedingt hingestellt nicht unterschreiben; so liegt doch viel
Wahrheit in demselben. Namentlich ist die Grundidee desselben
nicht zu bestreiten: dass die Schliessung von Ehen ganz vorzüglich von der leichteren oder schwereren Ernährungsweise,

von der Theuerung sämmtlicher zum Haushalt unentbehrlicher
Mittel für Nahrung, Bekleidung, Wohnung u. s. w., kurz, beinahe ausschliesslich von der materiellen Grundlage des Haus-
haltes abhängig ist. Allerdings kommen bei Eheschliessungen
noch mancherlei ethnologische, sittliche und sociale, hie und
da — wie bei den orthodoxen Griechen — auch confessionelle
Momente, sowie die Lebensweise und Beschäftigungsart in
Betracht.

Bei Beleuchtung dieser Fragen kommen zunächst: *a)* die
Anzahl der Trauungen, deren Zu- oder Abnahme in einem
gegebenen Zeitraume, und *b)* die Trauungs-Frequenz, die
auf Eine Trauung entfallende Zahl von Paaren der Bewohner
zur Darstellung.

Bei der Anzahl sind überdiess zu berücksichtigen: *a)* die
Eheschliessungen zwischen Ledigen,   *b)* zwischen beiderseits
Verwitweten oder *c)* zwischen Ledigen mit Verwitweten.

Im Allgemeinen findet im Kaiserstaate, wie auch in den
übrigen Culturstaaten, in normalen Jahren eine Zunahme der
Eheschliessungen statt, obwohl diese Zunahme mit der Zunahme der Volkszahl keineswegs gleichen Schritt hält, daher
relativ, d. h. wenn die Anzahl der Trauungen zur jeweiligen
Volkszahl während einer längeren Zeitperiode in Verhältniss
gebracht wird, eine Abnahme der Trauungen sich ergibt. Diese
hat ihren Hauptgrund unzweifelhaft in der stetigen Preis-
steigerung aller Lebensbedürfnisse. Dass ausser den „Kornpreisen" auch Kriege, innere Unruhen und geringere Stabilität
staatlicher Zustände, Epidemien u. dgl. dabei von Einfluss
sind, ist wohl unbestreitbar.

Die Trauungs-Frequenz wird ausser von diesen
wirthschaftlichen Factoren auch von ethnologischen, der früheren
oder späteren physischen Reife beeinflusst. Die Trauungs-
Frequenz nimmt in der österreichischen Monarchie von Osten
nach Westen und von Süden nach Norden ab. Die Extreme
bilden die Bukowina und Kärnten; im ersteren Lande werden durchschnittlich beinahe dreimal so viel Ehen geschlossen
als im letzteren. Die vorwiegend slavischen Länder haben die
meisten Trauungen; Böhmen, Niederösterreich und
Siebenbürgen stehen der für den Gesammtstaat geltenden

Durchschnittsziffer (auf 53 Paare Bewohner 1 Trauung) am nächsten; die westlichen Länder mit alpinem Charakter und deutscher Bevölkerung haben relativ die mindesten Trauungen. Diese allgemeine Uebersicht unterliegt jedoch mancherlei Schwankungen in Folge des Schwankens der Erwerbsverhältnisse. Dabei ist es als selbstverständlich anzusehen, dass in agricolen Bezirken mit der grösseren Sicherheit, Gleichmässigkeit und Stabilität des Erwerbes auch eine geringere Schwankung bemerkbar ist als in den mehrfachen Krisen ausgesetzten industriellen Bezirken, was auch seinen Einfluss auf die Regelmässigkeit und Stabilität der Geburts-Frequenz ausübt.

Bezüglich der Eheschliessungen lassen sich auf Grund der Nachweisungen, welche in diesem Zweige der Statistik in Oesterreich sich durch grosse Vollständigkeit und Genauigkeit auszeichnen, folgende allgemeine Gesichtspunkte aufstellen:

a) Eheschliessungen zwischen Ledigen. In grossen Städten und in Landbezirken mit industrieller Bevölkerung sind Ehen zwischen Ledigen am häufigsten. Hierzu kommt das ethnologische Moment, namentlich bei Südslaven und Italienern in Krain, im Küstenlande, in Tirol, welche früher zur physischen Reife gelangen; — schliesslich das confessionelle bei den nichtunirten Griechen, welche, eine Wiederverehelichung als etwas Ungehöriges ansehend, sich nur schwer zu einer zweiten Ehe entschliessen, wodurch die Zahl der Ehen unter Verwitweten ab-, dagegen jene unter Ledigen zunimmt. In den agricolen Bezirken ist die Erwerbung eines eigenen Grundbesitzes in der Regel ein massgebender Factor. Der Bauer heiratet gewöhnlich später als der Fabriksarbeiter oder der mit Hausindustrie Beschäftigte und sieht bei der Eheschliessung zumeist gar sehr auf eine gesicherte, stabile Grundlage für seinen Hausstand.

b) Eheschliessungen von Verwitweten, u. z. sowohl Eheschliessungen von beiderseits Verwitweten, als auch von Verwitweten mit Ledigen kommen am häufigsten in agricolen und alpinen Districten vor, wo die Landwirthschaft und die mancherlei Beschäftigungen im Hochgebirge es für die Bewirthschaftung wünschenswerth erscheinen lassen, dass die Frau im Hause ordnet und schafft, indess der Mann auf seinen Grundstücken oder im Walde für den Hausstand Sorge trägt In den

Städten und in Industriebezirken sind Wiederverehelichungen minder zahlreich, und die grössere Anzahl unehelicher Geburten, wie später nachgewiesen wird, steht wohl nicht ausser Zusammenhang mit der erwähnten Thatsache. In den deutschen Kronländern gilt fast ausnahmslos, dass die Wiederverehelichungen nur unter der ackerbautreibenden Bevölkerung vorkommen. In Böhmen und Mähren kommen diese Art Eheschliessungen unter Čechen häufiger vor, als unter Deutschen; relativ am häufigsten sind sie in den italienischen Bezirken des Küstenlandes und Tirol und in den eigentlichen Berg- und Alpenbezirken des österreichischen Alpenlandes.

In Ungarn kommen Ehen, an welchen Verwitwete Antheil nehmen, weit häufiger vor, als in Oesterreich, was mit dem frühzeitigen Abschluss der ersten Ehe und der consequenterweise grösseren Sterblichkeit unter Verehelichten in Zusammenhang gebracht wird. Uebrigens hängt dieses hier wie dort mit den Altersverhältnissen der Brautleute im engsten Zusammenhange; wo die Meisten sehr jung die erste Ehe eingehen, dort kommen auch die meisten Wiederverehelichungen vor.

In beiden Reichstheilen aber geht das männliche Geschlecht weit häufiger eine zweite Ehe ein, als das weibliche.

Die officiellen Ausweise geben folgende Ziffernangaben:

I. Oesterreich.

Land	Zahl	1 Trauung auf Paare	Zahl	1 Trauung auf Paare	Zahl	1 Trauung auf Paare
	1867		1868		1869	
Niederösterreich	16.104	54.6	16.704	53.0	20.930	46.6
Oberösterreich	5.161	70.2	4.976	72.8	6.833	53.5
Salzburg	939	78.1	880	83.4	1.041	72.7
Steiermark	7.149	76.9	7.713	71.6	10.218	55.4
Kärnten	1.551	110.8	1.569	109.8	1.725	97.5
Krain	3.199	74.9	3.617	66.7	3.801	60.9
Küstenland	5.267	54.5	5.663	51.3	5.661	51.4
Tirol und Vorarlberg . .	5.615	78.7	5.846	75.8	6.137	71.6
Böhmen	46.243	56.1	45.431	57.1	49.211	51.9
Mähren	24.098	41.2	21.191	43.3	23.648	42.2
Schlesien	5.227	48.0	5.250	48.5	6.290	40.7
Galizien	61.153	42.6	53.532	49.2	61.867	43.8
Bukowina	5.993	41.0	6.646	37.7	6.789	37.7
Dalmatien	3.962	57.5	3.922	58.5	4.636	47.7
Oesterreich	191.661	51.8	182.940	54.7	208.787	48.4

Die günstige Ernte des Jahres 1868, welche zu den besten gerechnet wurde, übte in Oesterreich im Jahre 1869 einen mächtigen Einfluss auf die Trauungen aus, die Zahl derselben steigerte sich gegen das Vorjahr um 25.847, so dass im Jahre 1869 schon auf 48 Paare eine Trauung entfiel. In Oesterreich finden nämlich, wie unter der städtischen und industriellen Bevölkerung im Allgemeinen, die meisten Trauungen im Januar und Februar (Faschingszeit), sowie in den Sommermonaten statt.

Alter der Brautleute:

	Oesterreich	Ungarn	Gesammtmonarchie
Bräutigame bis zu 24 Jahren	19.8	37.4	28.3
„ über 24—30 Jahre . . .	35.9	34.5	35.2
„ „ 30—40 „	28.8	17.9	23.6
„ „ 40—50 „	9.8	6.5	8.2
„ „ 50—60 „	4.1	2.6	3.5
„ „ 60 Jahre	1.6	0.9	1.2
Bräute bis zu 20 Jahren	19.8	37.4	21.5
„ über 20—24 Jahre	35.9	34.6	30.2
„ „ 24—30 „	28.8	17.8	26.3
„ „ 30—40 „	9.8	6.5	15.1
„ „ 40—50 „	4.1	2.8	5.5
„ „ 50 Jahre	1.6	0.9	1.4

Civilstand der Brautleute:

	Oesterreich	Ungarn	Gesammtmonarchie
Beide Theile ledig	76.2	73.1	74.9
„ „ verwitwet	4.1	10.8	7.4
Witwer mit Ledigen	13.5	11.0	12.3
Witwen mit Ledigen	5.9	4.8	5.4
Unter je 100 Brautleuten ergeben sich also:			
Männliche Ledige	82.1	78.2	80.3
„ Verwitwete	17.9	21.8	19.7
Weibliche Ledige	89.7	84.4	87.2
„ Verwitwete	10.3	15.6	12.8

II. Ungarn.

	1867:	1868:	1869:	1870:
Ungarn-Siebenbürgen	135.601	179.637	146.272	133.999
Militärgrenze . . .	15.502	13.334	13.940	?

Für Croatien-Slavonien fehlen noch Daten seit dessen Einverleibung mit Ungarn. Nach den ältern Ausweisen bis zum Jahre 1866 war die Trauungs-Frequenz in Croatien-Slavonien die stärkste unter allen Ländern der ungarischen Krone (1 Trauung auf $38._9$ bis höchstens $52._9$ Paare), mit Ausnahme von der Militärgrenze, wo 1 Trauung auf $37._2$ bis höchstens $43._5$ Paare kam. Die Durchschnittsziffer für Ungarn (im Ganzen) wechselt zwischen: 1 Trauung auf 53 bis $58._5$ Paare.

In Ungarn machte sich das gesegnete Erntejahr 1868 noch in demselben Jahre geltend, weil in Ungarn, wie in den agricolen Ländern überhaupt, die meisten Ehen nach beendeter Ernte geschlossen werden; somit kommt hier die grösste Trauungsziffer auf den Monat November. Diese Ziffer wird nur von den Ziffern im Januar und Februar erreicht; in den Sommermonaten kommen unter der ländlichen Bevölkerung äusserst wenige Trauungen vor.

Aus den Tabellen auf Seite 91 ergibt sich in Betreff des Alters der Brautleute, dass in Ungarn die Verehelichungen früher stattfinden, als in Oesterreich; denn bedeutend mehr als ein Dritttheil der in den Ehestand tretenden Männer ist erst 24 Jahre alt, und die gleiche Anzahl der Bräute steht unter dem 20. Jahre. — In Oesterreich steht die Mehrzahl (über ein Dritttheil) der heiratenden Männer im Alter von 24—30, jene der Bräute im Alter von 20—24 Jahren; dieses Verhältniss gilt auch für die Gesammtmonarchie. Während in Ungarn an 72 Percent sämmtlicher Bräutigame bis und im 30. Lebensjahr stehen, stehen in diesem Alter in Oesterreich nur 55 Percent. — Der starke Percentsatz (nahezu 29 Percent) für Bräutigame im Alter von 30—40, und für Bräute im Alter von 24—30 Jahren stammt zumeist von der deutschen Bevölkerung, welche im Allgemeinen später zur Ehe schreitet, als Magyaren, Slaven und Romanen mit ihrer früheren physischen Reife. Dieses beweisen die Länder mit überwiegend nicht deutscher Bevölkerung, wo gewöhnlich mehr als ein Dritttheil, sogar bis nahezu die Hälfte (Croatien, Slavonien, Siebenbürgen), in der Militärgrenze sogar an zwei Dritttheile sämmtlicher heiratender Männer unter dem 24. Lebensjahre stehen.

Im Allgemeinen vermält sich ungefähr ein Dritttheil der Männer mit Frauen der gleichen Alterclasse, etwa 35 Percent der Bräutigame steht in der Alterclasse von 24—3o Jahren und wählt sich Bräute in der Altersclasse von 20—24 Jahren. Später tritt die Differenz der Jahre stärker hervor. So heiraten Männer im Alter von 3o—5o Jahren (welcher Kategorie ungefähr 39 Percent sämmtlicher Bräutigame in Oesterreich gehören) Bräute im Alter von 24—40 Jahren, welche gleichfalls 39 Percent sämmtlicher österreichischer Bräute bilden. Männer, welche nach vollendetem 5o. Jahre heiraten, bilden ungefähr sechs Percent sämmtlicher Bräutigame; während dieses Percent für Frauen schon mit dem 40. Lebensjahre gilt.

Sogenannte Ehen „zur gegenseitigen Unterstützung", bei welchen beide Theile das heiratsfähige Alter überschritten haben (Männer über 6o mit Frauen über 5o Jahren) kommen selten vor und erreichen höchstens 0.₃ Percent sämmtlicher Ehen. „Unnatürliche Ehen", wo sich sehr junge Personen mit sehr alten vermälen, kommen noch seltener, doch in Oesterreich häufiger als in Ungarn vor. Auch überwiegen sehr bedeutend (nahezu vielmal) die Fälle, dass hochbetagte Matronen mit jungen Männern eine Ehe eingehen.

Bezüglich des Civilstandes zeigt der Ausweis, dass ungefähr drei Viertheile sämmtlicher Ehen in der Monarchie von Ledigen mit Ledigen geschlossen werden; die Anzahl jener, wo beide Theile verwitwet sind, ist relativ sehr klein, doch in Ungarn mehr als doppelt so gross denn in Oesterreich. Dass sich Witwer mit Ledigen vermälen, tritt beinahe dreimal so oft ein, als der Fall, dass Witwen mit ledigen Männern eine Ehe schliessen. — Von den heiratenden Männern sind etwa vier Fünftheile ledig, ein Fünftheil verwitwet; von den heiratenden Frauen sind über 87 Percent ledig, und nicht ganz 13 Percent Witwen. — In Ungarn schreiten Verwitwete häufiger zur zweiten Ehe als in Oesterreich; denn von sämmtlichen Eheschliessungen sind es in Ungarn über 37 Percent,

in Oesterreich nur 28 Percent, an welchen Verwitwete Antheil hatten, was wohl zumeist in dem frühzeitigeren Heiraten
in Ungarn seinen Grund hat. — Dass in jenen Ländern, in
welchen die ersten Ehen in bedeutend jüngeren Jahren geschlossen werden, auch die Anzahl der Wiederverehelichungen
grösser ist, versteht sich wohl von selbst und hat in der damit
im Zusammenhange stehenden relativ grösseren Sterblichkeit
der Verehelichten und dem geringen Lebensalter der Verwitweten seinen Grund.

§. 21. Geburten.

In dem ewigen Kreislauf des Werdens und Vergehens der
Menschheit bilden die Geburten, das „Werden der Bevölkerung", einen Factor des Bevölkerungswechsels. An sich betrachtet, ist die absolute Zahl der Geburten innerhalb eines
gegebenen Zeitraumes und eines Staates von geringer, fast gar
keiner wissenschaftlichen oder administrativen Bedeutung; erst
durch Vergleiche mit anderen Erscheinungen wird sie zu einer
beachtenswerthen Thatsache und hat mehrfach beweisende Kraft.

Wird die Anzahl der Geburten eines Jahres in Verhältniss gestellt zur absoluten Volkszahl, so heisst diese Verhältnissziffer die „Geburtsziffer" (Nativität). Der Percentsatz
zeigt entweder: auf wie viele Einwohner Eine Geburt, oder:
wie viel Geburten auf 100 Einwohner jährlich kommen.

Vergleicht man die Anzahl der Geburten eines Jahres mit
der Anzahl der Sterbefälle im gleichen Zeitraume, so erhält
man als Resultat die Bewegung der Bevölkerung. Nicht
durch die Proportion der Geburten zur Gesammtbevölkerung
(Nativität), oder die Proportion der Sterbfälle zur Gesammtbevölkerung (Mortalität, „Sterblichkeitsziffer"), sondern durch
das Verhältniss der Geburten zu den Sterbfällen, d. h.
durch den Ueberschuss oder das Deficit der Geburten gegen
die Sterbfälle wird die Bewegung der Bevölkerung bestimmt.
Derselbe natürliche Zuwachs kann bei verschiedener Proportion
der Geburten und Sterbfälle zur Gesammtbevölkerung vorkommen. In keinem Lande aber ist die Geburten-Proportion auch
nur annähernd so gross, als sie zufolge der physischen Natur
des Menschen sein könnte. In den grösseren Staaten Europas

ist das Verhältniss annähernd 1 : 29, d. h. auf 29 Einwohner kommt eine Geburt; als äusserste Grenzen können angenommen werden 1 : 20 und 1 : 40. Innerhalb dieser Grenzen schwankt das Verhältniss in den grossen Staaten, und die Schwankungen innerhalb der einzelnen Theile eines grossen Staates sind wieder bedeutend. Nach der physischen Natur des Menschen wäre aber das Verhältniss 1 : 10 (auf 10 Bewohner eine Geburt). Auch in Ländern ganz verschiedener Zonen und unter Bevölkerungen fremder Racen findet sich kein Widerspruch gegen obige Behauptung, so dass (mit geringen Ausnahmen) im ganzen Menschengeschlechte die Geburtsproportion höchstens auf die Hälfte geschätzt werden kann, wie sie der physischen Natur nach sein könnte. Nur in ganz kleinen Räumen kommen andere Grenzen vor und dehnen sich die Grenzen von 1 : 16 bis 1 : 54.

Es ist versucht worden, die Länder und deren Theile in Betreff der Geburtsziffer in Kategorien zu theilen.* Wir heben daraus die den Kaiserstaat betreffenden Daten. Weil jedoch unsere Percentsäsze, für das Jahr 1869 ermittelt, mit Hausner's Angaben nicht vollständig übereinstimmen, geben wir unsere Ziffern in der Klammer bei.

Zu den Ländern mit einem „Uebermass von Geburten", d. h. auf weniger als 20 Bewohner eine Geburt, gehört kein Theil der Monarchie.

Zu den Ländern mit „starker Fruchtbarkeit", d. i. 1 : 20 bis 1 : 25 (auf 20—25 Einwohner Eine Geburt) gehören: die Gesammtmonarchie 24.$_3$ (24.$_9$); — in der Reihenfolge der Fruchtbarkeit stehen: Galizien 1 : 21, Militärgrenze 1 : 21.$_7$ (21.$_0$); Bukowina 1 : 21.$_8$ (21.$_9$), Ungarn und Croatien 1 : 22.$_5$ (Ungarn 23.$_0$, Croatien 23.$_9$); Schlesien 1 : 24.$_2$ (23.$_6$); Siebenbürgen 1 : 24.$_5$.

Zu den Ländern mit „mittlerer Fruchtbarkeit", d. i. 1 : 25 bis 1 : 30 gehören: Niederösterreich 1 : 25.$_3$ (26.$_0$), das Küstenland 1 : 25.$_4$ (25.$_3$), Böhmen 1 : 25.$_7$ (26.$_0$), Mähren 1 : 26 (24.$_5$), Dalmatien 1 : 27.$_5$ (25.$_1$).

Zu den Länder mit „schwacher Fruchtbarkeit", d. i. 1 : 30 bis 1 : 40 gehören: Steiermark 1 : 31.$_8$ (31.$_1$), Ober-

---

* O. Hausner, „Vergleichende Statistik von Europa". I. Bd.

österreich $1:32._2$, Krain $1:32._9$ $(29._8)$, Kärnten $1:33$ $(32._1)$, Tirol $1:33._3$ $(34._0)$.

Zu den Ländern mit „bedenklicher Sterilität" d. h. 1 Geburt erst auf mehr als 40 Einwohner, gehört ebenfalls kein Theil der Monarchie. Die Extreme, Uebermass von Geburten und Sterilität kommen geographisch sehr weit geschieden vor; dass „Uebermass" im südöstlichen Russland, — die Sterilität im centralen und südwestlichen Frankreich. Die dazwischen liegenden Staaten stehen auch hinsichtlich der Geburtsziffer dazwischen. Im Kaiserstaate schwankt demnach die Geburtsziffer zwischen $1:21$ bis $1:33._3$. Die stärkste Fruchtbarkeit ist in der östlichen Reichshälfte, u. z. Galizien, Bukowina, Schlesien und alle Länder der ungarischen Krone; — die schwächste ist in den Alpenländern Steiermark, Oberösterreich, Krain, Kärnten und Tirol; die dazwischen liegenden Länder haben eine dem Durchschnitte der Monarchie entsprechende mittlere Fruchtbarkeit.

Dass auf die Frequenz der Geburten die gleichen Factoren einwirken, wie auf die Schliessung der Ehen, und die wir früher (§. 20) erwähnt haben, ist wohl selbstverständlich.

Uebrigens ist eine hohe Geburtsziffer, für sich allein betrachtet, noch kein thatsächlicher Beweis für das wirthschaftliche oder sittliche Wohlbefinden eines Volkes. Denn eine Vermehrung der Geburten kann allerdings aus einer Vermehrung der Eheschliessungen, sie kann aber auch aus einer Vermehrung der unehelichen Geburten herrühren; sie kann also entweder im wirklichen wirthschaftlichen Aufschwunge, oder auch im gesteigerten Leichtsinne des Volkes ihren Grund habe. Ob politische, sittliche, confessionelle oder wirthschaftliche Momente auf die Geburtsziffer vorwiegend eingewirkt habe, das bedarf von Fall zu Fall einer sehr sorgfältigen Prüfung und kann nicht nach Principien im Allgemeinen beurtheilt werden.

Die Zahl der Geburten betrug in Oesterreich:

im Jahre 1868 { Knaben . 399.045 / Mädchen . 375.338 } es kommen somit auf 100 Mädchen $106._3$ Knaben; oder: von den Geborenen sind $51._{53}$% Knaben, $48._{47}$% Mädchen.

774.383 = es kommt also 1 Geburt auf $25._9$ Bewohner.

im Jahre 1869 { Knaben . 419.374 } es kommen somit auf 100 Mädchen
{ Mädchen . 393.100 } 106.7 Knaben; oder: von den Geborenen
sind 51.61 % Knaben u. 48.39 % Mädchen.

812.474 = es kommt also 1 Geburt auf 24.9 Bewohner.

Die Zahl der Geburten betrug in Ungarn:*

im Jahre 1868 { Knaben . 287.054 } also; 51.46 % der Geborenen sind
{ Mädchen . 270.787 } Knaben, und 48.54 % Mädchen.

557.841

im Jahre 1869 { Knaben . 290.576 } Von den Geborenen sind somit:
{ Mädchen . 275.547 } 51.33 % Knaben; 48.67 % Mädchen.

566.123

im Jahre 1870 { Knaben . 292.250 } Von den Geborenen sind:
{ Mädchen . 278.442 } 51.21 % Knaben, 48.79 % Mädchen.

570.692

In der Gesammtmonarchie schwankt somit das Percentualverhältniss der jährlich Geborenen zwischen: 51.21 bis 51.61 % Knaben, und 48.39 bis 48.79 % Mädchen.

Ist auch die Zahl der Geburten in Oesterreich vom Jahre 1868 auf's Jahr 1869 um mehr als 38.000 Kinder, — in Ungarn vom Jahre 1868 auf's Jahr 1870 um nahezu 13.000 Kinder gestiegen; so ist der percentuale Unterschied zwischen den Knaben- und Mädchengeburten in den obbezeichneten Zeiträumen doch ein höchst geringer, und zwar: in Oesterreich um vier Fünftel Percent zu Gunsten der Knaben, in Ungarn um ein Viertel Percent zu Gunsten der Mädchen; d. h. in Oesterreich wurden absolut und relativ mehr Knaben, in Ungarn absolut mehr Knaben, aber relativ mehr Mädchen geboren.

Im Hinblicke auf das früher Erwähnte wollen wir betrachten: wie viele von diesen Geborenen eheliche, wie viele uneheliche Kinder sind? und weiters eine nähere Zergliederung über die unehelichen Geburten vornehmen.

Vor Allem muss festgestellt werden, dass die grössere oder geringere Zahl der unehelichen Geburten für sich allein noch keinen Schluss auf geringere oder grössere Moralität des Volkes oder eines Landestheiles berechtigt. Denn es wirken

---

* Nur Ungarn mit Siebenbürgen nach der gegenwärtigen administrativen Eintheilung, d. h. ohne Croatien-Slavonien und ohne die ehemalige Militärgrenze.

hiebei oft staatliche und wirthschaftliche, nationale und confessionelle Momente ein, als: die volkswirthschaftliche Gesetzgebung, die Untheilbarkeit der Bauerngründe, nationale Eigenthümlichkeiten und confessionelle Anschauungen; auch staatliche Einrichtungen, die frühere oder spätere physische Reife
und noch manche andere Factoren hindern hie und da Eheschliessungen. Zu diesen kommen in den Städten die fluctuirende
Bevölkerung, die Findelhäuser, Garnisonen und das theure
Leben, wodurch sich die Ziffer der unehelichen Geburten gerade
in den Landeshauptstädten bedeutend erhebt, u. z. nicht
nur gegenüber der Durchschnittsziffer für das betreffende Land,
sondern schon gar auffällig gegen die Umgebung der bezüglichen Städte. Die grosse Zahl unehelicher Geburten in den
Städten ist aber keineswegs den Städten selbst zuzuschreiben,
sondern der Zuzug vom Lande nach den Gebäranstalten der
Stadt erhöht die Ziffer, welche nach Ausscheidung der in Gebäranstalten Geborenen nahezu auf die normale Höhe herabsinkt.

Ausser diesen Momenten kommen noch der Volksstamm
und die Beschäftigung der Bewohner hiebei in Betracht.

In Hinsicht des Volksstammes ist es ziffermässig erwiesen, dass die grösste Zahl der unehelichen Geburten bei
den Deutschen vorkömmt. Nicht blos in Ländern oder Bezirken ganz deutscher Zunge ist dieses bemerkbar, noch deut-
licher ergibt sich dieses, wenn man Länder und Bezirke mit
gemischter Bevölkerung zergliedert. Nach den officiellen Ausweisen haben in Steiermark einige deutsche Bezirke eine
doppelt so grosse Anzahl unehelicher Kinder, als die slovenischen Bezirke. Die meisten unehelichen Geburten kommen in
den deutschen Bezirken Judenburg und Leoben, die wenigsten
in den slovenischen Pettau, Luttenberg und Rann vor. Noch
greller heben sich die deutschen Bezirke Tirols von den italienischen ab; in den deutschen entfallen 10—20 Percent der
Geburten auf uneheliche (Kitzbüchel, Kufstein, Schwaz), in den
italienischen erreicht die höchste Ziffer der unehelichen nur
3.$_{94}$ Percent (in Primiero). In Böhmen haben die deutschen
Bezirke Falkenau, Graslitz, Eger und Saaz die meisten, — die
čechischen Bezirke Königgrätz, Příbram, Böhmischbrod und
Rakonitz die wenigsten unehelichen Geburten. In Mähren

haben die deutschen Bezirke Schönberg, Römerstadt und der gemischte Bezirk Hohenstadt die meisten, die čechisch-slovakischen Bezirke Ungarisch-Brod, Gaya, Ungarisch-Hradisch die wenigsten. In Galizien kommen unter den Polen zehnmal so viel uneheliche Geburten als unter den Ruthenen vor.

Bei den Südslaven mindert sich die Zahl der unehelichen Geburten in dem Masse, je reiner die Race im Bezirke auftritt; die rein slavischen Bezirke haben die geringste Ziffer unehelicher Geburten (Gradisca, Sessana, Lussin, Macarsca u. s. w.).

Im Zusammenhange damit steht ohne Zweifel die früher dargelegte spätere Eheschliessung der Deutschen, was wohl auch mit den grösseren Bedürfnissen zur Gründung eines eigenen Hausstandes zusammenhängt. In jenen Ländern und bei jenen Stämmen, bei welchen die Heiraten in jugendlicherem Alter stattfinden, kommen auch die wenigsten unehelichen Geburten vor; es besteht ein gewisses Verhältniss zwischen der Zahl der unehelichen Kinder und der Zahl der früheren oder späteren Eheschliessungen.

Nebst diesen ethnologischen Gründen sind es noch wirthschaftliche, welche auf die Ziffer der unehelichen Geburten von massgebendem Einflusse sind, nämlich die Beschäftigungsart der Bewohner.

Hier begegnen wir der Alpenbevölkerung, welche in Folge der eigenthümlichen Besitzverhältnisse und der Lebensweise spät zur Verehelichung kommt. Die idyllische Romantik, welche man unter Alpenbewohnern zu finden meint, existirt nur im Reiche der Phantasie; die Ziffern der unehelichen Geburten sprechen anders, und die „gemüthlichen Aelpler" sehen darin gar keinen besonderen Makel für die Mädchenehre. Bisweilen gelingt es dem Paare, einen eigenen Besitz zu erwerben, „sie heiraten"; die mittlerweile herangewachsenen Kinder werden dadurch legitimirt und „tanzen auf der Hochzeit ihrer Eltern". Derlei Zustände kommen in allen österreichischen Alpenländern, in Nieder- und Oberösterreich (Lilienfeld, Scheibbs, Amstetten, Gmunden, Kirchdorf u. s. w.), in Tirol, Obersteiermark, am stärksten in Salzburg und Kärnten vor.

7*

Weiters sind es die industriellen Bezirke, in welchen die unehelichen Geburten weit zahlreicher sind, als in den ackerbautreibenden. Hier treffen häufig beide Momente, der deutsche Stamm und die industrielle Thätigkeit zusammen, um die Ziffer zu erhöhen; ebenso wirken die beiden anderen Momente, einerseits grössere Bedürfnisse der deutschen Bevölkerung und anderseits das fluctuirende Element der Fabriks- und sonstigen industriellen Arbeiter ein. Die Volksdichte solcher industrieller Bezirke ist gleichfalls ein Factor, welcher die Zahl der unehelichen Geburten fördert. Unter den agricolen Bezirken weisen nur die weinbauenden Striche eine relativ höhere Zahl, während in rein agricolen Bezirken die wenigsten unehelichen Kinder geboren werden.

I. Oesterreich. Von den früher nachgewiesenen Geburten waren:

1868. Gesammtzahl: 774.383, davon
{ ehelich 661.143 od. 85.$_4$ $^0/_0$ der Geborenen
{ unehel. 113.240 „ 14.$_6$ „ „ „

1869. Gesammtzahl: 812.474, davon
{ ehelich 699.027 „ 86 „ „ „
{ unehel. 113.447 „ 14 „ „ „

II. Ungarn:

1868. Gesammtzahl: 557.841, davon
{ ehelich 516.330 „ 92.$_{56}$ „ „ „
{ unehel. 41.511 „ 7.$_{44}$ „ „ „

1869. Gesammtzahl: 566.123, davon
{ ehelich 526.658 „ 93.$_{03}$ „ „ „
{ unehel. 39.465 „ 6.$_{97}$ „ „ „

1870. Gesammtzahl: 570.692, davon
{ ehelich 531.731 „ 93.$_{17}$ „ „ „
{ unehel. 38.961 „ 6.$_{83}$ „ „ „

Die früher aufgestellte Behauptung, dass unter der nicht-deutschen, und unter der vorwiegend agricolen Bevölkerung die Anzahl der unehelichen Geburten eine weit geringere ist, als unter der deutschen und industriellen, findet in diesen Berechnungen den ziffermässig giltigsten Beweis; denn in Ungarn ist der Percentsatz der unehelichen Geburten gegenüber den ehelichen nicht halb so gross als in Oesterreich. Zugleich ist die erfreuliche Bemerkung zu constatiren, dass die Anzahl der unehelichen Geburten im ganzen Kaiserstaate in der Abnahme begriffen ist, welche in Ungarn einen noch stärkeren Ausdruck findet, als in Oesterreich.

Auf Grund der in Betracht gezogenen officiellen Ausweise ergibt sich folgendes Verhältniss:

Unter 100 Geburten

sind	in	Kärnten . . .	55.$_{55}$	ehelich,	44.$_{45}$	unehelich	
,,	,,	Niederösterreich	68.$_{50}$	,,	31.$_{50}$		,,
,,	,,	Salzburg. . .	68.$_{84}$	,,	31.$_{16}$		,,
,,	,,	Steiermark . .	69.$_{71}$	,,	30.$_{29}$		,,
,,	,,	Oberösterreich .	79.$_{06}$	,,	20.$_{94}$		,,
,,	,,	Böhmen . . .	84.$_{49}$	,,	15.$_{51}$		,,
,,	,,	Mähren . . .	87.$_{87}$	,,	12.$_{13}$		,,
,,	,,	Krain. . . .	87.$_{95}$	,,	12.$_{05}$		,,
,,	,,	Schlesien . .	89.$_{31}$	,,	10.$_{69}$		,,
,,	,,	der Bukowina .	89.$_{70}$	,,	10.$_{30}$		,,
,,	im	Küstenlande .	91.$_{82}$	,,	8.$_{18}$		,,
,,	in	Galizien . . .	91.$_{91}$	,,	8.$_{09}$		,,
,,	,,	Tirol. . . .	93.$_{59}$	,,	6.$_{41}$		,,
,,	,,	Dalmatien . .	96.$_{12}$	,,	3.$_{88}$		,,

Die oben für ,,Ungarn" angegebenen Ziffern haben nur
für Ungarn in seiner gegenwärtigen administrativen Eintheilung, d. i. ,,Ungarn mit Siebenbürgen vereint" Geltung;
für die anderen Länder der ungarischen Krone stehen uns nur
die Daten vor dem ,,Ausgleiche" zur Verfügung. Nach diesen
fanden unter 100 Geburten in Croatien-Slavonien 94.$_1$ eheliche,
5.$_9$ uneheliche, — und in der Militärgrenze 98.$_5$ eheliche,
1.$_5$ uneheliche statt.

Die hier für Oesterreich angegebenen Ziffern sind
Durchschnittsziffern für das ganze betreffende Kronland. Diese Ziffern erleiden aber sehr bedeutende Modificationen
und werden viel genauer und richtiger den Stand der unehelichen Geburten im betreffenden Lande bezeichnen, wenn wir
die Kronlandshauptstädte und grösseren Städte nebst deren
Umgebung ausscheiden, — wie wir es bei der relativen
Bevölkerung mit den ,,Dichtigkeits-Inseln" (§. 10) gethan
haben — und die Landbezirke im Verhältnisse zur Durchschnittszahl des ganzen Landes untersuchen. Nur in dieser Art
gewinnen wir einen klaren Einblick in die wirklichen Zustände des Landes; während allgemeine Durchschnittsziffern
von höchst geringem Werthe bei Beurtheilung eines Landes
und Volkes sind.

Darnach ergeben sich folgende Resultate:

1. Niederösterreich.

Durchschnitt: 68.50% eheliche, 31.50% uneheliche.

Wien . . . . 50.03 % eheliche, 49.97 % uneheliche
Sechshaus . . . . . . 68.49 ,,   ,,   31.51 ,,   ,,
Hernals . . . . 70.23 ,,   ,,   29.77 ,,   ,,
Wiener Neustadt . . . . 68.90 ,,   ,,   31.10 ,,   ,,
  ,,   ,,   Umgebung 72.11 ,,   ,,   27.89 ,,   ,,
Baden . . . . 71.16 ,,   ,,   28.84 ,,   ,,

Unter den Landbezirken haben: Lilienfeld 33.44 %, Scheibbs 28.21 %, Neunkirchen 26.18 %, Amstetten 22.19 % uneheliche Geburten; dagegen: Ober-Hollabrunn 8.94 %, Mistelbach 9.60 %, Gross-Enzersdorf 9.68 %.

2. Oberösterreich.

Durchschnitt: 79.06% eheliche, 20.94% uneheliche.

Stadt Linz . . . . . 55.22 % eheliche, 44.78 % uneheliche
Umgebung Linz . . . 84.93 ,,   ,,   15.07 ,,   ,,
Stadt Steyer . . . . 79.45 ,,   ,,   20.55 ,,   ,,
Umgebung Steyer . . 79.09 ,,   ,,   20.91 ,,   ,,

Von den 12 Landbezirken haben fünf über 20 %: Kirchdorf 29.30 %, Braunau 27.59 %, Schärding 24.63 %, Ried 23.57 %, Gmunden 22.19 %; — die geringste Ziffer hat Freistadt mit 10.91 %.

3. Salzburg.

In allen Bezirken hohe Ziffern unehelicher Geburten.

Stadt Salzburg . . . 56.13 % eheliche, 43.87 % uneheliche
Umgebung Salzburg . 74.31 ,,   ,,   25.69 ,,   ,,

Von den Landbezirken haben: Zell am See 36.65 %, St. Johann 30.60 % und Tamsweg 27.14 % uneheliche Geburten.

4. Steiermark.

Durchschnitt: 69.71% eheliche, 30.29% uneheliche.

Stadt Graz . . . . 37.52 % eheliche, 62.48 % unehel. (!)
Umgebung Graz 74.35 ,,   ,,   25.65 ,,   ,,
Judenburg . . . . 49.92 ,,   ,,   50.08 ,,   ,,
Leoben . . . . . 51.61 ,,   ,,   48.39 ,,   ,,
Bruck an der Mur . . 53.83 ,,   ,,   46.17 ,,   ,,

Stadt Marburg . . . 71.18 % eheliche, 28.82 % uneheliche
Umgebung Marburg . 77.11 „ „ 22.89 „ „
Stadt Cilli . . . . 55.37 „ „ 44.63 „ „
Von den Landbezirken haben die meisten unehelichen
Geburten: Murau 47.80 %, Lietzen 43.96 % und Windischgratz
27.41 %; — dagegen die wenigsten: Pettau 16.65 %, Lutten-
berg 18.56 % und Rann 19.31 %.

5. Kärnten.

Durchschnitt: 55.35% eheliche, 44.45% uneheliche.

Stadt Klagenfurt . . . 28.80 % eheliche, 71.20 % unehel. (!!)
Umgeb. Klagenfurt . . 59.43 „ „ 40.57 „ „
St. Veit . . . . . . 32.73 „ „ 67.27 „ „
Die wenigsten unehelichen Geburten hat Hermagor mit
28.21 %, — dagegen haben Wolfsberg 41.39 %, Völkermarkt
41.15 %, Villach 35.10 % und Spital 34.88 %.

6. Krain.

Durchschnitt: 87.95% eheliche, 12.05% uneheliche.

Stadt Laibach . . 57.04 % eheliche, — 42.96 % uneheliche
Umgebung Laibach . 93.61 „ „ 6.39 „ „
Stadt Krainburg . . 90.97 „ „ 9.03 „ „
Die meisten unehelichen Geburten sind im weinbau-
enden Unterkrain: Gurkfeld mit 16.36 %, Littaj 14.49 %,
— 10 % überschreiten: Radmannsdorf, Rudolfswerth und
Gottschee, in sechs Bezirken sind unter 10 % der Geburten
unehelich.

7. Küstenland.

Durchschnitt: 91.82% eheliche, 8.18% uneheliche.

Stadt Triest . . . . 72.46 % eheliche, 27.54 % uneheliche
Umgebung Triest . 95.29 „ „ 4.71 „ „
Stadt Görz . . . . . 90.57 „ „ 9.43 „ „
Umgebung Görz . . 97.44 „ „ 2.56 „ „
Stadt u. Seefestung Pola 90.81 „ „ 9.19 „ „
In den Landbezirken hat die meisten unehelichen Ge-
burten mit 4.53 % Parenzo, dann folgt Vosca mit 4.15 %; —
in allen übrigen nur 1.35 % bis 3.78 %.

8. Tirol mit Vorarlberg.

Durchschnitt 93.$_{59}$ % eheliche, 6.$_{41}$ % uneheliche.

Um einen genauen Einblick in die wirklichen Verhältnisse zu gewinnen, theilen wir das Land in drei Partien: 1. Deutschtirol, 2. Wälschtirol, 3. Vorarlberg. Die im Allgemeinen sehr günstige Durchschnittsziffer ist nur den ungemein wenigen unehelichen Geburten in Wälschtirol zuzuschreiben; — auch Vorarlberg weist eine geringe Quote; während Deutschtirol relativ die meisten unehelichen Geburten ausweist.

a) Deutschtirol.

Stadt Innsbruck . . . 50.$_{84}$ % eheliche, 49.$_{16}$ % unehetiche
Umgebung Innsbruck . 88.$_{72}$,,   ,,   11.$_{28}$,,   ,,
Stadt Bozen . . . . 94.$_{42}$,,   ,,   5.$_{58}$,,   ,,

Von den übrigen Landbezirken übersteigen fünf die Ziffer von 10 %, nämlich: Kitzbüchel 27.$_{24}$ %, Kufstein 15.$_{32}$%, Schwaz 12.$_{46}$ %, Imst 11.$_{14}$ %, Reutte 10.$_{80}$ %, — unter den anderen sieben Bezirken hat Ampezzo mit 3.$_{14}$ % die geringste Ziffer, die übrigen schwanken zwischen 3.$_{34}$ % bis 8.$_{27}$ %.

b) Wälschtirol.

Stadt Trient . . . . 95.$_{98}$ % eheliche, 4.$_{02}$ % uneheliche
Umgebung Trient . . 99.$_{02}$,,   ,,   0.$_{98}$,,   ,,
Stadt Roveredo . . . 97.$_{29}$,,   ,,   2.$_{71}$,,   ,,

Von den übrigen sieben Landbezirken hat Primiero die höchste Ziffer mit 3.$_{94}$ %, — drei Bezirke stehen unter 1 %, nämlich: Umgebung Roveredo 0.$_{52}$ %, Tione 0.$_{54}$ und Cles 0.$_{58}$ %; endlich drei über 1 %, als Borgo 1.$_{16}$%, Cavalese 1.$_{59}$ % und Riva 1.$_{95}$ %.

c) Vorarlberg.

Von den drei Bezirken hat Bludenz 9.$_{32}$ %, Bregenz 7.$_{75}$ % und das industrielle Feldkirch 6.$_{93}$ % uneheliche Geburten.

9. Böhmen.

Durchschnitt: 84.$_{49}$ % eheliche, 15.$_{51}$ % uneheliche.

Stadt Prag . . . . . 50.$_{41}$ % eheliche, 49.$_{59}$ % uneheliche.

In den übrigen Bezirken des Landes steigt die Zahl der unehelichen Geburten in 17 über 20 % sämmtlicher Geborenen, — in 19 Bezirken ist die Percentziffer 15—20 %, in 39 Bezirken schwankt sie zwischen 10—15 %, und in 13 Bezirken zwischen 5—10 %. Ausser in der Landeshauptstadt Prag wird die Durchschnittsziffer mit 15.$_{51}$ % in 36 Bezirken überschritten, während in 52 Bezirken dieselbe nicht erreicht wird.

Vergleicht man damit das Nationaliten-Verhältniss in Böhmen, so findet man darin neuerdings einen Beweis für die Richtigkeit der früheren Behauptung in Bezug des Zusammenhanges der unehelichen Geburten mit dem ethnologischen Moment der Bevölkerung. Denn in Böhmen nehmen die Čechen 60.$_5$ Percent der Gesammtbevölkerung ein; und die oberwähnten 52 Bezirke repräsentiren 58.$_5$ Percent sämmtlicher Bezirke des Landes, in denen die unehelichen Geburten unter der Durchschnittsziffer bleiben. Schon im Allgemeinen zeigt es sich, dass unter der čechischen Bevölkerung weniger uneheliche Geburten vorkommen, als unter der deutschen. Ziffermässig wird das erwiesen, wenn man die einzelnen Bezirke betrachtet.

Ueber 20 % unehelicher Geburten kommen fast ausschliesslich in den deutschen Bezirken Nordböhmens vor. Falkenau 27.$_{24}$ %, Eger 26.$_9$ %, Saaz 25.$_{70}$ %, Joachimsthal 25.$_{40}$ %, Asch 24.$_{69}$ %, Karlsbad 24.$_{80}$ %, Plan 24.$_{12}$ %, Tachau 22.$_{48}$ %, Brüx 22.$_{28}$ % u. s. w. — Auch die Gruppe von 15—20 % kommt vorwiegend in deutschen Industriebezirken vor. Eine Ausnahme macht Reichenberg, wo in der Stadt nur 7.$_{82}$ %, in der Umgebung 14.$_{85}$ % sämmtlicher Geburten auf die unehelichen entfallen. Die geringste Ziffer hat Königgrätz mit 5.$_{10}$ %, zunächst stehen: Přibram mit 7.$_{39}$ %, Böhmisch-Brod mit 7.$_{86}$ % und Strakonic mit 7.$_{91}$ %.

10. Mähren.

Durchschnitt: 87.$_{67}$ % eheliche, 12.$_{13}$% uneheliche.

Stadt Brünn	58.$_{92}$ % eheliche,	41.$_{08}$ % uneheliche
Umgebung Brünn . .	88.$_{84}$,,	,,	11.$_{16}$,,	,,
Stadt u. Festung Olmütz	35.$_{21}$,,	,,	64.$_{79}$,,	,,
Umgebung Olmütz . .	88.$_{93}$,,	,,	11.$_{07}$,,	,,
Stadt Znaim	82.$_{23}$,,	,,	17.$_{77}$,,	,,
Stadt Iglau	84.$_{13}$,,	,,	15.$_{87}$,,	,,

Von den Landbezirken sind es sechs, welche die Durchschnittsziffer des Landes für uneheliche Geburten übersteigen:

Mährisch-Trübau 16.$_{75}$ %, Neustadtl 16.$_{19}$ %, Schönberg 14.$_{33}$ %,
Wallachisch-Meseritsch 14.$_{20}$ %, Römerstadt 13.$_{27}$ % und Hohenstadt 13.$_{10}$ %; in weiteren sechs Bezirken schwankt die Ziffer
zwischen 10.$_{07}$ % bis 12.$_{04}$ %; und in 16 Bezirken bewegt sie
sich zwischen 3.$_{79}$ % (Ungarisch-Brod) und 9.$_{81}$ % (Dačic). Die
niedersten Ziffern haben Ungarisch-Brod 3.$_{79}$ %, Gaya 5.$_{33}$ %,
Kremsier 7.$_{46}$ %, Trebitsch 7.$_{46}$ % und Wischau 7.$_{65}$ %. — Für
Mähren gilt also auch die bei Böhmen gemachte Bemerkung in
Betreff des ethnologischen Einflusses auf uneheliche Geburten.

11. Schlesien.

Durchschnitt: 89.$_{31}$ % eheliche, 10.$_{69}$% uneheliche.

Stadt Troppau . . . 80.$_{87}$ % eheliche, 19.$_{13}$ % uneheliche
Umgebung Troppau . 89.$_{58}$,,   ,,   10.$_{42}$,,   ,,

Unter den anderen sechs Landbezirken wird die Durchschnittsziffer für uneheliche Geburten von drei überschritten:
Freudenthal 13.$_{14}$ %, Freiwaldau 13.$_{0}$ % und Jägerndorf 12.$_{67}$%;
— drei bleiben unter dem Durchschnitt: Bielitz 9.$_{76}$ %, Teschen
9.$_{10}$ % und Freistadt 7.$_{38}$ %.

12. Galizien.

Durchschnitt: 91.$_{91}$% eheliche, 8.$_{09}$% uneheliche.

Stadt Lemberg . . . 58.$_{94}$ % eheliche, 41.$_{06}$ % uneheliche
Umgebung Lemberg . 90.$_{30}$,,   ,,   9.$_{70}$,,   ,,
Stadt Krakau . . . . 59.$_{73}$,,   ,,   40.$_{27}$,,   ,,
Umgebung Krakau . . 92.$_{95}$,,   ,,   7.$_{05}$,,   ,,

Unter den übrigen 72 Bezirken sind es nur sechs, in welchen
die unehelichen Geburten 10 % sämmtlicher Geburten übersteigen: Grodek 15.$_{07}$ %, Neu-Sandec 12.$_{96}$ %, Przemysl 11.$_{40}$ %,
Limanów 11.$_{05}$ %, Podhajce 10.$_{57}$ % und Jaroslau 10.$_{34}$ %; —
in weiteren 12 Bezirken schwankt der Percentsatz zwischen
8.$_{09}$ % (Durchschnitt) und 9.$_{60}$ %; dagegen ist der Percentsatz
der unehelichen Geburten in 54 Bezirken geringer, als der
ohnehin nicht hohe Durchschnittssatz des Landes, und zwar ist
er in acht Bezirken zwischen 4—5 %: Snjatyn 3.$_{39}$ %, Zaleszczyk 4.$_{07}$ %, Zbaraz 4.$_{15}$ %, Horodenka 4.$_{36}$ % u. s. w.; —
in anderen acht Bezirken zwischen 5—6 %, und endlich in 33 Bezirken zwischen 6—8.$_{09}$ %. Die niederste Ziffer kommt fast
durchgehends in den rein ruthenischen Bezirken vor.

13. Bukowina.

Durchschnitt: 89.$_{70}$ % eheliche, 10.$_{30}$ % uneheliche.

Stadt Czernowitz . . . 85.$_{28}$ % eheliche, 14.$_{72}$ % uneheliche. Die Durchschnittsziffer wird, ausser in der Landeshauptstadt, noch in 3 Bezirken überstiegen: Wisznitz 16.$_{46}$ %, Kimpolung 11.$_{56}$ %, Storozynec 11.$_{38}$ %, — während 4 Bezirke unter derselben bleiben: Suczawa 9.$_{92}$ %, Radautz 6.$_{36}$ %, Sereth 6.$_{59}$ % und Kotzmann 6.$_{31}$ %.

14. Dalmatien.

Durchschnitt: 96.$_{12}$ % eheliche, 3.$_{88}$ % uneheliche.

Stadt und Festung Zara . 94.$_{19}$ %, eheliche, 5.$_{81}$ % uneheliche. Unter den 11 Bezirken sind es nur drei, in welchen die ohnedies sehr niedere Durchschnittsziffer der unehelichen Geburten überstiegen wird: Ragusa 6.$_{18}$ %, Cattaro 4.$_{78}$ % und Spalato 4.$_{63}$ %; also in den nebst Zara bedeutendsten Städten des Landes, während in den acht Landbezirken nirgends die Durchschnittsziffer erreicht wird. Die geringste Ziffer haben die rein slavischen Bezirke Macarsca 1.$_{18}$ % und Imoski 1.$_{93}$ %; zunächst stehen die Städte Sebenico mit 2.$_{57}$ % und Lesina mit 2.$_{40}$ %; in vier anderen Bezirken schwankt die Ziffer zwischen 3.$_{18}$ % bis 3.$_{72}$ %.

Zum Schlusse sei noch bemerkt, dass von sämmtlichen Entbindungen etwa 99 % Einzelgeburten und nur 1 % Mehrgeburten sind. Dieses Verhältniss ist in den cultivirten Staaten ein sehr gleichmässiges, vom Klima wenig oder gar nicht beeinflusst und kann wegen der Geringfügigkeit bei Berechnungen der populationistischen Verhältnisse ausser Betracht gelassen werden.

§. 22. Die Sterblichkeit im Allgemeinen.

Der zweite Factor des Bevölkerungwechsels ist die Sterblichkeit — das Untergehen der lebenden Generation, um Raum zu bieten dem Werdeprocess in dem ewigen Kreislauf alles Seienden und Gewordenen.

Auch die absolute Zahl der Sterbefälle innerhalb eines bestimmten Zeitraumes, eines Staates, ist, für sich allein betrachtet, von keiner wissenschaftlichen oder administrativen Bedeutung; auch diese Zahl wird erst durch Vergleiche und im

Verhältnisse zu anderen Erscheinungen zu einer beachtenswerthen
Thatsache mit beweisender Kraft. Aber auch für den einzelnen
Menschen ist die Kenntniss des Sterblichkeitsverhältnisses weit
interessanter und wichtiger, als jene des Geburtsverhältnisses.
„Nach welchem Gesetze wir die Welt betraten, ist uns ziemlich gleichgiltig; von tragischem Ernste dagegen ist uns das
Studium jener Gesetze, welche uns gebieten, das Leben wieder
zu verlassen, — jener Einflüsse, unter deren belebendem oder
vergiftendem Hauch die Lebensfähigkeit des Menschengeschlechtes
aufblüht oder verdorrt, der Todesursache.''*

Wird die Anzahl der Sterbefälle eines Jahres in Verhältniss
gestellt zur absoluten Volkszahl, so heisst diese Verhältnissziffer
die „Sterblichkeitsziffer'' (Mortalität). Man bestimmt den
Percentsatz entweder: auf wie viele Einwohner Ein Sterbfall,
oder: wie viele Sterbfälle auf 100 Einwohner in einem Jahre
kommen?

Es ist schon früher (§. 21) dargethan worden, dass weder
durch die „Nativität'', noch durch die „Mortalität'' für sich
allein, sondern durch das Verhältniss der Nativität zur Mortalität, durch das Verhältniss der Sterbfälle und Geburten zu
einander die „Bewegung der Bevölkerung'' bestimmt wird;
denn derselbe jährliche Zuwachs kann bei verschiedener Proportion der Geburten und Sterbfälle zur Gesammtbevölkerung
eintreten.

Kann auch kein Zweig der Statistik eine so reiche und
gründliche Literatur aufweisen, als das „Sterblichkeitsverhältniss'', welches von Medicinern, Physikern und Statistikern
tüchtig bearbeitet wird; so kann doch keine der vielen Sterb-
lichkeitsberechnungen auf allgemeine und absolute Richtigkeit
Anspruch machen, auch wird es niemals eine für die Zukunft
absolut richtige geben. Den Beweis dafür wird sich jeder
Denkende wohl unschwer selber construiren. Allein schon
die annähernd verlässlichen Ergebnisse haben zur Erkenntniss
gewisser Gesetze geführt, nach welchen die Veränderungen im
Wechsel einer Bevölkerung, im Wechsel der Menscheit eintreten. Selbstverständlich müssen hier Durchschnitte für längere

* Haushofer: „Statistik.'' Wien, Braumüller 1872.

Zeitperioden gezogen werden, weil ausserordentliche Einflüsse (Epidemien, Noth- oder Kriegsjahre u. dergl.) bei kurzen Zeiträumen viel unmittelbarer und mächtiger sich bemerkbar machen. Derlei ausserordentliche Einflüsse wirken auf die Sterbfälle viel directer als auf die Geburten ein.

Nach Betrachtung einer mehrjährigen Zeitperiode sind in den europäischen Staaten als Extreme im Mortalitäts-Verhältniss $1 : 30._{31}$ und $1 : 51._{77}$, und als Durchschnitt $1 : 36._{21}$, d. h. auf 36 Einwohner ein Sterbefall berechnet worden. — Das Maximum, d. h. die grösste Sterblichkeit kam im Jahre 1847 in Oesterreich vor, wo $1 : 23._{67}$ das Verhältniss war (also auf weniger als 24 Einwohner ein Todesfall); — das Minimum wurde im Jahre 1854 mit $1 : 57._{38}$ in Norwegen beobachtet. In der von Wappaeus berechneten Uebersicht von 14 europäischen Staaten, welche den Zeitraum vom Jahre 1841 bis 1856 umfasst (nur in Sardinien 1828 bis 1837), und die für Oesterreich die allerdings höchst ungünstige Periode — das grosse Sterbejahr 1847, die Revolution 1848 und die Reactionszeit 1849—1856, also eine ganz anormale Periode, hierbei ins Auge gefasst hat, nimmt allerdings Oesterreich in der Sterblichkeit den ersten Rang (also die höchste Sterblichkeit), in der Geburtsziffer den vierten Rang ein.[*] Nach unserer Berechnung nimmt Oesterreich mit $1 : 34._{4}$ den vierten Rang in der Sterblichkeitstabelle ein. Ein niederes Sterblichkeitsverhältniss wird als ein günstiges Zeichen für die Cultur einer Bevölkerung angenommen.

---

[*]

Staaten	Rang nach der Geburtenziffer	Rang nach der Sterblichkeit	Staaten	Rang nach der Geburtenziffer	Rang nach der Sterblichkeit
Sachsen . .	$1 (1 : 24._{82})$	$5 (1 : 34._{12})$	England .	$8 (1 : 30._{06})$	$11 (1 : 43._{79})$
Württemberg	$2 (1 : 24._{85})$	$2 (1 : 31._{99})$	Norwegen .	$9 (1 : 30._{35})$	$14 (1 : 51._{77})$
Preussen . .	$3 (1 : 25._{47})$	$4 (1 : 33._{85})$	Dänemark .	$10 (1 : 30._{83})$	$12 (1 : 45._{0})$
Oesterreich	$4 (1 : 25._{80})$	$1 (1 : 29._{72})$	Hannover .	$11 (1 : 31._{36})$	$9 (1 : 40._{89})$
Sardinien . .	$5 (1 : 27._{52})$	$3 (1 : 33._{34})$	Schweden .	$12 (1 : 31._{38})$	$13 (1 : 46._{67})$
Baiern . . .	$6 (1 : 28._{33})$	$6 (1 : 34._{65})$	Belgien . .	$13 (1 : 32._{83})$	$8 (1 : 40._{08})$
Niederlande .	$7 (1 : 29._{02})$	$7 (1 : 36._{25})$	Frankreich	$14 (1 : 35._{52})$	$10 (1 : 41._{73})$

Man unterscheidet ein allgemeines Sterblichkeitsverhältniss und ein wirkliches. Ersteres stellt die Anzahl der Gestorbenen ins Verhältniss zur Gesammtbevölkerung überhaupt;
letzteres berücksichtigt die Sterblichkeitsziffer in Bezug auf die
Geburtsziffer. Einer Erhöhung der Geburtenziffer entspricht
eine gleichzeitige Erhöhung der Sterblichkeitsziffer, und erst
nach Einbeziehung dieser Betrachtung lässt sich ein Schluss
auf das Wohlbefinden und die Civilisation einer Bevölkerung
ziehen. Was also für die Geburtenziffer von Bedeutung ist,
das wirkt indirect auch auf die Sterblichkeitsziffer ein.

Bevor wir an die verschiedenen Einflüsse, welche in
grösserem oder geringerem Grade die Sterblichkeit bedingen,
übergehen, betrachten wir vorerst die Ziffern der Todt-
gebornen, welche bei den Berechnungen auszuscheiden wären.

Von der Gesammtzahl der Geburten in Oesterreich entfielen im Jahre 1868: $97._{96}°/_0$ auf Lebend- und $2._{04}°/_0$ auf
Todtgeborene. Diese Durchschnittsziffer wurde überschritten von: Niederösterreich ($3._{37}$), Steiermark ($2._{67}$), Oberösterreich ($2._{62}$), Böhmen ($2._{40}$), Schlesien ($2._{24}$) und dem Küstenlande ($2._{05}$); — den geringsten Percentsatz an Todtgeborenen
hat Dalmatien mit $0._{04}°/_0$, dann folgen die Bukowina ($0._{75}$),
Tirol ($0._{90}$), Galizien ($1._{61}$), Krain ($1._{65}$), Salzburg ($1._{79}$),
Mähren ($1._{87}$) und Kärnten ($1._{99}$). — Dass auch hier die
grössere Zahl auf uneheliche Geburten kommt, wie bei Todtgeborenen im Allgemeinen, ist zweifellos; gewöhnlich kommen
von den Todtgeborenen zwei Drittel auf uneheliche, ein Drittel
auf eheliche Geburten.

§. 23. Die Sterblichkeit nach Alter und Geschlecht.

Die Arbeit ist ein Naturgesetz. Der erste Culturmensch
war jener, der zuerst arbeitete; an die Arbeit knüpft sich die
gesammte Culturentwicklung der Menschheit, sie ist ihr be-
dingender Factor.*

Aber — „die Arbeit kostet Leben". Die verschieden-
artige Thätigkeit des Menschen birgt eben die verschiedenartigsten Todeskeime in sich. Die Arbeit stählt die Kraft, sie

---

* Hellwald: „Culturgeschichte." Augsburg 1875.

absorbirt aber auch die Kraft, und diese Doppel-Erscheinung im Leben der Menschheit hat die mannigfaltigsten Untersuchungen erfahren, welche zu interessanten Ergebnissen geführt haben.

Unzweifelhaft wirken so vielerlei Einflüsse auf die Sterblichkeit ein, welche einzeln oder in einer Wechselwirkung zu einander, oder in Verbindung mit einander thätig sind, dass selbst die genauesten Beobachtungen, die schärfsten Unterscheidungen und Classificationen keine Schlüsse auf allgemein giltige Gesetze zulassen.

Den bedeutendsten Einfluss auf die Sterblichkeit der Bevölkerung üben: Krankheiten, das Alter, das Klima eines Landes oder Ortes, die ethnologischen Verschiedenheiten, das Geschlecht, der Aufenthalt in der Stadt oder auf dem Lande, wirthschaftliche Zustände, die Sittlichkeit der Menschen, die allgemeine Civilisation u. s. w.

Im gewöhnlichen Leben scheidet man natürliche Todesursachen von unnatürlichen und zählt zu den ersten den Tod aus Altersschwäche und in Folge einer Krankheit, — zu den letzteren den Selbstmord oder Unglücksfälle, welche sofortigen Tod herbeiführten. Der Tod in Folge einer Erkrankung hat die Veranlassung zu zahlreichen Beobachtungen über die Intensität verschiedener Krankheiten geführt, und sind hierüber schätzbare Materialien gesammelt und bearbeitet worden*; doch ist dieser Theil der „Todesursachen" noch viel zu ungenügend bekannt. Nur für einzelne hier oder dort zahlreicher und mit einer gewissen Stabilität auftretende Krankheiten sind positive Resultate gewonnen worden, die jedoch in ihrer Vereinzelung mehr den Mediciner als den Statistiker angehen.

Den mächtigsten Einfluss auf die Sterblichkeit übt das Alter aus. An der Pforte zum Eingang ins Leben steht die „Schwäche", und am Ausgange eines reichbewegten langen Lebens steht abermals die „Schwäche", — dort die Schwäche der Kindheit, hier die Schwäche des Alters — welche den Erdenpilger abruft. Da ist für's Erste die Kindersterblich-

---

* Staatsrath v. Hermann in München hat eine Vergleichung der Krankheiten als Todesursachen unter sich und mit anderen Todesursachen für Baiern, wo seit 3o Jahren die Sterbefälle nach Todesursachen beobachtet werden, zusammengestellt.

keit. Möglichst genaue Beobachtungen in den meisten europäischen Staaten während eines Zeitraumes von 30 Jahren (1825—1855) geben als Durchschnittszahl für die Sterblichkeit der Kinder während des ersten Jahres nach der Geburt $25._{27}$ Percent an, d. h. die Sterblichkeit der Kinder im Alter bis zu Einem Jahre bildet mehr als den vierten Theil der gesammten Sterblichkeit eines Jahres in einem Staate. Da überdies unter der Gesammtzahl der Gestorbenen noch $2—4._{75}$ Percent todtgeborene Kinder sind; so beträgt der Antheil der entweder schon todtgeborenen, oder innerhalb des ersten Lebensjahres gestorbenen Kinder über 30 Percent ($30._{32}$ Percent) der Gesammtzahl der Gestorbenen.

Die Kindersterblichkeit ist gleich nach der Geburt am stärksten; von da an wird sie allmälig geringer, und zwar nimmt sie im ersten Jahre von Monat zu Monat, zwischen dem ersten und fünften Jahre fast regelmässig von Jahr zu Jahr ab. Im Ganzen kommen unter der Gesammtzahl der Gestorbenen reichlich 45 Percent auf Kinder, die entweder todt zur Welt gekommen, oder vor Vollendung des fünften Lebensjahres gestorben sind.

Mit dem fünften Lebensjahre lässt die Sterblichkeit ganz bedeutend nach. Die Zeit der Reife ist für das weibliche Geschlecht gefährlicher, während die Zeit des Mannbarwerdens für das männliche Geschlecht die geringste Sterblichkeit aufweist. Bis zum 40. Lebensjahre schwankt die ohnehin relativ geringere Sterblichkeit ziemlich gleichmässig zwischen den Geschlechtern; von da ab steigt beiderseits die Sterblichkeit, bis sie nach dem 60. Jahre in steigender Progression abermals ziemlich gleichmässig unter den Lebenden hinrafft. Weil aber mehr Frauen das 60. Lebensjahr erreichen als Männer, so ist die absolute Sterblichkeit jetzt auch grösser unter den Frauen.

Nach den officiellen Ausweisen war die Sterblichkeit in Oesterreich (1868) von der Geburt bis zum ersten Jahre stärker beim männlichen Geschlecht; vom ersten bis zum fünften Jahre ist sie ziemlich gleichmässig, obwohl ein wenig stärker beim weiblichen Geschlecht; vom fünften bis zum 40. Lebensjahre war die stärkere Sterblichkeit beim weiblichen, vom 40. bis zum 60. Jahre beim männlichen, nach dem 60. wieder beim weiblichen Geschlechte. Im Ganzen war der Percentsatz für das männliche Geschlecht 52.$_{54}$ Percent, für das weibliche 47.$_{46}$ Percent der Gesammtsterblichkeit.

Die Naturgesetze über Geburt sowohl als über Sterblichkeit zeigen sich keineswegs 'gleich für beide Geschlechter. Es werden stets mehr Knaben geboren als Mädchen; dennoch ist die weibliche Bevölkerung im Ganzen zahlreicher, weil beim männlichen Geschlechte — besonders im ersten Lebensjahre — eine grössere Sterblichkeit herrscht. Je grösser aber die Ueber-zahl der weiblichen Bevölkerung nach und nach wird, desto stärker vermehren sich die Geburten der Knaben; je geringer der numerische Unterschied zwischen beiden Geschlechtern wird, desto kleiner wird das numerische Uebergewicht der Knabengeburten. Wird dieses Gleichgewicht gestört, etwa durch Kriege, welche eine starke Verminderung des männlichen Geschlechtes zur Folge haben, so zeigt sich gleich im nächsten Jahre eine verhältnissmässige Zunahme der Knabengeburten.

Fast in allen Altersclassen ergibt sich eine relativ gerin-gere Sterblichkeit beim weiblichen Geschlechte. Sowohl das „mittlere Alter" *(vie moyenne)* als die „wahrscheinliche Lebensdauer" *(vie probable)* stellen sich zu Gunsten der Frauen heraus. Man berechnet im Durchschnitte als „mittleres Alter" für Männer 36 Jahre 3 Monate, für Frauen 40 Jahre; die „wahrscheinliche Lebensdauer" der Männer mit 35 Jahren 3 Monaten, der Frauen mit 42 Jahren 10 Monaten.

Dass uneheliche Kinder eine viel grössere Sterblichkeit zeigen, als eheliche, und demnach trotz ihrer relativen Häu-figkeit wenig zur Vermehrung der Bevölkerung beitragen, hat Dr. Glatter * durch Mittelzahlen für die Jahre 1858—1868 für Oesterreich ziffermässig nachgewiesen. Darnach starben im Jahresdurchschnitt der erwähnten Periode 23.$_5$ Percent von den ehelichen, dagegen 35 Percent von den unehelichen Kindern, welche Ziffern mit den von Wappaeus berechneten nahezu übereinstimmen. Dieses Verhältniss waltet übrigens in

---

* Dr. Glatter: „Oesterreich in Ziffern." Wien. 1872. Diese selbst-ständige, gründlich raisonnirende Broschüre verdient die Beachtung der Fach-männer. Sie ist bei vorliegender Arbeit oftmals zu Rathe gezogen worden.

fast allen europäischen Staaten vor. Gar arg ist die Sterblichkeit in Findelhäusern. Nach Berechnungen (von Benoiston de
Châteauneuf) steigt die Sterblichkeit in diesen Anstalten von
40—98 Percent! „Dass im Findelhause zu Irkutzk ein Kind am
Leben geblieben wäre, ist fast noch nicht vorgekommen."
Laut officiellen Nachweisungen ergibt sich für die Zahl
der Sterbefälle und das Verhältniss zur Gesammtbevölkerung in **Oesterreich** folgende Uebersicht.

Land	Absolute Zahl der Sterbefälle	1 Sterbe-fall auf Be-wohner	Absolute Zahl der Sterbefälle	1 Sterbe-fall auf Be-wohner	Absolute Zahl der Sterbefälle	1 Sterbe-fall auf Be-wohner
	1867		1868		1869	
Niederösterreich .	57.974	30.3	57.182	31.0	59.408	32.9
Oberösterreich .	19.951	36.2	18.673	33.5	19.772	37.0
Salzburg . . .	4.598	31.9	4.346	33.3	4.088	34.6
Steiermark . . .	29.542	37.2	29.552	37.4	30.194	37.5
Kärnten	9.133	37.6	8.808	39.1	8.539	39.4
Krain	11.675	41.1	11.917	40.5	12.163	38.1
Küstenland . .	16.404	35.0	18.884	30.6	15.910	36.6
Tirol	23.132	38.2	22.611	39.2	20.943	42.0
Böhmen . . .	141.736	36.6	140.701	37.3	143.789	35.5
Mähren	55.588	35.7	54.844	36.6	54.083	37.0
Schlesien . . .	13.955	36.0	13.313	38.2	14.806	34.5
Galizien	166.707	31.2	164.954	32.0	174.792	31.0
Bukowina . . .	17.978	27.3	13.483	36.4	14.009	36.3
Dalmatien . . .	11.682	39.0	12.290	40.8	11.499	38.5
Oesterreich . . .	580.035	34.2	571.558	35.0	583.995	34.4

Ungarn:

	Jahr	Sterbefälle			
Ungarn-Siebenbürgen,	1868:	443.799			
	1869:	424.106			
	1870:	446.085;	1 Sterbefall auf 29 Seelen.		
Croatien-Slavonien,	1864:	35.131;	1	„	„ 27.1 „
	1865:	31.605;	1	„	„ 31.6 „
Militärgrenze,	1867:	46.451;	1	„	„ 25.0 „
	1868;	50.030;	1	„	„ 23.16 „
	1869:	43.423;	1	„	„ 27.6 „

Nach dem Alter vertheilen sich die Todesfälle in
Oesterreich:

	männlich:	weiblich:
Von der Geburt bis zum 1. Jahre:	35.$_1$	30.$_4$ % sämmtlicher Todesfälle
über 1 bis mit 5 Jahren	15.$_0$	15.$_5$ „ „ „
„ 5 „ „ 10 „	3.$_7$	3.$_9$ „ „ „
„ 10 „ „ 20 „	3.$_6$	3.$_8$ „ „ „
„ 20 „ „ 40 „	9.$_9$	11.$_3$ „ „ „
„ 40 „ „ 60 „	14.$_3$	14.$_6$ „ „ „
„ 60 Jahre	18.$_4$	20.$_5$ „ „ „

In **Ungarn** (mit Siebenbürgen) entfielen von sämmtlichen Todesfällen des Jahres 1870 auf Kinder bis zum fünften Jahre 49.$_{82}$ Percent.

Die Kindersterblichkeit ist in Oesterreich eine abnorm hohe; doch soll in den letzten Jahren hierin eine Besserung eingetreten sein, welche wir jedoch ziffermässig zu constatiren nicht in der Lage sind.

Wird das Verhältniss der Trauungen, Geburten und Sterbefälle zur Gesammtbevölkerung in **Oesterreich** im Jahre 1869 betrachtet, so ergibt sich folgende Uebersicht:

Land	1 Trauung auf Paare	1 Geburt auf Bewohner	1 Sterbefall auf Bewohner
Niederösterreich	46.$_6$	26.$_0$	32.$_9$
Oberösterreich	53.$_5$	32.$_2$	37.$_0$
Salzburg	72.$_7$	34.$_2$	34.$_6$
Steiermark	55.$_4$	31.$_1$	37.$_5$
Kärnten	97.$_5$	32.$_1$	39.$_4$
Krain	60.$_9$	29.$_8$	38.$_1$
Küstenland	51.$_4$	25.$_3$	36.$_6$
Tirol	71.$_6$	34.$_0$	42.$_0$
Böhmen	51.$_9$	26.$_0$	35.$_5$
Mähren	42.$_2$	24.$_5$	37.$_0$
Schlesien	40.$_7$	23.$_6$	34.$_5$
Galizien	43.$_8$	21.$_0$	31.$_0$
Bukowina	37.$_7$	21.$_9$	36.$_5$
Dalmatien	47.$_7$	25.$_1$	38.$_5$
In Oesterreich im Allgemeinen	48.$_4$	24.$_9$	34.$_4$

Ungarn: Im Zusammenhalt mit dem Ergebnisse der 1870er Zählung entfällt

in Ungarn-Siebenbürgen: 1 Trauung auf 48 Paare

1 Geburt   „   23 Bewohner

1 Sterbefall auf 29 Bewohner;

8 *

in Croatien-Slavonien (im Jahre 1865): 1 Trauung auf 44.4 Paare
1 Geburt auf 23.9 Bewohner
1 Sterbefall auf 31.6 Bewohner;
in der Militärgrenze (im Jahre 1869): 1 Trauung auf 42.8 Paare
1 Geburt auf 21.0 Bewohner
1 Sterbefall auf 27.6 Bewohner.

§. 24. *Ethnologische und klimatische Einflüsse.*

Nach möglichst genauen und reichhaltigen Beobachtungen ist man zur Behauptung gelangt, dass Racenunterschiede, oder nationale Eigenthümlichkeiten k e i n e n w e s e n t l i c h e n Einfluss auf die Vermehrung der Bevölkerung ausüben. Die Natur scheint in dieser Beziehung keinerlei Unterschiede im Menschengeschlechte zu kennen.

Nur die Juden haben ein gewisses „Monopol des Kosmopolitismus", — sagt Haushofer in seiner mehrfach citirten „Statistik" —; „dieses Volk gedeiht mehr als irgend ein anderes in allen Ländern und klimatischen Verhältnissen, es hat eine relativ grössere Vermehrung und geringere Sterblichkeit". Letzteres hat man namentlich in Algier gegenüber den Moslems und den Europäern, dann in Frankfurt gegenüber den Christen auf Grund von Sterbelisten herausgerechnet. Auch Dr. Glatter tritt für diese Behauptung, namentlich durch Ziffernnachweise aus Ungarn, auf. Die gemachten Beobachtungen sind jedoch gewiss nicht hinreichend, um eine so gewagte Hypothese ziffermässig zu beweisen.

Die Gründe der Zähigkeit des Judenstammes dürften wohl anderwärts liegen, als in einem von der Natur ausnahmsweise concedirten „Monopol"; etwa in der Vermeidung harter, körperlicher Arbeit und Lebensgefahr, — in einer mässigen und nüchternen Lebensweise, — in der sorgsamen Ueberwachung und Pflege auch des geringsten körperlichen Uebelbefindens, — überhaupt in einer grösseren Sorgfalt um physisches Behagen. Je mehr sich jedoch der Jude von solchen Stammeseigenthümlichkeiten trennt, und beim Nivellement unserer Zeit in B e s c h ä f t i g u n g und L e b e n s w e i s e keine Unterschiede zwischen Juden und anderen Staatsbürgern mehr bestehen; wird sich auch das obige „Monopol des Kosmopolitismus" verlieren. Das Gleiche gilt von den verschiedenen „N a t i o n a l i t ä t e n" des Kaiserstaates, bei denen hie und da „Ausnahmen" vom Naturgesetze scheinbar sich bemerkbar machen. Unter gleichen Cultur-Verhältnissen, gleicher Beschäftigung und Lebensart wirkt die Natur gleichmässig weiter, unbekümmert, wo die Wiege gestanden, in welchen Lauten zuerst gestammelt worden. Die Natur theilt keinerlei Privilegien und Monopole aus; wohl aber kann das Individuum, das Volk, der Stamm die von der Natur gebotenen, der ganzen Menschheit zugänglichen güngstigen Bedingungen des Behagens und Wohlbefindens in stärkerem oder schwächerem Grade ausnützen, was man so gern als ein Monopol betrachtet. —

Bezüglich Ungarns sei hier eine Bemerkung angebracht. Die officielle Statistik Ungarns scheidet Trauungen, Geburten, Sterbefälle nach der „Confession" (obwohl nicht nach der „Nationalität"); doch steht gerade in Ungarn, wie bereits früher (§. 13) nachgewiesen wurde, die Confession häufig mit der Nationalität im engen Zusammenhange und können sonach diese Ausweise zum Theile auch in letztgenannter Richtung zum Substrat der Betrachtung dienen.

In Ungarn („Ungarn-Siebenbürgen") betrug der Ueberschuss an Geburten in 5 Jahren (1866—1870) 17.$_{93}$ Percent. Nach Confessionen betrachtet, entfällt für diese Periode der Geburtsüberschuss bei den:

Römisch-Katholischen	16.$_{10}$	%
Griechisch-Katholischen	22.$_{14}$	„
Orthodoxen Griechen	19.$_{43}$	„
Protestanten helvetischer Conf. . . .	15.$_{28}$	„
„ Augsburger „	14.$_{73}$	„
Unitariern	23.$_{55}$	„
Israeliten	49.$_{30}$	„

Der stärkste Ueberschuss, u. z. in kaum glaublicher Höhe ist bei den Israeliten, ihre Vermehrung die relativ grösste. Der geringste Ueberschuss zeigt sich bei den Protestanten, insbesondere bei jenen der Augsburger Confession. Die Katholiken stehen so ziemlich im normalen Ueberschuss, wie er sich als allgemeiner Durchschnitt berechnet. Die Unitarier und Griechen überragen bedeutend die Durchschnittsziffer. Nun aber sind, wie oben bemerkt, die Magyaren in

ihrer Majorität Protestanten; der geringe, unter dem Durchschnitte stehende Geburtsüberschuss bei den Protestanten bezeichnet somit die relativ geringe Vermehrung der Magyaren. Die Slaven Ungarns sind theils unirte oder nicht-
unirte Griechen, theils katholisch, nur ein relativ geringer Theil
der Slovaken ist protestantisch; desgleichen sind die Rumänen
orthodoxe Griechen, oder Unitarier. Die nicht-magyarischen
Volkselemente, vorzüglich die Juden, dann Slaven und Romanen
vermehren sich somit in erheblich grösseren Proportionen als
die Magyaren.

Trotzdem möchten wir die Annahme, dass Racenunterschiede und nationale Eigenthümlichkeiten einen wesentlichen
Einfluss auf die Volksvermehrung nehmen, nicht zur unserigen
machen, und diese scheinbaren Ausnahmen vom Naturgesetze
in früher erwähnter Weise zu erklären versuchen.

Ganz anders steht es mit den klimatischen Einflüssen.

Das Klima eines Landes ist bedingt nicht nur von den
allgemeinen kosmischen und tellurischen Einflüssen, sondern
auch von der Bodengestaltung, dem Wassernetz, der Vegeta-
tionsdicke und anderen localen Eigenthümlichkeiten. Der Mensch
ist zwar ein „Bürger der ganzen Erde"; allein wenn er seine
Heimath, den Grund und Boden, auf dem er aufgewachsen ist,
für bleibend verlässt, muss er diese kosmopolitischen Gelüste
in der Regel sehr theuer, mit manchem Lebensjahre, wo nicht
mit dem ganzen Reste des Lebens bezahlen. „Land und Leute"
sind eben auf's Innigste mit einander verbunden. Aus Grund
und Boden wächst eine Naturmacht empor, die zwar nur selten
ziffermässigen Ausdruck finden kann; aber in physischer, mitunter auch in geistiger Hinsicht auf Volk und Individuum
mächtig einwirkt. Dieser Natur-Einfluss, das Resultat der Wechselbeziehungen zwischen Land und Volk, tritt überall, in allen
Erscheinungen des Werdens und Vergehens der Menschheit zu
Tage und hat vielfach auch in jenen Erscheinungen seinen Grund,
welche wir im Allgemeinen als klimatische Einflüsse bezeichnen.

Blickt man auf den „Austausch von Menschen", wie er
in Folge der Colonialpolitik einiger europäischer Staaten oder
europäischer Eroberungsgelüste seit ungefähr drei Jahrhunderten
sich vollzieht, so wird man finden, dass es nicht im Entfern-

testen gelungen ist, das mit tausend Wurzeln die heimathliche
Scholle krampfhaft umschlingende Geschöpf zum Kosmopoliten
zu gestalten, so Vieles und so Geistreiches darüber auch de-
clamirt wird. Denn — die unerbittlichen Richter im Haushalte
der Natur, die Ziffern beweisen eine grauenerregende Sterblichkeit der Europäer in den Colonien! Man zählt nur die
heimkehrenden Sieger; die Legionen, welche mit ihrem Blute
fremdes Erdreich düngten, um es für Europäer erträgnissreich
zu gestalten, werden mit Stillschweigen übergangen! Wir haben
Nachweisungen aus Ostindien, Algier, Egypten, Jamaika, Guyana,
Australien und anderen den Europäern mit ihren Producten
tributären Gebieten; aus allen aber resultirt die Eine Lehre:
Jede Verpflanzung des Menschen nach einem von seinem Heimath-
klima wesentlich verschiedenen Klima schadet ihm, mag er was
immer für einem Stamme angehören. Man gewöhnt sich auch
nicht an das fremde Klima; je länger man in fremder Zone, im
ungewohnten Klima lebt, desto mehr Gewalt gewinnen diese
feindseligen Einflüsse auf den Körper, der stets hinfälliger wird.
Die ganze Lehre der Acclimatisation erklären erfahrene Colonial-
Aerzte für „eitel Täuschung".

Ausnahmsweise wirkt eine Aenderung des Klima auch
günstig für gewisse Krankheiten; doch hat die medicinische
Statistik die Bedeutung der „klimatischen Curorte" noch nicht
genugsam dargelegt, um deren Ergebnisse in der allgemeinen
Statistik verwerthen zu können.

Uebergehend auf **Oesterreich** kann sowohl in Bezug der
ethnologischen, als der klimatischen Einwirkungen kein bedeutender Einfluss auf die Sterblichkeitsziffer obwalten. Denn, was
man dem Einflusse der Nationalität da und dort zuzuschreiben geneigt scheint, ist doch im Grunde zumeist nur die
Gesammtwirkung von Ursachen höherer Intensität, welche in
Einem Punkte zusammentreffen, deren Analyse nach dem dermaligen Stande der Beobachtungen noch unthunlich ist. Desshalb aber eine „Ausnahme" von einem Naturgesetze, für dessen
Vorhandensein zahlreiche Beobachtungen sprechen, annehmen
wollen, dürfte doch zu gewagt scheinen.

Auch Einflüsse des Klima können bei dessen relativ geringer Verschiedenheit innerhalb des Kaiserstaates nicht von

hervorragender Bedeutung sein; doch machen sich dieselben
allerdings bemerkbar. Im Allgemeinen nimmt in Oesterreich
die Sterblichkeit von Osten gegen Westen ab, desgleichen
von Süden gegen Norden, genau so wie die Trauungsfrequenz
und die Geburtsziffer.

Ein Zusammenfassen der populationistischen Verhältnisse
im statistischen Ländercomplexe des Kaiserstaates beweist
ziffermässig den von der Wissenschaft aufgestellten Satz:
dass in allen wesentlichen Beziehungen für die Lebenden, Heiratenden, Geborenen und Verstorbenen ein
inniger Zusammenhang unverkennbar hervortritt.

§. 25. Wirthschaftliche Einflüsse.

Reichthum — Armuth! Welches Meer von Genüssen
und Entsagungen, von Lebensfreudigkeit und Todessehnsucht,
von Lust und Kummer liegt in diesen Worten! Doch senti-
mentale, philanthropische Exclamationen haben nicht Raum
innerhalb der Ziffernwälle der Statistik.

Es ist ein düsteres Bild, sobald man den Einfluss der
Armuth auf die Sterblichkeit zeichnet. Vom Strohlager, auf
welches die arme Bettlerin ihr neugebornes Wesen legt, begleitet den Armen eine erdrückende ungünstige Sterblichkeitsziffer, die mit jeder Landescalamität, mit Epidemien, Theuerung,
Krieg neugestärkt wächst, durch das ganze Leben, welches für
den Armen nur ein langsames Hinsterben genannt werden kann.
Dem glücklicheren Wesen, welches am gleichen Tage in gesunder
Behausung von einer mit Erdengütern reichgesegneten Mutter
in ein wohlgepflegtes Bettchen gelegt ward, hat das Schicksal
20 Jahre längerer Lebensdauer als Geschenk dargebracht. Denn
die mittlere Lebensdauer kann bei Wohlhabenden mit 50—52,
bei Armen mit 30—32 Jahren angenommen werden. Die
Beobachtungen in Paris, London, Berlin, St. Petersburg, Brüssel
haben ein reiches Materiale angesammelt, wobei die Sterblichkeit in Bettlerherbergen bis zur schaudererregenden Ziffer von
1 : 5.$_{49}$ (auf fünf Individuen ein Sterbfall!) constatirt wurde.

Es ist früher darauf hingewiesen worden, von welch' be-
deutendem Einflusse gute oder schlimme Erntejahre auf alle
Lebensverhältnisse, namentlich auf Eheschliessungen und Ge-

burten sind, wie Nothjahre ihr Gepräge der menschlichen Gattung tief eindrücken, ganz so, wie strenge Winter ihre Spur in dem Holzwuchse unserer Wälder zurücklassen; dass Geburten in Noth- und Theuerungsjahren nicht nur minder zahlreich, sondern auch, dass die Gebornen minder gross, minder kräftig sind. Erschreckend aber wirken solche Jahre auf die Sterbelisten, deren enorme Steigerung gerade die armen Classen der Bevölkerung am stärksten trifft. Das Missverhältniss in der Sterblichkeit zwischen Reichen und Armen tritt am stärksten im frühesten Alter, und dann wieder im höheren Alter hervor; — sorgfältigere Pflege, reichliche, naturgemässe Ernährung, Beischaffung oder Entbehrung des ärztlichen Beistandes, kurz, Nahrung, Kleidung, Wohnung, übermässige Arbeit oder behagliche Ruhe sind die Begleiter, welche freundlich schützen oder unheilvoll vernichten. Von Wohlhabenden erreichen nahezu 70 Percent das 40. Lebensjahr, — von Armen nicht ganz 40 Percent, — das 60. Jahr erreichen nahezu 40 Percent Reiche, aber nur 1.7 Percent Arme; — in noch höheren Jahren ist das Missverhältniss ein noch grösseres.

Ist das „Volk" ein „Capital", und zwar das „edelste Capital" im Staate, so ist es nicht blos eine Pflicht der Humanität, der Menschlichkeit, der überhandnehmenden Armuth, dem Elende und der Noth zu steuern; — es ist eine volks- und staatswirthschaftliche Aufgabe, es ist die Pflicht des Staates, darauf zu achten, dass das edelste Capital im Staate nicht verschwendet werde. Denn diese absolute Capitalsverschwendung rächt sich durch Generationen, wie wir es an so manchem Volke leider zu sehen Gelegenheit haben. Je tiefer die Civilisation, desto grösser das Elend, desto grösser die Sterblichkeit; — mit dem Steigen der Cultur steigt der Wohlstand, steigt die durchschnittliche Lebensdauer. — Es ist eine irrige Annahme, dass in verflossenen Jahrhunderten „die Menschen älter geworden", d. h. länger gelebt haben. Im 16. Jahrhundert erreichten beiläufig 20 Percent das 40. Lebensjahr, — gegenwärtig gelangen über 40 Percent zu diesem Alter; jetzt erleben fast mehr Menschen das 70. Lebensjahr, als im 16. Jahrhunderte das 40. Jahr. — Im Allgemeinen darf man wohl annehmen, dass die Sterblichkeit in Europa im letzten Jahrhundert abgenommen hat; doch fehlen fast überall die erforderlichen statistischen Daten, um Vergleichungen in dieser Richtung anzustellen, und ziffermässig begründete Schlüsse daraus zu ziehen. Wappaeus ist der Meinung, dass für einen längeren Zeitraum nur für Preussen, Frankreich und Schweden die Sterblichkeit verglichen werden kann. Hier aber ergibt sich eine Zunahme der Sterblichkeit für Preussen, eine Abname für Frankreich und Schweden. Es muss jedoch einer späteren Zeit vorbehalten bleiben, auf Grund verlässlicherer Ausweise, wie sie die Gegenwart liefert, begründete Schlüsse und Beweise in dieser Frage zu liefern.

Hausner hat wie für die Geburtsziffer, auch für die Sterblichkeit in den europäischen Staaten fünf Kategorien aufgestellt, aus welchen wir die den Kaiserstaat betreffenden Daten herausheben. Weil jedoch unsere Percentsätze mit jenen Hausner's nicht vollständig übereinstimmen, setzen wir unsere für das Jahr 1869 ermittelten in den Klammern bei:

1. Länder mit übergrosser Sterblichkeit, d. i. 1 : 20 bis 1 : 29.$_9$: die Militärgrenze 23.$_8$ (27.$_6$), Ungarn 27.$_3$ (29); —

2. Länder mit beträchtlicher Sterblichkeit, d. i. 1 : 30 bis 1 : 34.$_9$: Niederösterreich 31.$_2$ (32.$_9$), Croatien 31.$_3$ (31.$_6$), Galizien 32.$_8$ (31.$_0$), Siebenbürgen 33.$_9$, Salzburg 34.$_1$ (34.$_6$), Mähren 34.$_3$ (37.$_0$), Oberösterreich 34.$_7$ (37.$_0$); —

3. Länder mit mittlerer Sterblichkeit, d. i. 1 : 35 bis 1 : 39.$_9$: Böhmen 36.$_2$ (35.$_5$), Steiermark 36.$_5$ (37.$_5$), Küstenland 36.$_6$, Schlesien 36.$_7$ (34.$_5$), Bukowina 37.$_8$ (36.$_5$), Tirol 38, (42), Krain 39.$_1$ (38.$_1$) und Kärnten 39.$_7$ (39.$_1$); —

4. Länder mit geringer Sterblichkeit, d. i. 1 : 40 bis 1 : 50: Dalmatien 43.$_8$ (38.$_5$).

5. In die Kategorie der äusserst geringen Sterblichkeit, d. i. 1 : 50 und mehr, fällt keines der österreichischen Länder; von den europäischen nur Norwegen 1 : 53.$_5$.

Die Sterblichkeit in den österreichischen Hauptstädten berechnet Hausner, wie folgt: Wien 24.$_3$ (schon auf 24 Bewohner einen Todesfall), — Linz 24.$_5$, — Lemberg 25.$_4$, — Prag 26.$_8$, —

Graz $27._4$, — Brünn $28._4$, — Laibach $28._6$, — Triest $29._4$, — Krakau $30._0$, Innsbruck $36._5$.* In neuerer Zeit hat man der Beschäftigungsart, dem Berufe, oder den verschiedenen Ständen besondere Aufmerksamkeit zugewendet. Diese Untersuchungen werden jedoch dadurch erschwert, dass man nicht eine ganze Bevölkerung vor sich hat, welche sich permanent diesem oder jenem Geschäfte widmet; dass die Classification nach Berufskategorien eine gar schwierige ist, und die Aufstellung von zu vielen oder zu wenigen Kategorien für die Sicherheit und Genauigkeit der Beobachtung gleich nachtheilig ist; — dass die Morbilität (die Neigung zum Erkranken) mit der Mortalität nicht gleichen Schritt hält; — dass zu einigen Gewerben vorwiegend schwächliche Individuen verwendet werden, — und noch durch mancherlei Hindernisse in der Beobachtung selbst. Dennoch haben die gründlichen Untersuchungen von Villermé, Casper, Engel, Escherich, Lombard und Anderen beachtenswerthe Resultate geliefert. Anfänglich befasste man sich vorzugsweise mit den „höheren Berufsarten", und man fand die grösste Sterblichkeit bei Aerzten, Lehrern und Künstlern, — eine mittlere bei Landwirthen, Forstleuten, Militärs und Advocaten, — die geringste bei Beamten, Kaufleuten und ganz besonders bei Theologen.** Als Hauptergebniss gibt Escherich an: alle gelehrten Stände haben im Durchschnitte eine kürzere Lebensdauer als die übrige männliche Bevölkerung. — Dann zog man die Gewerbe und die Fabriksarbeiter in den Kreis der Beobachtung.*** Lombard theilte die Gewerbe in 2 Kategorien:

---

* Zum Zwecke der Vergleichung lassen wir hier (gleichfalls nach Hausner) die Sterblichkeitsziffer einiger der grössten Städte in Europa folgen: **Wien**, mit der grössten Sterblichkeit der grossen Städte in Europa, $24._3$, — dann Stockholm $24._5$, — Petersburg $25._7$, — München $25._6$, — Amsterdam $25._9$, — Hamburg $27._3$, — Dresden $27._6$, — Rom $29._0$, Madrid $29._5$, — Florenz $30._3$, — Neapel $30._7$, — Marseille und Odessa $30._9$, — Kopenhagen $32._5$, — Lissabon $33._4$, — Antwerpen $34._6$, — Berlin $35._0$, — Leipzig $35._8$, — Paris $36._1$, — Brüssel $37._7$, — London $41._5$, — Athen $42._3$, — Frankfurt $43._2$, — Stuttgart $43._5$, — Genf $44._0$. —

** Casper: „Die wahrscheinliche Lebensdauer des Menschen."

***Lombard: „Annales d'Hygiène publique" etc. Neufville: „Lebensdauer und Todesursachen 22 verschiedener Gewerbe" u. s. w. Frankfurt. 1855.

solche, welche eine „mittlere(?) Lebensdauer" über 55 Jahre haben, und solche unter 55 Jahren. Neufville benützte 6867 Todesfälle in Frankfurt a. M. in den Jahren 1820—1852 für seine Untersuchungen. Seine Resultate stimmen jedoch mit den in Berlin gewonnenen, wo 17.625 in den Jahren 1855—1860 vorgekommene Sterbefälle zur Untersuchung gelangten, mehrfach nicht überein. Ueberhaupt sind derlei Ziffernangaben mit grösster Vorsicht zu gebrauchen; — die Zahl der Beobachtungen ist doch eine zu verschwindend kleine, um daraus Schlüsse abstrahiren zu wollen.

Im Allgemeinen lässt sich sagen, dass unter den „gelehrten Ständen" die Theologen am günstigsten stehen (hier wieder die protestantischen etwas besser als die katholischen, wohl in Rücksicht der sorgsameren Pflege in der Familie), die Aerzte am ungünstigen, in Folge des gefährlicheren, aufreibenden Berufes. Unter den „Gewerben" scheinen Gärtner, Metzger und Kaufleute die höchste, — Steinmetze, Bildhauer, Schriftsetzer, Lithographen und Kupferstecher die geringste Lebensdauer zu haben. Während nämlich die letzgenannten Gewerbe vor dem 57. Lebensjahre etwa Dreiviertel ihrer Standesgenossen verloren, haben die Geistlichen mit mehr als 58 Jahren erst ein Viertel eingebüsst. Es kann jedoch nicht oft genug betont werden, dass die Beobachtungen in einem viel ausgedehnteren Masse stattfinden müssen, ehe man die Resultate als absolut feststehend annehmen darf.

Das aber steht absolut fest, dass die Arbeit — Leben kostet, dass der Mensch gar häufig ein Opfer seiner Berufsthätigkeit wird. Doch liegt ein erhebender Trost darin, dass Trägheit und Ueppigkeit das Leben noch rascher verbrauchen, als eine geregelte Thätigkeit; der Beweis ist nicht schwer zu erbringen, dass ein träges, üppiges Leben die gleiche Todesursache in sich trägt, wie die ungesundeste Beschäftigung. Und so trägt geregelte, verständige Arbeit auch auf diesem Gebiete den Segen der Vergeltung in sich!

B. DER STAATS-ORGANISMUS.

I. DIE VERFASSUNG.

§. 26. Staatsform. Staatsoberhaupt. Wappen. Hofstaat. Orden.

Die „Königreiche und Länder", welche die Oesterreichisch-Ungarische Monarchie bilden, sind in zwei Staatsgebiete oder Reichshälften getheilt:

a) die „im Reichsrathe vertretenen Königreiche und Länder", oder das „österreichische Staatsgebiet", — „Oesterreich" (im engeren Sinne), —

b) die „Länder der ungarischen Krone", oder das „ungarische Staatsgebiet", — „Ungarn" (im weiteren Sinne).

Beide Reichshälften sind staatsrechtlich durch dieselbe Dynastie und durch gewisse, als „gemeinsam" erklärte Angelegenheiten vereinigt; jede Reichshälfte hat aber ihre besondere, repräsentativ-monarchische Verfassung und ihre abgesonderte, selbstständige Verwaltung.

Der Träger der Staatsgewalt in der Oesterreichisch-Ungarischen Monarchie, der gemeinsame Regent ist der „Kaiser von Oesterreich und König von Ungarn". Der Thron ist erblich in der Dynastie Habsburg-Lothringen nach der gemischten Successions-Ordnung; die Krone geht nämlich, nach dem Rechte der Erstgeburt und der Lineal-Succession, auf das männliche und weibliche Geschlecht über, auf letzteres aber nur im gänzlichen Abgange des ersteren. Der Kaiser und König muss sich zur römisch-katholischen Kirche bekennen und wird mit dem vollendeten 18. Lebensjahre grossjährig. Beim Antritte der Regierung leistet er ein eidliches Gelöbniss auf die Verfassung, was in Oesterreich in Gegenwart beider Häuser des Reichsrathes, in Ungarn bei der Krönung geschieht. Er führt das Prädicat: „Kaiserliche und Königliche Apostolische Majestät"; er führt einen dreifachen Titel, den „grossen", „mittleren" und „kleinen", der letzte lautet: „Kaiser von Oesterreich, König von Böhmen etc. und Apostolischer König von Ungarn."

Auch das Wappen ist dreifach: ein „grosses", „mittleres" und ein „kleines". Das letzte zeigt den schwarzen, zweiköpfigen gekrönten Adler in goldenem Felde. Das ungarische Wappen bildet einen getheilten Schild, rechts mit vier weissen Querstreifen in rothem Felde, links ebenfalls im rothen Felde ein silbernes Doppelkreuz, das aus einer goldenen, auf einem dreifachen grünen Hügel ruhenden Krone emporsteigt. Die Reichsfarben sind schwarz und gelb; die österreichischen Landesfarben roth und weiss, die ungarischen Landesfarben roth, weiss und grün.

Den Hofstaat des Kaisers bilden vier Hofstäbe: der Obersthofmeister-, Oberstkämmerer-, Obersthofmarschall- und Oberststallmeisterstab, welchen die Garden (Arcieren-, ungarische, Trabanten-Leibgarde, Leibgarde-Reiterescadron, Hofburgwache), die wissenschaftlichen Sammlungen (Hofbibliothek, Naturalien-Hofcabinet, Ambraser-Sammlung, Bildergalerie im Belvedere), die Theater (Burgtheater, Hofoperntheater), dann die Hofdienste und Wirthschaftsämter der Hofhaltung unterstehen.

Der Kaiser (und König) verleiht nebst andern Ehrenzeichen sieben Ritterorden, nämlich: 1. den Orden des goldenen Vliesses nur an Souveräne und die höchsten Würdenträger; 2. dann in drei Classen (Grosskreuze, Commandeure und Ritter) den militärischen Maria Theresien-Orden; 3. den königlich ungarischen St. Stephans-Orden; 4. den Leopolds-Orden; 5. den Orden der Eisernen Krone; 6. den Franz Josefs-Orden und 7. in erster Classe das militärische Elisabeth Theresien-Stiftkreuz. Der Sternkreuz-Orden wird von der Kaiserin an Damen des hohen Adels verliehen. Andere „Ehrenzeichen" bilden: das goldene und das silberne „Verdienstkreuz" (mit oder ohne Krone), die Medaille für Kunst und Wissenschaft und andere.

§. 27. Bestandtheile der Monarchie.

I. Oesterreichisches Staatsgebiet:

Land	Flächenraum geograph. Quadrat-Meilen	Flächenraum Quadrat-Kilometer	Bevölkerung (nach der Zählung am 31. Dec 1869) incl. Militär	Jährl. Zunahme in Procenten	Bevölkerung berechnet für 1. Januar 1875	Hauptstadt
Niederösterreich	$360._{03}$	$19.824._{17}$	1,990.708	$1._{35}$	2,128.756	Wien
Oberösterreich	$217._{87}$	$11.996._{70}$	736.557	$0._{20}$	743.951	Linz
Salzburg . . .	$130._{14}$	$7.165._{68}$	153.159	$0._{01}$	153.234	Salzburg
Steiermark . .	$407._{79}$	$22.454._{04}$	1,137.990	$0._{40}$	1,160.930	Graz
Kärnten . . .	$188._{39}$	$10.373._{32}$	337.694	$0._{35}$	344.158	Klagenfurt
Krain	$181._{40}$	$9.988._{33}$	466.334	$0._{64}$	481.345	Laibach
Küstenland . .	$145._{08}$	$7.988._{59}$	600.525	$1._{10}$	634.287	Triest
Tirol u. Vorarlb.	$532._{61}$	$29.326._{81}$	885.789	$0._{40}$	903.646	Innsbruck
Böhmen . . .	$943._{57}$	$51.955._{76}$	5,140.544	$1._{09}$	5,426.876	Prag
Mähren . . .	$403._{71}$	$22.229._{61}$	2,017.274	$0._{92}$	2,111.769	Brünn
Schlesien . . .	$93._{48}$	$5.147._{53}$	513.352	$1._{32}$	548.345	Troppau
Galizien . . .	$1425._{58}$	$78.496._{77}$	5,444.689	$1._{25}$	5,793.594	Lemberg
Bukowina . .	$189._{80}$	$10.451._{00}$	513.404	$1._{50}$	553.080	Czernowitz
Dalmatien . .	$232._{33}$	$12.792._{57}$	456.961	$0._{94}$	478.843	Zara
Oesterreich	$5451._{78}$	$300.190._{90}$	20,394.980	—	21,462.814	

II. Ungarisches Staatsgebiet:

Landestheil	Flächenraum geogr. Quadr.-Meilen	Flächenraum Quadrat-Kilometer	Bevölkerung (n. d. officiellen Ausweisen f. Ende 1870)	Natürl. Zunahme in %	Bevölkerung berechnet für 1. Januar 1875	Hauptort
Ungarn-Siebenb.	$509._{217}$	$280.389._{75}$	13,561.245			Budapest
Fiume mit Gebiet	$0._{36}$	$19._{57}$	17.884			Fiume
Croatien-Slavon.	$789._{00}$	$43.444._{67}$	1,838.198			Agram
Ungarn	$5881._{53}$	$323.853._{99}$	15.417.327	$0._{021}$	15,993.196	
Gesammt-Mon.	$11.333._{31}$	$624.044._{89}$	35,812.307	—	37,456.010 *	

---

* Früher (§. 9) ist bei Berechnung der absoluten Bevölkerung der Gesammtmonarchie und beider Reichstheile jener Percentsatz, welcher aus

§. 28. Staatsgrundgese*t*ze.

Das Verhältniss der beiden, die „Oesterreichisch-
Ungarische Monarchie" bildenden Staatsgebiete zu einander
wird durch das Gesetz vom 21. December 1867, betreffend die
allen Ländern der Monarchie „gemeinsamen Angelegenheiten" und die „Art ihrer Behandlung" festgestellt. Dieses
Gesetz ist in Ungarn als Gesetzartikel XII vom Jahre 1867
articulirt.

A. Für das **österreichische Staatsgebiet** gelten folgende
wichtigere Grundgesetze:

1. Pragmatische Sanction Kaiser Carl's VI. vom 6. December 1724 (errichtet am 19. April 1713). Josef I. hatte verordnet, dass nach dem Aussterben des Mannesstammes seine
Töchter succediren sollen. Carl VI., ohne männliche Erben,

---

den Zählungen für die natürliche Zunahme der Bevölkerung resultirt (für
Oesterreich: Zählungen 1857 und 1869, Percentsatz 1.₀₀₄, — für Ungarn Zählungen 1857 und 1870, Percentsatz 0.₉₂₁), als Basis der Berechnung genommen worden.

Hier ist jedoch jener Percentsatz, welcher aus den Ergebnissen der
Geburt- und Sterbefälle, u. z. in jedem einzelnen Lande sich ergibt (§. 18), als Basis der Berechnung genommen worden. Nur für Niederösterreich wurde jener Percentsatz genommen, der aus den Zählungen
von 1857 und 1869 sich ergibt, weil der starke Zuzug zur Hauptstadt eine
erheblich stärkere Zunahme jährlich zeigt, als sie aus den Ergebnissen der
Geburten und Sterbefälle sich ergibt, die nur 0.₆₃ Percent beträgt. Bemerkenswerth ist weiters, dass ausser in Niederösterreich auch in Oberösterreich, Salzburg, Steiermark und Galizien auf Grund der Zählungen
ein höherer Percentsatz resultirt, als aus den Ergebnissen der Geburten und
Sterbefälle.

Auf Grund der Resultate der beiden letzten Volkszählungen am
27. October 1857 und 31. December 1869 ergibt sich eine Gesammtbevölkerung für Oesterreich für den 1. Januar 1875 mit . . . 21,465.543

Auf Grund der Ergebnisse der Geburten und Sterbefälle in
den einzelnen Königreichen und Ländern berechnet sich die
Summe für den 1. Januar 1875 mit 21,462.814

Die ganz unbedeutende Differenz von 2.729
beweist, dass die letzten Zählungen mit grosser Genauigkeit vorgenommen
worden, da sie mit den selbstständigen Berechnungen auf Basis der
natürlichen Vermehrung beinahe vollständig übereinstimmen.

Die Bevölkerung der **Gesammtmonarchie** beträgt dermalen mindestens
(rund) **37½ Millionen.**

änderte jene Bestimmungen seines Bruders und verordnete durch die pragmatische Sanction, dass seine Töchter bei fehlendem Mannesstamme, und erst nach diesen und ihren Nachkommen die Töchter seines Bruders, dann seine (Carl VI.) Schwestern, endlich „alle abstammende Erben beiderlei Geschlechtes" succediren sollen. Ausserdem begründet dieses Staatsgrundgesetz die Zusammengehörigkeit und Untrennbarkeit aller Länder der Monarchie. Dieses Staatsgrundgesetz wurde von den Landständen in Oesterreich, Ober- und Niederschlesien im Jahre 1720, und in den folgenden Jahren in Steiermark, Kärnten, Krain, Tirol und Mähren angenommen. In Böhmen schwuren am 4. September 1723, am Tage vor der Krönung, die Stände den Erbhuldigungseid, pflichteten der pragmatischen Sanction bei und erklärten, „dieselbe zu allen Zeiten zu vertheidigen". — Den ungarischen Ständen wurde sie auf dem Landtage von 1722 vorgelegt, wo sie „von allen Ständen mit Bereitwilligkeit und Freudigkeit aufgenommen" ward. Die Erbfolge des Hauses Oesterreich, die unlösbare Verbindung Ungarns mit der Gesammtmonarchie ist dadurch ein unverrückbares Landesgesetz geworden. In gleichem Jahre 1722 haben auch die Stände von Croatien und jene von Siebenbürgen die pragmatische Sanction angenommen.

2. Mit dem Patente vom 1. August 1804 hat Kaiser Franz I. den Titel und die Würde als erblicher „Kaiser von Oesterreich" angenommen und festgesetzt, dass „sämmtliche Königreiche, Fürstenthümer und Provinzen ihre bisherigen Titel, Verfassungen, Vorrechte und Verhältnisse auch fernerhin unverändert beibehalten".

3. Diplom vom 20. October 1860, mittelst welchem die constitutionelle Regierungsform in Oesterreich eingeführt wurde. Es wird festgestellt, dass alle Gegenstände der Gesetzgebung, welche sich auf Rechte, Pflichten und Interessen beziehen, die allen Königreichen und Ländern gemeinschaftlich sind, in Zukunft in und mit dem Reichsrathe verhandelt und unter seiner Mitwirkung verfassungsmässig erledigt werden sollen. Alle anderen Gegenstände der Gesetzgebung, welche nicht ausdrücklich dem Reichsrathe vorbehalten und im Artikel II dieses Diploms taxativ aufgezählt sind, sollen hingegen in und mit

den betreffenden Landtagen verhandelt und in Gemässheit ihrer Landesordnungen verfassungsmässig erledigt werden.

4. Mit der Verfassung vom 26. Februar 1861 sind die Grundgesetze über die Reichsvertretung, die Landesvertretung in den Landtagen der Königreiche und Länder und das Statut für den Staatsrath veröffentlicht worden.

5. Sechs Staatsgrundgesetze vom 21. Dec. 1867, u. z.:

a) Abänderung des Grundgesetzes über die Reichsvertretung vom 26. Februar 1861; —

b) über die allgemeinen Rechte der Staatsbürger, nebst dem Anhange: 1. Gesetz zum Schutze der persönlichen Freiheit, — 2. Gesetz zum Schutze des Hausrechtes; —

c) über die Einsetzung eines Reichsgerichts; —

d) über die richterliche Gewalt; —

e) über die Ausführung der Regierungs- und Vollzugsgewalt; —

f) betreffend die allen Ländern der Monarchie gemeinsamen Angelegenheiten und ihre Behandlung.

6. „Allerhöchstes Handschreiben" vom 14. November 1868, womit der neue Titel „Oesterreichisch-Ungarische Monarchie" oder „Oesterreichisch-Ungarisches Reich" festgestellt wird.

7. Gesetz vom 2. April 1873 (mit der Reichsraths-Wahlordnung), laut welchem 353 Abgeordnete durch directe Wahl von den Königreichen und Ländern in das Abgeordnetenhaus des Reichsrathes entsendet werden.

B. Für das **ungarische Staatsgebiet:**

1. Die „goldene Bulle" des Königs Andreas II. vom Jahre 1222, welche in 31 Artikeln die Rechtsverhältnisse zwischen dem König und den Ständen, — die Vorrechte und Privilegien des Adels und der Bischöfe, — die Pflichten der Unterthanen und sonstige Befugnisse festsetzt. (Durch nachträgliche Gesetze zeitgemäss abgeändert).

2. Die Gesetzartikel I, II, III und XCVII vom Jahre 1722—23, mittelst welchen die pragmatische Sanction als Staatsgrundgesetz anerkannt wird. Zugleich werden die Rechte, Prärogative und Freiheiten der Stände Ungarns und seiner

Nebenländer bestätigt, und hierdurch auch die legislative und administrative Selbstständigkeit Ungarns sichergestellt.

3. Der Gesetzartikel XI vom Jahre 1741 verordnet, dass die ungarischen Angelegenheiten nur durch Ungarn besorgt werden sollen.

4. Die Gesetzartikel X, XII, XIII, XIV, XVI, XVII, XIX und XXVI des Landtages 1790—91 bestimmen, u. z.: (X) Die Unabhängigkeit des Königreiches Ungarn und der damit verbundenen Theile; — (XII) die Ausübung der gesetzgebenden und vollstreckenden Gewalt; — (XIII) die Abhaltung des Landtages jedes dritte Jahr, oder, wenn es die Wohlfahrt des Landes erheischt, auch früher; — (XIV) über die Wirksamkeit des königlich ungarischen Statthaltercirathes, und dass die gesetzliche Gestaltung der Comitate und der übrigen Landesjurisdictionen unverletzt verbleiben solle; — (XVI) dass keine fremde Sprache zum Zwecke des Verkehres in öffentlichen Angelegenheiten eingeführt, die ungarische aber erhalten werden soll; — (XVII) über die Verwirklichung des Gesetzartikels XI vom Jahre 1741 (siehe Nr. 3); — (XIX) von den Subsidien und Contributionen;* — und endlich (XXVI); über die Religionsangelegenheiten.

In den Gesetzartikeln III und IV des Landtages 1825/27 wurde die Aufrechthaltung der Gesetzartikel XI, XII und XIX vom Jahre 1790/91 neuerdings betont; desgleichen im Gesetzartikel V vom Jahre 1825/27 der Gesetzartikel XIII vom Jahre 1790/91.

5. Die Gesetzartikel III des Landtages 1832/36 — Gesetzartikel VI vom Jahre 1840 und Gesetzartikel II vom Jahre 1843 behandeln die ungarische Sprache und Nationalität. Die Gesetzartikel IV und V vom Jahre 1843 dehnen die Besitzfähigkeit adeliger Güter auf Unadelige und die Anstellungsfähigkeit der Unadeligen auf alle öffentlichen Aemter aus, wenn sich dieselben zu einer der gesetzlich eingeführten Religionen bekennen.

6. Aus den 31 Gesetzartikeln des Landtages 1847/48 werden, weil mit den dermaligen staatsrechtlichen Bestimmungen

---

* Die Subsidien bildeten die „freiwillige" Selbstbesteuerung des Adels im Gegensatze zu den Contributionen, welche die Bürger und Bauern zu zahlen hatten.

im Zusammenhange, hervorgehoben: der Gesetzartikel III bestimmt die Bildung eines unabhängigen ungarischen, verantwortlichen Ministeriums. (Mehrere Bestimmungen dieses Gesetzes sind durch den Gesetzartikel VII vom Jahre 1865/67 ausser Kraft gesetzt worden); der Gesetzartikel IV bestimmt, dass der Landtag in Zukunft alljährlich in Pest, womöglich in den Wintermonaten tagen soll; der Gesetzartikel V bestimmt die Wahl der Landtagsabgeordneten auf Grundlage der Volksvertretung; Gesetzartikel VII behandelt die Vereinigung Ungarns und Siebenbürgens; Gesetzartikel VIII handelt von der gemeinsamen Besteuerung; Gesetzartikel IX von der Aufhebung der Robot, des Zehents und der Geldabgaben.

7. Aus den Gesetzartikeln des ungarischen Reichstages 1865/67 werden hier hervorgehoben: der Gesetzartikel I bestimmt: Franz Josef I. wird zum Könige von Ungarn und dessen Nebenländern inaugurirt und gekrönt; Gesetzartikel II enthält das von Sr. königl. Majestät vor allerhöchst dessen glücklich vollzogener Inauguration und Krönung dem Lande ausgestellte Inaugural-Diplom und den anlässlich der Krönung geleisteten Krönungs-Eid. Gesetzartikel XII handelt über die zwischen den Ländern der ungarischen Krone und den übrigen unter der Regierung Sr. Majestät stehenden Ländern obschwebenden Angelegenheiten und über den Modus ihrer Behandlung. (Der „österreichisch-ungarische Ausgleich" vom Jahre 1867 und Einführung des Dualismus.)

8. Seit dem „Ausgleiche" heben wir folgende Gesetze hervor: Der Gesetzartikel XXX vom Jahre 1868, betreffend den staatsrechtlichen Ausgleich zwischen Ungarn und Croatien-Slavonien; revidirt und ergänzt durch den Gesetzartikel XXXIV vom Jahre 1873; der Gesetzartikel XLIII vom Jahre 1868 betrifft die detaillirte Ausführung der Regelung der Vereinigung Ungarns und Siebenbürgens (auf Grund des VII. Pressburger und des I. Klausenburger Gesetzartikels vom Jahre 1848); der Gesetzartikel XXX bestimmt, dass die Stadt und das Gebiet von Fiume einen zur Krone Ungarns gehörigen, besonderen Körper bilden. (Durch den gleichen Gesetzartikel wurde auch Dalmatien als zu dem Gebiete von Croatien-Slavonien-Dalmatien — das „dreieinige Königreich" — gehörend

anerkannt.) Durch Gesetzartikel XXVII vom Jahre 1873 wurde die bisherige Militärgrenze „provincialisirt", d. h. das „Peterwardeiner Regiment" gehört laut Gesetzartikel XXX vom Jahre 1868 zu Croatien-Slavonien; die „Banater Militärgrenze" wurde laut Gesetzartikel XXVII vom Jahre 1873 theils den Comitaten Bács, Temes, Torontál und Krassó zugeschlagen, theils unter dem Namen Szörényer Comitat als neues Municipium constituirt. —

§. 29. Allgemeine Rechte und Pflichten der Staatsbürger.

Durch das Staatsgrundgesetz vom 21. December 1867, laut welchem für alle Angehörigen der im Reichsrathe vertretenen Königreiche und Länder ein allgemeines österreichisches Staatsbürgerrecht besteht, sind den Staatsbürgern gewährleistet:

Gleichheit vor dem Gesetze; — persönliche Freiheit und Unverletzlichkeit des Hausrechtes (im Speciellen geregelt durch zwei Gesetze vom 27. October 1862); — Freizügigkeit der Person und des Vermögens; — freie Wahl des Aufenthaltsortes und Freiheit der Auswanderung; — freie Wahl von Beruf und Erwerb; — Freiheit zum Erwerbe und Besitze des Eigenthums, Unverletzlichkeit desselben; Freiheit des Grundeigenthums von Unterthänigkeit und Hörigkeit; — Freiheit der Meinungsäusserung (Pressfreiheit, beruhend auf den Gesetzen vom 17. December 1862 und 15. October 1868); — Glaubens- und Gewissensfreiheit, der Genuss der bürgerlichen und politischen Rechte ist von dem Religionsbekenntnisse unabhängig; — Religionsfreiheit; — Lehr- und Lernfreiheit; — Petitionsrecht, Vereins- und Versammlungsrecht (Specialgesetze vom 15. November 1867); — Unverletzlichkeit des Briefgeheimnisses (Specialgesetz vom 6. April 1870); — Gleichberechtigung aller Volksstämme und landesüblichen Sprachen.

Auch in Ungarn besteht für alle Staatsbürger Gleichheit vor dem Gesetze, sie Alle geniessen dieselben bürgerlichen und politischen Rechte; — die Glaubens-, Gewissens- und Religionsfreiheit, die Pressfreiheit, die Lehr- und Lernfreiheit, das Petitionsrecht, das Versammlungs- und Vereinsrecht, die Unverletzlichkeit

des Briefgeheimnisses, die Gleichberechtigung der Nationalitäten
sind den Staatsbürgern in den Ländern der ungarischen Krone
gewährleistet.

Den gleichen Rechten stehen selbstverständlich gleiche
Pflichten gegenüber. In beiden Staatsgebieten haben alle
Staatsbürger die gleichen Pflichten, insbesondere sind sie gleich-
mässig steuer- und wehrpflichtig.

§. 30. Gemeinsame Angelegenheiten.

Laut Gesetz vom 21. December 1867 werden nachfolgende
Angelegenheiten als den im Reichrathe vertretenen Königreichen
und Ländern und den Ländern der ungarischen Krone gemeinsam erklärt:

1. Die auswärtigen Angelegenheiten mit Einschluss
der diplomatischen und commerciellen Vertretung dem Auslande
gegenüber, sowie die in Betreff der internationalen Verträge
etwa nothwendigen Verfügungen, wobei jedoch die Genehmigung
der internationalen Verträge, insoweit eine solche verfassungsmässig nothwendig ist, den Vertretungskörpern der beiden
Reichshälften (dem österreichischen Reichsrathe und dem
ungarischen Reichstage) vorbehalten bleibt;

2. das Kriegswesen mit Inbegriff der Kriegsmarine, jedoch mit Ausschluss der Rekrutenbewilligung und der Gesetzgebung über die Art und Weise der Erfüllung der Wehrpflicht,
der Verfügung hinsichtlich der Dislocirung und Verpflegung
des Heeres, ferner der Regelung der bürgerlichen Verhältnisse
und der sich nicht auf den Militärdienst beziehenden Rechte
und Verpflichtungen der Mitglieder des Heeres;

3. das Finanzwesen rücksichtlich der gemeinschaftlich
zu bestreitenden Auslagen, insbesondere die Festsetzung des
diesfälligen Budgets und die Prüfung der darauf bezüglichen
Rechnungen.

Ausserdem werden nachfolgende Angelegenheiten zwar
nicht gemeinsam verwaltet, jedoch nach gleichen, von Zeit zu
Zeit zu vereinbarenden Grundsätzen behandelt:

1. die commerciellen Angelegenheiten, speciell die
Zollgesetzgebung; —

2. die Gesetzgebung über die mit der industriellen Production in enger Verbindung stehenden indirecten Abgaben;

3. die Feststellung des Münzwesens und des Geldfusses;

4. Verfügungen über jene Eisenbahnlinien, welche das Interesse beider Reichshälften berühren; —

5. Die Feststellung des Wehrsystems.

Zur Bestreitung des Aufwandes für die oben aufgeführten gemeinsamen Angelegenheiten haben die Länder des österreichischen Staatsgebietes 70 Percent, jene des ungarischen 3o Percent beizutragen. — Von dem Reinerträgnisse des als „gemeinsame Einnahme" erklärten Zollgefälles werden vor Allem die Steuer-Restitutionen für die über die gemeinsame Zolllinie ausgeführten versteuerten Gegenstände bestritten, und der Rest wird zur Deckung der gemeinsamen Angelegenheiten verwendet, daher von dem Erfordernisse für gemeinsame Angelegenheiten vorweg abgezogen. — Jeder der beiden Reichstheile ist verpflichtet, jeden Monat eine verhältnissmässige, im Gesetze (vom 24. December 1867) genau bestimmte Quote seiner Monatseinnahmen in Abfuhr zu bringen. Diese Bestimmungen gelten für 10 Jahre, das ist vom 1. Januar 1868 bis letzten December 1877.

Nach dem zwischen den Regierungen beider Reichshälften abgeschlossenen Zoll- und Handelsbündnisse bilden beide Staatsgebiete der Monarchie zusammen Ein Zoll- und Handelsgebiet, umgeben von einer gemeinsamen Zollgrenze, von der nur Dalmatien und die Zollausschlüsse (Istrien und die quarnerischen Inseln, die Freihäfen Triest, Buccari, Zengg, Portorè, Carlopago, die Stadt Brody in Galizien und die Gemeinde Jungholz in Tirol) ausgenommen sind. In Folge dessen steht keinem der beiden contrahirenden Theile das Recht zu, Verkehrsgegenstände, welche aus dem einen Staatsgebiete in das andere übergehen, mit Ein-, Aus- oder Durchfuhrsabgaben welcher Art immer zu belasten und zu diesem Zwecke eine Zwischenzolllinie zu errichten. Mit inneren Abgaben darf der eine Theil die aus dem Ländergebiete des andern Theiles eingeführten Artikel nur in solchem Maasse belasten, in welchem derselbe die ähnlichen Gewerbserzeugnisse oder Producte seines eigenen Ländergebietes belastet.* Verträge, welche die Regelung wirthschaftlicher Beziehungen zum Auslande bezwecken, werden mit fremden Staaten für beide Reichshälften gleichmässig abgeschlossen. Die Zollgesetzgebung ist eine gleichartige; ebenso gelten gleiche gesetzliche Normen für alle Angelegenheiten, welche sich auf die Ausübung der Schifffahrt und auf das Seesanitätswesen, auf das Privat-Seerecht, auf die Flusspolizei, auf das Eisenbahn-, Post- und Telegraphenwesen, auf die Landeswährung, das Mass- und Gewichtssystem, den Feingehalt der Gold- und Silberwaaren, auf die Hausirbefugnisse, die Erfindungspatente, den Marken- und Musterschutz und den Schutz des geistigen und artistischen Eigenthums beziehen. Die Angehörigen des einen Ländergebietes, welche in dem andern Ländergebiete Handel und Gewerbe treiben wollen, oder Arbeit suchen, sollen bezüglich des Gewerbeantrittes, der Gewerbeausübung und der zu zahlenden Abgaben den Einheimischen ganz gleichgestellt sein; eine solche Gleichstellung besteht auch bezüglich des Markt- und Messverkehrs, der Errichtung gewerblicher Zweigetablissements u. s. w., der Ausübung der Schifffahrt und Flösserei.

Zum Behufe der Vorbereitung und Vermittlung gleichartiger Grundlagen für die internationalen Handelsverträge sowie für die Gesetzgebung und Verwaltung aller Angelegenheiten, auf welche sich das Zoll- und Handelsbündniss bezieht, tritt von Zeit zu Zeit eine Zoll- und Handelsconferenz zusammen, welche die beiderseitigen Minister des Handels und der Finanzen, eventuell der Minister des Aeusseren oder deren Stellvertreter bilden, und zu der auch Fachmänner aus beiden Ländergebieten, insbesondere Mitglieder der Handelskammern, berufen werden.

§. 31. Vertretungskörper.

Delegationen.

Der Kaiser und König ist bei der Ausübung der gesetzgebenden Gewalt durch die Volksvertretungen, nämlich durch die beiden Reichsvertretungen (österreichischer Reichsrath

---

* Ein solcher Vorgang findet bis jetzt nur bei den Zeitungen statt, welche in Ungarn stempelfrei sind, bei der Einfuhr nach Oesterreich aber der Stempelung, wie die daselbst gedruckten, unterzogen werden.

und ungarischer Reichstag) und die Landesvertretungen (die Landtage) eingeschränkt, so dass ohne deren Zustimmung kein Gesetz gegeben, abgeändert oder aufgehoben werden kann. Das den beiden Reichsvertretungen zustehende Gesetzgebungsrechte wird von denselben, insoweit es sich um die gemeinsamen Angelegenheiten handelt, mittelst zu entsendender Delegationen ausgeübt. Jede der beiden Delegationen besteht aus 60 Mitgliedern, von welchen je 20 vom „Herrenhause", beziehungsweise der „Magnaten-Tafel", und je 40 vom „Abgeordnetenhause", beziehungsweise der „Repräsentanten-Tafel" auf ein Jahr gewählt werden. Die Delegationen werden alljährlich vom Monarchen — abwechselnd nach Wien oder Budapest — einberufen. Die „reichsräthliche", sowie die „ungarische" Delegation wählt jede aus ihren Mitgliedern den Präsidenten, Vice-Präsidenten und sonstige Functionäre. Der Wirkungskreis der Delegationen umfasst alle Gegenstände, welche die gemeinsamen Angelegenheiten betreffen; andere Gegenstände sind von deren Wirksamkeit ausgeschlossen. Zu allen Gesetzen in Angelegenheiten des Wirkungskreises der Delegationen ist die Uebereinstimmung beider Delegationen, oder bei mangelnder Uebereinstimmung der in einer gemeinschaftlichen Plenarsitzung beider Delegationen gefasste zustimmende Beschluss und in jedem Falle die Sanction des Kaisers erforderlich. Die Sitzungen, welche für jede Delegation abgesondert stattfinden, sind, gleich denen der Reichs- und Landesvertretungen in der Regel öffentlich. Die Beschlüsse werden gegenseitig schriftlich (durch „Nuntien") mitgetheilt, u. z. von Seite der reichsräthlichen in deutscher, von Seite der ungarischen in ungarischer Sprache, doch muss eine beglaubigte Uebersetzung in der Sprache der andern Delegation angeschlossen werden. Wenn ein dreimaliger Schriftenwechsel nicht zur Einigung führt, so erfolgt die Entscheidung durch gemeinschaftliche Abstimmung in gemeinschaftlichen Plenarsitzungen beider Delegationen. Zur Beschlussfähigkeit einer Plenarsitzung ist die Anwesenheit von mindestens zwei Drittheilen der Mitglieder jeder Delegation erforderlich. Sind auf Seite der einen Delegation mehr Mitglieder anwesend, als auf Seite der andern; so haben sich auf Seite der in der Mehrzahl anwesenden Dele-

gation so viele Mitglieder der Abstimmung zu enthalten, als
zur Gleichheit der Zahl der beiderseits Stimmenden entfallen
müssen. Wer sich der Abstimmung zu enthalten hat, wird
durch das Los bestimmt. Das Protokoll der Plenarsitzung
wird in beiden Sprachen geführt und gemeinsam beglaubigt.
Die Delegationen haben, gleich der Regierung, das Recht der
Gesetzes-Initiative; sie können das gemeinsame Ministerium zur
Verantwortung ziehen und in Anklagestand versetzen. Ihre
Mitglieder geniessen, in Ausübung ihres Berufes, gleich den
Mitgliedern der Reichsvertretungen, die Unverantwortlichkeit
und constitutionelle Unverletzlichkeit.

§. 32. Vertretungskörper in „Oesterreich".

a) Der Reichsrath.

Der Reichsrath besteht aus dem „Herrenhause" und dem
„Hause der Abgeordneten". Die Mitglieder des Herrenhauses werden vom Kaiser ernannt, — die des Abgeordnetenhauses durch directe Wahl aus den Königreichen und Ländern entsendet.

Mitglieder des Herrenhauses sind: die grossjährigen
Prinzen des kaiserlichen Hauses, die grossjährigen Häupter jener
inländischen Adelsgeschlechter, welche in den durch den Reichsrath vertretenen Ländern durch ausgedehnten Grundbesitz her-
vorragen, und welchen der Kaiser die erbliche Reichsraths-
würde verleiht, — alle Erzbischöfe und die Bischöfe mit fürst-
lichem Range (Fürstbischöfe), — ausgezeichnete Männer, welche
sich um Staat oder Kirche, Wissenschaft oder Kunst verdient
gemacht haben und auf Lebensdauer vom Kaiser in den
Reichsrath berufen werden.

Das Haus der Abgeordneten besteht aus 353 Mitgliedern, welche aus den in den Landes-Ordnungen bestimmten
Wählerclassen auf sechs Jahre direct gewählt werden, u. z.
a) aus der Wählerclasse des landtäflichen (beziehungsweise
lehentäflichen) Grossgrundbesitzes, der Höchstbesteuerten in
Dalmatien, des adeligen Grossgrundbesitzes, einschliesslich der
Aebte und Pröbste in Tirol, — b) aus den Städten, Märkten
und Industrialorten, — c) den Handels- und Gewerbekammern,
und d) aus den Landgemeinden. Demgemäss entsenden:

Aus dem Lande	Der Gross-grundbesitz	die Städte, Märkte und Industrial-orte	die Handels-kammern	die Land-gemeinden	zusammen
Niederösterreich .	8	17	2	10	37
Oberösterreich . .	3	6	1	7	17
Salzburg	1	1	1	2	5
Steiermark . . .	4	8	2	9	23
Kärnten	1	3	1	4	9
Krain	2	3		5	10
Görz und Gradisca	1	1		2	4
Triest	—	3	1	—	4
Istrien	1	1		2	4
Tirol	5	5		8	18
Vorarlberg . . .	—	1		2	3
Böhmen	23	32	7	30	92
Mähren	9	13	3	11	36
Schlesien	3	4		3	10
Galizien	20	13	3	27	63
Bukowina	3	2	1	3	9
Dalmatien	1	2		6	9
Zusammen	85	137		131	353

In den Wählerclassen der Landgemeinden werden die Ab-geordneten durch von den Wahlberechtigten gewählte Wahl-männer (einer auf 500 Einwohner), in den anderen Wähler-classen aber durch die Wahlberechtigten unmittelbar gewählt. Wahlberechtigt ist im Allgemeinen jeder eigenberechtigte österreichische Staatsbürger männlichen Geschlechts, welcher das 24. Lebensjahr zurückgelegt hat und vom Wahlrechte nicht ausgeschlossen ist. In der Wählerclasse des Grossgrundbesitzes — in Dalmatien der „Höchstbesteuerten" — werden auch Frauen als wahlberechtigt behandelt, die sich aber durch Bevollmäch-tigte vertreten lassen müssen. Ebenso können activ dienende Militärpersonen, Militärbeamte ausgenommen, das Wahlrecht nur in der Wählerclasse des Grossgrundbesitzes — in Dalmatien der Höchstbesteuerten — und zwar lediglich durch Bevollmäch-tigte ausüben. Wählbar als Reichsrathsabgeordnete sind, und zwar in jedem der im Reichsrathe vertretenen Königreiche und Länder, alle jene Personen männlichen Geschlechtes, welche das österreichische Staatsbürgerrecht seit mindestens drei Jahren besitzen, das 3o. Lebensjahr zurückgelegt haben und in einem dieser Länder wahlberechtigt oder in den Landtag wählbar sind. Von dem Wahlrechte und der Wählbarkeit bei der Wahl der Abgeordneten sowohl, als auch der Wahlmänner sind ausgeschlossen: 1. alle unter Vormundschaft oder Curatel stehenden Personen; — 2. diejenigen Personen, welche eine Armenversorgung aus öffentlichen oder Gemeindemitteln geniessen, oder in dem der Wahl unmittelbar vorangegangenen Jahre genossen haben; — 3. Personen, über deren Vermögen der Concurs eröffnet worden ist, während der Dauer der Concursverhandlung; — 4. diejenigen Personen, welche wegen eines Verbrechens, oder wegen der Uebertretung des Diebstahls, der Veruntreuung der Theilnahme hieran oder des Betruges zu einer Strafe verurtheilt worden sind. Diese Folge der Verurtheilung hat jedoch bei politischen und gewissen anderen Verbrechen mit dem Ende der Strafe, bei den übrigen Verbrechen mit dem Ablaufe von fünf oder zehn, bei den Uebertretungen mit dem Ablaufe von drei Jahren nach dem Ende der Strafe aufzuhören.

Der Reichsrath wird vom Kaiser alljährlich einberufen. Der Präsident und die Vice-Präsidenten des Herrenhauses werden vom Kaiser ernannt, jene des Abgeordnetenhauses von diesem Hause selbst gewählt.

Der Wirkungskreis des Reichsrathes umfasst alle Angelegenheiten, welche sich auf Rechte, Pflichten und Interessen beziehen, die allen im Reichsrathe vertretenen Königreichen und Ländern gemeinschaftlich sind, insoferne dieselben nicht zwischen den beiden Reichshälften der Monarchie gemeinsam zu behandeln kommen. Es gehören daher zum Wirkungskreise des Reichsrathes:

1. Prüfung und Genehmigung der Handelsverträge und jener Staatsverträge, die den Staat oder Theile desselben belasten, oder eine Gebietsänderung zur Folge haben;

2. alle Angelegenheiten, welche sich auf die Art und Weise, sowie auf die Ordnung und Dauer der Militärpflicht beziehen, und insbesondere die jährliche Bewilligung der aus-

zuhebenden Mannschaft und die allgemeinen Bestimmungen in
Bezug auf Vorspannsleistung, Verpflegung und Einquartierung
des Heeres, ferner die Zustimmung zur Verwendung der
Landwehr im Kriegsfalle ausserhalb des österreichischen Staatsgebietes;

3. die Feststellung der Voranschläge des Staatshaushalts
und insbesondere die jährliche Bewilligung der einzuhebenden
Steuern, Abgaben und Gefälle; die Prüfung der Staatsrechnungs-
abschlüsse und Resultate der Finanzgebahrung, die Ertheilung
des Absolutoriums; die Aufnahme neuer Anlehen, Convertirung
der bestehenden Staatsschulden, die Veräusserung, Umwandlung und Belastung des unbeweglichen Staatsvermögens, die
Gesetzgebung über Monopole und Regalien und überhaupt alle
Staatsfinanzsachen;

4. die Regelung des Geld-, Münz- und Zettelbankwesens,
der Zoll- und Handelsangelegenheiten, sowie des Telegraphen-,
Post-, Eisenbahn-, Schifffahrts- und sonstigen Reichs-Communi-
cationswesens;

5. die Credit-, Bank-, Privilegien- und Gewerbegesetz-
gebung, die Gesetzgebung über Mass und Gewicht, Marken-
und Musterschutz;

6. die Medicinal-Gesetzgebung;

7. die Gesetzgebung über Staatsbürger- und Heimathsrecht, Fremdenpolizei, Passwesen und Volkszählung;

8. über die confessionellen Verhältnisse, über Vereins- und
Versammlungsrecht, über die Presse und den Schutz des geistigen
Eigenthums;

9. die Feststellung der Grundsätze bezüglich der Volksschulen und Gymnasien, dann die Gesetzgebung über die Universitäten;

10. die gesammte Justizgesetzgebung, mit Ausschluss der
Gesetzgebung über die innere Einrichtung der öffentlichen
Bücher und über solche Gegenstände, welche in den Wirkungs-
kreis der Landtage gehören;

11. die Gesetzgebung über die Grundzüge der Organisation
der Gerichts- und Verwaltungsbehörden;

12. die zur Durchführung der Staatsgrundsätze über die
allgemeinen Rechte der Staatsbürger, über das Reichsgericht,

über die richterliche, Regierungs- und Vollzugsgewalt zu erlassenden Gesetze;

13. die Gesetzgebung über jene Gegenstände, welche sich auf Pflichten und Verhältnisse der einzelnen Länder unter einander beziehen;

14. die Gesetzgebung, betreffend die Form der Behandlung der durch die Vereinbarung mit den ungarischen Ländern als gemeinsam festgestellten Angelegenheiten.

Alle Gegenstände der Gesetzgebung, welche nicht dem Reichsrathe ausdrücklich vorbehalten sind, gehören in den Wirkungskreis der Landtage. — Das Recht, Gesetze vorzuschlagen, besitzen die Regierung und der Reichsrath. — In Dringlichkeitsfällen, wenn der Reichsrath nicht versammelt ist, können unter Verantwortung des Gesammt-Ministeriums provisorische Gesetze durch kaiserliche Verordnung erlassen werden, welche aber keine Abänderung des Staatsgrundgesetzes bezwecken, keine dauernde Belastung des Staatsschatzes und keine Veräusserung von Staatsgut betreffen dürfen und dem nächsten Reichsrathe zur Genehmigung vorzulegen sind.

Zu einem giltigen Beschlusse des Reichsrathes ist in dem Hause der Abgeordneten die Anwesenheit von 100, im Herrenhause von 40 Mitgliedern, und in beiden die absolute Stimmenmehrheit der Anwesenden nothwendig. Aenderungen in den Staatsgrundgesetzen können vom Reichsrathe nur mit einer Mehrheit von wenigstens zwei Dritttheilen der Stimmen der Anwesenden, und im Abgeordnetenhause nur bei Anwesenheit von mindestens der Hälfte der Mitglieder giltig beschlossen werden. — Dem Reichsrathe sind die Minister für die im Reichsrathe vertretenen Länder verantwortlich. Das Recht zur Anklage steht jedem der beiden Häuser zu; die Entscheidung über die Anklage erfolgt bei dem vom Reichsrathe aus unabhängigen und gesetzkundigen Staatsbürgern gebildeten „Staatsgerichtshofe".

b) Die Landtage.

Für die Vertretung der Landesinteressen bestehen im österreichischen Staatsgebiete 17 Landtage. In denselben haben Sitz und Stimme: die hohen kirchlichen Würdenträger (Fürst-Erzbischöfe, Erzbischöfe, Fürstbischöfe, Bischöfe, in Tirol auch

Abgeordnete der Aebte und Pröbste), — die Rectoren der Universitäten, — die Abgeordneten des grossen Grundbesitzes (in Tirol des adeligen grossen Grundbesitzes, in Dalmatien der Höchstbesteuerten, in Vorarlberg fehlt diese Wählerclasse), — die Abgeordneten der Städte, Märkte und Industrialorte, — die Abgeordneten der Handels- und Gewerbekammern, — und die Abgeordneten der Landgemeinden.

Die Zusammensetzung der Landtage zeigt nachfolgende Uebersicht:

Land	Viril-Stimmen			Abgeordnete				Zusammen	Viril-Stimmen:
	kirchliche Würdenträger	Rectoren der Universitäten	Grossgrund-besitz	Städte, Märkte u. Industrialorte	Handels u. Ge-werbekammern	Land-gemeinden			
Oesterreich unt. der Enns	2	1	15	25	4	21		68	Fürsterzbischof von Wien. Bischof von St. Pölten, Wiener Universität
Oest. ob d. Enns	1	—	10	17	3	19		50	Bischof von Linz
Salzburg . . .	1	—	5	10	2	8		26	Fürsterzbischof von Salzburg
Steiermark . .	2	1	12	19	6	23		63	Fürstbischof von Seckau (Graz) „ „ Lavant (Marb.) Universität Graz.
Kärnten . . .	1	—	10	9	3	14		37	Fürstbischof v. Gurk (Klagenfurt)
Krain	1	—	10	8	2	16		37	Fürstbischof von Laibach
Görz u. Gradisca	1	—	6	5	2	8		22	Fürsterzbischof von Görz
Istrien	3	—	5	11	2	12		33	Bischof v. Triest u. Capo d'Istria „ „ Parenzo-Pola „ „ Veglia
Triest	.	.	.	.	.	.		. .	Wird durch den „Stadtrath" vertreten, der auch als „Landtag" functionirt.
Tirol	7	1	10	13	3	34		68	Fürsterzbischof von Salzburg Fürstbischöfe von Trient und von Brixen, 4 Abgeordnete der Aebte und Pröbste
Vorarlberg . .	1	—	—	4	1	14		2	Generalvicar in Feldkirch
Böhmen . . .	4	1	70	72	15	79		241	Fürsterzbischof von Prag. Bischöfe von Leitmeritz, Königgrätz und Budweis
Mähren . . .	2	—	30	31	6	31		100	Fürsterzbischof von Olmütz, Bischof von Brünn
Schlesien. . .	1	—	9	10	2	9		31	Fürstbischof von Breslau
Galizien . . .	8	2	44	20	3	74		151	3 Erzbischöfe in Lemberg (latein., armen. u. griech.-kathol.), 2 Bischöfe in Przemysl (latein.- und griech.-kathol.), Bischöfe von Krakau, Tarnow, Stanislau, Universitäten in Lemberg, Krakau.
Bukowina . .	1	—	10	5	2	12		30	Griech.-oriental. Erzbischof in Czernowitz
Dalmatien . .	2	—	10	8	3	20		43	latein.- kathol. Erzbischof von Zara, griech.-orient. Bischof von Zara
Zusammen (ohne Triest)	38	6	256	267	59	394		1020	

Von den 1020 Mitgliedern der Landtage sind 44 Vertreter von Virilstimmen, — 650 Mitglieder sind Vertreter des grossen und kleinen Grundbesitzes, — 326 Mitglieder können als Vertreter städtischer Beschäftigungen, der Gewerbe, der Industrie und des Handels angesehen werden. Dass die Zahl der Vertreter der agricolen Interessen doppelt so gross ist, als jene der industriellen und commerciellen beweist, wie seinerzeit die Regierung die „materiellen Interessen" Oesterreichs aufgefasst hat.

Die Abgeordneten gehen aus directen, nur jene der Landgemeinden aus indirecten Wahlen (auf je 500 Einwohner ein Wahlmann) hervor. Wahlberechtigt sind:

1. In der Wählerclasse des grossen Grundbesitzes die grossjährigen (d. i. 24 Jahre alten), dem österreichischen Staatsverbande angehörigen Besitzer jener (land- oder lehentäflicher) Güter, deren jährliche Realsteuern (ohne irgend welchen „Zuschlag") in Böhmen, Mähren, Schlesien wenigstens 250 (in Böhmen darunter an Grundsteuer mindestens 200), in Niederösterreich wenigstens 200, in Tirol wenigstens 50, in den übrigen Ländern wenigstens 100 Gulden beträgt.

Ohne Rücksicht auf den Census gehören dieser Wählerclasse an; in Schlesien die „schlesischen Fürsten" (die Herzoge von Teschen, von Troppau und Jägerndorf, von Bielitz) und der Hoch- und Deutschmeister, — in der Bukowina die Mitglieder des erzbischöflichen griechisch-orientalischen Consistoriums und die Vorsteher dreier griechischer Klöster.

In Mähren und Galizien steht das Recht zur Wahl (durch Vertreter) auch solchen Besitzern land- oder lehentäflicher Güter zu, welche keine Eigenberechtigung geniessen.

Frauen, Corporationen oder Gesellschaften, die sich im Besitze von zur Wahl berechtigenden Gütern befinden, üben das Wahlrecht durch ihre Bevollmächtigten oder Vertreter aus.

In der Wählerclasse der Höchstbesteuerten in Dalmatien sind jene grossjährigen, dem österreichischen Staatsverbande angehörigen Steuerpflichtigen wahlberechtigt, deren Jahresschuldigkeit an sämmtlichen directen Steuern (ohne irgend einen „Zuschlag") wenigstens 100, im Kreise Cattaro wenigstens 50 Gulden beträgt.

2. In der Wählerclasse der Städte, Märkte und Industrialorte sind Jene wahlberechtigt, welche nach dem Gemeindegesetze das Wahlrecht für die Gemeindevertretung besitzen, und

a) in Gemeinden mit drei Wahlkörpern zum ersten oder zweiten Wahlkörper gehören, oder im dritten Wahlkörper mindestens 10 Gulden (in Graz 15, in Tirol und Vorarlberg 5, nur in Innsbruck, Bozen und Trient auch 10 Gulden) an directen Steuern entrichten,

b) in Gemeinden mit weniger als drei Wahlkörpern, sowie in Galizien, in der Bukowina und in Dalmatien die ersten zwei Dritttheile aller nach der Höhe ihrer Jahresschuldigkeit an directen Steuern gereihten Gemeindewähler ausmachen, — zu denen in Niederösterreich von den Nächstfolgenden noch diejenigen kommen, welche mindestens 10 Gulden an directen Steuern zu entrichten haben, —

c) in Mähren, ohne Rücksicht auf die Eintheilung in Wahlkörper, diejenigen, welche wenigstens 10 Gulden (in Brünn wenigstens 20 Gulden) an directen Steuern zahlen.

Allen diesen werden auch jene angereiht, welche ohne Rücksicht auf die Steuerleistung durch ihre persönliche Eigenschaft das Wahlrecht besitzen (Geistliche, Professoren und Lehrer, graduirte Doctoren u. s. w.). — In Prag sind nur die Angehörigen des ersten und zweiten Wahlkörpers für den Landtag wahlberechtigt.

3. In der Wählerclasse der Handels- und Gewerbekammern sind die Mitglieder und Ersatzmänner dieser Kammern wahlberechtigt.

4. In der Wählerclasse der Landgemeinden sind zur Wahl der Wahlmänner jene Mitglieder der Gemeinde berechtigt, welche

a) in Gemeinden mit drei Wahlkörpern den ersten oder zweiten Wahlkörper bilden, —

b) in Gemeinden mit weniger als drei Wahlkörpern, sowie in Galizien, in der Bukowina und in Dalmatien die ersten zwei Drittheile aller nach der Höhe ihrer directen Steuern gereihten Gemeindewähler ausmachen, — zu denen in Niederösterreich von den Nächstfolgenden noch diejenigen kommen, welche jährlich mindestens 10 Gulden an directen Steuern zu entrichten haben, —

c) in Mähren jene Gemeindeglieder, welche, ohne Rücksicht auf die Eintheilung in Wahlkörper, mindestens fünf Gulden jährlich an directer Steuer zu zahlen haben.

In Galizien und in der Bukowina ist der Besitzer eines ausser dem Gemeindeverbande befindlichen landtäflichen Gutes, welches wenigstens 100 Gulden jährlich an Realsteuern zahlt, berechtigt, als Wahlmann in jenen Wahlbezirken, in welchen das Gut gelegen ist, zu fungiren.

Endlich haben in der Wählerclasse der Landgemeinden noch jene Personen das active Wahlrecht, welche nach ihrer persönlichen Eigenschaft in der Gemeinde wahlberechtigt sind.

Wählbar als Landtagsabgeordneter ist jeder österreichische Staatsbürger, welcher 30 Jahre alt ist, im Vollgenuss der bürgerlichen Rechte sich befindet und in einer Wählerclasse wahlberechtigt ist.

Die in activer Dienstpflicht stehenden Personen des Soldatenstandes im Heere, in der Kriegsmarine und der Landwehr sind weder wahlberechtigt, noch wählbar; doch können dieselben, wenn sie einen Grundbesitz haben, der zum activen Wahlrechte genügt, dieses durch Bevollmächtigte ausüben. Das Gleiche gilt von den Auditoren, Militärärzten und Truppen-Rechnungsführern.

Ausgeschlossen vom activen und passiven Wahlrechte sind jene Personen, welche wegen eines Verbrechens, oder wegen Uebertretung des Diebstahls, der Veruntreuung, der Theilnahme hieran, oder des Betruges zu einer Strafe verurtheilt worden sind. Diese Folge der Verurtheilung hat aufzuhören bei politischen und gewissen anderen Verbrechen mit dem Ende der Strafe, bei den übrigen Verbrechen mit dem Ablaufe von fünf oder 10 Jahren, bei den Uebertretungen mit dem Ablaufe von drei Jahren nach dem Ende der Strafe. In Galizien ist auch das Vergehen der verschuldeten Crida ein Ausschliessungsgrund von der Wahlberechtigung und Wählbarkeit; letztere ruht überhaupt in allen Ländern bei jenen Personen, welche sich in einer Concurs- oder Ausgleichs-Verhandlung befinden.

Die Landtags-Abgeordneten werden auf sechs Jahre gewählt. Für dieselbe Zeit wird auch der Vorsitzende jedes Landtages („Landeshauptmann", — in Böhmen „Oberst-Landmarschall", in Niederösterreich und Galizien „Landmarschall", — in Dalmatien „Landtags-Präsident" genannt) und dessen Stellvertreter vom Kaiser ernannt. — Die Landtage werden jährlich vom Kaiser einberufen; sie haben, gleich der Regierung, das Recht, Gesetze vorzuschlagen, doch darf ein einmal abgelehnter Antrag in der gleichen Session nicht wieder eingebracht werden. Das verwaltende und ausführende Organ der Landesvertretung ist der „Landesausschuss", welcher aus dem Vorsitzenden des Landtages und aus vom Landtage aus seiner Mitte gewählten Mitgliedern zusammengesetzt ist.

c) Gemeinde- und Bezirksverfassung.

Die Gemeindeverfassung beruht auf dem Reichsgesetze vom 5. März 1862 und auf den Gemeindeordnungen der verschiedenen Länder, die in den Jahren 1863—66 erlassen wurden. Neben diesen haben die Landeshauptstädte, dann die Städte: Wiener Neustadt, Waidhofen an der Ybbs, Steyer, Marburg, Cilli, Trient, Bozen, Roveredo, Rovigno, Reichenberg, Olmütz, Znaim, Iglau, Ungarisch-Hradisch, Kremsier, Bielitz, Friedeck, und Krakau besondere Gemeinde-Statute.

In jeder Gemeinde bestehen: ein Gemeinde-Ausschuss (in den Städten mit besonderen Statuten auch „Gemeinderath", „Stadtrath", „Stadtverordneten-Collegium" genannt) als beschliessendes und überwachendes, — und ein Gemeindevorstand als verwaltendes und vollziehendes Organ in allen Angelegenheiten der Gemeinde. Die Mitglieder des Gemeinde-Ausschusses werden von den Wahlberechtigten in der Gemeinde auf drei Jahre gewählt.

Wahlberechtigt sind, oder das „active Wahlrecht" besitzen alle jene Gemeindemitglieder, welche österreichische Staatsbürger sind und eine directe Steuer entrichten; ferner die Seelsorger, öffentlichen Beamten, Professoren und Lehrer, Doctoren u. s. w. — Die Wahlberechtigung wird von Frauen durch ihre Ehegatten oder durch Bevollmächtigte, — von nichteigenberechtigten Personen und Corporationen durch Vertreter ausgeübt. Nur in Wien und in einigen anderen Städten ist eine solche Vertretung nicht zulässig und sind Frauen, Minderjährige u. s. w. von der Wahlberechtigung ausgenommen. Wählbar sind, oder das „passive Wahlrecht" geniessen jene Wahlberechtigten, welche das 24., in Wien und in einigen anderen Städten das 30. Lebensjahr zurückgelegt haben. Zur zweckmässigeren Durchführung der Wahl des Gemeinde-Ausschusses werden die Wähler je nach der Höhe des Steuerbetrages in zwei bis drei (in Triest in vier) „Wahlkörper" geschieden.

Der Gemeindevorstand, welcher aus dem „Gemeindevorsteher" oder „Bürgermeister" und aus mindestens noch zwei Mitgliedern des Ausschusses besteht, wird vom Gemeindeausschusse in der Regel auf drei Jahre gewählt. In den Städten mit eigenem Statute tritt an seine Stelle eine Körperschaft, „Magistrat", „Bürgermeisteramt", welche entweder blos aus Beamten, oder aus Beamten und Mitgliedern des Ausschusses zusammengesetzt ist.

Bezirksvertretungen sind bis jetzt in Steiermark, Tirol, Böhmen, Schlesien und Galizien zwischen die Gemeinde und den Landtag eingefügt, um alle inneren Angelegenheiten, welche die gemeinsamen Interessen der Bezirke (der Gerichtsbezirke, in Süd-Tirol der politischen Bezirke, in Schlesien der Wahlbezirke für die Landgemeinden) betreffen, wahrzunehmen. Sie sind gebildet aus den Repräsentanten des grossen Grundbesitzes (Census 40—100 Gulden), der Höchstbesteuerten der Industrie und des Handels (Census 40—100 Gulden), der Städte und Landgemeinden. Die Wahlperiode dauert drei Jahre, in Schlesien sechs Jahre. — Mit der Verwaltung und Vollziehung der Beschlüsse ist der Bezirks-Ausschuss betraut.

§. 33. Vertretungskörper in „Ungarn".

a) Der Reichstag.

Der ungarische Reichstag hat einen „engeren" und einen „weiteren" Wirkungskreis. Bezüglich des ersteren fungirt er als legislativer Körper blos für Ungarn und Siebenbürgen, — hinsichtlich des letzteren ist er auch für die Gesetzgebung in Croatien, Slavonien und der (ehemaligen, jetzt provincialisirten) Militärgrenze competent. Siebenbürgen ist nämlich in legislativer und administrativer Beziehung vollkommen in Ungarn aufgegangen. Dagegen besitzt Croatien-Slavonien hinsichtlich der inneren Verwaltung, der Cultus- und Unterrichtsangelegenheiten und des Justizwesens vollständige Autonomie. „Gemeinschaftlich" mit den Ländern der ungarischen Krone hat Croatien-Slavonien folgende Angelegenheiten: die Votirung der Kosten des Hofhaushaltes, — die Recrutenstellung, — die das Wehrsystem und die Wehrpflicht betreffende Gesetzgebung, — die Verfügungen rücksichtlich der Dislocirung und Verpflegung der Armee, — die Finanzangelegenheiten, das Geld-, Münz- und Banknotenwesen, — die Genehmigung von Handelsverträgen, — die Normen über Banken, Credit- und Versicherungsinstitute, — Privilegien, — Masse und Gewichte, — Marken- und Musterschutz, — Punzirung, — literarisches und artistisches Eigenthum, — das See-, Handels-, Wechsel- und Bergrecht, — die Angelegenheiten des Handels, der Mauthen, Telegraphen, Posten, Eisenbahnen, Häfen, der Schifffahrt und jener Staatsstrassen und Flüsse, welche Ungarn und Croatien-Slavonien gemeinschaftlich angehen, — die Gesetzgebung über das Gewerbewesen, — über Vereine, — über das Passwesen, — die Fremdenpolizei, — die Staatsbürgerschaft und Naturalisirung.

Der ungarische Reichstag besteht aus der „Magnaten-Tafel" und der „Repräsentanten-Tafel".

Die „Magnaten-Tafel" (das Herrenhaus, Oberhaus) besteht aus den in Ungarn begüterten Erzherzogen, den katholischen und griechisch-orientalischen Erzbischöfen und Bischöfen, dem Erzabt der Benedictiner-Abtei von Martinsberg, dem Probst der Prämonstratenser-Abtei von Jászó, dem Grossprobst des Agramer Domcapitals (zugleich Prior Auranae), — dann aus den weltlichen Magnaten, wohin die Reichsbarone, die ungarischen und siebenbürgischen Ober-Gespäne, die Ober-Capitäne der Jazygen und Kumanier und der Districte Fogaras Naszód und Kővár, der Oberkönigsrichter der Szekler-Stühle, der Comes des Sachsenlandes, der Gouverneur von Fiume, — ferner die nicht unter väterlicher Gewalt stehenden Fürsten, Grafen und Freiherren gehören, — die siebenbürgischen Regalisten und zwei Repräsentanten des croatisch-slavonischen Landtages.

Die „Repräsentanten-Tafel" (das Unterhaus, Abgeordnetenhaus) ist aus 444 Abgeordneten der Comitate, Stühle,
freien Districte und Städte gebildet, wovon 334 auf Ungarn,
1 auf Fiume, 75 auf Siebenbürgen und 34 auf Croatien-Slavonien
entfallen. Croatien-Slavonien wählt die Reichtagsabgeordneten
aus den Mitgliedern seines Landtages, und zwar für die ganze
Sessionsperiode des ungarischen Reichstages; die übrigen Abgeordneten gehen aus directer Wahl hervor.

Das active Wahlrecht besitzt jeder mindestens 20 Jahre
alte, selbstständige, männliche, eingeborene oder eingebürgerte
Landesangehörige, ohne Unterschied der gesetzlich anerkannten
Religionen, wenn er in den Städten ein Haus oder einen Grundbesitz im Werthe von 315 Gulden, in den übrigen Gemeinden
aber eine sogenannte „Viertelsession" oder Gründe gleicher
Ausdehnung besitzt; oder als Handwerker, Fabrikant, Kaufmann ansässig ist und eine eigene Werkstatt (mit mindestens
einem Gehilfen), eine Handelsniederlage, oder Fabrik besitzt;
— oder wenn er überhaupt ein stabiles und sicheres Einkommen
von 105 Gulden als Ertrag seines Grundbesitzes oder Capitals
aufweist; dann alle Doctoren, Chirurgen, Advocaten, Ingenieure,
akademische Künstler, Professoren oder Lehrer, Mitglieder der
ungarischen Akademie der Wissenschaften, Apotheker, Pfarrer,
Capläne und Gemeinde-Notäre; — oder wer früher städtischer
Bürger war, oder endlich, wer vor dem Jahre 1848 Stimme
bei den Abgeordneten-Wahlen hatte (d. i. die Mitglieder der
adeligen Familien).

Wählbar ist, oder das passive Wahlrecht besitzt Jeder,
der Wähler ist, wenn er das 24. Lebensjahr zurückgelegt hat
und ungarisch sprechen kann.

Ausgeschlossen vom activen und passiven Wahlrechte
sind diejenigen, welche wegen Treulosigkeit (Landesverrath),
Betrug, Raub, Mord oder Brandlegung unter Strafe stehen. —
Richter können nicht zugleich Abgeordnete sein; active Militärpersonen (ausschliesslich der Beamten) sind weder wahlberechtigt noch wählbar. — Wer während der Dauer der Session ein
Staatsamt annimmt, muss sich einer Neuwahl unterziehen.

Der Reichstag wird alljährlich vom Könige nach Budapest
einberufen. Die Abgeordneten werden auf drei Jahre gewählt.

Der Präsident und der Vicepräsident der Magnatentafel werden vom König ernannt; der Präsident und die beiden Vice-Präsidenten der Repräsentantentafel werden von dieser selbst gewählt. — Die Sprache des Reichstages ist die ungarische; nur die Vertreter von Croatien-Slavonien können sich auch der croatischen Sprache bedienen.

Das ungarische Ministerium ist dem ungarischen Reichstag verantwortlich. Auf Versetzung eines Ministers in den Anklagestand erkennt die Repräsentantentafel; das Richteramt übt in einem solchen Falle ein von der Magnatentafel aus ihrer Mitte gewähltes Gericht aus.

b) Der Landtag für Croatien-Slavonien.

Dieser Landtag ist competent in Bezug auf die Gesetzgebung jener Angelegenheiten, welche in die Autonomie des vereinigten Königreiches Croatien-Slavonien fallen und früher erwähnt worden sind. (Seite 149.)

Der Landtag besteht aus den Erzbischöfen von Agram und Karlovitz, den Diöcesan-Bischöfen der katholischen und griechisch-orientalischen Kirche, dem Domprobst in Agram, den Obergespänen, dem Comes von Turopolje, den grossjährigen Magnaten (Fürsten, Grafen und Freiherren) und 77 auf drei Jahre gewählten Abgeordneten der Städte, privilegirten Districte, bedeutenderen Marktflecken und Comitate. In den königlichen Freistädten, den Städten und Districten Fiume und Buccari, im Districte Turopolje und in drei Marktflecken sind die Wahlen direct, in den Comitaten und fünf Marktflecken theils direct, theils indirect.

In den Comitaten und den erwähnten fünf Marktflecken besitzen das directe Wahlrecht Jene, die an Grund- und Gebäudesteuer mindestens 50, im Fiumaner Comitate mindestens 30 Gulden, oder an Erwerbsteuer mindestens 30 Gulden bezahlen; ferner die Seelsorger, die öffentlichen Beamten, Advocaten, Doctoren der Rechte und Medicin, Magister der Chirurgie, Apotheker, diplomirten Geometer und patentirten Schiffscapitäne. Indirect (durch Wahlmänner) wird das Wahlrecht von Jenen ausgeübt, die mindestens fünf Gulden an directen Steuern zahlen. In den Städten, privilegirten Districten und drei Marktflecken geniessen das Wahlrecht die Ortsbürger,

Jene, welche mindestens 15 Gulden an Grund- und Gebäude-, oder an Erwerbsteuer entrichten; dann die höheren Geistlichen, die Professoren der Universitäten, die Gymnasial- und Realschullehrer, die öffentlichen Beamten und die früher genannten diplomirten Personen. Sonst müssen die Wähler in Croatien oder Slavonien geboren, oder in dem Verbande einer Gemeinde aufgenommen und selbstständig sein.

Jeder Wähler, der das 24. Lebensjahr zurückgelegt hat, und schreibenskundig ist, kann zum Abgeordneten gewählt werden. Active Militärpersonen (mit Ausnahme der Beamten) sind weder wahlberechtigt noch wählbar. Richter, welche ein Mandat für den Landtag erhalten, haben sich zu erklären, ob sie auf das Mandat oder auf das Richteramt Verzicht leisten wollen; Comitatsbeamte (einschliesslich des Obergespans), sowie Notare und Cassiere der politischen Gemeinden können, solange sie im Dienste stehen, dieses Mandat nicht übernehmen.

Ausgeschlossen vom activen und passiven Wahlrechte sind Jene, welche sich im Concurse befinden, und Jene, welche verurtheilt worden oder in Untersuchung stehen wegen eines aus Eigennutz begangenen Verbrechens oder Vergehens.

Der Landtag wird alljährlich nach Agram einberufen. Er wählt aus seiner Mitte den Präsidenten und die beiden Vice-Präsidenten.

c) Gemeinde- und Municipal-Verfassung.

1. In **Ungarn und Siebenbürgen** unterscheidet man:

a) Gemeinden (Städte mit geregelten Magistraten, grosse und kleine Gemeinden) und

b) Municipien (Jurisdictionen, Gemeinden höherer Ordnung).

a) Die Verfassung der Gemeinden wurde mit Gesetzartikel XVIII vom Jahre 1871, jene für die „Hauptstadt Budapest" mit Gesetzartikel XXXVI vom Jahre 1872 geregelt.

Gemeindewähler ist jeder 20jährige Gemeindebewohner, welcher seit zwei Jahren Steuern zahlt. Wählbar zum Gemeindevertreter ist jeder grossjährige Wahlberechtigte, und in den Städten Jeder, welcher zur Wahl für den Reichstag berechtigt ist.

In jeder Gemeinde bestehen: eine Repräsentanz, gebildet zur Hälfte aus den auf sechs Jahre Gewählten, zur Hälfte aus den Höchstbesteuerten, und für die Executive ein Vorstand, (in den Städten ein Magistrat), dessen Mitglieder, mit Ausnahme der auf Lebenszeit ernannten Notare, in den Städten von der Repräsentanz auf sechs, auf dem Lande von der Wähler-Communität auf drei Jahre gewählt werden.

b) Die Verfassung der Municipien beruht auf dem Gesetzartikel XLII vom Jahre 1870.

Als selbstständige Municipien werden betrachtet: die Comitate, die freien Districte, die Szekler Stühle, die mit Municipalrecht bekleideten Städte („königliche Freistädte", in Ungarn-Siebenbürgen gegenwärtig 71) und der siebenbürgische „Königsboden" (fundus regius). Diese Municipien üben das Selbstverwaltungsrecht in Bezug auf ihre eigenen, inneren Angelegenheiten aus, vermitteln die Staatsverwaltung und dürfen sich auch mit sonstigen Gegenständen von öffentlichem Interesse und sogar mit Landesangelegenheiten befassen.

Jedes Municipium wird von einem Municipal-Ausschusse vertreten, der zur Hälfte aus den Höchstbesteuerten zur Hälfte aus auf sechs Jahre gewählten Mitgliedern zusammengesetzt ist. In Budapest wird die eine Hälfte der Ausschussmitglieder aus der Mitte der die meiste directe Staatssteuer zahlenden 1200 Wähler, die andere Hälfte aus der gesammten Wählerschaft gewählt.

Das active und passive Wahlrecht besitzt jeder Bewohner des Municipiums, der zur Reichstags-Abgeordnetenwahl berechtigt ist. Der Municipal-Ausschuss tritt unter dem Vorsitze des Ober-Gespans (Ober-Capitäns, Ober-Königsrichters — in Budapest des Ober-Bürgermeisters) in der Generalversammlung zusammen, in welcher auch die Beamten des Municipiums und die Bürgermeister der mit geregelten Magistraten versehenen Städte Sitz (die obern Beamten Sitz und Stimme) haben. Mit der Verwaltung ist der gewählte Beamtenkörper (Municipal-Magistrat) betraut.

2. Auf dem „Siebenbürgischen Königsboden" (im „Sachsenlande") sind die Gemeinde- und Municipal-Einrichtungen durch das Statut vom 22. März 1869 provisorisch geregelt worden.

Als Gesammtvertretung besteht hier die „sächsische Nations-Universität", an deren Spitze der Comes oder Graf steht. Sie besteht aus 44 Abgeordneten der sächsischen Stühle, Districte und Städte, die von deren Vertretungskörpern gewählt werden. Wählbar ist Jeder, welcher das Gemeinde-Wahlrecht besitzt. Sie muss jährlich wenigstens einmal einberufen werden, und die Abgeordneten sind jedesmal neu zu wählen.

In den auf dem Königsboden gelegenen Stühlen und Districten bestehen „Kreis-Versammlungen", deren Mitglieder auf zwei Jahre gewählt werden.

In den einzelnen Gemeinden fungiren als Vertretungen die „Communitäten" mit sechsjähriger Wahlperiode, und als verwaltende Behörden in den Städten die „Magistrate", in den Marktflecken und Dörfern die „Officialate" und „Ortsämter".

Activ und passiv wahlberechtigt sind Alle, welche das Wahlrecht bei den Abgeordneten-Wahlen für den Reichstag besitzen.

3. In **Croatien-Slavonien** ist die Comitats-Verfassung durch den croatisch-slavonischen Gesetzartikel XVII vom Jahre 1870 und das Gesetz vom 15. November 1874, — die Verfassung der Landgemeinden durch den croatisch-slavonischen Gesetzartikel XVI vom Jahre 1870 — die Verfassung der von den Comitaten eximirten königlichen Freistädte und der privilegirten Marktflecken einstweilen noch durch eine Verordnung des Jahres 1861 geordnet.

Jedes Comitat besitzt eine Comitats-Generalversammlung (Skupschtina), welche aus den Vertretern der Vice-Gespanschaften (von deren Congregationen aus ihrer Mitte gewählt) und aus „Virilisten", d. i. jenen Comitatsangehörigen, welchen im Landtage Virilstimmen zukommen, gebildet ist.

In den Verwaltungsbezirken bestehen Vice-Gespanschafts-Versammlungen aus den Vertretern der Gemeinden und der Höchstbesteuerten zusammengestellt.

Die Vertretung in der Gemeinde ist der Gemeindeausschuss (in den Städten „Gemeinderath"); die Verwaltung besorgt in den Städten und Märkten der Magistrat, in den Landgemeinden der Gemeinderichter. Der freie District Turopolje hat seine eigene Communal-Verwaltung, doch ist er den Beschlüssen der Comitats- und Vicegespanschafts-Versammlungen unterworfen.

4. Im croatisch-slavonischen **Grenzgebiete** gelten die Städteordnung und die Landgemeindenordnung vom 8. Juni 1871; erstere gilt auch in den provincialisirten ehemaligen Grenz-Communitäten Zengg, Belovár und Ivanić. Jede Stadt besitzt einen **Magistrat** und einen auf sechs Jahre gewählten **Stadtrath**. Die Landgemeinden theilen sich in **Ortsgemeinden** und in **Districtsgemeinden**; erstere wird durch den auf drei Jahre gewählten Gemeinderath vertreten und durch das „Gemeindeamt" verwaltet; letztere hat eine „Districts-Gemeindevertretung", die aus auf drei Jahre gewählten Abgeordneten der Ortsgemeinderäthe gebildet ist.

In den Landgemeinden Croatiens, Slavoniens und des croatisch-slavonischen Grenzgebietes, sowie in dem gegenwärtig mit Ungarn vereinigten Banater Grenzgebiete, besteht das patriarchalische Band der „**Hauscommunion**", d. i. eine Vereinigung mehrerer auf derselben Ansässigkeit und unter einem Hausvater lebenden Verwandten oder Hausgenossen. Die Hauscommunion ist berechtigt, gemeinsame bewegliche und unbewegliche Güter zu besitzen und neu zu erwerben. Dieser Verband ist in Croatien und Slavonien durch das Gesetz vom 3. März 1874, in den Grenzgebieten durch das Gesetz vom 7. Mai 1850 (abgeändert in den Jahren 1871 und 1872) geordnet.

§. 34. Verhältniss des Staates zu den Religionsgenossenschaften.

a) In Oesterreich.

In Oesterreich ist das Verhältniss des Staates zu den Religionsgenossenschaften festgestellt worden: durch das Staatsgrundgesetz „über die allgemeinen Rechte der Staatsbürger" vom 21. December 1867 — durch die das „Eherecht", das „Verhältniss der Schule zur Kirche", und die „interconfessionellen Verhältnisse der Staatsbürger" betreffenden Gesetze vom 25. Mai 1868 — durch das die „äusseren Rechte der katholischen Kirche" regelnde Gesetz vom 7. Mai 1874 und das die Anerkennung einer Religionsgenossenschaft betreffende Gesetz vom 20. Mai 1874.

Das leitende Princip hierbei ist die Religionsfreiheit, d. i. die Unabhängigkeit der Kirche vom Staate, unter Wahrung der dem Landesherrn aus dem Besitze der Kirchenhoheit zukommenden Rechte. Die Glaubens- und Gewissensfreiheit ist gewährleistet und damit zusammenhängend die Unabhängigkeit des Genusses der bürgerlichen und politischen Rechte von dem Religionsbekenntnisse, durch welches jedoch den staatsbürgerlichen Pflichten kein Abbruch geschehen darf.

Den gesetzlich anerkannten Kirchen und Religionsgesellschaften: der römisch-katholischen Kirche in ihren drei Riten (lateinisch-, griechisch-, armenisch-katholisch), der griechisch-orientalischen Kirche, der evangelischen Kirche lutherischen und reformirten Bekenntnisses, der gregorianisch-armenischen Kirche und der israelitischen Religionsgenossenschaft — welche übrigens den allgemeinen Staatsgesetzen, wie jede Gesellschaft, unterworfen sind — ist das Recht der gemeinsamen öffentlichen Religionsübung, die selbstständige Ordnung und Verwaltung ihrer inneren Angelegenheiten und der ungestörte Besitz und Genuss ihrer für Cultus-, Unterrichts- und Wohlthätigkeitszwecke bestimmten Anstalten, Stiftungen und Fonde garantirt. Den Anhängern eines gesetzlich nicht anerkannten Religionsbekenntnisses ist die häusliche Religionsübung gestattet. Diesen Letzteren wird vom Cultusminister die Anerkennung als Religionsgesellschaft dann ertheilt, wenn ihre Religionslehre, ihr Gottesdienst, ihre Verfassung sowie Benennung nichts Gesetzwidriges oder sittlich Anstössiges enthält, und wenn der Bestand wenigstens Einer Cultusgemeinde gesichert ist.

Die Bischöfe sind verpflichtet, ihre Erlässe zugleich mit deren Publication der politischen Landesbehörde zur Kenntnissnahme mitzutheilen.

b) In Ungarn.

Das Verhältniss des Staates zu den Religionsgenossenschaften ist in Ungarn durch die Gesetzartikel XXVI und XXVII vom Jahre 1790—91, — durch die Gesetzartikel XX vom Jahre 1847—48; — Gesetzartikel XVII vom Jahre 1865—67, — und das croat.-slav. Gesetz vom 21. October 1873 festgestellt worden.

Gesetzlich anerkannte Religionen sind: die römisch-katholische Kirche der drei Riten, — die evangelische Kirche beider Bekenntnisse, — die griechisch-orientalische, die gregorianisch-armenische und die unitarische Kirche, — und die israelitische Religionsgenossenschaft. Alle anerkannten Religionen ohne Unterschied geniessen vollkommene Gleichheit und Reciprocität; jedem Cultus ist die selbstständige Verwaltung und Erledigung seiner Angelegenheiten zugesprochen. — Mittelst königlicher Verordnung vom 9. August 1870 ist das *Placetum regium* in Ungarn wieder hergestellt worden.

II. DIE VERWALTUNG.

§. 35. Oberste Verwaltung.

Die Staatsverwaltung geht vom „Kaiser und König" aus und wird in dessen Namen in höchster Instanz von den Ministerien, dann von den den Ministerien unterstehenden Behörden ausgeübt.

Zum unmittelbaren Dienste Sr. Majestät sind für Civilangelegenheiten die „Cabinetskanzlei", — für die Militärangelegenheiten die „Militärkanzlei" bestimmt.

Jedes der beiden Staatsgebiete hat sein eigenes Ministerium; für die beiden Reichstheilen „gemeinsamen Angelegenheiten" besteht ein „gemeinsames Ministerium".

Die Minister eines jeden der beiden Staatsgebiete treten unter dem Vorsitze Sr. Majestät oder des betreffenden Minister-Präsidenten im „Ministerrath" als „Gesammtministerium" zusammen, um jene Angelegenheiten zu berathen, welche sich auf das Gesammtinteresse des Staatsgebietes beziehen, und nicht als vereinzelte Massregeln, in das Ressort nur Eines Ministeriums gehörig, betrachtet werden. Namentlich werden Gesetzentwürfe, bevor sie zur verfassungsmässigen Behandlung den Vertretungskörpern vorgelegt werden, im Ministerrathe be-

rathen. — Auch die „gemeinsamen Minister" versammeln sich
zu Conferenzen, bei denen der Minister des Aeussern den Vor-
sitz führt.

§. 36. Gemeinsames Ministerium.

Für die Verwaltung der gemeinsamen Angelegenheiten bestehen drei Ministerien mit dem Sitze in Wien, u. z.

a) das kaiserliche und königliche Ministerium des kaiserlichen Hauses und des Aeussern, — *b)* das kaiserliche und königliche gemeinsame (oder Reichs-) Kriegsministerium, und — *c)* das kaiserliche und königliche gemeinsame (oder Reichs-) Finanzministerium.

a) In die Competenz des erstgenannten Ministeriums ge-
hören die auf die staatsrechtliche Stellung der Dynastie bezüg-
lichen Geschäfte, — dann die auswärtigen Angelegenheiten mit
Inbegriff der Consulate, und die Leitung des „österreichischen
Lloyd" als internationales Seepost- und Schifffahrts-Unternehmen.
Ihm unterstehen die kaiserlichen und königlichen Gesandtschaf-
ten und Consulatsbehörden in fremden Staaten, das Haus-,
Hof- und Staatsarchiv und die Orientalische Akademie in Wien

b) Das gemeinsame (oder Reichs-) Kriegsministerium
ist die oberste Behörde für die Verwaltung des gesammten
Kriegswesens, inbegriffen die Kriegsmarine, — jedoch mit Ausschluss der den Landesvertheidigungs-Ministerien zugewiesenen
Geschäfte. Es zerfällt in fünf Sectionen für das Landheer, und
eine Section für die Kriegsmarine; eine besondere Geschäfts-
gruppe bildet der oberste Militär-Justizsenat. — Als Hilfsorgane
sind diesem Ministerium zugetheilt: der Chef des Generalstabs,
die General-Inspectoren für Artillerie, Genie, Cavallerie, Fuhr-
wesen und der Sanitätstruppen-Commandant. Unmittelbar
untergeordnet sind demselben: das apostolische Feldvicariat,
das technische und administrative Militär-Comité, das Militär-
Sanitäts-Comité, das Militär-Universal-Zahlamt u. s. w., die
General- und Militärcommanden; — der Marine-Section unterstehen das Hafen-Admiralat in Pola und das See-Bezirks-
commando in Triest.

Einem selbstständigen General-Inspector des Heeres
ist die Inspicirung der gesammten Armee in Bezug auf deren

Ausbildung und Manövrirfähigkeit und die Ueberwachung und Leitung von grösseren Truppenübungen übertragen.

Für die höhere Leitung des militärischen und administrativen Dienstes des Heeres ist die Monarchie in 16 Territorial-Bezirke eingetheilt, in deren jedem sich eine leitende Militärbehörde befindet, die entweder den Titel „General-Commando", oder „Militär-Commando" führt. Die Militär-Commanden in Linz, Triest, Innsbruck und Zara haben auch den taktischen Befehl über je eine im betreffenden Territorialbezirke stationirte Truppen-Division.

Die 16 Militär-Territorialbehörden sind:

1. General-Commando in Wien (für Niederösterreich),
2. Militär-   „   „ Linz (für Oberösterreich u. Salzburg),
3. General-   „   „ Graz (für Steiermark, Kärnten und Krain),
4. Militär-   „   „ Triest (für Triest, Görz, Gradisca und Istrien),
5.   „   „   „ Innsbruck (für Tirol und Vorarlberg)
6. General-   „   „ Prag (für Böhmen),
7.   „   „   „ Brünn (für Mähren und Schlesien),
8.   „   „   „ Lemberg (für Ostgalizien und die Bukowina),
9. Militär-   „   „ Krakau (für Westgalizien),
10.   „   „   „ Zara (für Dalmatien),
11. General-   „   „ Budapest
12. Militär-   „   „ Pressburg
13.   „   „   „ Kaschau   } (für Ungarn),
14.   „   „   „ Temesvár
15.   „   „   „ Hermannstadt (für Siebenbürgen),
16. General-   „   „ Agram (für Croatien-Slavonien).

Bei jeder Militär-Territorialbehörde bestehen eine Militärabtheilung und eine Militär-Intendanz. Die Militär-Commanden in Linz und Triest sind in militärischer Hinsicht, jene in Krakau, Pressburg, Kaschau und Temesvár sowohl in militärischer Beziehung als auch in einigen Administrativ-Angelegenheiten den General-Commanden in Wien, Graz, Lemberg und Budapest untergeordnet, deren erweiterter Inspicirungs- und Administrations-Rayon „Generalat" genannt wird.

Die Militärgerichtsbarkeit ist blos auf Strafsachen beschränkt und wird in dritter Instanz durch den obersten Militär-Justizsenat im Reichskriegsministerium ausgeübt, — in zweiter Instanz entscheidet das Militär-Appellationsgericht in Wien, — und in erster Instanz die Brigade- und Garnisonsgerichte, die Gerichte der Garden, der Militär-Akademien und der Kriegsmarine.

Die im Landwehrverbande stehenden Personen unterliegen in Miltärstrafsachen der Militärgerichtsbarkeit, welche in Oesterreich in III. und II. Instanz von den Gerichten des stehenden Heeres, in I. Instanz von den Landwehrgerichten, — in Ungarn in allen Instanzen von eigenen Landwehrgerichten ausgeübt wird.

c) das gemeinsame (oder Reichs-) Finanzministerium besorgt die Finanzangelegenheiten, welche beiden Reichstheilen gemeinsam sind; — ferner die Verwaltung der in Geldscheinen bestehenden, gemeinsamen schwebenden Staatsschuld. — Ihm untersteht die Reichs-Centralcasse.

Die Rechnungscontrole über die Geldgebahrung der gemeinsamen Ministerien fällt in das Ressort des kaiserlichen und königlichen „gemeinsamen obersten Rechnungshofes" in Wien.

§. 37. Centralverwaltung in Oesterreich.

Die Staatsverwaltung für die „im Reichsrathe vertretenen Königreiche und Länder" wird in oberster Instanz von sieben kaiserlich-königlichen Ministerien in Wien geführt, nämlich: die kaiserlich-königlichen Ministerien des Innern, für Cultus und Unterricht, für Finanzen, für Handel, für Justiz, für Ackerbau und für Landesvertheidigung. — Ueberdies functioniren noch ein kaiserlich-königlicher Minister ohne Portefeuille, und ein kaiserlich-königlicher Minister aus Galizien.

1. Das kaiserlich-königliche Ministerium des Innern ist mit der Verwaltung der eigentlichen inneren Angelegenheiten betraut, welche nicht ausdrücklich dem Ressort eines anderen Ministeriums zugewiesen sind. Dahin gehören unter anderen die oberste politische Verwaltung aller den „österreichischen" Reichstheil bildenden Königreiche und Länder, — die oberste

Leitung und Ueberwachung aller darauf bezüglichen Angelegenheiten als höchste Instanz in Fragen der politischen Administration; — ferner alle Gegenstände der Reichs-, Landes- und Gemeindeverfassung; das Staatsbürger- und Heimathsrecht, das
Gemeinde-, Sanitäts- und Armenwesen, die Sicherheitspolizei mit
den Vereins- und Versammlungs-Angelegenheiten, die Grundentlastung, das Strassen-, Wasser- und Hochbauwesen, die
Redaction des Reichsgesetzblattes u. s. w. — Beigegeben ist
demselben der oberste Sanitätsrath.

Demselben unterstehen die Statthaltereien und Lan-
desregierungen, welchen die Bezirkshauptmannschaften
und Magistrate der mit eigenem Statut versehenen Städte
untergeordnet sind. Das unterste Glied im politischen Ver-
waltungsorganismus ist „die Gemeinde" (§. 38).

2. Das kaiserlich-königliche Ministerium für Cultus und Unterricht pflegt den Verkehr mit den obersten
geistlichen Behörden und überwacht die Angelegenheiten sämmtlicher Culte. In Unterrichts-Angelegenheiten unterstehen demselben die Mittel- und Hochschulen mit Ausnahme der land-
und forstwirthschaftlichen, sowie der montanistischen Lehranstalten, dann die Volksschulen, die Landes-Schulbehörden, die
Staatsprüfungs-Commissionen und die wissenschaftlichen Anstalten: Akademie der Wissenschaften und jene der bildenden
Künste in Wien, das Museum für Kunst und Industrie, die
geologische Reichsanstalt, die statistische Centralcommission und
die Direction der administrativen Statistik, die Commission zur
Erhaltung der Baudenkmale, die Centralanstalt für Meteorologie.

In jedem Lande besteht ein Landes-Schulrath, welchem
die Bezirks-Schulräthe, und diesen die Orts-Schulräthe
der einzelnen Schulgemeinden unterstehen (§. 38).

3. In das Ressort des kaiserlich-königlichen Finanz-
ministeriums fallen: das Budget und Creditwesen nebst den
Bank- und Börsen-Angelegenheiten, die Staatsschuld und die
Grundentlastungsfonde, die politischen und Religionsfonde, sowie die finanziellen Angelegenheiten anderer Ministerien, das
Punzirungswesen, die Münzverwaltung, sämmtliches Steuerwesen
nebst indirecten Abgaben, Gebühren und dem Gefälle, Evidenz-
haltung und Veräusserung des unbeweglichen Staatseigenthums,

das Pensionswesen u. s. w. Dem Ministerium unterstehen die
Staatscentralcasse, das Ministerialzahlamt, die Staatschulden-
Direction mit der Staatsschuldencasse, die Lotto-Direction, die
Generaldirection der Tabaksregie, das Hauptmünzamt, das
Probir- und Punzirungsamt, die Directionen der Dicasterial-
gebäude, der Hof- und Staatsdruckerei in Wien; ferner die
Salinen-Verwaltungen, die Finanzlandes- und Finanz-
bezirks-Behörden, die Finanzprocuraturen, die Steuer-
inspectoren und Steuerämter (§. 38).

4. Das kaiserlich-königliche Handelsministerium
verwaltet die Angelegenheiten des Handels, der Gewerbe und
der Schifffahrt, sowie der Communications-Anstalten (Eisenbahnen,
Posten, Telegraphen); demnach ressortiren in dieses Ministerium
die Zoll- und Handelspolitik und die Mitwirkung am Abschluss
von Zoll- und Handelsverträgen; -- alle Angelegenheiten des
„inneren" Handels und deren Vertretungen, sowie das Gewerbewesen, einschliesslich der Industrie-Ausstellungen, der Privilegien,
Gewerbemuseen und Gewerbeschulen; — alle auf das Com-
municationswesen bezüglichen Agenden.

Ausser den Handels- und Gewerbekammern unterstehen demselben die Seebehörde in Triest, die Post- und
Telegraphen-Directionen und die gewerblichen Fachschulen (§. 38).

5. In das Ressort des k. k. Justizministeriums fallen
die administrativen Geschäfte der Justizpflege. Unter seiner
Oberaufsicht stehen die Gerichte und die Staatsanwaltschaften.
— Die höchste Instanz (auch als Cassationshof) ist der oberste
Gerichtshof in Wien; als zweite Instanz fungiren die Ober-
Landesgerichte, als erste die Landes- und Kreisgerichte, Bezirks-
und städtisch-delegirten Gerichte (§. 38.)

6. Die Agenden des k. k. Ackerbauministeriums
bilden alle die Förderung der land- und forstwirthschaftlichen
Production bezweckenden Angelegenheiten, Ausstellungen, das
Unterrichtswesen, die Gesetzgebung in Betreff des Wasser-
rechtes, der Forst-, Jagd- und Montan-Angelegenheiten, die
technische und administrative Leitung der Staats- und Fonds-
Montanwerke, Förderung der Pferdezucht, Ueberwachung der
Staatsgestüte. Diesem Ministerium unterstehen die „Hoch-

schule für Bodencultur in Wien" und andere land- und forstwirthschaftliche, sowie montanistische Lehranstalten; dann die Berghauptmannschaften, die ärarischen Berg-, Hütten-, Forst- und Domänenverwaltungen (§. 38.)

7. Die Thätigkeit des k. k. Landesvertheidigungs-Ministeriums umfasst alle die Wehrpflicht, die Heeresergänzung, Recrutirung, Verpflegung und Einquartirung der Truppen betreffenden Agenden; ferner die Angelegenheiten der Landwehr, des tirolisch-vorarlbergischen Landsturmes und der Gensdarmerie. Ihm unterstehen der Gensdarmerie-Inspector, die Landwehrcommanden und das Landesvertheidigungs-Obercommando in Tirol. Die rein militärischen Verfügungen der Landwehr stehen dem Landwehr-Obercommando zu.

8. Dem k. k. Minister ohne Portefeuille obliegen die Wahrnehmung der politischen und staatsrechtlichen Fragen im österreichischen Staatsgebiete; eventuell die Vertretung von Regierungs-Principien und Maximen bei der parlamentarischen Behandlung von Regierungsvorlagen oder auch von Berathungsgegenständen, die aus der Initiative „des Hauses" hervorgegangen; endlich die oberste Leitung, eventuell auch Ueberwachung aller officiellen oder officiösen (halb-officiellen) journalistischen und publicistischen Erscheinungen.

9. Dem k. k. Minister aus Galizien obliegt die Wahrnehmung der galizischen Interessen innerhalb der Reichsgesetzgebung und Administration.

Einer selbstständigen, von den Ministerien unabhängigen und ihnen gleichgestellten Centralbehörde, dem k. k. obersten Rechnungshofe in Wien, ist die gesammte Staatsrechnungs-Controle übertragen.

§. 38. Provinzialverwaltung in Oesterreich.

Die politische Verwaltung der Königreiche und Länder wird, unter directer Unterordnung unter das k. k. Ministerium des Innern, geführt von neun Statthaltereien, und zwar in: Niederösterreich mit dem Sitze zu Wien, Oberösterreich zu Linz, Steiermark zu Graz, im Küstenlande zu Triest, in Tirol zu Innsbruck, Böhmen zu Prag, Mähren zu Brünn, Galizien zu Lemberg

und in Dalmatien zu Zara; dann von fünf Landes-Regierungen,
u. z. in: Salzburg zu Salzburg, Kärnten zu Klagenfurt, Krain zu
Laibach, Schlesien zu Troppau und in der Bukowina zu Czernowitz.
Dem Landes-Chef (k. k. Statthalter, k. k. Landes-Präsident) obliegt die Repräsentation des Monarchen und die Vertretung der Regierung überhaupt; zugleich functionirt er als
Präsident der Finanz-Landesbehörde und des Landes-Schulrathes.
In den Bereich der politischen Verwaltung der einzelnen Länder gehören alle im betreffenden Lande vorkommenden Angelegenheiten, welche in oberster Stelle dem Wirkungskreise
der Ministerien des Innern, des Cultus und Unterrichtes, der
Landesvertheidigung, des Ackerbaues (mit Ausnahme des Bergwesens und der Staatsgüter) und theilweise auch des Handels
(d. i. der Handel und die Gewerbe des Landes) angehören.*
Die Landeschefs mit den politischen Landesbehörden sind für
jene Verwaltungszweige, die in das Ressort eines bestimmten
Ministeriums fallen, diesem unmittelbar unterstellt; die Disciplinargewalt über die Landesstellen aber steht dem Minister des
Innern zu. Als begutachtendes und berathendes Organ ist der
Landesstelle der Landes-Sanitätsrath beigegeben.

Für Südtirol besteht eine Statthalterei-Abtheilung zu
Trient mit ähnlichen Befugnissen — doch unter gewissen Beschränkungen — wie die Statthalterei, der sie untersteht.

In Böhmen sind 13 Bezirkshauptmänner, in Galizien
jener in Krakau mit Besorgung gewisser Statthaltereigeschäfte,
jedoch mit Ausschluss eines instanzmässigen Entscheidungsrechtes beauftragt.

a) Nachdem die ehemaligen „Kreise" und „Viertel"
aufgelassen worden, besteht die einzige politische Untertheilung der Länder in Bezirks-Hauptmannschaften (in
„Oesterreich" zusammen 324), welchen als ersten Instanzen
die politische Verwaltung des Amtsbezirkes obliegt, und denen
Bezirksärzte, Techniker und andere specielle Hilfsorgane zur
Seite stehen. Städte mit eigenen Gemeindestatuten werden von
eigenen Communalämtern (Magistraten) verwaltet, unterstehen nicht den Bezirks-Hauptmannschaften, sondern sind der

* Gesetze vom 19. Mai 1868 und vom 15. April 1873.

politischen Landesbehörde direct untergeordnet; derartige „selbstständige Communalämter" bestehen gegenwärtig 33. Die „Gemeindevorsteher" und „Bürgermeister" haben ausser den eigentlichen Gemeinde-Angelegenheiten auch gewisse Geschäfte der staatlichen und politischen Verwaltung „im übertragenen Wirkungskreise" zu besorgen und die Ortspolizei zu handhaben.

b) Die Interessen des **Unterrichtes** werden in den einzelnen Ländern durch die bei den Landesstellen bestellten Landes - Schulin spectoren (Schulräthe) gewahrt; dermal fungiren 15 Inspectoren für Mittel- und 16 für Volksschulen. Jedes Land ist in Schulbezirke getheilt, welche gewöhnlich mit den politischen Amtsbezirken zusammenfallen; deren Anzahl beträgt im Ganzen 307. Der Schulbezirk Wien zerfällt in neun Sectionen mit ebenso vielen Inspectoren. Im Küstenlande ist ein Inspector für Triest, fünf sind für Görz-Gradisca und sechs für Istrien. Auf Tirol kommen 22, auf Vorarlberg drei Schulbezirke. Nur in Steiermark sind dieselben zumeist nach den Gerichtsbezirken, in Galizien nach den früheren Kreisen eingetheilt. Die Hauptstädte, die Städte mit eigenem Statut und einige andere (Warnsdorf, Tetschen, Trautenau, Brüx, Hohenmauth) bilden eigene Schulbezirke. In der Gemeinde fungirt der Orts - Schulrath, welcher dem Bezirks-Schulrathe untersteht.

c) Die in den Ländern bestehenden **Finanzorgane** sind: die Finanz-Landesdirectionen (in Wien, Graz, Innsbruck, Prag, Brünn, Lemberg und Zara) und die Finanz-Directionen (in Linz, Salzburg, Klagenfurt, Laibach, Troppau und Czernowitz). Diesen Behörden unterstehen:

1. Für die directe Besteuerung: die Bezirkshauptmannschaften (Seuerbehörden I. Instanz mit Steuerinspectoren und Oberinspectoren) mit den Steuer- und Hauptsteuerämtern (im Ganzen 781); in den Hauptstädten die Steuer-Administrationen und Localcommissionen. — Die Einhebung und Abfuhr der directen Steuern fällt in den „übertragenen Wirkungskreis" der Gemeinden.

2. Für die indirecte Besteuerung: die Finanz-Inspectoren und Oberinspectoren und die Ober-Zollinspectoren in Tirol und Böhmen, von welchen die Zoll- und Verzehrungs-Steuerämter mit der Finanzwache abhängen; die Gebührenbemessungs-, Salzverschleissämter u. s. w.

3. Die Landescassen für die Staatseinnahmen und Ausgaben in den einzelnen Ländern, u. z. die Landeshauptcassen in Wien, Prag, Lemberg, — die Finanzlandescassen in Linz, Graz, Triest, Innsbruck und Brünn, — die Landes-Zahlämter in Salzburg, Klagenfurt, Laibach, Troppau, Czernowitz und Zara.

4. Die Finanzprocuraturen (Rechtsanwälte des Staates) in den Landeshauptstädten, mit Ausnahme von Troppau; jene zu Brünn erstreckt ihren Wirkungskreis auf Mähren und Schlesien.

d) Dem k. k. Handelsministerium unterstehen: die Seebehörde in Triest, acht Hafen- und Seesanitäts-Capitanate; — 11 Postdirectionen: zwei in Wien (für die Residenzstadt und für Niederösterreich), dann in Linz, Graz, Triest, Innsbruck, Prag, Brünn, Lemberg, Czernowitz und Zara mit den unterstehenden Postämtern und Postbureaux; — ferner 10 Telegraphen-Directionen: in Wien, Linz, Graz, Triest, Innsbruck, Prag, Brünn, Lemberg, Czernowitz und Zara mit den untergeordneten Telegraphenstationen; — schliesslich 28 Handels- und Gewerbekammern.

e) Die Justizpflege wird ausgeübt von:

1. In höchster Instanz und als Cassationshof functionirt der k. k. oberste Gerichtshof in Wien;

2. in zweiter Instanz von den neun Oberlandesgerichten, u. z. in Wien (für Niederösterreich, Oberösterreich und Salzburg), in Graz (für Steiermark, Kärnten und Krain), in Triest (für das Küstenland), in Innsbruck (für Tirol und Vorarlberg), in Prag (für Böhmen), in Brünn (für Mähren und Schlesien), in Lemberg (für Ostgalizien und die Bukowina), in Krakau (für Westgalizien), in Zara (für Dalmatien);

3. in erster Instanz von den 62 Gerichtshöfen erster Instanz, nämlich 15 Landes- und 47 Kreisgerichten; bei diesen sind für die mit schwerer Kerkerstrafe bedrohten Verbrechen, für alle politischen oder durch den Inhalt einer Druckschrift verübten Verbrechen und Vergehen Geschwornen-Gerichte gebildet; endlich sind 902 Bezirksgerichte (Einzelgerichte) thätig. Ausserdem bestehen drei Handelsgerichte (Wien, Triest, Prag) und Militärgerichte.

Das Reichsgericht entscheidet in Competenz-Conflicten zwischen Gerichts- und Verwaltungsbehörden, zwischen Landesvertretungen und den obersten Regierungsbehörden und zwischen den autonomen Landesorganen verschiedener Länder, sowie in Streitigkeiten des öffentlichen Rechtes. Ein **Verwaltungsgerichtshof** wird demnächst in's Leben treten.

f) Dem **k. k. Ackerbauministerium** unterstehen die vier **Berghauptmannschaften** in Wien, Klagenfurt, Prag und Krakau mit den **Revier-Bergämtern**, die **Berg-Directionen** in Idria und Przibram, die Berg- und Hüttenverwaltungen, die **Forst-** und **Domänendirectionen** in Wien, Gmunden, Salzburg, Innsbruck, Görz und Bolechow in Galizien, mit den Forst- und Domänenverwaltungen, — der Landesculturrath in Böhmen, die Landescommissionen für Pferdezucht, die land- und forstwirthschaftlichen, sowie die montanistischen Lehranstalten.

Nach Ausscheidung der obersten Behörden in den Ländern, welche in diesem Paragraphe schon vorgeführt wurden, nämlich: der **politischen Landesstellen** (Statthalterei, Landesregierung), der **Oberlandesgerichte**, der **Finanz-** und **Finanz-Landesdirectionen**, der **Finanzprocuraturen**, der **Post-** und **Telegraphen-Directionen**, der **Landes-Schulinspectoren** u. s. w., ergibt sich folgende Uebersicht für den

Verwaltungs-Organismus in den Provinzen:

Land	selbstständige Communal-ämter (Magistrate)	Bezirkshaupt-mannschaft	Landes-	Kreis-	städtisch delegirte	Bezirks-	Schulbezirke	Finanzbezirks-Directionen	Haupt-	Neben-	Steuerämter
			Gerichte						Zoll-ämter		
Niederösterreich	3	18	1	4	12	66	21	4	3	—	70
Oberösterreich	2	12	1	3	4	42	14	6	6	12	45
Salzburg . . .	1	4	1	—	1	18	4	2	1	8	15
Steiermark . .	3	18	1	2	2	61	27	3	3	—	64
Kärnten . . .	1	7	1	—	1	27	8	—	2	2	29
Krain	1	11	1	1	2	28	12	—	1	—	31
Küstenland . .	3	10	1	2	4	26	12	5	2	24	30
Tirol,Vorarlberg	4	24	1	4	4	66	25	4	9	58	70
Böhmen . . .	2	89	1	14	17	194	95	10	18	83	208
Mähren . . .	6	30	1	5	7	70	35	4	2	—	76
Schlesien . . .	3	7	1	1	2	21	10	—	4	15	23
Galizien . . .	2	74	2	8	13	161	22	12	8	24	74
Bukowina. . .	1	8	1	—	1	14	10	—	2	6	15
Dalmatien. . .	1	12	1	3	4	28	12	3	8	60	31
Zusammen	33	324	15	47	74	822	307	53	69	292	781

§. 39. Centralverwaltung in Ungarn.

Die Staatsverwaltung für die „Länder der ungarischen Krone" wird in oberster Instanz von neun königlich ungarischen Ministerien geführt, nämlich: die königlich ungarischen Ministerien des Innern, für Cultus und Unterricht, für Ackerbau, Gewerbe und Handel, für öffentliche Arbeiten und Communicationen, für die Landesvertheidigung, für die Justiz, für die Finanzen, das croatisch-slavonische Ministerium, diese acht mit dem Sitze in Budapest; — endlich das Ministerium am allerhöchsten Hoflager Sr. Majestät in Wien.

1. Das königliche Ministerium des Innern ist die oberste Behörde für die innere, politische Verwaltung in Ungarn und Siebenbürgen, inbegriffen die Sicherheitspolizei; — ihm steht der Landes-Sanitätsrath zur Seite.

2. Das königliche Ministerium für Cultus und Unterricht ist ebenfalls nur für Ungarn und Siebenbürgen competent. Ausser dem Verkehr mit den oberen geistlichen Behörden hat es die Leitung und Ueberwachung des gesammten Unterrichtes zu pflegen. Ihm unterstehen der Landes-Unterrichts- und Landes-Kunstrath, die Hochschulen und andere höhere Lehranstalten, die grossen wissenschaftlichen Anstalten des Landes, als: die k. ungarische Akademie der Wissenschaften, das Nationalmuseum, das meteorologische Centralinstitut, die Commission für Erhaltung der Baudenkmale; ferner die Staatsprüfungs-Commission, die sieben Districts-Ober-Studiendirectorate für Mittelschulen, die Schuldistricts-Aufseher, Districtual-Schulräthe und Schulcommissionen in den Gemeinden.

3. In das Ressort des königlichen Ministeriums für Ackerbau, Gewerbe und Handel gehören die Agenden, welche Handel und Gewerbe, Land- und Forstwirthschaft, Jagd und Bergwesen betreffen; — ferner die Statistik und Volkszählung, das Post- und Telegraphenwesen, das Marine-, Hafen- und Seesanitätswesen, u. z. für alle Länder der ungarischen Krone, mit Ausnahme der die Landescultur und das Gewerbewesen betreffenden Agenden in Croatien und Slavonien. — Dem Ministerium unterstehen die k. Seebehörde in Fiume mit sieben Hafenämtern, — acht Postdirectionen (in Budapest, Press-

burg, Oedenburg, Kaschau, Grosswardein, Temesvár, Hermannstadt und Agram), — sechs Telegraphendirectionen (in
Budapest, Kaschau, Gross-Kaniža, Temesvár, Klausenburg,
Agram) mit den diesen untergebenen Postämtern und Telegraphenstationen; — die sieben Berghauptmannschaften, acht
Handels- und Gewerbekammern, die land- und volkswirthschaftlichen Lehranstalten. Ueberdies der statistische Landesrath
mit dem statistischen Bureau, die geologische Commission, die
Commissionen für Pferdezucht und Wettrennen u. s. w.

4. Dem königlichen Ministerium für öffentliche Arbeiten und Communicationen unterstehen der Strassen-,
Wasser- und Hochbau, das Eisenbahnwesen, die Flussschifffahrt
und die Expropriations-Angelegenheiten; seine Competenz erstreckt
sich gleichfalls auf alle Länder der ungarischen Krone, mit
Ausnahme der nicht-gemeinschaftlichen Strassen und Flüsse
und der Landesbauten in Croatien-Slavonien. — Ihm unterstehen
die königlich ungarische General-Inspection für Eisenbahnen
und Dampfschifffahrt, die General-Inspection für den Eisenbahnbau und die Direction der königlich ungarischen Staatseisen-
bahnen (sämmtliche in Budapest); — ferner 38 Staatsbauämter,
die Fluss-Ingenieurämter und die Commissionen für die Theiss-
und Donauregulirung.

5. In das Ressort des königlichen Landesvertheidigungs-
Ministeriums gehören die Angelegenheiten der Recrutirung und
Heeresergänzung, der Dislocirung und Verpflegung des Heeres,
der Landwehr und des Landsturmes im ganzen ungarischen
Staatsgebiet. — Demselben unterstehen sieben Landwehr-Districts-
Commanden, welche übrigens in militärischer Hinsicht aus-
schliesslich dem königlichen Landwehr-Obercommando unter-
geordnet sind.

6. Das königlich ungarische Justizministerium hat seine
Competenz nur für Ungarn und Siebenbürgen und besorgt die
administrativen Angelegenheiten der Justiz und die Herausgabe
der Landesgesetzsammlung. — Die ordentlichen Gerichtsbehör-
den sind: die königliche Curie in Budapest, als letzte Instanz
in Civil- und Strafsachen mit zwei Abtheilungen, dem Cassations-
und dem obersten Gerichtshofe; — als zweite Instanzen die
königlichen Tafeln in Budapest für Ungarn und Fiume,

in Maros-Vásárhely für Siebenbürgen; — ferner als erste Instanzen 106 königliche Gerichtshöfe (Collegialgerichte, 83 in Ungarn, eines in Fiume und 22 in Siebenbürgen), — 374 königliche Bezirksgerichte (Einzelgerichte, 312 in Ungarn, 62 in Siebenbürgen), 10 Geschwornengerichte (für Pressvergehen). Ausserdem das Handels- und Wechselgericht in Budapest, das Wechsel- und Seegericht in Fiume, die Militär- und andere Specialgerichte.

7. Dem königlichen Finanzministerium, mit der Competenz für alle Länder der ungarischen Krone, unterstehen die Staats-Centralcasse, die Staatsschuldencasse, die Direction der ärarischen Rechtsangelegenheiten, die Lotto-Direction (alle in Budapest); die Directionen der Salzämter, Tabakfabriken, Lottoämter, die Berg- und Forstakademie in Schemnitz; — ferner 17 Finanz-Directionen (14 in Ungarn, zwei in Siebenbürgen, eine in Fiume), welche die Verwaltung der directen und indirecten Steuern, sowie die ganze Finanzadministration in den Comitaten, Stühlen, Districten und königlichen Freistädten führen. Diesen unterstehen die Steuer- und Gefällsämter, 19 Haupt- und 56 Nebenzollämter, Finanzwach-Commissariate u. s. w. — In Croatien-Slavonien amtirt die Finanz-Landesdirection in Agram mit drei Finanz-Inspectoraten und einer Staatshauptcasse.

8. Das königlich croatisch-slavonische Ministerium hat keinen administrativen Wirkungskreis: der Minister „ohne Portefeuille" vermittelt zwischen dem König, dem ungarischen Ministerium und dem Lande Croatien-Slavonien. — Die oberste Verwaltung der mit Ungarn „gemeinsamen Angelegenheiten" wird von den betreffenden ungarischen Ministerien verwaltet; — die in die „Autonomie" Croatien-Slavoniens fallenden besorgt die königliche Landesregierung in Agram in drei Sectionen: a) für innere Angelegenheiten und das Landesbudget, — b) für den Cultus und Unterricht, — c) für die Justiz. An ihrer Spitze steht der dem croatisch-slavonischen Landtage verantwortliche Banus. Ihr sind der Landes-Sanitätsrath, der Landes-Schulrath, die Landescasse beigegeben; die südslavische Akademie der Wissenschaften, die Universität in Agram und die höheren Lehranstalten unmittelbar untergeordnet. Auch führt sie die Aufsicht über die Gerichte. Die Gerichtspflege

übt als oberste Instanz die königliche Septemviraltafel in Agram; — als zweite Instanz die Banaltafel daselbst; — erste Instanzen sind die königlichen Comitats-Gerichtstafeln, die Stuhlrichterämter und die Stadtgerichte. 9. Der königliche Minister am allerhöchsten Hoflager Sr. Majestät hat keinen administrativen Wirkungskreis; er ist der Vermittler zwischen dem Monarchen und der ungarischen Regierung und zwischen den Ministerien beider Reichstheile.

Zur Controlirung der Staatseinnahmen und Ausgaben, des Staatsvermögens und der Staatsschuld in den Ländern der ungarischen Krone besteht der königliche Staats-Rechnungshof.

§. 40. Landes-Administration in Ungarn.

Für die Administration ist das vereinigte „Ungarn-Siebenbürgen" in 58 Comitate, 14 Stühle und sieben freie Districte, — zusammen in 79 Administrativ-Bezirke, und 71 königliche Freistädte eingetheilt.

Croatien-Slavonien wird in acht Comitate, welche wieder in Verwaltungsbezirke zerfallen, und in 11 königliche Freistädte, —

das croatisch-slavonische Grenzgebiet in sechs Districte und sieben Städte eingetheilt.

Die Stadt Fiume sammt Gebiet wird von einem den ungarischen Ministerien unmittelbar unterstehenden königlichen Gubernium verwaltet.

Alle diese Territorialbezirke bilden selbstständige Municipien (§. 33. c). Diese direct dem Ministerium unterstehenden Municipien besorgen die politische Administration und auch andere Zweige der Staatsverwaltung. — In Ungarn-Siebenbürgen steht an der Spitze des Comitates oder einer mit Municipalrecht bekleideten Stadt (mit Ausnahme von Budapest) der Comitats- oder der städtische Ober-Gespan; an der Spitze der Szekler-Stühle der Ober-Königsrichter; an der Spitze der Districte der Ober-Capitän. Diese Würdenträger werden über Vorschlag des Ministers des Innern vom König ernannt und enthoben. — An der Spitze der „Reichshauptstadt Budapest" steht der Ober-Bürgermeister, der über einen

Terna-Vorschlag des Königs, gegengezeichnet vom Minister des Innern, durch die General-Versammlung auf sechs Jahre gewählt wird. — Jeder dieser genannten Würdenträger ist Repräsentant der Executivgewalt; als solcher überwacht er sowohl die Selbstverwaltung des Municipiums, als auch die durch das Municipium vermittelte Staatsverwaltung. Alle Municipalbeamten sind ihm untergeordnet; der oberste unter diesen ist der Vice-Gespan (Vice-Comes) und in jeder mit Municipalrecht bekleideten Stadt der Bürgermeister. Dieser leitet die öffentliche Verwaltung, empfängt und vollzieht die Regierungsverordnungen.

Dem Vice-Gespan unterstehen die Stuhlrichter, welche die Verwaltung in den Bezirken leiten und die Aufsicht über die Landgemeinden üben, und die Bürgermeister der mit geregelten Magistraten versehenen Städte. Die Municipalbeamten werden vom Municipalausschusse (§. 33. c) auf sechs Jahre gewählt.

Auf dem siebenbürgischen „Königsboden" (fundus regius), oder im „Sachsenlande" ist die Nations-Universität Vertretungskörper und Verwaltungsbehörde zugleich; mit der Oberleitung der Administration ist der vom König ernannte Nations-Comes oder „Graf" betraut. Er überwacht die Stuhls- und Districtsbehörden („Magistrate" oder „Officiolate"), welchen Königs- oder Oberrichter und Bürgermeister vorgesetzt sind.

In Croatien-Slavonien wird die politische Verwaltung unmittelbar unter der Landesregierung von den Vice-Gespanschaften in den Verwaltungsbezirken, in den städtischen Municipien von den Magistraten ausgeübt. Die Leitung jener Vice-Gespanschaften, welche in den Hauptorten der Comitate ihren Sitz haben, steht den Ober-Gespänen der betreffenden Comitate zu; an der Spitze der übrigen stehen Vice-Gespäne. Der Ober-Gespan wird vom Könige, der Vice-Gespan nebst den übrigen Concepts- und Fachbeamten vom Banus auf Lebenszeit ernannt; die Stadtbeamten werden auf drei Jahre gewählt.

III. DAS STAATS-FINANZWESEN.

***

§. 41. Vorbemerkungen.

Bei der Erörterung der Staatsfinanzen kommen zwei Hauptrichtungen in Betracht: die Budgets — und die Staatsschulden.

In Folge des im Jahre 1867 vollzogenen „Ausgleiches" zwischen den beiden Staatsgebieten der Monarchie werden seit dem 1. Januar 1868 drei Budgets aufgestellt:

a) das „gemeinsame Budget" zur Bestreitung des Aufwandes für die „gemeinsamen Angelegenheiten" und die dauernden, einer weiteren Aenderung nicht unterliegenden Jahresbeiträge zur Verzinsung der „allgemeinen Staatsschuld";

b) das Budget für Oesterreich (das „österreichische Staatsgebiet"), und

c) das Budget für Ungarn (das „ungarische Staatsgebiet").

Die Staatsschuld ist theils beiden Reichstheilen gemeinsam, theils hat jeder Reichstheil seine besondere Staatsschuld. Die allgemeine Staatsschuld ist zwar keine „gemeinsame" Angelegenheit (§. 50), doch tragen beide Reichstheile zur Zinsenzahlung und Amortisirung bei.

Die „Allgemeine Staatsschuld" ist:

1. Consolidirte Schuld mit fester Capitals-Rückzahlung, verzinslich in Staatsnoten oder in klingender Münze;

2. Consolidirte Schuld ohne festgesetzte Capitals-Rückzahlung, verzinslich in Staatsnoten (Papier-Rente), oder in klingender Münze (Silber-Rente).

Jede dieser beiden Kategorien ist wieder eingetheilt in die „ältere", auf „Wiener Währung" lautende, oder in die „neuere" Schuld, welche theils auf „Conventionsmünze", theils auf „Oesterreichische Währung" lautet.

3. Die „schwebende" Schuld ist theils eine „gemeinsame schwebende Schuld", theils schwebende Schuld der im Reichsrathe vertretenen Königreiche und Länder (§. 50).

4. Zur allgemeinen Staatsschuld werden noch gerechnet: die von verlosten Staatslotto-Anlehen noch unbehobenen Gewinne, — die verschiedenen Entschädigungs-Renten an „Stände" und an Private, theils für eingezogene Consumtions-Gefälle, für bestandene Landessteuern, für Cameral-Passiven an Fonde und Kirchen, — und die in Folge des Münchener Tractates vom 14. April 1816 für den Main- und Tauberkreis an Baiern jährlich zu bezahlende Entschädigung von fl. 100.000 Reichswährung (oder fl. 87.500 österreichische Währung.)

5. Zur consolidirten Staatsschuld kommen zuzurechnen:

a) der Antheil an dem Prioritäts-Anlehen der Südbahn für den Bau der Eisenbahnlinien Villach-Franzensfeste und St. Peter-Fiume (ursprünglich 15 Millionen Gulden),

b) ein Drittel-Antheil an dem Donau-Regulirungs-Anlehen von 24 Millionen Gulden (acht Millionen; noch nicht vollständig emittirt).

6. Die Grundentlastungs-Schuld, welche in dem Gesetz vom 7. September 1848 und den kaiserlichen Patenten vom 11. April 1851 und 16. Jänner 1854 ihren Grund hat, in Folge deren der Grund und Boden von allen aus dem Unterthänigkeits-Verhältnisse entspringenden Arbeitsleistungen (Robot), Natural- (Zehent) und Geldabgaben entlastet worden ist. Nach dem „Ausgleiche mit Ungarn" hat jeder der beiden Reichstheile die Haftung für die in den Ländern seines Gebietes ausgegebenen Obligationen übernommen.

Ausser diesen Staatsschulden existiren noch verschiedene Anlehen der einzelnen Länder und Communen, sowie Privat-Lose.

Bei der „ungarischen Staatsschuld" sind zu unterscheiden:

1. Der Jahresbeitrag, welchen Ungarn an die Bedeckung der Zinsen für die allgemeine Staatsschuld und zur Schuldentilgung in Folge des „Ausgleichs" zu leisten hat;

2. die gemeinsame „schwebende" Staatsschuld;

3. die seit dem „Ausgleiche", d. i. seit Neujahr 1868 für eigene Rechnung contrahirten Anlehen;

4. Die Grundentlastungs- und Weinzehent-Ablösungs-Obligationen;

5. die ungarische „schwebende" Schuld;
6. die Prioritäts-Obligationen der Budapester Kettenbrücke;
7. die Remanential-und Rodgründe-Ablösungs-Obligationen;
Ueberdies haben Ofen und Pest eigene Anlehen contrahirt; Ofen die Lose vom Jahre 1859 (5o.000 Stück à 40 fl.
= 2,000.000 fl.), Pest zwei Anlehen, eines zu fünf Millionen,
eines zu drei Millionen Gulden.

a) Die Budgets.

§. 42. Gemeinsames Budget.

Mit Ausnahme der Zölle, deren Ertrag von der Gesammtsumme des Bedarfes vorweg in Abzug gebracht wird, gibt es
keine „gemeinsamen" Einnahmen. Die „eigenen Einnahmen" der Ministerien werden bei diesen abgerechnet und nur
der Nettobedarf wird als Erforderniss eingestellt.

a) Gemeinsames Budget für 1875:

I. Ministerium des Aeussern:

	Gulden österr. Währ.	
1. Centralleitung, geheime Auslagen	809.525	
2. Diplomatische Ausgaben	1,014.960	
3. Consulate	580.175	
4. Subvention des österreichischen Lloyd . . .	1,143.500	
	3,548.160	
ausserordentliches Erforderniss	72.800	
		3,620.960

II. Kriegsministerium:
a) Das Heer:

1. Centralleitung	469.512	
2. Militärbehörden	431.467	
3. Intendanzen und Fachcontrole	842.022	
4. Seelsorge (154.116), Justiz (267.947)	422.063	
5. Stäbe	1,490.347	
6. Truppenkörper.	22,082.729	
7. Bildungsanstalten	1,049.771	
8. Technische und administrative Comités . . .	184.687	
9. Magazine (Verpflegs- 541.679		
Betten-. 34.453	695.632	
Monturverwaltung . . . 119.500)		
10. Technische Artillerie.	2,840.000	
11. Material-Depôts für Fuhrwesen und Pionniere	138.500	
12. Genie- und Baudirectionen	2,108.051	
Transport	32,754.781	3,620.960

		Gulden österr. Währ.
Transport	32,754.781	3,620.960
13. Geographisches Institut	343.977	
14. Sanitätswesen	3,095.242	
15. Versorgungswesen	10,000.000	
16. Strafanstalten und Verschiedenes	364.435	
17. Naturalien-Verpflegung	17,408.304	
18. Mannschaftskost	12,530.014	
19. Montur- und Bettenwesen	8,595.917	
20. Unterkunftsauslagen	4,427.678	
21. Remontirung	1,429.448	
22. Unterofficiers-Dienstprämien	1,900.000	
	92,849.796	
davon ab die „eigenen Einnahmen" ..	4,700.113	
	88,149.683	
dazu ausserordentliches Erforderniss ..	3,677.234	
a) für das Landheer		91,826.917

b) Die Kriegsmarine:

1. Gagen	1,084.000	
2. Löhnung, Bekleidung, Massageld	1,035.000	
3. Dienst (am Land ...... 447.900 ⎱ zur See .... 1,160.000) ⎰	1,607.900	
4. Anstalten	272.840	
5. Flottenmaterial	3,917.850	
6. Artillerie	217.340	
7. Bauten, Besonderes und Versorgung	606.850	
(179.000) (212.650) (215.200),		
	8,741.780	
davon ab die „eigenen Einnahmen" ..	84.000	
	8,657.780	
dazu ausserordentliches Erforderniss ..	1,336.184	
b) für die Kriegsmarine		9,993.964

III. Finanzministerium.

1. Centralleitung	108.200	
2. Centralcasse	26.000	
3. Rechnungsdepartement	36.900	
4. Ruhegenüsse	1,682.470	
	1,853.570	
davon ab „eigene Einnahmen" ..	2.280	
	1,851.290	
dazu ausserordentliches Erforderniss ..	1.050	
		1,852.340
IV. Rechnungs-Controle: 124.637, ab Diensttaxen 519		124.118
Gesammt-Erforderniss ..		107,418.299

Gulden österr. Währ.

Gesammt-Erforderniss 107,418.299
und zwar: ordentliches 102,331.031
     ausserordentliches 5,087.268

Hiervon kommt vorweg in Abzug das:
Zollgefälle (nach Abzug der Regie und der Verzehrungs-
steuer-Restitution) mit 15,000.000

zu bedeckendes Erforderniss . . 92,418.299
Hiervon werden zu Lasten des ungarischen Staates
(in Folge des Ueberganges der „Militärgrenze" in die Civilverwaltung Ungarns) $2^0/_0$ verrechnet, d. i. . . . . 1,848.365.$_{98}$

und der verbleibende Rest von . . 90,569.933.$_{02}$
kommt derart zur Bedeckung, dass auf
Oesterreich $70^0/_0$ mit . . . . 63,398.953.$_{11.5}$
Ungarn $30^0/_0$ mit . . . . 27,170.979.$_{90.5}$

(90,569.933.$_{02}$)   entfallen.

§. 43. Vergleichung der Budgets für 1875, 1874, 1873.

	1875:	1874:	1873:
I. Ordentliche Ausgaben			
1. Ministerium des Aeussern	3,548.160	3.643.880	3,548.795
2. Kriegsministerium . .	96.807.463	94,249.462	92,306.417
3. Finanzministerium . .	1,851.290	1,850.303	1,813.305
4. Rechnungs-Controle . .	124.118	124.755	103.259
	102,331.031	99,868.400	97,771.776
II. Ausserordentliche Ausgaben:			
1. Ministerium des Aeussern	72.800	89.500 ⎫	
2. Kriegsministerium . .	5,013.418	10,590.427 ⎬	11,149.328
3. Finanzministerium . .	1.050	1.050 ⎭	
4. Rechnungs-Controle . .	—	—	
	5,087.268	10,680.977	11,149.328
Gesammt-Erforderniss	107,418.299	110,549.377	108,921.104
Hievon **ab** das Zollgefälle	15,000.000	17,500.000	15,556.000
zu bedeckendes Erforderniss	92,418.299	93,049.377	93,365.104
$2^0/_0$ **ab** zu Lasten Ungarns	1,848.365.$_{98}$	1,860.987.$_{54}$	1,867.302.$_{03}$
kommt zu vertheilen der Rest von.	90,569.933.$_{02}$	91,188.389.$_{46}$	91,497.801.$_{92}$
$70^0/_0$ auf Oesterreich, d. i.	63,398.953.$_{11.5}$	63,831.872.$_{62}$	64,048.461.$_{34}$
$30^0/_0$ auf Ungarn, d. i. .	27,170.979.$_{90.5}$	27,356.516.$_{84}$	27,449.340.$_{58}$
	90.569.933.$_{02}$	91,188.389.$_{46}$	91,497.801.$_{92}$

Nachtrags-Credite. Für das Jahr 1872 betrugen dieselben fl. 1,502.360, wovon auf Oesterreich fl. 1,047.445.$_{39}$, auf Ungarn fl. 454.914.$_{61}$ quotenmässig entfielen.

Für das Jahr 1873 beliefen sich die bewilligten Nachtrags-Credite auf fl. 794,793.$_{50}$, wovon (nach Abzug von zwei Percent zu Lasten Ungarns) auf Oesterreich fl. 545.228.$_{34}$, auf Ungarn fl. 233.669.$_{29}$ entfielen.

Seit dem Jahre 1868, mit welchem die Finanzgeschichte des dualistischen Oesterreich mit dem „gemeinsamen" und den zwei „Länder"-Budgets beginnt, — sind die ordentlichen Ausgaben im gemeinsamen Budget constant gestiegen, u. z. betrugen dieselben (rund in Millionen Gulden)

im Jahre 1868	88.$_7$	im Jahre 1872	96.$_4$
1869	89.$_0$	1873	97.$_8$
1870	105.$_8$	1874	99.$_9$
1871	98.$_5$	1875	102.$_3$

vom Jahre 1868 bis 1875 differirt diese Vermehrung um 13.$_6$ Millionen.

Für die achtjährige Periode betrüge der mittlere Jahresdurchschnitt für die ordentlichen Ausgaben 96.$_5$ Millionen.

Bei den ausserordentlichen Ausgaben ist eher die Tendenz der Verminderung zu constatiren; denn dieselben betrugen (rund in Millionen Gulden)

im Jahre 1868	23.$_0$	im Jahre 1872	14.$_2$
1869	6.$_8$	1873	11.$_2$
1870	8.$_2$	1874	10.$_7$
1871	28.$_0$	1875	5.$_1$

Dass das beharrliche Steigen des Ausgaben-Budgets in seiner Gänze zumeist von den höheren Ansprüchen seitens der Heeresverwaltung bedingt wird, ist unzweifelhaft. Hier aber üben vornehmlich zwei Momente den überwiegenden Einfluss aus: die Umbildung und Erneuerung der militärischen Bewaffnung nebst dem sonstigen Kriegsbedarf, — und die aus dem deutsch-französischen Kriege gemachten Erfahrungen und Resultate in Bezug auf die innere Organisation und Verwaltung der Armee. Bisweilen fliessen beide Momente in einander; dennoch wäre es nicht blos interessant, sondern auch lehrreich, festzustellen, welche Ausgaben durch dieses oder jenes Moment zunächst bedingt sind. Ein detaillirtes Eingehen in derartige Fragen gehört jedoch nicht in den Plan einer allgemeinen Statistik.

§. 44. Oesterreichisches Budget für 1875.

Das Finanzgesetz vom 22. December 1874 hat das Budget für das Jahr 1875 festgestellt, wie folgt:

I. Einnahmen (Bedeckung):

Capitel:	ordentliche	ausser-ordentliche	Zusammen
	fl.	fl.	fl.
1. Allerhöchster Hofstaat . .	—	—	—
2. Cabinetskanzlei Sr. Maj. . .	—	—	—
3. Reichsrath	—	--	—
4. Reichsgericht	—	—	—
5. Ministerrath	430.000	—	430.000
6. Ministerium des Innern . .	1,133.060	—	1,133.060
7. „ für Landesvertheidigung	39.288	—	39.288
8. „ für Cultus u. Unterricht	4,766.336	1,507.100	6,273.436
9. „ der Finanzen . .	317,568.452	2,174.728	319,743.180
10. „ des Handels. . .	20,080.000	200.000	20,280.000
11. „ des Ackerbaues .	11,014.400	17.090	11,631.490
12. „ der Justiz . . .	370.600	—	370.600
13. Oberster Gerichtshof . . .	--	—	—
14. Pensionsetat	36.000	—	36.000
15. Subventionen u. Dotationen	—	—	—
16. Staatsschuld	—	9,412.336	9,412.336
17. Verwaltung der Staatsschuld	308.200	—	308.200
18. Veräusserung von Staatseigenthum	—	900.000	900.000
19. Zahlung der Donau-Dampfschifffahrts-Gesellschaft . .	—	632.309	632.309
20. Liquidirung der Centralactiven, eventuell Entnahme aus Cassabeständen . . .	—	2,500.000	2,500.000
Summe	355,746.336	17,343.563	373,089.899

II. Ausgaben (Erforderniss):

Capitel	ordentliche	ausser-ordentliche	Zusammen
	fl.	fl.	fl.
1. Allerhöchster Hofstaat . .	4,650.000	—	4,650.000
2. Cabinetskanzlei Sr. Maj. .	74.295	—	74.295
3. Reichsrath	648.670	500.000	1,148.670
4. Reichsgericht	22.000	—	22.000
5. Ministerrath	619.000	—	619.000
6. Ministerium des Innern . .	16,636.000	2,840.500	19,476.500
7. „ für Landesvertheidigung	7,377.300	1,000.000	8,377.300
8. „ für Cultus u. Unterricht.	13,511.024	3,789.710	17,300.734
9. „ der Finanzen . .	69,642.200	2,546.800	72,189.000
10. „ des Handels . . .	20,488.000	2,820.437	23,308.437
11. „ des Ackerbaues . .	10,246.900	1,436.400	11,683.300
12. „ der Justiz . . .	19,400.990	1,116.850	20,517.840
13. Oberster Rechnungshof . .	157.000		157.000
14. Pensionsetat	12,475.900	—	12,475.900
15. Subventionen u. Dotationen	400.000	20,507.900	20,907.900
16. Staatsschuld	89,782.782	1,664.002	91.446.784
17. Verwaltung der Staatsschuld	733,100	16.000	749.100
18. Beitrag zu den „gemeinsamen" Angelegenheiten . .	76,267.146	—	76,267.146
Summe . .	343,132.307	38,238.599	381,370.906

Für die Zwecke der **Verwaltung** werden — nach Abzug
der eigenen Einnahmen der verschiedenen Ministerien, welche
(mit Ausnahme der durch das Fin an z ministerium erzielten Einkünfte per fl. 319,743.180) auf fl. 39,557.874 veranschlagt werden — als Zuschuss für das Jahr 1875 beansprucht fl. 79,598.247.

An den bezeichneten „eigenen Einnahmen" participiren
das Handelsministerium mit 20 1/4, das Ackerbauministerium mit
11, das Cultusministerium mit 6 1/4 Millionen (letzteres mit
fl. 3,367.362 vom Religionsfond), das Ministerium des Innern
mit 1 1/7 Millionen Gulden.

Von dem bezifferten „Zuschuss" beanspruchen die Justiz-
verwaltung 20 1/7, die politische Administration nebst den übrigen
in das Ressort des Ministeriums des Innern gehörenden Agenden
über 18 1/3, das Finanzministerium für die eigentliche Administration über 17 7/10, das Cultus- und Unterrichtsministerium

über 11, die Landesvertheidigung über $8\frac{1}{3}$, das Handelsministerium über 3, das Ackerbauministerium gegen $\frac{2}{3}$ Millionen; der Ministerrath beansprucht zu den eigenen Einnahmen von fl. 430.000 einen Zuschuss von fl. 189.000; der oberste Rechnungshof hat keinerlei eigene Einkünfte und benöthigt fl. 157.000. Schliesslich ist noch der Anspruch des Pensionsfondes mit fl. 12,439.900 (nach Abzug von fl. 36.000 eigene Einkünfte) zu erwähnen.

§. 45. Vergleichung der Budgets von 1875, 1874, 1873.

Es beliefen sich die Einnahmen

	im Jahre 1875	1874	1873
	fl.	fl.	fl.
auf	373,089.899	383,298.975	393,677.697
die Ausgaben auf	381,370.906	398,965.313	389,929.292

Wir heben heraus unter den **Einnahmen:**

	1875	1874	1873
directe Steuern	87,770.000	87,620.000	90,344.000
indirecte Abgaben, u. zw.			
an Verzehrungssteuer . .	59,900.000	59,806.000	58,762.300
darunter sind die stärkten Positionen :			
Biersteuer	24,980.000	23,430.000	22,600.000
Zuckersteuer	11,000.000	12,000.000	12,000.000
Branntweinsteuer	8,100.000	8,030.000	7,800.000
Fleisch- und Schlachtviehst.	4,300.000	4,300.000	4,344.000
Wein- und Moststeuer . .	4,000.000	4,200.000	4,185.000
an Zoll	21,326.600	23,878.800	23,114.000
„ Salzmonopol	19,180.000	19.075.000	18,720.000
„ Tabakmonopol . . .	58.278.200	59.705.000	58,126.000
„ Stempel	15,225.000	14,500.000	14,000.000
„ Taxen- und Gebühren von Rechtsgeschäften	34,000.000	35,500.000	33,600.000
„ Lotto	17,293.700	16,269.000	15,260.000
„ Postgefälle	16,500.000	16,115.000	15,752.000
„ Telegraphen	3,160.000	3,500.000	3,570.000
„ Staatsforsten, Domänen und Montanwerken . .	10,376.200	9,664.100	9,523.180
	u. s. w.	u. s. w.	

Den Ziffern über die „indirecten Abgaben", namentlich den Positionen der Verzehrungssteuer, dann Tabak, Taxen, Lotto, Post- und Telegraphenwesen fügen wir nur die Eine

Bemerkung bei: das Jahr 1873 war das Jahr der Wiener Weltausstellung mit dem grossen Fremdenzufluss und und dem vermehrten Consum; das Jahr 1874 ist „nach dem Krach", und dennoch eine Steigerung dieser Ziffern!?

Den Einnahms-Positionen stellen wir die correspondirenden Posten aus den **Ausgaben** dieser Jahre entgegen:

Betriebs-, Einhebungs-	1875	1874	1873
u. Verwaltungskosten,	fl.	fl.	fl.
u. z. b. d. directen Steuern	186.500	191.500	174.000
bei der Verzehrungssteuer	4,730.200	4,519.000	4,473.000
beim Zollwesen	7,960.000	7,636.000	8,010.000
„ Salz	3,610.700	3.693.000	3,672.000
„ Tabak	24,238.700	25,735.000	27,613.400
„ Stempel	300.000	300.000	287.160
bei Taxen und Gebühren	430.000	430.000	386.000
beim Lotto	10,783.900	9,930.000	9,260.000
„ Postgefälle	15,281.000	14,717.000	13,067.000
„ Telegraphen . . .	4,221.000	4,728.000	4,504.000
bei Staatsforsten, Domänen und Montanwerken . . .	8,290.100	7,832.400	6,851.000
4 %iger Vorschuss an Verkehrsanstalten, inbegriffen Münzverlust für Silberzahlungen	17,303.900	13,332.960	14,950.385
Subventionen (Lloyd- und Zittau-Reichenbergbahn) .	390.000	370.000	370.000
Zinsen d. Staatsschuld, nach Abzug des ungarisch. Beitrages	79,009.674	77,128.732	75,637.538
Schuldentilgung, nach Abzug d. ungar. Beitrages	9,531.108	14,243.823	13,842.307
70 % für die „gemeinsamen Angelegenheiten", nach Abzug des Zollgefälls (fl. 12,673.800) etc.	63,398.953	63,831.873	64,048.461

Rechnungsabschluss für 1873. Der am 14. December 1874 publicirte Central-Rechnungsabschluss für das Jahr 1873 (der letzte bis jetzt erschienene) weist im Ganzen befriedigende Ergebnisse nach. Eine Zergliederung der Posten ergibt folgende Uebersicht.*

---

* Nebst den officiellen Publicationen ist auch der „Compass" von Gustav Leonhardt, das von allen Fachmännern als vorzüglich anerkannte finanzielle Jahrbuch, benützt worden.

	Gulden österr. Währ.
Das Gesammt-Erforderniss für 1873 wurde präliminirt mit	394,129.651

Die Gesammt-Bedeckung
mit 393,677.697

Unter die „ausserordentlichen" Einnahmen wurden aufgenommen:

a) Erlös von den auf Grund der Tilgungen herauszugebenden Obligationen 3,924.000

b) Erlös von 25.000 Stück Actien der Franz-Josefsbahn 5,500.000

                        9,424.000

c) aus den Cassaresten von 1872 . 18,500.000

        zusammen . . 27,924.000

Von den Befugnissen a) und b) hat die Regierung keinen Gebrauch gemacht; von c) entnahm sie . . . 12,380.629

sie hat also we niger, als bewilligt, in Anspruch genommen um 15,543.371

Wird dieser Betrag abgezogen von der präliminirten Gesammtbedeckung . .   15,543.371

so stellt sich als präliminirte Gesammtbedeckung heraus . .   378,134.326

und nach Abzug derselben vom obigen Gesammt-Erforderniss 378,134.326

der präliminirte Abgang von 15,995.325

Um diesen Betrag von fl. 15,995.325 ist also der Erfolg gegenüber dem Voranschlage günstiger gewesen.

Die Ergebnisse der **Netto-Gebahrung** stellen sich als günstige heraus. Im Ganzen wurde eine Mehr-Einnahme erzielt um 20.₅ Millionen Gulden, davon 1.₅ bei den directen Steuern, 16.₅ bei den indirecten Abgaben und 2.₅ Millionen bei der allgemeinen Cassenverwaltung. Ein Ausfall trat ein beim Post- und Telegraphenwesen um 1.₆, und bei den „ausserordentlichen" Einnahmen um 17.₁ Millionen.

	Gulden österr. Währ.
Die Netto-Ausgaben beliefen sich auf	301,083.512

und nach Ausscheidung der Beträge für

a) die Weltausstellung mit . . . 6,945.789

b) die Ueberschwemmung in Böhmen und die Stadt Joachimsthal 2,134.187

c) für Eisenbahnbauten 211.281

        zusammen 9,291.258

auf 291,792.254

	Gulden österr. Währ.
Die Netto-Einnahmen gleich- gestellt mit	301,083.512

und nach Ausscheidung der nicht wiederkehrenden Einnahmen

a) aus der Veräusserung vom Staats-
eigenthum 1,416.008
b) von der Donau-Dampfschifffahrts-
Gesellschaft 596.215
c) aus den Cassaresten von 1872 . 12,380.629

zusammen	14,392.852
berechnet sich auf	286,690.660
und der Abgang mit nur	5,101.594

obwohl in diesem Jahre die Regulirung der Gehalte der Staats-
beamten einen Kostenaufwand von mehr als neun Millionen
verursachte, und verzinsliche Vorschüsse an Industrie-Unter-
nehmungen im Betrage von mehr als 15 Millionen gegeben
worden sind.

§. 46. Budgetwirthschaft von 1868—1873.

Die österreichische Finanzlage hat durch einen langen
Zeitraum reichen Stoff der Broschüren-Literatur geboten, und
es waren in der Regel eben nicht freundliche Urtheile, welche
man mit grösserer oder geringerer Sachkenntniss über die
Finanzwirthschaft Oesterreichs auszusprechen beliebte. Eine
objective Behandlung dieses Gegenstandes ist daher sicherlich
willkommen. Aus dem ungemein reichen, klar geordneten und
übersichtlich zusammengestellten Ziffern - Materiale, welches
eine jüngst erschienene Schrift bietet, heben wir das für unsern
Zweck Bemerkenswerthe heraus.*

Bei Erörterung der österreichischen Budgetwirthschaft
treten zwei Momente hervor: eine Steigerung der Einnahmen
und eine Verminderung der unproductiven Auslagen.
Graf Mülinen beleuchtet vorzugsweise die vierjährige Periode
1868—1871; er greift aber auch bis zum Jahre 1865 zurück

---

* „Les finances de l'Autriche" par le Comte de Mülinen. Paris
et Vienne. — Braumüller 1875. — Dieses Werk wird mit Recht von allen
competenten Stimmen als die „bedeutendste Publication ihrer Art, welche
eine grosse Lücke in unserer Finanzliteratur ausfüllt", bezeichnet.

und bis zum Schluss des Jahres 1873, wo ihm dieses als Beweismittel zweckdienlich scheint.

In der erstgenannten Periode kommt alljährlich ein Ueberschuss vor, und beziffert sich derselbe

		fl.
im Jahre 1868 auf	. .	283.170
" " 1869 "	. .	22,713.011
" " 1870 "	. .	23,237.865
" " 1871 "	. .	10,651.553
Total in den vier Jahren		56,885.599

Allerdings haben diese Ueberschüsse zum Theil ihren Grund im Verkaufe von Staatsgütern, welche folgende Summen eintrugen:

		fl.
im Jahre 1868 .	. . .	15,111.330
" " 1869 .	. . .	8.659.277
" " 1870 .	. . .	12,329.936
" " 1871 .	. . .	9,393.690
Zusammen		45,494.233

Desungeachtet stellt sich die Budgetwirthschaft noch immer als günstig heraus, weil die Ueberschüsse die Summe des Erlöses für veräusserte Staatsgüter um etwa 11.₁ Millionen Gulden übersteigen, und weil ferner eine constante Steigerung in den massgebendsten Einnahmsquellen, und Ueberschüsse auch in den nächsten Jahren vorkommen. Für die sechsjährige Periode 1868—1873 stellen sich folgende Ueberschüsse heraus (in Millionen Gulden östereichischer Währung):

Ueberschuss bei den Einnahmen	{ ordentliche . .	$106._2$	
	{ ausserordentliche	$9._8$	. . . $116._{0}$
" " " Ausgaben	{ ordentliche . .	$58._2$	
	{ ausserordentliche	$36._5$	. . . 94.7

Gesammtüberschuss für die sechs Jahre . . 21.₃

Werden die wirklich bestrittenen ausserordentlichen Ausgaben:
für die Wiener Weltausstellung mit ungefähr 10.₃
und für die durch Ueberschwemmung verunglückten Bezirke in Böhmen, sowie die Stadt Joachimsthal mit 2.₂
dazu gerechnet; so ergibt sich ein Netto-Ueberschuss von . . 33.₈
für die sechsjährige Periode.

Die sicherste und ergiebigste Quelle der Staatseinnahmen, welche eine besondere Beleuchtung verdient, sind die directen Steuern und die indirecten Abgaben; diese bilden die Grundlage jedes Einnahmen-Budgets.

Die Netto-Einnahmen beliefen sich:

		fl.	Vermehrung fl.	in %
1. an directen Steuern im Jahre	1868 auf	74,028.730	—	—
	1869 „	74,805.095	3,776.365	5.$_{10}$
	1870 „	82,097.087	4,291.992	5.$_{52}$
	1871 „	87,471.246	5,374.159	6.$_{55}$
	1872 „	90,074.557	2.603.311	2.$_{98}$
	1873 „	91,902.704	1,828.147	2.$_{03}$
in den sechs Jahren			17,873.974	24.$_{14}$
2. an indirecten Abgaben im Jahre	1868 auf	164.290.864	—	—
	1869 „	168,011.184	3,720.320	2.$_{26}$
	1870 „	176,837.071	8,825.887	5.$_{25}$
	1871 „	190,903.473	14,066.402	7.$_{95}$
	1872 „	212,690.013	21,786.540	11.$_{41}$
	1873 „	222,250.895	9,560.882	4.$_{50}$
in den sechs Jahren			57,960.031	35.$_{28}$

Die Periode nach dem „Ausgleiche" kann in mehrfacher Hinsicht eine besonders günstige genannt werden, und sie wurde auch von hervorragendster Stelle als die Periode des „volkswirthschaftlichen Aufschwunges" bezeichnet. Die reiche Ernte im Jahre 1868, die bis an die äussersten Grenzen der Möglichkeit reichenden Restrictionen in den Ausgaben, das zum Sprichwort gewordene „Sparsystem" der damaligen Regierung, welche auf die Herstellung des Gleichgewichtes im Staatshaushalte, auf die Consolidirung der Finanzwirthschaft überhaupt und dadurch auf Hebung des Staatscredites ehrlich und entschieden hinarbeitete; dies Alles prägt sich in den erfreulichen Ausweisen der Budgetwirthschaft dieser Periode aus.

Mülinen zieht jedoch auch die ungünstigere Periode 1866—1868 in den Kreis seiner Berechnungen, und es zeigt sich, dass auch für die sechsjährige Periode vom 1. Jänner 1866 bis Ende December 1871 ein günstiges Resultat hervortritt, denn gegenüber einer Vermehrung der gesammten   fl.

Einnahmen um . . . .   79,977.97^8
stellt sich eine Vermehrung der gesammten Ausgaben um 40,701.927

was einen reellen Ueberschuss der Einnahmen um   39,276.051 ergibt.

Das zweite Moment, welches den Fortschritt in der österreichischen Finanzwirthschaft beweist, bildet die Verminderung der unproductiven Auslagen. Mülinen gibt die Uebersicht der Netto-Auslagen für das Landheer und die Marine in dem Zeitraume von 1848 bis Ende 1871. In der 24 Jahre umfassenden Periode beliefen sich die Gesammtausgaben für die Landarmee auf nahezu 3096.$_2$, — jene für die Marine auf 191.$_4$, — zusammen auf 3287.$_6$ Millionen Gulden. Die geringste Ziffer weist das Jahr 1848 aus mit 78.$_4$ für die Landarmee und 1.$_6$ Millionen für die Marine. — Die bewaffnete Neutralität während des „Krimkrieges" steigerte diese Ausgaben auf 199.$_5$ — bezüglich der Marine auf nahezu 6 Millionen; — im Kriegsjahr 1859 stiegen dieselben auf 225.$_6$ und 8.$_2$, also auf 232.$_8$ Millionen, und im Kriegsjahr 1866 auf 243 (230.$_3$ und 12.$_7$) Millionen; die höchste Ziffer seit dem Jahre 1848. — Im Jahre 1867 fiel die Gesammtsumme auf 84.$_5$ Millionen, und zwar 75.$_{46}$ Landarmee, 9.$_{03}$ Marine: im Jahr 1868 stieg sie wieder auf nahezu 103, — fiel im Jahre 1869 auf 85.$_3$, — stieg im Jahre 1870 wieder über 103.$_4$ und im Jahre 1871 auf 113.$_5$ (Landarmee 102.$_4$, Marine 11) Millionen.

Mülinen nimmt für den Friedenstand als normale Ausgabe für die Gesammtarmee eine jährliche Durchschnittssumme von 88 Millionen (80 Millionen für die Landarmee, 8 Millionen für die Marine) an. — Auf Grund dieser Durchschnittsziffern betrügen die Gesammtausgaben für das Landheer in 24 Jahren 1920 Millionen und für die Kriegsmarine . . . . 192 „
Nachdem für die Kriegsmarine die factischen Auslagen in dieser Zeit nur fl. 191,453.826 betragen haben; so sind sie unter dem als normal angenommenen Durchschnitt geblieben.

Für das Landheer sind verausgabt worden 3096 Millionen während obiger Durchschnitt nur . . . . . 1920 „

beträgt; zu den Mehrauslagen von . . . . . 1176 Millionen müssen noch die übrigen directen und indirecten Lasten, welche mit den Kriegen in Zusammenhang standen, und welche Mülinen mit ungefähr 274 „

bewerthet, gerechnet werden, wodurch die annähernde Summe von . . . . 1450 Millionen sich ergibt, welche die inneren Unruhen, äussere Kriege und Kriegsrüstungen im Laufe der 24 Jahre unserem Vaterlande gekostet haben.

Vergleichen wir die in der eben erwähnten 24jährigen Periode (1848 — 1871) gemachten Staatsausgaben für das Heer mit den in der gleichen Periode contrahirten Staatsschulden. Die Gesammtausgaben für das Heer beliefen sich auf . . . . 3287.₆ Millionen

die Staatsschuld betrug am 31. Dec. 1871 . 3001.₃ „

„ „ „ „ 31. Dec. 1847 . 933.₇ „

in den 24 Jahren ist also die Staatsschuld vermehrt worden um . . . . 2067.₇ Millionen

Diese Vermehrung der Staatsschuld hätte, wenn sie auch vollständig zur Deckung des Bedarfes für die Armee verwendet worden wäre, doch nur für 63 Percent der obenerwähnten gesammten Ausgaben ausgereicht, und an 37 Percent wären aus den laufenden Jahreseinnahmen bestritten worden. Für die einzelnen Jahre drängen sich allerdings andere Reflexionen in dieser Beziehung auf, die übrigens nicht in den Rahmen der gegenwärtigen Schrift gehören.

§. 47. Ungarisches Budget für 1875.

Vom ungarischen Reichstage ist für das Jahr 1875 das Staatsbudget bewilligt und beschlossen worden, wie folgt:

I. Ordentliche Ausgaben:

	fl. ö. W.
1. Königlicher Hofstaat	4,650.000
2. Cabinetskanzlei Sr. Majestät	74.295
3. Kosten des Reichstages	905.173
4. Verwaltung von Croatien-Slavonien, der Militärgrenze und Fiume	5,143.926
5. Ministerpräsidium	319.180
6. Minister am königlichen Hoflager	51.794
7. „ für Croatien	37.340
8. Ministerium des Innern	7,636.429
9. „ für Finanzen	44,394.422
10. „ „ Communicationen	10,772.003
11. „ „ Handel, Gewerbe und Ackerbau	10,804.450
12. „ „ Cultus und Unterricht	3,924.200
13. „ der Justiz	10,488.117
14. „ „ Landwehr (Honvéd)	6.239.883
Transport . .	105,441.212

		fl. ö. W.
	Transport .	105,441.212
15.	Staatsrechnungshof	142.000
16.	Pensionsetat	3,086.208
17.	Zinsen und Amortisation für die ungarische Staatsschuld sammt Grundentlastung	39,833.199
18.	Zinsen und Amortisation für die gemeinsame Staatsschuld	30,702.987
19.	Beitrag zu den gemeinsamen Auslagen	27,421.944
		206,627.550

II. Ausserordentliche Ausgaben:

1.	Ministerium des Innern	19.214
2.	„ für Finanzen	20,724.991
	darunter: Garantieleistungen an Eisenbahnen 15 Mill. Kataster-Regulirung . . . . . 2 „	
3.	Ministerium für Communicationen	3,854.959
	darunter: Regulirung der Donau, Brückenbauten 3,205.000	
4.	Ministerium für Handel	45.000
5.	„ „ Cultus und Unterricht	68.544
6.	„ der Justiz	280.000
7.	„ „ Landwehr	18.953
8.	für „gemeinsame" ausserordentliche Ausgaben	1,597.402
9.	Ausgaben für Credit- und Cassa-Operationen	5,072.132
		31,681.195
	dazu die ordentlichen Ausgaben mit	206,627.550
	Gesammt-Ausgaben	238,308.745

I. Ordentliche Einnahmen:

1.	An directen Steuern	76,374.088
2.	„ der Verzehrungssteuer	13,469.000
3.	„ Stempelgebühren	7,393 200
4.	„ Rechtsgebühren	15,462.540
5.	„ Taxen	634.000
6.	„ Tabakmonopol	28,658.634
7.	„ Lottogefälle	3,508.700
8.	„ Salzgefälle	13,790.710
9.	„ Staatsgütern und Waldungen	13,483.876
10.	Bergwerke und Münze	11,639.081
11.	Reinertrag der Staatsbahnen	2,763.850
12.	Einnahmen des Communications-Ministeriums	6,008.888
13.	„ „ Handelsministeriums	9,711.290
14.	„ „ Cultus- und Unterrichtsministeriums . . .	418.838
15.	„ „ Justizministeriums	255.530
		206,434.748

II. Ausserordentliche Einnahmen.

1.	Die ausserordentlichen Einnahmen betragen	5,024.652
2.	Einnahmen aus Credit- und Cassa-Operotionen	5,072.132
	Gesammt-Einnahmen . . .	216,531.532

fl. ö. W.

Werden den Gesammt-Ausgaben mit 238,3o8.745

gegenübergestellt die Gesammt-Einnahmen mit 216,531.532

so ergibt sich für das Jahr 1875 ein Deficit von 21,777.213

Zu diesen Summen geben wir einige erläuternde Details: *a)* Ordentliche Ausgaben. Unter den Auslagen des Handelsministeriums (Post 11) sind inbegriffen: Landwirthschaftliche Lehranstalten mit fl. 200.634, Gestüte mit fl. 2,570.380, die königliche Post mit fl. 5,007.000, die königlichen Telegraphen mit fl. 2,186.900. In den Auslagen des Unterrichtsministeriums (Post 12): Budapester Universität: fl. 480.570, Klausenburger Universität fl. 190.000, Budapester Polytechnicum fl. 190.000, Staatsgymnasien fl. 108.861, Realschulen fl. 320.000, Lehrer-Präparandien fl. 471.752, Volksschulen fl. 800.000, Culturzwecke fl. 219.660, kirchliche Zwecke fl. 310.000.

b) Ordentliche Einnahmen. Bekanntlich hat die Frage der Besteuerung lebhafte Controversen hervorgerufen, welche mit der Fusionirung der zwei grossen politischen Parteien (Deák-Partei und „Linke" — Tisza) abschlossen, und aus der neuen Partei ging die gegenwärtige parlamentarische Regierung Ungarns hervor. Desshalb sind erläuternde Details über Steuern nothwendig.

Unter den directen Steuern (Post 1) sind inbegriffen:

	fl. ö. W.		fl. ö. W.
1. die Grundsteuer . .	26,400.016	10. Gewerbesteuer . .	399.804
2. Grundentlastungs-		11. Transportsteuer . .	1,400.000
beiträge	18,249.454	12. Dienstboten-, Billard-, Spiel-, Wagen-,	
3. Haussteuer	6,297.574	Pferdesteuer . . .	200.000
4. Erwerbsteuer . . .	13,561.388	13. Jagd- u. Jagdgewehr-	
5. Von zur öffentl. Rechnungslegung verpflichteten Gesellschaften .	1,800.000	steuer	300.000
6. Bergwerksteuer . .	120.000	14. Verzugszinsen der Steuerrestanzen . .	1,570.000
7. Capital- und Rentensteuer	1,700.000	15. Steuereintreibungsgebühren	208.000
8. Einkommensteuer. .	120.000	16. Erwarteter Eingang an Steuerrestanzen .	4,000.000
9. Mahlsteuer . . . . ˉ	47.852		

Die sub. 8 bis inclusive 13 genannten Steuergattungen — im präliminirten Ertrage von fl. 2,467.656 — sind im laufenden Jahre neu eingeführt, und deren Ertrag ist daher zum grössten Theile nur für die zweite Hälfte des Jahres in Voranschlag gebracht worden.

Der Eingang des sub 16 vorkommenden Betrages von vier Millionen Gulden wird selbst in wohlunterrichteten Kreisen als „einigermassen zweifelhaft" bezeichnet.

Post 2 „Verzehrungssteuer" begreift: Spiritussteuer fl. 6,200.000, Weinsteuer: fl. 2.735.000, Fleischsteuer: fl. 2,034.000, Biersteuer: fl. 1,500.000, Zuckersteuer: fl. 1,000.000. Post 13. Handelsministerium. Unter den Einnahmen stehen: Von landwirthschaftlichen Anstalten: fl. 70.611, von Gestüten: fl. 2,087.619, von der Post: fl. 5,323.500, von Telegraphen: fl. 1,888.000.

§. 48. Vergleichung der Budgets von 1875, 1874, 1873.

Die Ergebnisse der Budgets stellen sich in folgenden Ziffern dar:

	1875 fl.	1874 fl.	1873 fl.
Gesammt-Ausgaben	238,308.745	256,733.827	263,763.970
Gesammt-Einnahmen	216,531.532	224,027.907	249,057.873
Gesammt-Deficit	21,777.213	32.705.920	14,706.097

Aus den **Einnahmen** heben wir heraus:

	1875	1874	1873
Gesammte directe Steuern	76,374.088	70,000.905	69.515.268
darunter: Grundsteuer	26,400.016	36,429.795	36,194.158
Haussteuer	6,297.574	7,568.252	7,568.252
Erwerbsteuer	13,561.388	9,068.346	9,068.346
Indirecte Abgaben, darunter: an Verzehrungssteuer	13,469.000	13,895.000	14,549.000
u. z. Spiritussteuer	6,200.000	6,000.000	6,700.000
Weinsteuer	2,735.000	2,735.000	2,700.000
Fleischsteuer	2,034.000	2,030.000	2,000.000
Biersteuer	1,500.000	1,820.000	1,595,000
Zuckersteuer	1,000.000	1,320.000	1.554.000
Stempel	7,393.200	6,496.300	5,825.000
Rechtsgebühren	15,462.540	13,025.000	12,000.000
Taxen	634.000	648.000	840.800
Tabaksmonopol	28,658.634	29,237.346	26,976.525
Lottogefälle	3,508.700	3,038.700	3,008.700
Salzgefälle	13,790.710	14,302.786	14,671.645
Staatsgüter und Wälder	13,483.876	14,926.057	19,620.964
Bergwerke und Münze	11,639.081	14,035.602	14,319.985

Den Einnahmspositionen stellen wir einige der wichtigeren
Posten der **Ausgaben** gegenüber: Gulden österr. Währ.

Beim Tabakmonopol	11,835.215	13,624.262	12,424.282
„ Lottogefälle	2,211.831	1,931.901	1,907.200
„ Salzgefälle	2,802.815	3,345.906	3,755.232
bei Staatsgütern und Waldungen	6,965.129	8,013.961	12,070.040
„ Bergwerken und der Münze	11,590.496	13,870.994	14,039.972
ungarische Staatsschuld (Zinsen und Amortisation nebst Grundentlastung)	39,833.199	33,751.272	26,924.708
Beitrag zur gemeinsamen Staatsschuld.	30,702.987	31,286.009	31,524.529
Beitrag zu den gemeinsamen Angelegenheiten	27,421.944	25,863.677	25,815.754

§. 49. Budgetwirthschaft von 1868—1874.

Mit 1. Januar 1868 begann Ungarn seine selbstständige
Staatswirthschaft. Vermöge des Ausgleichs hatte Ungarn als
ständigen, invariablen Jahresbeitrag zur Deckung der Zinsen
für die unificirte österreichische Rentenschuld fl. 29,188.000,
davon in Silber fl. 11,776.000, dann als Beitrag zur Tilgung der
nicht in Rente umwandelbaren Schuld (deren Rückzahlung
aber durch Emission einheitlicher Rententitel bewirkt werden
soll), jährlich fix fl. 1,150.000, davon fl. 150.000 (die mit der
Zeit aufhören werden) in Silber übernommen.

Durch diese Metallzahlungen und das schwankende Agio
variiren natürlich die für diesen Zweck in das Budget (in
Papier) einzustellenden Posten.

Ferners participirt Ungarn an den „gemeinsamen" Ausgaben, sowie an den „gemeinsamen" Einnahmen im Verhältnisse von 30 : 70.

Nebst dieser Erbschaft fällt ihm die Bestreitung der Auslagen für die selbstständige Verwaltung der Länder der ungarischen Krone zu.

Werfen wir einen Blick auf die Schlussrechnungen (soweit sie officiell veröffentlicht sind), wobei ordentliche und ausserordentliche Einnahmen und Ausgaben in je Eine Summe zusammengefasst — die aus den Cassen- und Finanzoperationen herrührenden Posten weggelassen — und runde Zahlen in Millionen Gulden angesetzt worden sind:

	Einnahmen	Ausgaben	Ueberschuss		Deficit	
			präliminirt	wirklich	präliminirt	wirklich
1868	193.1	178.6	2.1	14.5	—	—.
1869	199.2	191.9	—	7.3	13.3	—
1870	179.1	190.2	—	—	22.2	11.1
1871	191.5	209.6	—	—	28.7	18.1
1872	163.1	204.5	—	—	64.1	41.1
1873	257.4	263.1	—	—	41.1 ,	5.7

Die Steigerung der Einnahmen hat mit jener der Ausgaben nicht Schritt gehalten; dieses Steigerungsverhältniss stellt sich jedoch noch ungünstiger heraus, wenn die ordentlichen Einnahmen und Ausgaben getrennt von den ausserordentlichen aufgestellt werden. Die oberwähnten wirklichen Deficite sind mit Ausserachtlassung der Creditoperationen, welche auf die wahren Resultate wesentlichen Einfluss üben, berechnet worden. Bei eingehendem Studium der Schlussrechnungen findet man, dass trotz Aufzehrung eines in den Voranschlag nicht aufgenommenen Capitals von 14.4 Millionen Gulden aus den Jahren 1868—1871 noch eine schwebende Schuld von 11.4 Millionen dem Jahre 1872 als Erbschaft zufiel, und demnach in dieser Periode ein wirkliches Gesammtdeficit von über 25 Millionen entstanden war.*

Für das Jahr 1872 ist ein wirkliches Cassadeficit von 21.6 Millionen, welches theils aus früheren Cassabeständen, theils durch Creditoperationen bedeckt wurde, in die Schlussrechnung eingestellt — da aber aus dem 30 Millionen-Anlehen (zum Zwecke der Verschönerung der Hauptstadt aufgenommen!) 5.4 Millionen „anderweitig" verwendet wurden, so beträgt das Deficit dieses Jahres volle 27 Millionen.

Die Schlussrechnung pro 1873 (die letzte, die bis jetzt zur Publication gelangte), weist für dieses Jahr ein Einkom-

---

* Entnommen dem vortrefflichen, in ungarischer Sprache 1875 erschienenen Werke Konek's: „Handbuch der Statistik des ungarischen Reiches." Ferners haben mich bei den Ungarn betreffenden Arbeiten nebst dem Chef des königlich ungarischen statistischen Bureaus, Ministerialrath Keleti, jederzeit gefälligst unterstützt: der rühmlichst bekannte Reichstags-Abgeordnete und Herausgeber des „Pester Lloyd", Dr. Max Falk, und der ausgezeichnete Mathematiker, Director der Budapester Handels-Akademie Jacob Lewin, denen ich meinen besten Dank hiermit ausspreche.

mensdeficit, also eine Vermögensabnahme von 23.₆ Millionen aus. Das will aber nur sagen, dass die für Staatszwecke im engeren Sinne verwendeten Ausgaben jene Einnahmen, welche aus sämmtlichen ordentlichen Hilfsquellen des Staates einfliessen sollten (grossentheils auch eingeflossen sind, theilweise aber erst einfliessen werden und vorläufig diesem Jahre gutgeschrieben sind), um 23.6 Millionen übersteigen. Bei diesen Ausgaben kommen daher nicht in Rechnung diejenigen, welche, wie z. B. die an die Zinsengarantie geniessenden Bahnen vorgestreckten Subventionen, nur als Darlehen, als Activforderungen des Staates oder als Vermögensbestandtheil des Staates zu betrachten sind; — bei den Einnahmen stehen hier nicht in Rechnung die aus Anlehen stammenden Gelder. Rechnet man aber die erwähnten, wirklich verausgabten Vorschüsse den Ausgaben zu; zieht man anderseits von den Staatseinnahmen im obigen Sinne die vorläufig nur „gutgeschriebenen" Summen ab und bildet die Differenz zwischen den so gefundenen wirklichen ordentlichen Ausgaben und Einnahmen, so ergibt sich, dass in diesem Jahre die grosse Summe von 62 Millionen durch Anlehen gedeckt werden musste! Die Begebung der ersten Hälfte des 153 Millionen-Anlehens war also eine unabweisliche Nothwendigkeit.

Ziffermässig stellt sich obige Deduction in folgender Art dar (in Millionen Gulden):

	Einnahmen	Ausgaben	Deficit
1. Quartal	23.₃₇	39.₂₃	15.₆₆
2. „	28.₁₂	50.₅₃	22.₄₁
3. „	31.₈₀	49.₂₁	17.₄₁
4. „	43.₅₃	49.₈₅	6.₃₂
	126.₈₂	188.₈₂	62.₀₀

Ueber die Gebahrung des Jahres 1874 liegen uns nur halbamtliche Ausweise (noch nicht die Schlussrechnungen) vor. Diese ergeben folgende Uebersicht (in Millionen Gulden):

	Einnahmen	Ausgaben	Deficit	Ueberschuss
1. Quartal . .	24.₉₆	49.₃₄	24.₃₈	—
2. „ . .	27.₃₂	45.₇₆	18.₃₅	—
3. „ . .	35.₇₁	49.₉₃	14.₂₂	—
4. „ . .	46.₂₂	43.₀₈	—	3.₁₄
	134.₂₁	188.₁₁	56.₉₅	3.₁₄
			Deficit 53.₈₁	

Das im Finanzgesetze bewilligte Deficit von 33.₃ Mill. ist im Jahre 1874 thatsächlich um 20 1/2 Mill. überstiegen worden. Man erkennt ferners aus dieser Darstellung, dass der ungarische Finanzminister mit einer ganz eigenthümlichen Schwierigkeit zu kämpfen hat, welche den vorwiegend agricolen Charakter des Landes widerspiegelt, nämlich, dass die Einnahmen des ersten Halbjahres hinter dem Durchschnitt zurückbleiben, — was erst durch die den Durchschnitt übersteigenden Einnahmen des zweiten Halbjahres, vornehmlich (nach der Ernte) im letzten Quartal ins Gleichgewicht gebracht wird. Dadurch entstehen chronische Störungen im Staatshaushalte, für welche seitens der Finanzverwaltung Vorsorge getroffen werden muss.

Ist auch die Herstellung des Gleichgewichtes im Haushalte eine vitale Frage für das Land; so ist dess ungeachtet die finanzielle Lage Ungarns noch immer keine schlimme, wenn man eine gewissenhafte Vermögensbilanz aufstellt. Nach obigen Berechnungen kann, ohne sich in allzu sanguinischen Anschauungen zu wiegen, folgende Bilanz aufgestellt werden (in Millionen Gulden):

Actiya:	Ende 1871	Ende 1872	Ende 1873
1. Unbewegliches Vermögen	391.₁	409.₁	438.₀
2. Naturalproducte, Einrichtung	60.₈	67.₉	74.₆
3. Staatsforderungen (Bahnen etc.)	24.₈	37.₄	54.₀
4. Activ-Rückstände	125.₁	139.₀	135.₅
5. Baargeld und Werthpapiere	46.₃	37.₉	31.₇
	648.₁	691.₃	734.₁
Passiva:			
6. Staatsschuld	384.₆	421.₉	476.₇
7. Passiv-Rückstände	34.₃	58.₆	70.₂
	418.₉	480.₅	546.₉

Nach Abzug der Passiva bleibt Rein-Vermögen 229.₂   210.₈   187.₂
Zieht man das Vermögensdeficit vom Jahre 1874 ab mit 27.₂
so bleibt am Schlusse des Jahres 1874 noch ein Reinvermögen von . . . . 160 Mill.

Es wäre aber ein übereilter Schluss, aus diesen Ziffern folgern zu wollen, dass Ungarn durch den Verkauf seiner Staatsgüter, Productenvorräthe u. s. w., durch Eintreibung seiner Activforderungen, nicht nur alle seine Schulden bezahlen, sondern noch 160 Millionen Ueberschuss behalten könnte. Denn in der Post 6 sind nur die von Ungarn seit 1868 contrahirten Schulden, nicht aber sein Antheil an der „gemeinsamen" Staatsschuld aufgenommen; die Gesammtschulden haben wir im §. 51 erläutert.

Zu den Activen ist zu bemerken, dass das unbewegliche Staatsvermögen (Post 1) in Wirklichkeit einen viel höheren Werth hat, als den oben angegebenen, welcher auf einer älteren Schätzung beruht; — dass die Staatsforderungen (Post 3) grossentheils mit vier Percent, die Rückstände (Post 4) mit sechs Percent Verzugsszinsen ausstehen; — endlich, dass aus der Ziffer von 136 Millionen Steuer- und sonstiger Rückstände klar wird, dass das Steuereintreibungs-Gesetz eine der nothwendigsten aller „Steuervorlagen" im Reichstage 1875 gewesen ist.

Bei geordneter und geregelter Staatswirthschaft ist für dieses im Grunde doch so reiche Land nicht nur keine finanzielle Gefährdung zu besorgen; sondern ein erfreulicher Aufschwung steht in sicherer Aussicht.

------

b) Die Staatsschulden.

------

§. 50. Die allgemeine Staatsschuld.

Bei dem im Jahre 1867 vollzogenen „Ausgleiche" ist die Staatsschuld nicht als eine „gemeinsame" Angelegenheit erklärt worden.* Ungarn leistet nur zur Bedeckung der Zinsen für die allgemeine Staatsschuld vom Jahre 1868 angefangen einen dauernden, einer weiteren Aenderung nicht unterliegenden Jahresbeitrag von fl. ö. W. 29,188.000, darunter fl. 11,776.000 in klingender Münze; — dann zur Schuldentilgung einen Jahresbeitrag von fl. 1,150.000, -- darunter fl. 150.000 in klingender Münze.

Weiters wurde vereinbart, die damals bestandenen Schuldtitel in möglichst umfassender Weise in eine einheitliche Rentenschuld umzuwandeln und die Belastung der Finanzen

------

* Siehe Gesetz vom 24. Dec. 1867, — Reichsgesetzblatt Nr. 3 für 1868.

mit Capitalsrückzahlungen möglichst zu vermindern. In Betreff der Capitalsrückzahlung jener Schuldtitel, die (wie Lotterie-papiere) zur Umwandlung in die einheitliche Rentenschuld nicht geeignet sind, wurde festgestellt, dass die zu diesen Rück-zahlungen erforderlichen Geldmittel jährlich durch Emission von Obligationen der einheitlichen Rente aufzubringen sind; die für diese Geldbeschaffung sich ergebenden Mehrauslagen trägt Oesterreich; Ungarn leistet dazu nur den oberwähnten fixen Jahresbeitrag von fl. 1,150.000. Die durch diese Tilgungen wegfallenden Interessen, sowie die Steuer von Coupons und Lotteriegewinnsten kommen nur Oesterreich zu Gunsten.

Die in Staatsnoten bestehende schwebende Schuld von 312 Millionen steht unter solidarischer Garantie beider Reichs-theile. Die „Salinenscheine", d. i. die auf die Salinen von Gmunden, Aussee und Hallein einverleibten Hypothekarscheine (in Stücken zu 5o, 100, 5oo, 1000, 5ooo und 10.000 Gulden) mit sechsmonatlicher Verfallsfrist (gegenwärtig zu vier Percent), sind auf das Maximum von 100 Millionen Gulden beschränkt und mit den Staatsnoten derart in Verbindung gebracht, dass die Summe der Staatsnoten und Salinenscheine zu-sammen 400 Millionen Gulden, und inclusive des Ersatzes für die früheren 12 Millionen Münzscheine (die als Scheidemünze circulirten) den Betrag von 412 Millionen Gulden nicht über-steigen darf. Jede Verminderung in den Salinenscheinen ist durch entsprechende Vermehrung der Staatsnoten — selbst-verständlich immer innerhalb der Maximalgrenze von 412 Mil-lionen — in der Circulation zu ersetzen, und umgekehrt. Un-garns Beitrag für Zinsen und Amortisation der Salinenscheine ist in den fixen Jahresbeiträgen, die früher aufgeführt wurden, schon enthalten.

Die „schwebende Schuld" ist demnach zum Theil eine „gemeinsame", zum Theil eine „österreichische".

Die „gemeinsame schwebende Staatsschuld" bilden nur die Staatsnoten à fl. 1, fl. 5 und fl. 5o; die Salinen- oder Hypothekarscheine als solche zählen nicht zur „gemein-samen", sondern bilden nebst Cautionen, Depositen und älteren Staats-Central-Cassenanweisungen die österreichische schwe-bende Schuld.

Die gemeinsame schwebende Staatsschuld, d. i. Staatsnoten und Salinenscheine zusammen, betrug Ende December
1874: fl. 345,282.194.

Die Schuld an die Nationalbank (für das Darlehen
während der Dauer des Bankprivilegiums) per 80 Millionen
Gulden gehört „ihrem Ursprunge und Charakter nach
zur gemeinsamen schwebenden Schuld", wird aber einstweilen nur in Evidenz gehalten, da über diesen Gegenstand mit
Ungarn noch keine Vereinbarung erzielt worden ist.

Laut des von der Staatsschulden-Controls-Commission des
Reichrathes am 9. Mai 1875 veröffentlichten Ausweises war der
Stand der gesammten consilidirten Staatsschuld, — der nicht
gemeinsamen schwebenden Schuld, — der Grundentlastungs-
und der consilidirten garantirten Landesschulden mit Ende
December 1874 (nach Umrechnung der verzinslichen Schuldtitel auf ein fünfpercentiges Capital) in österreichischer Währung folgender:

I. Consilidirte Schuld.

	Verzinslich in	
A. Ohne Capitals-Rückzahlung	Staatsnoten:	Klingender Münze:
	fl.	fl.
I. Aeltere in Wiener Währung . .	568.582.$_{21}$	—
II. Neuere { in Conventions-Münze .	3,154.900.$_{53\cdot5}$	1,085.486.$_{70\cdot5}$
{ in öst. Währ. (Rente)	1.176,681.828.$_{26}$	979,083.867.$_{50}$
Unverzinslich in Conventions-Münze	45.531	—
	1,180,450.842.—.$_5$	980,169.354.$_{20\cdot5}$
B. Mit festgesetzter Capitals-Rückzahlung		
I. Aeltere in Wiener Währung . .	21.000	—
II. Neuere { in Conventions-Münze .	44,214.135	—
{ in österr. Währung .	245,474.063.$_{06}$	65,096.376.$_{37}$
Unverzinslich, rückzahlbar	134,056.079.$_{61}$	2.625
	423,765.277.$_{67}$	65,099.001.$_{37}$
hierzu obige	1.180,450.842.—.$_5$	980,169.354.$_{20\cdot5}$
	1.604,216.119.$_{67\cdot5}$	1.045,268.355.$_{57\cdot5}$

Darnach beträgt die:

nicht rückzahlbare consolidirte Schuld . . . . . . 2.160,620.196.$_{21}$

rückzahlbare   „   „   . . . . . 488,864.279.$_{04}$

Am 31. December 1874 war die }
gesammte consolidirte Schuld } · · · · · · 2.649,484.475.$_{25}$

Gulden österr. Währ.

am 31. December 1873 betrug dieselbe . . . 2,588.143.749.$_{73}$

Es ergibt sich somit ein **Zuwachs** im Jahre 1874 um 61,340.725.$_{52}$

Hiervon beziffern sich die einjährigen Zinsen, Renten und Zahlungen nach Abrechnung der Steuer mit

fl. 61,460.405.$_{68\cdot5}$ in Staatsnoten

„ 44,672.746.$_{57\cdot5}$ in klingender Münze

Zusammen fl. 106,133.152.$_{26}$

II. **Die schwebende Schuld** der im Reichsrathe vertretenen Königreiche und Länder (einschliesslich der Staats-Centralcasse-, dann der Partial-Hypothekar-Anweisungen beträgt am 31. December 1874 71,823.813.$_{75\cdot5}$ (um 1,485.684.$_{45\cdot5}$ weniger, als am 31. December 1873).

Das einjährige Erforderniss für Zinsen, Renten und Zahlungen beläuft sich auf fl. 2,804.456.$_{37}$ Staatsnoten.

In obiger Summe sind „Salinenscheine" um den Betrag von 66,717.707 fl. enthalten.

III. **Unbehobene Zinsen, Renten und Zahlungen** die (Ende Dec. 1874) zur Zahlung fällig gewesen: fl. 13,488.515.$_{31}$ (darunter in klingender Münze: fl. 3,412.400.$_{52\cdot5}$).

. IV. **Entschädigungsrenten** (veranschlagtes Capital in Staatsnoten) fl. 12,650.356.$_{20}$.

V. **Zahlung** (jährlich: fl. 87.500 in klingender Münze) an die königlich baierische Regierung, veranschlagtes Capital fl. 1,750.000 —.

Darnach ergibt sich als:

		fl.
I.	. . .	2.649,484.475.$_{25}$
II.	. . .	71,823.813.$_{75\cdot5}$
IV.	. . .	12,650.356.$_{20}$
V.	. . .	1,750.000.—

Hauptsumme der consolidirten und der nicht-gemeinsamen schwebenden Schuld . . . . . 2.735,708.645.$_{20\cdot5}$

am 31. December 1873 betrug sie . . . . 2,675,565.189.$_{14}$

Es ergibt sich somit eine **Vermehrung** im Jahre 1874 um 60,143.456.$_{06\cdot5}$

Hiervon beziffern sich die einjährigen Zinsen, Renten und Zahlungen nach Abzug der Steuer mit

fl. 64,782.970.$_{55}$ in Staatsnoten

„ 44,760.246.$_{75\cdot5}$ in klingender Münze

Zusammen fl. 109,543.217.$_{30\cdot5}$

Die österreichischen **Grundentlastungs-Obligationen** im Gesammtbetrage von fl. 212,090.760 benöthigen ein jährliches Zinsenforderniss von fl. 9,506.998.₁₅.

§. 51. Die ungarische Staatsschuld.

Wir stellen hier das Erforderniss für die Staatsschuld, wie es im ungarischen Budget für das Jahr 1875 aufgenommen ist, zusammen:

		Gulden öst. Währ.
1.	Beitrag zur allgemeinen Staatsschuld	30,703.000
2.	Grundentlastung und Ablösungen	18.913.000
3.	Eisenbahnanlehen	4,910.000
4.	Gömörer Pfandbriefanlehen	406.000
5.	30 Millionen-Anlehen (1871)	2,000.000
6.	54 Millionen-Anlehen (1872)	3,673.000
7.	153 Millionen-Anlehen (1873)	9,667.000
		70,272.000
	dazu Zinsen der schwebenden Schuld circa	528.000
		70,800.000

Capitalisirt man die Zinsen zu fünf Percent, so hat Ungarn gegenwärtig eine Staatsschuld von beiläufig **1400** Millionen Gulden. — Die Zinsen dieser Staatsschuld absorbiren ungefähr 29.₄ Percent der gesammten Staatsausgaben; — rechnet man dazu noch die Eisenbahn-Zinsengarantie mit 15 Millionen, so absorbirt diese Post zusammen über 35.₆ Percent der Gesammtausgaben.

ad 1. Diese Post variirt nur mit Rücksicht auf die durch Ungarn erfolgte Schuldtilgung und auf den Stand des Agio bei Herbeischaffung seines Beitrages in Silber; —

ad 2. Der Stand der Grundentlastungs-Obligationen, nach Abzug der Einkommensteuer effectiv mit 4.₆₅ Percent verzinslich, war Ende 1873

	fl.
in Ungarn	171,844.336
„ Siebenbürgen	69,683.282
„ Croatien	13,538.649
Zusammen	255,066.267

ad 3. Laut Gesetzartikel XIII vom Jahre 1867 wurde der Finanzminister ermächtigt, zum Ausbau der projectirten Eisen-

bahnen ein Anlehen von fl. 85,125.600 aufzunehmen. Vom
Jahre 1868 bis Ende 1871 wurden fl. 80,262.840 in Obligationen
zu fl. 120 zum Curse von fl. 72.$_{05}$, — im Jahre 1872 weitere
fl. 4,862.760 zum Curse von fl. 75.$_{03}$ emittirt. Die Emissions-
spesen betrugen per Obligation fl. 3.$_{66}$ Silber; — der Staat
erhielt netto 68.$_{56}$ Silber per Obligation; — für die emittirten
fl. 85,125.600 erhielt der Staatsschatz effectiv 58,365.858 Silber-
gulden, oder in Papier (Staatsnoten) 68,964.178. Der Preis
des Anlehens stellt sich auf 8.$_{07}$ Percent heraus. Zur Verzinsung, Tilgung und Verwaltung sind pro 1875 präliminirt
fl. 4.910.340.

ad 4. Für die Gömörer Eisenbahn wurden im Jahre
1871 aufgenommen fl. 6,624.300 Silber in 44.162 Obligationen
à fl. 150 (Silber), zum Curse von 75 Percent, zu fünf Percent
(Silber) verzinslich. — Der Staatsschatz erhielt fl. 5,862.008
in Papier; das Anlehen kostet ihn somit 7.$_{37}$ Percent. — Diese
Pfandbriefe werden innerhalb 40½ Jahren verlost. — Alle
Zahlungen, Zinsen, Amortisationen sind unter die ordentlichen
Ausgaben in die Reihe der übrigen Anlehen übertragen worden.
— Für 1875 sind präliminirt: fl. 405.607.

ad 5. Dieses fünfpercentige Anlehen wurde von einem
englischen Consortium zum Curse von 75.$_{25}$ Percent in 17.000
Stück Obligationen übernommen; — der ungarische Staatsschatz erhielt für die „30 Millionen Silber" nur fl. 24,859.314
in Papier. Das Anlehen kostet dem Staate 8.$_{47}$ Percent. Die Rückzahlung erfolgt in Verlosungen bis zum Jahre 1903. — Für
1875 sind praliminirt fl. 1,998.885.

ad 6. Dieses fünfpercentige Anlehen wurde im Jahre 1872
abgeschlossen, aber erst im Jahre 1873 realisirt. Emittirt wurden 37.000 Stück Obligationen; rückzahlbar bis zum Jahre 1904
durch jährliche Verlosung. — Für 54 Millionen Gulden Silber
erhielt der Staat fl. 42,761.303 Papiere; mit Rücksicht
darauf, sowie auf Zinsen, Amortisation etc. kostet den Staat
dieses Anlehen 8.$_{85}$ Percent. — Für 1875 sind präliminirt
fl. 3,673.000.

ad 7. Zur Deckung der Deficite der Jahre 1873 und 1874 wurde
laut Gesetz vom 29. November 1873 ein Anlehen von 153 Millionen in Silber beschlossen, das in zwei Emissionen heraus-

gegeben werden sollte. Von der ersten Hälfte per 76½ Million wurde im Februar 1874 ein Dritttheil zum Curse von 85½ Percent, — der Rest zum Theil im Juli 1874 zu 86½ Percent emittirt; dazu kam noch die Provision von zwei Percent vom Nominalbetrage! Das Anlehen ist zu sechs Procent verzinslich und diese I. Emission am 1. December 1878 rückzuzahlen. Werden Cursdifferenz, Provision, der Zins, die Prämie innerhalb fünf Jahren berechnet, so kostet das Anlehen den Staat factisch 10.$_{59}$ Percent! Der Staat erhielt für 76½ Millionen Silber nur fl. 64,387.500 in Papier.

Die II. Emission fand statt vom 6. October 1874 ab zum Curse von 89½ Percent. Die Rückzahlung erfolgt am 1. August 1879. Diese Emission bildet einen Theil des „Restes" jenes im Juli 1874 theilweise zur Emission gelangten Betrages. —· Für das Jahr 1875 sind für dieses Anlehen fl. 9,667.000 ins Budget gestellt.

Die ungarischen Weinzehent-Ablösungs-Obligationen wurden im Jahre 1868 ausgegeben, tragen fünf Percent Zinsen, abzüglich 10 Percent Einkommensteuer, und werden innerhalb 22 Jahren im Wege halbjährlicher Verlosungen ausbezahlt. Der Nominalbetrag der noch unverlosten beläuft sich auf ungefähr 20 Millionen Gulden.

Die ungarische Regierung hat die Ofen-Pester Kettenbrücke angekauft. Die noch im Umlaufe befindlichen Obligationen zu sechs Percent im Gesammtbetrage von circa fl. 1,390.000 werden bis 1902 mittelst ganzjähriger Verlosungen amortisirt.

Nachdem die aus dem Urbarialverbande noch verbliebenen Rechts- und Besitzverhältnisse im Jahre 1871 gesetzlich geregelt worden waren, wurden die darauf basirenden Ablösungs-Obligationen (über Rodgründe und Remanentien) hypothecirt, und Capital und Zinsen vom ungarischen Staate garantirt. Diese Obligationen sind zu fünf Percent verzinslich; ihre Tilgung erfolgt binnen 22 Jahren theils durch halbjährige Verlosungen, theils auch durch börsemässigen Rückkauf.

§. 52. *Historischer Rückblick auf die Staatsschuld.*

Die Geschichte der österreichischen Staatsschuld, von den verschiedensten Gesichtspunkten mehrfach bearbeitet, bildet kein erhebendes Kapitel in der Geschichte der Königreiche und Länder, welche heute zur österreichisch-ungarischen Monarchie vereinigt sind. Der oft citirte Spruch: „Machen Sie mir gute Politik, und ich mache Ihnen gute Finanzen" — wird mit gutem Rechte auch umgekehrt angewendet: „Geben Sie mir gute Finanzen, und ich werde Ihnen gute Politik machen", — insbesondere in Tagen, in denen nicht blos „Wissen" — sondern auch „Geld" eine „Macht" ist. Wie oft liesse sich's beweisen, dass eine verderbliche Staatspolitik und sociale Bewegungen nur Resultate einer ungeordneten Finanzwirthschaft sind; — vielleicht öfters, als der umgekehrte Fall. Eine genaue Zergliederung des Staatsschuldenwesens und dieselbe in Beziehung gebracht zu der jeweiligen politischen Situation und den socialen Verhältnissen würde gerade in Oesterreich ein höchst lehrreiches Material bieten, — ein „Lehrbuch" im vollsten Sinne des Wortes. Um den Umfang dieser Schrift nicht allzusehr auszudehnen, begnügen wir uns mit Andeutungen, mit Hinweisen; die Reflexionen darüber dem aufmerksamen Leser überlassend.

Mit dem Zwangsanlehen des Jahres 1703 — zur Zeit des Erbfolgekrieges mit Frankreich und der Insurrection in Ungarn — beginnt die Reihe jener unheilvollen Anlehen, welche durch mehr als ein Jahrhundert die Finanzen des Staates erschütterten, — die mehr oder minder verhängnissreiche Ursache einer beklagenswerthen Verwaltung aller Hilfsquellen des Staates geworden, — wodurch das Deficit im Staatshaushalte durch ein volles Jahrhundert als chronische Krankheit stabil erhalten ward. Diese Verhältnisse zusammengenommen und in Verbindung mit unglücklichen Kriegen hatten die Wege gebahnt zum äussersten Mittel, die gefährdete Staats-Existenz sich zu sichern, zum Bankerotte des Jahres 1811.

Der „siebenjährige Krieg" verzehrte auch sieben Anlehen, zwei Zwangs- und fünf freiwillige Anlehen. Im Jahre 1781 erreichte die Höhe der Staatsschuld schon die Ziffer 286,900.000 Gulden, mit einer Zinsenlast von 11.4 Millionen.

Das Jahr 1787 war überreich an Factoren, welche an Oesterreichs Machtstellung rüttelten. Die politische Gährung in Ungarn zwang zur Rücknahme erlassener kaiserlicher Decrete; — in Belgien brach eine von „zweifelhaften Freunden" angeschürte Empörung aus; — das russische Bündniss nöthigte Oesterreich zur Theilnahme am Türkenkriege. Allerdings war man in dem Zeitraume von 1766—1787 nicht bemüssigt, an den öffentlichen Credit zu appelliren; doch reichten die aus der Aufhebung der Klöster und Einziehung gewisser „geistlicher Fonde", sowie die aus dem im Jahre 1773 aufgehobenen Jesuitenorden zufliessenden bedeutenden beweglichen und unbeweglichen Besitzthümer nur zur Deckung der laufenden Staatsausgaben aus. Für die ausserordentlichen Verhältnisse im Jahre 1787 mussten ausserordentliche Hilfsquellen erschlossen werden. Der Staatsschatz war vollständig erschöpft, und fast möchte man eine in unseren Tagen in Schwang gekommene Redensart auch auf jene Zeit anwenden: „die Regierung nahm das Geld, wo sie eben solches fand". Was bedeutet wohl anders ein Decret, welches anordnet: alle Capitalien von Kirchen, Klöstern und religiösen Stiftungen, alle Waisengelder und den Civilstiftungen angehörende Capitalien sind an den Staatsschatz abzuliefern, welcher den Hinterlegern einen zwischen $3\frac{1}{2}$—5 Percent schwankenden Jahreszins davon bezahlen wird. Gleichzeitig suspendirte die Regierung alle Rückzahlungen, Amortisationen und Conversionen, erklärte sich aber zugleich bereit, „freiwillige Depôts von Privaten" gegen eine Verzinsung von vier bis fünf Percent zu übernehmen.

Dass diese Massregeln gegen die Freiheit des privaten und des corporativen Besitzes den Staatscredit viel mehr schädigten, als jedes Zwangsanlehen, bedarf wohl keines Beweises.

Die Convention von Pilnitz (am 25. August 1791), in welcher Oesterreich und Preussen ihr Actionsprogramm gegenüber den Vorgängen in Frankreich feststellten, eröffnet die Aera der grossen Kriege gegen Frankreich während eines Zeitraumes von 24 Jahren.

Damit beginnt aber auch eine Serie der verschiedenartigsten Anlehen, durch freiwillige Subscription, durch Zwang, und im Jahre 1796 das e r s t e Lotterie-Anlehen. In den 10 Jahren

1792—1801 wurden 13 Anlehen aufgenommen, darunter acht Zwangs-, drei Lotterie- und zwei freiwillige Anlehen. Zu den „Anlehen" kamen der Kriegszuschlag zu den Steuern, Einforderung der Capitalien und der überschüssigen Jahreseinkünfte von geistlichen Congregationen, Corporationen und Stiftungen, von Wohlthätigkeits- und Bildungsanstalten u. s. w.; zu derselben Zeit aber wurden Zinsenzahlungen einiger Anlehen sistirt. Wo möglich noch trostloser gestaltete sich die Finanzlage in den Jahren 1802—1809. Im Jahre 1803 war die Staatsschuld auf 792.7, die Zinsenlast auf 23.5 Millionen Gulden gestiegen; — im Jahre 1809 ist die Schuld zwar auf 624.3 Mill. gefallen, aber die Zinsenlast auf 37.6 Millionen gestiegen; — im Jahre 1810 waren Staatsschuld und Zinsenlast gestiegen, erstere auf 658.2 — letztere auf 39.7 Millionen.

Der Friedensschluss, und die dessen Dauer garantiren sollende Vermälung Napoleon's mit Marie Louise waren nur zweifelhafte Wechsel, auf eine zweifelhafte Zukunft ausgestellt. Mit Hoffnungen auf Möglichkeiten rangirt man keine derouten Finanzverhältnisse, consolidirt man nicht Staatsschulden, kräftigt man nicht einen im In- und Auslande auf Null gesunkenen Credit. Die Verhältnisse waren geradezu über alle Begriffe verworren, traurig, fast hoffnungslos. Im Jahre 1800 circulirten nicht ganz 201 Million in Papier, — der Curs des Papiergeldes gegen Silber war 115; — im Jahre 1810 circulirten 995 Millionen bei einem Curse von 552! Alle Preise hatten sich verzehnfacht; Geschäfte waren bei der Besorgniss vor noch schlechteren Zuständen nicht zu machen; Silbergeld war nicht zu sehen: allgemeine Niedergeschlagenheit; — an der Spitze des Finanzwesens aber standen Männer von höchst zweifelhafter Begabung!

Unter solchen Zuständen vollzog sich ein finanzieller Staatsstreich, der durch „seine brutale Energie, seine Gewaltthätigkeit die beklagenswerthesten Acte aller vorausgegangenen Administrationen weit überholt".*

* *Comte de Mülinen:* „*Les finances de l'Autriche*". *Vienne et Paris. 1875.*

Das Decret vom 20. Februar 1811 war erschienen! Die Interessen der consolidirten Schuld wurden auf die Hälfte, — das Papiergeld um 80 Percent im Preise herabgesetzt.

Es war ein doppelter Bankerott, welcher alle Werthe Oesterreichs discreditirte und auf Jahre hinaus den Staatscredit untergrub.

Nach Umrechnung der verschiedenen Titel und Zinsen in Eine auf Conventions-Münze lautende Summe beträgt diese C.-M. fl. $488,199.120._{20}$, welche durch das Patent vom Jahre 1811 auf die Hälfte, d. i. auf C.-M. fl. 244,099.120 herabgesetzt worden ist.

Beim allgemeinen Friedenschlusse erhielt Oesterreich eine ansehnliche Summe aus der von den Alliirten den Franzosen auferlegten Kriegscontribution, wovon ein Betrag zur Tilgung der consolidirten Schuld, ein anderer zur Einlösung von Papiergeld verwendet wurde.

Im Jahre 1818 ging die Regierung daran, das unheilvolle Patent des Jahres 1811 theilweise zu sühnen. Das erschienene Patent ordnete an, dass jene Schuldtitel, deren Interessen auf die Hälfte reducirt worden waren, in den ursprünglichen Zinsengenuss nach und nach gelangen sollten. Obige Summe wurde in 488 Serien, jede von einer Million (die letzte von fl. 1,199.120), getheilt, von denen alljährlich fünf im Wege der Auslosung in den vollen Zinsengenuss treten sollten. Die bereits verfallenen Zinsen der ausgelosten Capitalien sollten nach dem ursprünglichen Zinsfusse in „Wiener Währung", die in der Folge fälligen im doppelten Betrage und in Conventions-Münze bezahlt werden. Weitere Bestimmungen sollten dazu dienen, dass dieses Geschäft nicht zu sehr den Staatsschatz in einzelnen Jahren und im Ganzen belaste. Trotz der besten Absichten, von denen die Finanzverwaltung bei dieser Sühne des Jahres 1811 geleitet ward, kann man diese Operation vom finanziellen Standpunkte doch nicht billigen; denn Jene, zu deren Vortheil sie ins Werk gesetzt wurde, zogen beinahe keinen Nutzen daraus, der Staat aber belastete sich mit neuen Schulden. Welche Summen diese Operation im Laufe der Jahre verschlungen hat, das auszurechnen, wäre eine Riesenarbeit und kaum genau durchzuführen. Die gute Absicht wurde auch hier durch einen entsprechenden Erfolg nicht belohnt.

Die Operation selbst kann in drei Perioden abgetheilt werden:

a) vom Jahre 1818—1847, welche durch gewissenhafte Pünktlichkeit und strengste Ordnung bei der Durchführung des Patentes vom Jahre 1818 sich auszeichnet und vollständig befriedigende Ergebnisse erzielt hat; —

b) vom Jahre 1848—1859, während welcher Zeit innere Unruhen und äussere Verwicklungen den Kaiserstaat in seinen Grundfesten erschütterten, wobei Verwirrung und Unordnung sich in alle Zweige der Staatsfinanzwirthschaft fortpflanzte;

c) vom Jahre 1860—1867 ist die Periode einer systematischen Oekonomie, in welcher Verwaltung und Volksvertretung bemüht sind, aus dem Chaos der vorangegangenen Periode herauszukommen und auf reeller Grundlage, nach gesunden wirthschaftlichen Principien die Regeneration des Reiches durchzuführen. Von da ab hat der Statistiker und Nationalökonom eine sichere feste Basis für seine Berechnungen und Schlüsse.

Bis zum 31. December 1867 sind von der früher erwähnten Summe der alten Schuld reintegrirt worden

in der Periode a) 150,000.000 fl. Conventions-Münze
n   n   n   b) 104,000.000 n   n   n
n   n   n   c) 98,199.120 n   n   ʳ
352,199.120 fl. Conventions-Münze.

Wir übergehen alle weiteren Finanzoperationen bis zum Jahre 1848, mit welchem Jahre die eigentliche „neue Aera" für den Kaiserstaat beginnt. — Es betrugen

	Staatsschuld fl.	Zinsenlast fl.	Amortisation fl.
am 1. Januar 1848	1.176,288.740	47,419.250	5,383.267
„ 1. Januar 1859	2.387,327.112	109,831.125	14,498.279
„ 1. Januar 1868	2.610,259.737	125,196.963	18,780.764
„ 1. Januar 1875 (siehe §. 50)	2.735,708.645	109,543.217	—

Ein flüchtiger Blick auf dieses stetige Wachsen der Staatsschuld und die Anlehen, insbesondere vom Jahre 1848 bis zum Jahre 1867 zeigt, dass fast keine nur denkbare Art, in welcher

Anlehen contrahirt werden können, von der österreichischen Staatsverwaltung unbenützt gelassen worden ist. Nach und nach kam ein Mosaikbild von 63 verschiedenartigen Schuldobligationen heraus, deren Zinsen in 14 verschiedene Kategorien (von 1—6 Percent) zerfielen. Schon die technischen Schwierigkeiten bei der Verwaltung einer derartigen complicirten Staatsschuld mussten die Regierung drängen, eine Vereinfachung hierin anzustreben.

Der Plan der vorliegenden Arbeit gestattet es nicht, die seit 1848 contrahirten Anlehen, deren Zergliederung nach dem Nominalwerthe, nach dem wirklichen Erlöse, dem Zinsfusse und der durch die Emission bedingten reellen Verzinsung hier im Detail zu behandeln; gerade die Vielartigkeit der Anlehen nach den bezeichneten Richtungen erfordert eine umfassende selbständige Finanzstatistik, wie sie die oft erwähnte Arbeit des Grafen Mülinen in höchst schätzbarer, vielseitiger Weise liefert und auf welche wir hiermit neuerdings hinweisen. Zum Schlusse folge nur noch eine gedrängte Skizze der in den Jahren 1848—1867 contrahirten Anlehen (nach Mülinen), und der Stand der convertirten Schuld.

Bei den Anlehen wurden die Italien speciell betreffenden hier nicht einbezogen, und die übrigen in vier Kategorien geschieden, wonach sich folgende Uebersicht ergibt:

	Nominal fl.	Erlös fl.	Emissionscurs in %
I. Anlehen in Papier			
vom 22. September 1849	74,550.000	63,525.000	85
„ 9. Mai 1851. Lit. A. . . .	70,350.000	60,900.000	95
„ 4. September 1852	84,000.000	82,950.000	95
„ Jahre 1866	84,300.000	49,573.000	58.3
	313,200.000	256,948.000	
II. Lotterie-Anlehen:			
vom 7. März 1854	52,500.000	47,250.000	90
„ Jahre 1860 (3 Emissionen) .	200,000.000	190,579.200	92—100.25
„ „ 1864	40,000.000	38,115.194	95.29
	292,500.000	275,944.394	
III. Silber-Anlehen:			
vom 22. September 1849 . . .	33,600.000	33,600.000	100
„ 9. Mai 1851 Lit. B. . . .	18,900.000	18,900.000	100
„ Jahre 1852 (London u. Paris)	36,750.000	33,750.000	90
Transport . . .	89,250.000	86,250.000	

	Nominal fl.	Erlös fl.	Emissionscurs in %
Transport . . .	89,250.000	86,250.000	
vom Jahre 1854 (Frankfurt und Amsterdam)	36,750.000	27.562.200	75
„ Jahre 1854 National- Anlehen { regelmässig . .	525,000.000	498,750.000	95
{ supplementar	117,149.865	111,292.372	(?)
vom Jahre 1859 London	60,000.000	40,536.000	67.56
„ „ 1864 (3 Emissionen) .	57,622.000	43,174.552	62.11-77.10
„ „ 1865 Paris	146,938.800	90,000,000	61.25
„ „ 1867 Paris (Domänen) .	60,000.000	40,855.933	68.1
	1.092,710.665	938,421.057	
IV. Steuer-Anlehen:			
vom Jahre 1861	30,000.000	26,400.000	88
„ „ 1864	25,000.000	21,750.000	87
	55,000.000	48,150.000	

Hauptsumme der vom Jahre 1849 } bis 1867 gemachten Anlehen } 1.753,410.655   1,519,463.451

In Folge des mit Ungarn geschlossenen Ausgleiches wurde eine Unificirung der Staatsschuld, d. h. eine möglichst umfassende Umwandlung („Convertirung") der Schuldtitel in eine „einheitliche Rentenschuld" vorgenommen. Das Gesetz vom 20. Juni 1868 bestimmt die Durchführung dieser Massregel, wie es überhaupt als ein Grundgesetz für die Staatsschuld von jetzt ab angesehen werden kann.

	in Papier fl.	in Silber fl.
Bis Ende December 1874 waren convertirt	1.052,880.748.43	974,406.939.55.5
und verblieben noch zu convertiren . .	4,238.432.08.5	1,079.856.07.5

Zur Zeit der Convertirung befanden sich über 1007$\frac{1}{2}$ Millionen Gulden der österreichischen Staatsschuld im Auslande, u. z. 426 Millionen in Holland, 292$\frac{1}{2}$ Millionen in Deutschland (darunter an 130 in Frankfurt, 51$\frac{1}{3}$ in Cöln, 25$\frac{3}{5}$ in München, 24$\frac{1}{3}$ in Darmstadt, 18$\frac{2}{5}$ in Berlin, 11$\frac{7}{10}$ in Stuttgart, 9$\frac{1}{5}$ in Breslau, 7$\frac{1}{2}$ in Augsburg, 7$\frac{2}{5}$ in Dresden, 6$\frac{2}{5}$ in Hamburg), — 155$\frac{1}{2}$ Millionen in Belgien, 109 Millionen in Frankreich, 17 Millionen in England, 5$\frac{2}{5}$ Millionen in Italien und nahezu 2 Millionen in der Schweiz.

§. 53. Das Kriegswesen.

Das Wehrsystem ist in beiden Staatsgebieten der Monarchie gleichmässig gesetzlich geordnet.* — Die Wehrpflicht ist eine allgemeine. Sie beginnt mit dem 1. Januar jenes Jahres, in welchem der Staatsbürger das 20. Lebensjahr vollendet; sie muss persönlich erfüllt werden. Eine zeitliche Befreiung von der Stellungspflicht ist nur unter bestimmten, vom Gesetze festgestellten Familienrücksichten zulässig.

Die bewaffnete Macht gliedert sich in: *a)* das stehende Heer und die Kriegsmarine, — *b)* die Landwehr, — *c)* die Ersatz-Reserve, — und *d)* den Landsturm.

a) Das stehende Heer und die Kriegsmarine haben die Bestimmung, die Gesammt-Monarchie gegen äussere Feinde zu vertheidigen, die Ordnung und Sicherheit im Innern des Reiches aufrechtzuerhalten. Sie sind eine dem Gesammtreiche „gemeinsame" Armee, in administrativer und militärischer Hinsicht einheitlich organisirt und unterstehen dem „gemeinsamen" (Reichs-) Kriegsminister. Die Dienstpflicht dauert 10 Jahre, und zwar drei Jahre in der Linie, sieben Jahre in der Reserve. Die Liniendienstpflichtigen haben dem Rufe der Militärbehörden zum Dienste jederzeit zu folgen; die Reserve kann nur auf Befehl des „obersten Kriegsherrn", des Kaisers, zur Ergänzung des stehenden Heeres und der Kriegsmarine einberufen werden. Sonst sind die „Reservemänner" beurlaubt und im Frieden nur zu periodischen Waffenübungen und zu den Control-Versammlungen verpflichtet.

Nach den organischen Bestimmungen für das Heerwesen gliedern sich die Truppenkörper des stehenden Heeres folgender Art:

1. Infanterie: 80 Infanterie-Regimenter, ein Tiroler Jäger-Regiment und 33 Feldjäger-Bataillone. — Das Infanterie-Regiment besteht aus fünf Feldbataillonen (jedes Bataillon aus vier Compagnien) und einem Ergänzungs-Bataillon (aus fünf

---

* Für Oesterreich das Wehrgesetz vom 5. December 1868; für Ungarn der Gesetzartikel XI. vom Jahre 1868.

Compagnien). Ein Feldbataillon hat auf dem Friedensfusse 386, auf dem Kriegsfusse 952 Mann; — das Regiment hat einen Friedenstand von 1856 Mann, — auf dem Kriegsfusse zählt das „Linien-Infanterie-Regiment" (mit drei Bataillonen) 2965 Mann, — das „Reserve-Infanterie-Regiment" (mit zwei Bataillonen) 1948, — und das „Ergänzungs-Bataillon" (von dem im Frieden nur der Cadre besteht) 1150 Mann.

Das Tiroler Jäger-Regiment ist in sieben Feldbataillone, jedes zu vier Compagnien, dann in sieben Reserve-Compagnien und ein Ergänzungs-Bataillon mit sieben Compagnien gegliedert. Im Frieden zählt es 3763, im Kriege 10.250 Mann.

Jedes der 33 Feldjäger-Bataillone zählt vier Feldcompagnien, eine Reserve- und eine Ergänzungs-Compagnie. — Aus den 40 Reserve-Compagnien der Jägertruppen werden im Falle einer Mobilisirung 10 „Reserve-Jäger-Bataillone" formirt. Das Feldjäger-Bataillon zählt auf dem Friedensfusse 536, auf dem Kriegsfusse (ohne Reserve und Ergänzung) 989 Mann.

2. Cavallerie: 41 Regimenter, nämlich: 14 Dragoner-, 16 Hussaren-, 11 Ulanen-Regimenter. Das Regiment besteht aus zwei Divisionen mit sechs Escadronen und einem Ergänzungs-Cadre, wozu im Kriege (an die Stelle des letztgenannten) eine Reserve- und eine Ergänzungs-Escadron kommen. Das Regiment zählt auf dem Friedensfusse 1073, auf dem Kriegsfusse 1431 Mann.

3. Artillerie: 13 Feldartillerie-Regimenter, 12 Festungsartillerie-Bataillone. — Jedes Regiment besteht im Frieden aus 13 Feldbatterien (10 Fuss-, drei Cavallerie-Batterien) und diversen Cadres, zusammen 1609 Mann; — im Kriege aus 14 Feldbatterien, einer Ergänzungs-Batterie und 5—6 Munitions-Colonnen, — bei sechs Regimentern zu 3862, bei sieben Regimentern zu 4072 Mann. Die „Batterie" zählt im Frieden vier, im Kriege acht Geschütze.

Das Festungsartillerie-Bataillon besteht aus sechs Compagnien; beim neunten Bataillon sind ausserdem drei, beim 11. und 12. je eine Gebirgsbatterie, deren Zahl im Kriege verdoppelt wird. Das Bataillon hat im Frieden 609, im Kriege 1492, — die Gebirgsbatterie je 94 und 103 Mann.

14*

Die Monarchie besitzt 48 Festungen und befestigte
Objecte: 16 Festungen, 11 befestigte Küstenplätze, 20 Forts,
Thalsperren und Citadellen und einen befestigten Hafenplatz
am Garda-See.

4. Genie- und Pionnier-Truppen: zwei Genie-
Regimenter und ein Pionnier-Regiment. Das Genie-Regiment
hat fünf Feldbataillone zu vier Compagnien, dann acht Reserve-
Compagnien und ein Ergänzungs-Bataillon (mit fünf Compagnien);
im Kriege werden noch besondere Detachements errichtet.
Friedensstand 2864, Kriegsstand 7648 beim Regimente; das
Feldbataillon zählt im Kriege 941 Mann.

Das Pionnier-Regiment besteht im Frieden aus fünf Feldbataillonen (zu vier Feldcompagnien), einer Reserve-Compagnie,
einer Zeugsreserve und einem Eisenbahn-Detachement. Im Kriege
werden für jedes Feldbataillon drei Eisenbahn-Detachements
und eine Ergänzungs-Compagnie errichtet, und die erforderliche
Anzahl von Abtheilungen für den Feldtelegraphen-Baudienst
errichtet. Im Frieden zählt das Feldbataillon 582—587, im
Kriege 1296 Mann. — Im Kriege werden 15 Feldeisenbahn-
Abtheilungen aufgestellt, von welchen jede aus einer Civil-
Abtheilung, einem Pionnier-, einem Genie - (Mineur-) Detache-
ment gebildet wird. Im Frieden sind fünf Feldeisenbahn-
Abtheilungen formirt, mit zusammen 355 Mann aus den Pionnier-
und Genie-Truppen.

5. Fuhrwesens-Corps, bestehend im Frieden aus dem
General - Inspector, sechs Landes - Fuhrwesens - Commanden,
36 Fuhrwesens-Feldescadronen mit 36 Cadres für ebenso viele
Reserve-Escadronen und sechs Fuhrwesens-Ergänzungs-Esca-
dronen; — im Kriege kommen hierzu die Reserve-Escadronen,
die erforderlichen Tragthier-Escadronen, die Chargen-Cadres
für die gedungenen Fuhren und die Ersatzabtheilungen.

6. Sanitäts-Truppe bestehend aus dem Sanitätstruppen-
Commando und 23 Sanitäts-Abtheilungen, zu denen im Kriege
die Feld-Sanitätsabtheilungen kommen.

Die Kriegsmarine besitzt an „schwimmendem Flotten-
Material" 71 Schiffe (11 Panzer-, 21 Schraubendampfer
u. s. w.) mit 482 Geschützen (308 schwere) mit 16.635
Pferdekraft.

Das Personale zählt 7366 Mann im Frieden; im Kriege zählt das See-Officierscorps 556 Mann, das Matrosencorps 11.532 Mann. — Kriegshäfen sind: Pola, Cattaro (Bocche di Cattaro), Sebenico und Ragusa.

Zur Durchführung der regelmässigen Ergänzung des Heeres und der Marine ist die Gesammtmonarchie in 84 Ergänzungsbezirke (42 in Oesterreich, 42 in Ungarn) eingetheilt; darunter sind drei für die Kriegsmarine. Das stehende Heer ist im Frieden in 34 Truppendivisionen, welche in Brigaden zerfallen, aufgestellt. Im Kriege werden die zur Action bestimmten Feldtruppen in drei Armeen, 13 Armeecorps und 42 Truppen-Divisionen formirt.

b) Die Landwehr (in Tirol und Vorarlberg „Landesschützen", „Landesvertheidigungs-Truppen", in Ungarn „Honvéd" genannt) ist im Kriege zur Unterstützung des stehenden Heeres und zur inneren Vertheidigung, im Frieden ausnahmsweise auch zur Aufrechthaltung der inneren Ordnung und Sicherheit bestimmt. Die Einrichtung ist durch Special-Gesetze geregelt.* Die Landwehr ist für jeden der beiden Reichstheile besonders eingerichtet; sie untersteht in administrativer Beziehung dem Landesvertheidigungs-Minister, in militärischer dem Landwehr-Obercommandanten des betreffenden Reichstheiles und nur während des Krieges dem Feldherrn der Reichsarmee. Die zwei erstgenannten sind verpflichtet, von allen Angelegenheiten der Landwehr (Stärke, Aufstellung, Ausrüstung, Ausbildung und Disciplin) den Reichs-Kriegsminister ununterbrochen in Kenntniss zu erhalten.

Die der Landwehr Angehörigen können — mit Ausnahme der bei den Behörden und Cadres activ thätigen — zur Friedenszeit ihren bürgerlichen Beschäftigungen nachgehen. Die Einberufung und Mobilmachung der Landwehr geschieht nur auf Befehl des Kaisers und Königs unter Gegenzeichnung des

* Landwehrgesetz vom 13. Mai 1869, abgeändert durch die Gesetze vom 1. Juli 1872 und 14. Mai 1874; das Landwehr-Statut vom 8. Mai 1870, abgeändert durch das letztgenannte Gesetz und die A. h. Entschliessung vom 19. December 1872; in Tirol die Gesetze vom 19. December 1870 und 14. Mai 1874. — In Ungarn Gesetzartikel XLI vom Jahre 1868, abgeändert durch Gesetzartikel XXXII vom Jahre 1873.

verantwortlichen Landesvertheidigungs-Ministers. Im Kriege
kann ausnahmsweise die Landwehr auch ausserhalb ihrer
Reichshälfte verwendet werden, wozu aber ein besonderes
Reichsgesetz erforderlich ist. Nur wenn Gefahr im Verzuge
und die Reichsvertretung nicht versammelt ist, kann unter Verantwortung des Gesammtministeriums und mit nachträglicher
Genehmigung der Reichsvertretung die Verwendung der Landwehr ausserhalb des Umfanges des eigenen Staatsgebietes angeordnet werden.

Die Landesschützen von Tirol und Vorarlberg haben
ausserhalb ihrer Landesgrenzen nur insoweit Dienste zu
leisten, als es die örtlichen Grenzverhältnisse und die strategische
Vertheidigung erfordern; — sonst können sie nur ausnahmsweise, wenn Tirol und Vorarlberg in keiner Weise bedroht
sind, und nach vorhergegangener Zustimmung des Landtages auch ausserhalb dieser Länder verwendet werden.

Die Landwehr wird ergänzt: a) durch die Einreihung
der ausgedienten Reservemänner und jener Ersatzreservisten,
welche das Alter für den Dienst in der Ersatzreserve des
stehenden Heeres überschritten haben, — b) durch unmittelbare Eintheilung Wehrpflichtiger, — und c) durch solche Freiwillige, welche ihrer Stellungspflicht Genüge geleistet haben,
nicht landwehrpflichtig, aber noch diensttauglich sind. — Die
Dienstpflicht dauert: zwei Jahre für die unter a) Genannten,
— 12 Jahre für die unter b) — und zwei Jahre, eventuell auf
die Kriegsdauer, für die unter c). — Jene, welche ihre Dienstpflicht in der Kriegsmarine erfüllt haben, sind nicht landwehrpflichtig. — Die Wehrpflichtigen des ehemaligen Kreises
von Cattaro und des Festlandes des ehemaligen Kreises von
Ragusa (in Dalmatien) sind nicht verbunden, im stehenden
Heere zu dienen müssen dagegen in die Landwehr eintreten.

Truppenkörper der Landwehr:

1. In Oesterreich (ohne Tirol und Vorarlberg) 81 Land-
wehr-Bataillone (62 Infanterie-, 19 Schützen-) zu vier Feldcompagnien, einer Reserve- und einer Ergänzungs-Compagnie;
das Infanterie-Bataillon hat 1446, — das Schützenbataillon
1469 Mann. — 25 Landwehr-Escadronen (12 Dragoner-,

13 Ulanen-) zu 172 Mann, und eine Abtheilung „berittener" (reitender) Schützen in Ober-Dalmatien (180 Mann). — Bei der Mobilmachung können aus den Reserve-Compagnien der Infanterie auch Reserve-Bataillone formirt, und wenn ein Ueberschuss an Mannschaft vorhanden ist, bei den Cavallerie-Escadronen auch Ergänzungs-Abtheilungen aufgestellt werden.

2. In Tirol und Vorarlberg: 10 Landesschützen-Bataillone (zu vier Compagnien), aus welchen im Kriege 10 Feld-und 10 Reserve-Bataillone, sowie 10 Ergänzungs-Compagnien formirt werden; ferner zwei Landesschützen-Escadronen. Ein Feldbataillon hat 1030, ein Reserve-Bataillon 990 und eine Ergänzungs-Compagnie 240, die zwei Escadronen 402 Mann. Beim Feldbataillon dienen auch 40 Artilleristen.

3. In Ungarn: 7 Infanterie-Truppen-Divisionen mit 14 Brigaden, 28 Halbbrigaden, 94 Bataillonen erster Linie (zu vier Compagnien, 974 Mann), 30 Bataillonen zweiter Linie (im Kriege); dann Stabstruppen und Reservetruppen, welche aus der Ueberzahl des normirten Kriegsetats errichtet werden. — 10 Cavallerie-Regimenter mit 20 Divisionen (36 Hussaren-und vier Ulanen-Escadronen zu 175 Mann); sieben Mitrailleusen-Divisionen mit 22 Mitrailleusen-Abtheilungen (zu 90 Mann und 90 Geschützen).

Zur Friedenszeit bestehen nur die Cadres der Landwehr. Die aus der Artillerie, den technischen Truppen, den Sanitäts-Abtheilungen, dem Fuhrwesencorps, der Monturs- und Verpflegsbranche in die Landwehr übergetretene Mannschaft wird nur im Kriege zur Verstärkung der betreffenden Truppenkörper verwendet.

Oesterreich wird in sieben Landwehr-Commando-bezirke eingetheilt; die Standes- und Evidenzführung wird von 93 Cadre-Commanden geführt.

In Ungarn sind die Honvédtruppen in sieben Landwehr-Districte vertheilt, von welchen jeder eine Armee-Division in erster Linie und im Mobilisirungsfalle auch eine Division in die zweite Linie stellt. Die Standes- und Evidenzführung obliegt den Bataillons- und Divisions-Commanden.

c) Die Ersatz-Reserve besteht als Ersatz für die während eines Krieges im stehenden Heere oder in der Kriegs-

marine (in Ungarn auch in den Honvéd-Truppen) sich ergebenden Abgänge. Die Ersatz-Reserve wird nur im Kriegsfalle auf
Befehl des Kaisers und Königs verwendet. Die Wehrpflicht
in die Reserve dauert in Oesterreich bis zum vollendeten 3o.,
in Ungarn bis zum vollendeten 32. Lebensjahre.

d) Der Landsturm hat die Aufgabe, das Heer und die
Landwehr zu unterstützen, den Feind von den Landesgrenzen
abzuwehren und ihn zu bekämpfen, wenn er in's Land eingedrungen. Als integrirender Theil der Wehrkraft steht er
unter völkerrechtlichem Schutze. Vorderhand ist er nur in
Ungarn, Tirol und Vorarlberg angeordnet und gebildet.*

In Ungarn treten in den Landsturm nur Freiwillige ein.
In Tirol und Vorarlberg sind alle Waffenfähigen, welche in
diesen Ländern heimathsberechtigt sind, weder der Armee noch
der Landwehr angehören und zu öffentlichen oder dringenden
Familien-Angelegenheiten nicht unumgänglich benöthigt werden,
vom 18. bis 45. (in Vorarlberg bis 5o.) Lebensjahre verpflichtet.

Die Einberufung des Landsturmes erfolgt über Befehl des
Kaisers und Königs durch den Landesvertheidigungs-Minister.

„Einjährig-Freiwillige." Inländer, welche einen solchen
Bildungsgrad besitzen, der den absolvirten Studien an einem
Obergymnasium, einer Oberrealschule oder einer diesen gleichgestellten Anstalt entspricht, können freiwillig in das stehende
Heer für eine einjährige active Dienstleistung im Frieden eintreten, nach welcher sie in die Reserve versetzt werden. Sie
müssen sich aus eigenen Mitteln bekleiden, ausrüsten und ver-
pflegen, bei der Cavallerie auch „beritten" machen und für
den Unterhalt des Pferdes sorgen. Im Falle sie ihre Studien
fortsetzen, sind sie zur Wahl der Garnison, sowie des Jahres
für die einjährige Dienstleistung bis zum 25. Lebensjahre berechtigt; auch dürfen sie, wenn sie die Kosten der eigenen
Wohnung tragen, nicht kasernirt werden. Mittellose der bezeichneten Kategorie, die sich mit Vorzugsclassen, Maturitäts-
oder befähigenden Staatsprüfungs-Zeugnissen ausweisen, sowie
gebildete Berufs-Seeleute werden zum einjährigen Freiwilligen-

---

* In Ungarn Gesetzartikel XLII vom Jahre 1868; für Tirol Gesetzartikel vom 19. December 1870; für Vorarlberg Gesetz vom 4. Juli 1874.

dienste zugelassen und während desselben aus dem „gemein-samen" Kriegsbudget bekleidet, ausgerüstet und verpflegt.

Mediciner können diesen Dienst in Militärspitälern leisten, Veterinäre als thierärztliche Praktikanten, Pharmaceuten in den Militär-Apotheken; im Kriege werden alle diese nach ihrer Befähigung verwendet.

Wenn die „Einjährig-Freiwilligen" die Officiersprüfung entsprechend bestanden und den einjährigen Dienst vollstreckt haben, werden sie zu Reserve-Officieren ernannt und bei einer Mobilisirung im Heere, in der Marine oder in der Landwehr verwendet.

Für Candidaten des geistlichen Standes, öffentliche Beamte, (insbesondere des Post-, Telegraphen- und Eisenbahndienstes), Professoren, Lehrer und gewisse Grundbesitzer gestattet das Wehrgesetz Begünstigungen oder Rücksichten in Erfüllung der Wehrpflicht.

A. Friedensstand des Landheeres:*

	Mann
1. Stehendes Heer (Behörden, Commanden, Stäbe, Truppen und Anstalten)	269.948
2. Sicherheitskörper (Gendarmerie, Seressaner u. s. w.)	8.808
3. Pferdezucht-Anstalten	5.149
	283.905
1. Garden (Arcieren-, Trabanten-, ungarische Leibgarde, Leibgarde-Reiter-Escadron, Hofburgwache)	530
1. Landwehr: österreichische (und Tiroler)	3.498
2. „ ungarische (Honvéd) nebst ungarischer Kronwache (60)	13.591
	301.524
Die zum Kampfe dienenden Truppen des stehenden Heeres haben im Friedensstande	251.517

u. z. Infanterie 169.931
Cavallerie 43.993
Artillerie 28.695
Genie und Pionniere 8.898

B. Kriegsstand des Landheeres:

a) Stehendes Heer.

	Mann
1. Centralleitung, Behörden und besondere Verwaltungszweige .	2.617
2. Garden (wie oben)	530
3. Höhere Commanden und Stäbe (General-, Artillerie-, Geniestab)	5.239
Transport	8.386

Mann

	Transport		8.386
4. Truppenkörper			742.728
u. z. Linien- und Reserve-Infanterie . . .	485.440		
Jägertruppe	58.463		
Cavallerie	58.671		
Feldartillerie (1632 Feldgeschütze) .	51.676		
Festungsartillerie (40 Gebirgsgeschütze)	18.938		
Genietruppe	16.434		
Pionniertruppe	8.068		
Militär-Fuhrwesencorps	31.038		
Sanitätstruppe	14.000		
5. Heeresanstalten			18.772
6. Sicherheitskörper			8.808
7. Pferdezucht-Anstalten			5.149
	Stehendes Heer		783.843

b) Landwehr:

	Oesterreich	Ungarn	Zusammen
Infanterie	139.763	187.872	327.635
Cavallerie	4.882	14.338	19.220
Artillerie	400	4.497	4.897
	145.045	206.707	351.752

351.752

Gesammtsumme . .   1,135.595

C. Kriegsmarine:

a) Flottenmaterial.

	Schiffe	Geschütze			Pferdekraft
		schwere	leichte	zusammen	
1. Die Flotte	47	308	87	395	16.635
und zwar:					
Panzerschiffe { Kasemattenschiffe	4	38	16	54	3.600
{ Panzerfregatten	7	84	28	112	4.550
Schrauben-Fregatten	3	75	—	75	1.700
„ Corvetten	8	73	14	87	2.350
„ Kanonenboote . . .	5	18	—	18	1.010
„ Schooner	5	10	—	10	405
Raddampfer	4	3	13	16	560
Aviso- und Transportdampfer	5	1	12	13	1.400
Torpedoschiff	1	2	—	2	230
Werkstättenschiff	1	—	2	2	250
Yachten	2	—	2	2	420
Donau-Monitors	2	4	—	4	160
2. Schul- u. Kasernschiffe u. Hulks	18		87		
3. Tender (Dampfboote) . . .	6				366
Hauptsumme	71		482		17.001

b) Marine-Personale.

Mann

1. See-Officiere und Cadetten . . · 523
2. Beamte und Diener 479
3. Auditore, Aerzte, Geistliche 78

1080

	Deck und Artillerie 4671	
4. Matrosencorps	Steuer, Maschinen, Waffen 1148	
(12 Compagnien)	Krankenwärter etc. 371	
	Musik . . . . · · . . . 96	

6286

Hauptsumme 7366

C. DIE CULTUR.

§. 54. Einleitung.

Nachdem wir „Land und Leute" — das „Volk" und den „Staat" kennen gelernt, übergehen wir zur Betrachtung der Thätigkeit des Volkes, zur **Volksarbeit** in ihrer vielfachen Verzweigung.

Die Arbeit ist der Gradmesser der Cultur. Die gesammte Culturentwicklung des Individuums, des Volkes, der Menschheit ist an die Arbeit geknüpft; denn nur der zielbewusst „arbeitende" Mensch ist ein „Culturmensch". Nur wo Kräfte der Natur der Menschenkraft dienstbar gemacht, wo mechanische Kraft an Stelle der Menschenhand gesetzt wird, wo die grossen Erfindungen der Neuzeit die menschliche Thätigkeit umgestalten: nur da kann von Culturentwickelung im Sinne und Geiste der Neuzeit gesprochen werden. Da tritt die planmässige Beschaffung des Güterbedarfes für Individuum und Volk hervor. Der arbeitende Mensch findet in sich die Grundursache für sein wirthschaftliches Schaffen; aber die Wirthschaft gibt ihm zugleich· die Mittel zur Erhaltung seines Daseins, zum Fortschreiten auf der Bahn der materiellen und geistigen Entwicklung.

Die zusammenhängende Kette der menschlichen Entwicklung und geordneter Verhältnisse beginnt mit den „festen Ansiedlungen" — dem Ackerbau; denn „der Pflug hat die ersten Staaten gegründet". Daran knüpft sich das Bedürfniss nach Geräth und Werkzeug — das Handwerk. Ist der Bedarf am

„Nothwendigen" gedeckt, so schreitet der erfindungsreichere Mensch an die Verfertigung von „nützlichen", dann von „luxuriösen" Gegenständen für Bequemlichkeit und Behagen in Wohnung, Kleidung und den erwachsenden Genüssen: das Handwerk hat sich zur verfeinernden Industrie (im engeren Sinne des Wortes) entwickelt. Der Ueberfluss an Producten der Natur und des Gewerbefleisses führt zu friedlichem Verkehr — dem Handel mit den benachbarten, dann auch mit entfernteren Völkern. Die Einzelwirthschaft entwickelt sich zur Volkswirthschaft, und diese zur Weltwirthschaft.

An die Befriedigung der blos materiellen Bedürfnisse knüpft sich nach und nach das Streben auch nach Befriedigung der geistigen und gemüthlichen — es beginnen die Anfänge von Wissenschaft und Kunst, welche zugleich befruchtend auf die ganze Thätigkeit der Menschen einwirken.

Die unerschütterliche Grundlage in allen Phasen des langen Entwicklungsganges der Cultur bilden Arbeit und Sparsamkeit; sie üben ihre Wechselwirkung im Einzelnen wie im Ganzen aus; es verkörpert sich in ihnen der Begriff des „Eigenthums". Die verschiedene Lebensweise und die Culturstufe der Völker beruht hauptsächlich auf dem Begriffe des Eigenthums. Völker „ohne Eigenthum" erwerben sich die Mittel zur Befriedigung der zwingendsten Bedürfnisse stets von Neuem, sie haben keine bleibenden Güter, keine höhere geistige Entwicklung; nur Völker „mit Eigenthum" sind Culturvölker. Das Eigenthum aber ist das Kind der Arbeit; daher ein Sohn und zukünftiger Vater der Cultur. Mit vollem Rechte gab also der Mitbegründer der amerikanischen Freiheit — Franklin — die weise, obgleich so banal und alltäglich klingende Lehre: „Wenn euch Jemand sagt, dass ihr anders als durch Arbeit und Sparsamkeit wohlhabend werden könnt, — so verjagt ihn, denn er ist ein Giftmischer." Denn ohne Arbeit gibt es keine gesunde Wohlhabenheit, — ohne Wohlhabenheit keine Bildung, — ohne Bildung keine Freiheit! — Unsere Zeit aber fordert mit Recht: durch Volksbildung — zur Volksfreiheit!

Wohin wir auch blicken, wie weit wir in die Geschichte der Menschheit zurückschauen, stets und überall finden wir, dass die Blüthezeit der Arbeit auch die Blüthezeit der Nationen im staatlichen und bürgerlichen Leben gewesen, dass die Arbeit der richtige Gradmesser für die Cultur eines Volkes, dass sie die Mutter aller Cultur ist und bleibt. Die Arbeit begründet die Freiheit im bürgerlichen und politischen Leben, die Freiheit des geistigen Forschens, und in dieser entwickeln sich alle Fähigkeiten des menschlichen Geistes in Kunst und Wissenschaft zur höchsten Blüthe der Cultur eines Volkes.

Von diesem Gesichtspunkte aus gehen wir an die Betrachtung der Volksarbeit in unserem Vaterlande.

I. MATERIELLE CULTUR.

a) Urproduction.

§. 55. Productiver und unproductiver Boden.

Die österreichisch-ungarische Monarchie ist mit den mannigfaltigsten Naturproducten reich gesegnet. Der Boden ist im Allgemeinen fruchtbar, obwohl vielfache Abstufungen in dieser Beziehung unter den einzelnen Ländern vorkommen, welche durch die geographische Lage, die verticale Erhebung, die Temperatur und Menge der Niederschläge bedingt sind.

Von der Gesammtfläche des Reiches sind $87._{73}\%$ productiver Boden (in „Oesterreich" $92._{64}\%$, in „Ungarn" $83._{11}\%$ seiner Bodenfläche). Der Gesammtstaat nimmt in dieser Beziehung den vierten Rang unter den europäischen Staaten ein, denn es sind von der Gesammtfläche in Frankreich $95._{17}\%$, in Preussen $92._{12}\%$, im Deutschen Reiche $91._{64}\%$ productiv. Oesterreich (mit Ausschluss von Ungarn) nimmt sogar den nächsten Rang nach Frankreich, also den zweiten, und Ungarn den fünften Rang in Europa ein. Von der productiven Fläche sind im Gesammtstaate 11,035.561 Hektaren, d. i. $29._{84}\%$ dem Getreidebau gewidmet (in Oesterreich 6,040.660 Hekt. $= 33._{56}\%$, in Ungarn 4,994.900 Hekt. $= 27\%$).

Hinsichtlich des Antheiles des Getreidebaues an der productiven Fläche steht Oesterreich-Ungarn auf der sechsten Stufe der europäischen Staaten, und nach der Trennung der beiden Reichshälften steht Oesterreich auf der fünften, Ungarn auf der sechsten Stelle. Am höchsten steht Belgien, wo $48._8$ % der productiven Fläche dem Getreidebau gewidmet sind; dann folgen das Deutsche Reich mit $40._2$ %, Dänemark mit $39._8$ %, Preussen mit $38._6$ %, Frankreich mit $32._4$ %. — Die absolute zum Getreidebau verwendete Fläche ist am grössten im Deutschen Reiche mit 15 Millionen Hektaren, dann folgen Frankreich mit $13._7$ Millionen, Oesterreich mit 11 Millionen, Preussen mit $9._7$ Millionen Hektaren.

Die wichtigeren Culturarten haben an der landwirthschaftlich bebauten Fläche folgenden Antheil: *

	Oesterreich		Ungarn	
	Hektaren	%	Hektaren	%
Weizen	961.014	$5._{12}$	2,026.213	$11._{64}$
Roggen	2,059.316	$11._{01}$	1,219.065	$7._0$
Gerste	1,115.903	$6._1$	809.103	$4._{65}$
Hafer	1,904.427	$10._{26}$	940.520	$5._{41}$
Wiesen	3,606.686	$19._{45}$	3,816.115	$20._{68}$
Weiden	4,576.287	$24._{67}$	4,202.595	$22._{78}$

In Ungarn nimmt überdies die dem Maisbau gewidmete Fläche über $1._2$ Million Hektaren ein.

Das Waldland nimmt in Oesterreich an 9,480,000, in Ungarn an 8,364.000 Hektaren ein.

In „Oesterreich" haben die Cultur-Hauptgattungen folgenden Antheil (in Percenten der betreffenden Gesammtfläche ausgedrückt):**

Land	Unproductiv	Productiv	Weinland	Aecker	Wiesen	Weiden	Wälder
Niederösterreich . .	$4._4$	$95._6$	$2._4$	$40._8$	$12._9$	$7._6$	$31._9$
Oberösterreich . .	$9._2$	$90._8$	—	$34._4$	$18._7$	$4._9$	$32._8$
Salzburg	$20._0$	$80._0$	—	$9._5$	$10._6$	$30._5$	$29._4$
Steiermark	$8._0$	$92._0$	$1._4$	$18._6$	$11._7$	$15._3$	$45._1$
Kärnten	$12._5$	$87._5$	$0._4$	$13._1$	$10._9$	$23._1$	$40._3$
Krain	$5._5$	$94._5$	$1._0$	$13._6$	$16._5$	$20._4$	$43._0$

* Nach Dr. Wittmack's Darstellung (Wiener Weltausstellung).
** Nach Professor G. Marchet: „Ueber die Landwirthschaft auf der Wiener Weltausstellung."

L a n d	Unpro-ductiv	Pro-ductiv	Wein-land	Aecker	Wiesen	Weiden	Wälder
Küstenland	6.2	93.8	2.3	17.4	12.2	38.5	22.4
Tirol u. Vorarlberg	18.9	81.1	0.3	5.8	12.0	25.9	37.0
Dalmatien	3.6	96.4	5.4	10.9	1.0	56.5	21.4
Böhmen	3.1	96.9	—	48.1	12.1	7.7	29.0
Mähren	4.2	95.8	1.1	50.3	8.5	10.5	25.4
Schlesien	3.2	96.8	—	47.1	7.4	10.6	31.7
Galizien	3.9	96.1	—	46.2	13.1	10.0	26.8
Bukowina	11.5	88.5	—	24.9	11.7	12.2	40.7

Ueberdies nehmen im Küstenlande die Reisfelder 0.7%, die Oliven- und Kastanienwälder in Tirol 0.1%, in Dalmatien 1.2% der Gesammtfläche ein.

Aus dieser Uebersicht erhellt, dass der Ackerbau am schwunghaftesten in Mähren, Böhmen und Schlesien, dann in Galizien, Nieder- und Oberösterreich betrieben wird. Im Weinbau steht Dalmatien relativ am höchsten, ihm folgen Niederösterreich, das Küstenland und Steiermark.

Im Wieslande steht Oberösterreich am höchsten, Dalmatien am tiefsten; in den meisten Ländern entspricht die Menge und Vertheilung der Wiesen dem Durchschnittsatze von 12 Percent der westlichen Reichshälfte. Dagegen besitzt Dalmatien noch die meisten Weiden; zunächst stehen Salzburg und die Karstlandschaften, insbesondere das Küstenland. Den grössten Waldreichthum hat das ehemalige Innerösterreich: Steiermark, Krain und Kärnten, dann folgen die Bukowina (das „Buchenland") und Tirol mit Vorarlberg. Den grössten Antheil am unproductiven Boden haben Salzburg, Tirol mit Vorarlberg, Kärnten und die Bukowina, — durchwegs Gebirgsländer.

In **Ungarn** (Ungarn-Siebenbürgen) wird von der officiellen Statistik die Gesammtfläche auf 46.57 Millionen Joch (1 Joch = 1600 ☐ Klafter) angegeben. Davon sind 43.4 Millionen ertragsfähig, und 3.9 Millionen Joch unbenützbar; 3.47 Millionen entfallen auf nahezu 13.000 Gemeindehutweiden.

Dieses Terrain zertheilt sich in 2½ Millionen Grundbesitze. Von diesen sind 2,425.390 je unter 50 Joch gross, — und von diesen haben wieder 1,444.000 weniger als je fünf Joch. — Gütercomplexe in der Grösse von je 50—1000

Joch gibt es 55.449 (darunter über 3o.ooo Complexe von je 5o—ioo und über 11.ooo von je 100—200 Joch). Von den 5426 Complexen über je 1000 Joch haben 3882 je zwischen 1000—3000 Joch, 818 Complexe je 3ooo—5ooo, 495 zwischen je 5ooo—10.ooo, endlich 231 Gutscomplexe jeder mehr als 10.ooo Joch. Nach den Besitzern sind von sämmtlichen Complexen 6.3 Millionen Joch „städtische und Gemeindegüter", 2.7 Millionen Joch Kron- und Aerarialgüter, 1.3 Millionen Joch Kirchengüter, über 563.ooo Fideicommissgüter, und an 386.ooo Joch Fundationalgüter. Grundeigenthümer werden 1,631.071 angegeben, dann über 46.3oo Pächter. Das Beamtenpersonale beläuft sich auf nahezu 15.ooo; die Zahl der mit Jahreslohn angestellten Diener auf 1,332.ooo, der Taglöhner auf 1,314.ooo Individuen.

§. 56. Landwirthschaftliche Production.*

Unter den Getreide producirenden Ländern nimmt Oesterreich-Ungarn erst den sechsten Rang ein, obwohl es nach dem absoluten zur Getreidecultur benützten Areale den dritten einnimmt. Zieht man nur die europäischen Staaten (mit Ausnahme Russlands) in Vergleich, so findet man, dass im Deutschen Reiche die zum Getreidebau verwendete Fläche nur etwa um 26% grösser, die Production an Cerealien aber um nahezu 37 % grösser ist, als in Oesterreich-Ungarn; in Frankreich ist die betreffende Fläche nur um 19⅔ %, die Production dagegen um 33⅓ % grösser; in Preussen ist die Fläche sogar um 11⅔ % kleiner, aber die Production doch um

---

* „Statistisches Jahrbuch des k. k. Ackerbau-Ministeriums", das nach der durch Ministerialrath Dr. Lorenz eingeführten Methode der Erhebungen in jeder Beziehung ganz verlässliche, für die Wissenschaft und die Administration höchst schätzenswerthe Elaborate veröffentlicht. Jedenfalls sind jetzt die auf subjectiven Schätzungen beruhenden Ertragsziffern beseitigt, und die fachliche Begründung der Erntestatistik durch das Ackerbau-Ministerium liefert Nachweise, welche als verlässlich und möglichst genau zu betrachten sind. Um diese Reformen hat sich Dr. Lorenz das grösste Verdienst erworben. — Dr. F. X. v. Neumann: „Die Ernten und der Wohlstand in Oesterreich-Ungarn." Berlin, 1874. — Dr. G. Marchet: „Betrachtungen über die Landwirthschaft etc." Wien, 1874.

$6\frac{1}{4}$ % grösser. Aehnliche, für Oesterreich ungünstige Resultate ergeben sich bei Vergleichung unseres Vaterlandes mit Grossbritannien, Belgien, Dänemark, Holland, wo überall auf einer mit Oesterreich gleich grossen Fläche bedeutend mehr Getreide producirt wird; überall sehen wir absolutes oder relatives Zurückbleiben Oesterreichs in der Production, trotzdem eine absolut oder verhältnissmässig grössere Fläche mit Cerealien bebaut wurde.

Werden in Oesterreich - Ungarn minder entsprechende Flächen zum Getreidebau verwendet?

Werden minder entsprechende Culturmethoden mit Inbegriff der Meliorationen ,,bei uns" angewendet?

Jedenfalls hat die Landwirthschaft Oesterreichs noch manche wichtige Aufgabe in beiden Richtungen zu lösen.

Die Production der sechs stärksten Cerealien-Producenten wird berechnet (in Millionen Hektoliter):

Land	Weizen	Roggen	Gerste	Hafer	Zusammen
Russland (europäisches)	150	120	66	158	494
Deutsches Reich . . .	42	69	37	102	250
Frankreich	$109._{79}$	$24._{90}$	$20._{51}$	$81._{12}$	$236._{32}$
Vereinigte Staaten von Nordamerika	$85._{74}$	$5._{63}$	$9._{56}$	$89._{88}$	$190._{81}$
Preussen	$26._{22}$	$50._{82}$	$22._{44}$	$68._{31}$	$167._{79}$
Oesterreich-Ungarn	$35._{00}$	$50._{10}$	$27._{35}$	$45._{10}$	$157._{55}$

Auch in Bezug der Einheitserträge der Hauptkörnerfrüchte (Ertrag in Hektolitern per Hektare) bleibt Oesterreich-Ungarn sowohl bei den einzelnen Cerealien (mit Ausnahme des Roggens), als auch im Durchschnitte hinter den anderen Getreideproducenten zurück.

In Betreff der Mais-Production stehen die Vereinigten Staaten von Nordamerika mit ihren 398 Millionen Hektolitern unerreicht da, jede Concurrenz aus dem Felde schlagend. In Europa ist der stärkste Producent Oesterreich-Ungarn mit über $26._{77}$ Millionen Hektolitern, wovon auf Oesterreich an $4._{88}$ und auf Ungarn $21._{89}$ Millionen Hektoliter entfallen. Zunächst stehen: Rumänien mit 25, Italien mit $16._{35}$, Frankreich mit $8._{65}$ Millionen Hektolitern.

Im Ertrag an Kartoffeln nimmt Oesterreich-Ungarn die dritte Stelle ein. An der Spitze steht das Deutsche Reich mit $271._{97}$ Millionen Hektolitern; zunächst kommt Frankreich mit $142._{68}$, dann **Oesterreich-Ungarn** mit $75._{97}$ (Oesterreich $63._{58}$, Ungarn $12._{39}$), Nordamerika und Russland produciren nahezu gleich viel, jedes über 5o Millionen Hektoliter. Den relativ stärksten Kartoffelbau in Oesterreich haben Vorarlberg, Böhmen, Mähren, Westgalizien und Krain.

Für die österreichische Reichshälfte der Monarchie war die Ernte des Jahres 1874 eine der reichsten seit vielen Jahren. Der Ertrag im letzten Quinquennium wird berechnet (in Millionen niederösterreichischer Metzen):

	1870	1871	1872	1873	1874
Weizen und Spelz	$20._9$	$20._7$	$18._2$	$18._6$	$24._1$
Roggen	$44._4$	$42._6$	$37._5$	$32._4$	$46._2$
Gerste	$26._4$	$26._6$	$26._8$	$27._5$	$26._4$
Hafer	$46._3$	$52._5$	$55._3$	$48._7$	$45._6$
Mais	$6._8$	$6._3$	$8._1$	$8._4$	$9._4$

Ueberdies wurden im Jahre 1874 gewonnen: 615.741 Centner Flachs, 366.666 Centner Hanf, 153 Millionen Metzen Kartoffeln (ungefähr 94 Millionen Hektoliter), an 385 Millionen Hektoliter Rüben, an $3._{16}$ Millionen Hektoliter ($5._{58}$ Millionen Eimer) Wein, 480.135 Centner Olivenöl.

Für die ungarische Reichshälfte sind bis jetzt weder die annäherungsweisen, noch weniger die amtlich richtiggestellten Erhebungen der Ernte des Jahres 1874, welche übrigens im Ganzen sehr günstig ausfiel, bekannt; wir geben daher die Ergebnisse der nächstfrüheren Jahre (in Millionen niederösterreichischer Metzen):

	1868	1689	1870	1871	1872	1873
Winter-Weizen	$47._{38}$	$27._{72}$	$34._{10}$	$23._{12}$	$22._{95}$	$21._{10}$
Halbfrucht	$10._{18}$	$5._{58}$	$5._{12}$	$4._{03}$	$3._{25}$	$2._{58}$
Winter-Korn	$27._{88}$	$22._{42}$	$34._{10}$	$21._{74}$	$17._{76}$	$10._{14}$
Sommer-Weizen	$0._{70}$	$2._{73}$	$2._{10}$	$2._{60}$	$2._{36}$	$1._{69}$
Sommer-Korn	—	—	—	$0._{34}$	$0._{33}$	$0._{19}$

Den Einfluss der Ernten auf das Volkseinkommen führt v. Neumann* sehr richtig auf ein ganz bescheidenes Mass zurück, denn er schätzt die mögliche Differenz des jährlichen Ernte-Ertrages auf beiläufig drei Percent, indem er das jährliche Brutto-Einkommen der Volkswirthschaft von

---

* „Die Ernten und der Wohlstand in Oesterreich-Ungarn." Berlin, 1874.

Oesterreich-Ungarn auf mindestens 5500 Millionen Gulden bewerthet. Ist, wie wahrscheinlich, dieses Brutto-Einkommen höher, so ist die obige Differenz noch geringer. Die 5500 Millionen berechnet v. Neumann in folgender Art:

	Millionen Gulden
Ernte-Ertrag in der Monarchie	950
Sonstige landwirthschaftliche Production in Oesterreich	916
„ „ „ „ Ungarn	780
Brutto-Ertrag des Bodens	2646
Bergbau und Hüttenwesen (ohne Salz)	92
Gesammte Urproduction	2738
Industrielle Production mindestens	2500
Brutto-Ertrag aus dem Gebäude-Capitale	240
Zusammen	5478

Diese Ziffern sind gewiss sehr niedrig angenommen; denn die industrielle Production wäre sicherlich mit 3000 Millionen noch unterschätzt.

In einem Staatshaushalte von 5—6000 Millionen kann ein Jahresausfall oder Zuwachs von 160—170 Millionen nicht fühlbarer wirken, als in einem Privathaushalte von 5—6000 fl. Revenuen ein Jahresunterschied von 160—170 fl.; d. h. „die Wirkungen einer guten oder schlechten Ernte können in dem ökonomischen Zustande eines so grossen Staatsgebietes wie das österreichisch-ungarische keineswegs mit jener Vehemenz auftreten, welche häufig vermuthet wird. Das Einkommen setzt sich heute aus so mannigfachen Elementen zusammen, dass die Lücke, welche eines derselben offen lässt, rasch durch die übrigen ausgefüllt wird".

Aus dem Verhältnisse der Production zum Bedarfe an Cerealien in einem Lande ergibt sich, ob Körnerfrüchte importirt oder exportirt werden. Weniger als den eigenen Bedarf produciren Grossbritannien (um mindestens 27 Millionen Hektoliter zu wenig), Holland (1.$_5$ Million Hektoliter zu wenig) Frankreich (um 1.$_7$ Million Hektoliter), Portugal (um 0.$_{52}$ Million Hektoliter); passiv in der Production sind überdies Italien, Belgien und die Schweiz. Activ, also exportfähig an Cerealien sind: das europäische Russland (exportirt 36—37 Millionen Hektoliter), Nordamerika (Export an 22.$_5$ Millionen), Dänemark (mit 18.$_{26}$ Millionen), Oesterreich-Ungarn (mit

7 Millionen), Schweden-Norwegen (mit 3.$_{93}$ Millionen); dass
auch das Deutsche Reich und Preussen in dieser Beziehung
activ sind, steht ausser Zweifel, doch stehen uns die diesfälligen Ziffernangaben augenblicklich nicht zur Verfügung.
Den Werth des Ueberschusses im österreichisch-ungarischen Aussenhandel mit Körnerfrüchten und Mehl bewerthet v. Neumann für den zehnjährigen Durchschnitt 1862 bis
1871 mit 55,556.000 Gulden per Jahr. Dieses günstige Ergebniss hat zumeist seinen Grund in den höchst bedeutenden
Exporten einiger der letzten Jahre, als: im Jahre 1867
Ueberschuss des Exportes über 115 Millionen Gulden, 1868
über 152³/₅ Millionen, 1869 über 81 Millionen, 1871 über
71 Millionen Gulden. Vom Jahre 1872 ab gestaltet sich hingegen der Cerealienhandel für Oesterreich-Ungarn Jahr für
Jahr ungünstiger. Es bestand zwar jahrelang ein fast nor-
maler Import von zwei bis drei Millionen Zollcentnern, dem
stand aber bis 1871 ein beachtenswerther Export (von acht bis
27 Millionen Zollcentnern) gegenüber; von da ab überwiegt
der Import den Export in progressiver Weise, und illustrirt
das Schlagwort: Oesterreich-Ungarn ist ein „Agriculturstaat",
in
höchst eigenthümlicher Weise. Es betrug nämlich im Jahre:

	Import	Export	also Mehreinfuhr	
1872	9.3	5.9	3.4	Mill. Zollcentner
1873	12.5	7.1	5.4	„ „
1874	15.5	9.3	6.2	„ „

Die früher vorgeführte günstige Ernte des Jahres 1874,
welche wieder einen Mehr-Export gestattet hätte, kommt desshalb
weniger in Betracht, weil wegen der mehr oder minder günstigen
Ernten in den übrigen Staaten Europas momentan kein grösserer Bezug benöthigt wird, was sich in dem namhaften
Rückgang der Getreidepreise im Laufe des Jahres 1874 auch
deutlich aussprach. Uebrigens werden die reichsten Ernten,
und wenn deren einige unmittelbar auf einander folgten, die
sanguinischen Hoffnungen nicht befriedigen, welche hie und da
vertrauensselig aber thatenarm in dieselben gesetzt werden; zur
Heilung der durch die 1873er Krise geschlagenen Wunden
müssen noch andere Factoren, als blos „des Himmels Segen"
mitwirken; vor Allem: Arbeit und Sparsamkeit.

Trotz der in mehrfacher Beziehung als ungünstig bezeichneten Zustände des landwirthschaftlichen Betriebes in der
Monarchie ist in den letzten 30 Jahren doch ein wesentlicher
Fortschritt bemerkbar, der zunächst der staatlichen Neu-
gestaltung zu verdanken ist. Theilt man diese Zeit in drei
zehnjährige Perioden, so kann die erste (1840—1850) als die
der Robot-Wirthschaft, — die zweite (1850 –1860) als
die der Dreifelder-Wirthschaft, — und die letzte (1860—1870)
als die der verbesserten Wirthschaft bezeichnet werden.
Die geringsten Erträge weist die Robotwirthschaft aus; mit
der Befreiung des landwirthschaftlichen Arbeiters von den
Grundlasten und mit der gesteigerten „freien Arbeit" steigert
sich der Ertrag des Bodens und erreicht im letzen Decennium
unter der „verbesserten", intensiveren Wirthschaft den relativ
höchsten Ertrag. Mit der durch die Grundentlastung veran-
lassten rationellen Verwerthung der Kräfte des Bodens und des
Grundbesitzes verringerte sich sowohl die Schwankung im Ernte-
Ertrage, als auch die Schwankung in den Verkaufspreisen und
dem Körnergeldwerthe, was als ein sehr beachtenswerther
Fortschritt anzusehen ist. Mit der Consolidirung der allgemeinen wirthschaftlichen Zustände in Oesterreich werden diese
Schwankungen noch geringer, und der Landwirthschaftsbetrieb
wird den ihm von der Natur vorgezeichneten Standpunkt erreichen können.

§. 57. Die Viehzucht.

In der Viehzucht nimmt die Monarchie zwar eine hervorragende Stelle ein, wenn man die absoluten Zahlen, die Anzahl der vorhandenen Thiere im Allgemeinen betrachtet; doch
hat dieselbe in Rücksicht auf die grossen Wiesen- und Weide-
flächen im Allgemeinen bis jetzt noch nicht jenen Standpunkt erreicht, dass sie für den Bedarf des Reiches als genügend anzusehen wäre. In der Rinderzucht steht Ungarn
tiefer als Oesterreich, es hat um beinahe 30 Percent weniger
Rinder; dagegen hat Ungarn um fast $63\frac{2}{3}$ Percent mehr
Pferde und beinahe doppelt so viel Schweine als Oesterreich.
Der Schafreichthum Ungarns übertrifft um das Dreifache jenen
von Oesterreich; Ungarn wird jedoch absolut und relativ von

einigen europäischen Staaten übertroffen, und ist keineswegs „das an Schafen reichste Land in Europa".

Nach der Erhebung des Viehstandes am 31. December 1869 betrug derselbe in

	Oesterreich	Ungarn	Gesammtmonarchie
Pferde	1,389.623	2,158.819	3,548.442
Rinder	7,425.212	5,279.193	12,704.405
Schafe	5,026.398	15,076.997	20,103,395
Ziegen	979.104	572.951	1,552.055
Schweine	2,551.473	4,443.279	6,994.752
Esel und Maulthiere . . .	43.070	33.746	76.816

Die Stückzahl des Viehes oder die absolute Menge von Vieh beweist jedoch weder den Reichthum eines Landes an Vieh, noch das Uebergewicht des einen Staates über den andern in dieser Beziehung; es muss vielmehr das Verhältniss der Stückzahl des Viehes zur Fläche des zur Viehzucht geeigneten Bodens, d. i. wie viele Stück auf eine Quadrat-Meile, und dann zur Zahl der Einwohner, d. i. wie viele Stück auf 1000 Einwohner — berücksichtigt werden.

Vergleichen wir die Monarchie mit den europäischen Grossmächten in dieser Beziehung:

		Oester-reich-Ungarn *	Deutsches Reich	Preussen	Frank-reich	Gross-britan-nien	Euro-päisches Russland
Rinder	absolute Zahl (in Mill.)	12.70	15.13	7.99	17.73	9.35	22.81
	auf 1000 Einwohner	338	344	323	491	296	330
	auf eine Quadratmeile	1120	1540	1263	1846	1634	252
Pferde	absolute Zahl (in Mill.)	3.55	3.45	2.31	3.31	2.65	15.22
	auf 1000 Einwohner .	95	84	93	91	84	219
	auf eine Quadratmeile	313	351	365	345	463	168
Schweine	absolute Zahl (in Mill.)	6.99	8.04	4.87	5.89	4.14	9.52
	auf 1000 Einwohner .	187	195	197	163	131	137
	auf eine Quadratmeile	617	816	769	613	723	105
Schafe und Ziegen	absolute Zahl (in Mill.)	21.65	31.17	22.26	32.05	33.48	52.5
	auf 1000 Einwohner .	577	758	901	888	1060	756
	auf eine Quadratmeile	1910	3174	3518	3338	5853	580

* Die hier berechneten relativen Zahlen stimmen nicht mit den nach Dr. Wittmack's „Darstellung" auch von Professor Marchet publicirten überein. Bei Oesterreich sind 37½ Millionen Einwohner auf 11.333 geographische Quadratmeilen als Basis genommen. Bei allen übrigen Staaten sind die officiellen Publicationen über Population und Areale berücksichtigt, wie ich sie in der neuesten Auflage meiner „Handels-Geographie" (4. Auflage, Wien, 1875) aufgenommen habe.

Unterziehen wir diese, in mehrfacher Beziehung sehr lehr-
reiche Tabelle einer eingehenden Prüfung.

Die „absoluten" Zahlen beweisen wenig oder gar nichts;
erst durch die Vergleichung und die Rücksichtsnahme auf Verhältnisse, welche mit dem Betrachtungsobjecte in causaler Verbindung stehen, erlangt man einen richtigen Einblick.

So steht Russland mit den enorm grossen absoluten
Zahlen unter den sechs in Vergleichung gestellten europäischen
Grossstaaten am höchsten, es besitzt der Zahl nach das meiste
Nutzvieh in Europa; dennoch ist der Gesammtstand des Viehes
bei der enormen Ausdehnung des europäischen Russland (mit
über 90.500 geographischen Quadrat-Meilen) viel zu gering,
denn von jeder Art Nutzthiere besitzt Russland die geringste
Anzahl auf eine Quadrat-Meile.

Oesterreich-Ungarn steht im Hinblick auf die absolute
Zahl in der Rindviehzucht auf der vierten Stelle unter den
sechs europäischen Grossstaaten; es wird hierin übertroffen
von Russland, Frankreich und dem Deutschen Reiche; —

in der Pferdezahl steht es an zweiter Stelle, nur von
Russland übertroffen; —

in der Zahl der Schweine stehen Russland und das
Deutsche Reich höher; —

in der Anzahl der Schafe und Ziegen stehen alle fünf
Staaten höher als Oesterreich-Ungarn, nachdem auch in Russland die Schafzucht so enorm gestiegen ist, dass für das Jahr
1871 der Stand der Schafe und Ziegen auf 52½ Millionen angegeben wird.

Wichtiger sind die Vergleiche in relativer Beziehung.
Betrachten wir vorerst die Anzahl des Viehstandes mit
Rücksicht auf dessen Vertheilung auf das Terrain, d. h. wie
viel Stück Nutzvieh werden auf einer Quadrat-Meile
eines jeden Landes gehalten? Dabei darf jedoch nicht unerwähnt gelassen werden, dass Oesterreich-Ungarn relativ viel
Grasland (Wiesen und Weiden), d. h. für die Viehzucht ein
grosses Terrain besitzt.

Oesterreich-Ungarn zeigt in dieser Richtung kein befriedigendes Bild; denn in Betreff der Zucht der Rinder, der
Pferde und der Schafe steht es auf der vorletzten Stufe

nur Russland steht tiefer. Die Rangordnung hinsichtlich der
Rinderzucht ist: Frankreich, Grossbritannien, Deutsches Reich,
Preussen, Oesterreich-Ungarn, Russland; — in der Pferdezucht: Grossbritannien, Preussen, Deutsches Reich, Frankreich,
Oesterreich, Russland; — in der Schafzucht: Grossbritannien,
Preussen, Frankreich, Deutsches Reich, Oesterreich, Russland;
überdies ist hier zu betonen, dass zwischen der vierten und
der fünften Stufe eine grosse Kluft besteht, und zwar von
1264 Stück per Quadrat-Meile. In der Schweinezucht steht
das Deutsche Reich am höchsten, dann folgen Preussen und
Grossbritannien; Oesterreich steht auf der vierten Stufe, indem
es nebst Russland um eine ganz kleine Differenz auch Frankreich übertrifft (in Oesterreich 617, in Frankreich 613 Stück
auf eine Quadrat-Meile).

Berücksichtigt man den Viehstand eines Landes im Hinblick auf die Bewohnerzahl, d. h. wie viele Stück Nutzvieh kommen durchschnittlich auf 1000 Einwohner? —
so gelangt man in Betreff der in Vergleichung gezogenen sechs
Grossstaaten Europas zu folgendem Resultate:

Auf 1000 Bewohner kommt die grösste Anzahl Rinder
in Frankreich (auf 1000 Einwohner 491 Rinder), dann folgt das
Deutsche Reich, hierauf Oesterreich-Ungarn (auf 1000 Einwohner 338 Stück Rinder), dann Russland, Preussen, und am
tiefsten steht Grossbritannien (mit 296 Stück auf 1000 Einwohner), was der grossen Volksdichtigkeit in England zuzuschreiben ist.

Im Pferdestand steht am höchsten Russland (219 Pferde
auf 1000 Einwohner), dann folgt Oesterreich-Ungarn (mit
95 Pferden auf 1000 Einwohner), hierauf Preussen (93), Frankreich (91), das Deutsche Reich und Grossbritannien stehen in
dieser Beziehung ganz gleich (84 Pferde auf 1000 Einwohner).
Frankreichs Export an Pferden ist — auch nach dem letzten
Kriege — viel stärker, als dessen Import.

In der Schweinezucht nimmt Preussen den ersten
Rang ein (197 Stück auf 1000 Einwohner), dann folgen das
Deutsche Reich (195), Oesterreich-Ungarn (187), Frankreich (163), Russland 137); am tiefsten steht Grossbritannien
(mit 131 Stück.)

In der Schafzucht nimmt Grossbritannien (mit 1060 Stück auf 1000 Einwohner) die erste, Oesterreich-Ungarn (mit 577 Stück auf 1000 Einwohner) die letzte Stufe ein. Nächst Grossbritannien steht Preussen (901), dann folgen Frankreich (888) und das Deutsche Reich, zwischen welchem und zwischen Russland eine ganz unbedeutende Differenz besteht (Deutsches Reich 758, Russland 756 Stück auf 1000 Einwohner). Ueberhaupt vermindert sich der Schafstand in fast allen europäischen Staaten, mit Ausnahme von Oesterreich und Russland, wo in den letzten Jahren eine erhebliche Steigerung stattgefunden hat. In den übrigen Staaten, namentlich in Preussen und im Deutschen Reiche macht sich eine constante Steigerung in der Zucht der Rinder, Pferde und Schweine bemerkbar.

Im Anschlusse an die Statistik des Schafstandes lassen wir eine Darstellung der Wollproduction und des Wollhandels (nach Dr. Wittmack) folgen.

Die ganze Wollproduction auf der Erde wird berechnet auf 794 Millionen Kilo; und der Durchschnittsertrag per Schaf auf $1._{85}$ Kilo. Zu diesem Quantum liefern die überseeischen Länder mit etwa 370 Millionen Kilo nahezu die Hälfte, und zwar (in Millionen Kilo):

Australien	90	Südamerika (ohne La Plata)	15
La Plata	80	Ostindien	20
Vereinigte Staaten	65	übriges Asien	40
Nordafrika	30	u. s. w.	
Capland	20		

In den meisten hier genannten Ländern, mit Ausnahme von Australien, übersteigt die Wollproduction per Schaf obigen Durchschnitt ($1._{85}$ Kilo).

In Europa produciren (in Millionen Kilo):

Russland	$114._8$	Türkei und Moldau	30.
Grossbritannien	66	Oesterreich-Ungarn	$27._5$
Frankreich	45	u. z. Oesterreich	$11._0$
Deutsches Reich	40	Ungarn	$16._5$
Spanien	33		

In Russland und Grossbritannien überschreitet die Production von Wolle per Schaf den Durchschnitt, und wird hierin Russland von keinem Staate erreicht. (Russland $2._{59}$, Grossbritannien $1._{94}$ Kilo per Schaf). In den übrigen stärksten Producenten Europas steht der Ertrag unter dem Durchschnitt: Frankreich ($1._5$), Deutsches Reich ($1._3$), Spanien ($1._5$), Oesterreich ($1._{37}$).

Die Gesammtproduction an Wolle übersteigt nur in Russland, Spanien, Portugal und Dänemark den inländischen Bedarf für die Verarbeitung; übrigens hat nur Russland ein bedeutendes Mehr (an $68._5$ Millionen Kilo), die drei anderen Staaten haben zusammen nur ein Plus von etwa $5\frac{1}{2}$ Millionen Kilo. Alle übrigen Staaten Europas sind auf den Import an Schafwolle angewiesen.

Der Hauptstapelplatz für Wolle ist England. In den letzten 3o Jahren betrug der Import nach England im Jahresdurchschnitt (in Millionen Kilo) aus:

Jahr	Australien und Südsee	Spanien	Deutschland	Russland	übriges Europa	Zusammen
1841—1850	$11._{85}$	$0._3$	$7._{50}$	$2._{30}$	$2._{75}$	$31._{65}$
1851—1860	$24._{70}$	$0._1$	$4._{90}$	$3._{20}$	$7._{20}$	$56._{90}$
1860—1870	$58._{10}$	$0._2$	$3._{55}$	$6._2$	$6._{15}$	$106._{73}$

Der Import aus Australien und der Südsee steigt in rapidem Verhältnisse. Spanien, welches zu Anfang dieses Jahrhunderts den Wollmarkt in England beherrscht hatte, wurde durch Deutschland verdrängt; jetzt hat Deutschland das gleiche Schicksal durch Australien, zum Theile auch durch Russland erfahren. Gegenwärtig kann nur Russland neben den überseeischen Staaten mit Erfolg im Wollhandel auftreten, dies umsomehr, als bei dem grossen Grundwerth und den hohen Arbeitslöhnen in den europäischen Culturstaaten die Productionskosten zu hoch sich stellen, um die bezeichnete überseeische und russische Concurrenz bestehen zu können.

In Oesterreich-Ungarn werden für den Jahresdurchschnitt berechnet (in Millionen Kilo):

Jahr	Einfuhr	Ausfuhr
1831—1840	$2._{457}$	$7._{267}$
1841—1850	$3._{147}$	$6._{366}$
1851—1860	$9._{307}$	$9._{460}$

Bis zum Jahre 1868 überwiegt die Ausfuhr sehr ansehnlich die Einfuhr an Wolle; von da ab wird die Einfuhr stärker, u. z.

	Einfuhr	Ausfuhr		Einfuhr	Ausfuhr
1869 ...	$13._{262}$	$12._{31}$	1872 ...	$18._{417}$	$10._{902}$
1870 ...	$10._{840}$	$9._{696}$	1873 ...	$10._{692}$	$15._{224}$
1871 ...	$18._{207}$	$13._{539}$	1874 ...	$15._{161}$	$12._{239}$

Im Allgemeinen drücken schon die hier entwickelten Verhältnisse auf die Wollindustrie Oesterreichs — anderer jetzt gar nicht zu gedenken — und die Brünner und Reichenberger Industrie wird die Concurrenz mit England und Belgien unter den gegenwärtigen Zuständen zu bestehen nicht in der Lage sein.

§. 58. *Der Bergbau und das Hüttenwesen.*

Mannigfaltig und reich ist die Production des Bergbaues und des Hüttenwesens, obgleich die Lagerstätten von Erzen und anderen Mineralien noch lange nicht hinreichend ausgebeutet sind.* Auf Gold wird vorzugsweise in Ungarn und Siebenbürgen, auf Silber ebenfalls dort und in Böhmen gebaut. Der Bergbau auf Eisenerze und die Gewinnung von Roheisen findet am stärksten in Steiermark, Kärnten, Ungarn, Böhmen und Mähren statt; für Kupfer ist Ungarn, für Blei Kärnten das Hauptland. Zinkgruben sind in Westgalizien und in Krain; Zinn liefert das böhmische Erzgebirge; Quecksilber fast nur Krain; Schwefel Galizien und Croatien, Graphit Böhmen und Mähren. Die grössten Quantitäten von Stein- und Braunkohlen, welche mit Ausnahme von Salzburg und der Bukowina in grösserer oder geringerer Menge in allen Ländern des Kaiserstaates vorkommen, produciren Böhmen, Mähren und Schlesien. Steinsalz wird zumeist in den Karpathen (Galizien, Ungarn, Siebenbürgen) zu Tage gefördert; Sudsalz wird in den Alpen bereitet (Oberösterreich, Salzburg, Steiermark, Tirol); Seesalz liefern Istrien und Dalmatien. Der Geldwerth der Montan- und Salzproduction wird im Jahresdurchschnitt auf 100 Millionen Gulden berechnet.

Die officiellen Ausweise geben folgende Quantitäten an:
a) in **Oesterreich:**

	1872	1873	Geldwerth im J. 1873 (Gulden)
Gold, Wiener Münzpfund	19.2	10.5	7.480
Silber, „ „	33.788	38.129	1,800.000

---

* „Der Bergwerksbetrieb Oesterreichs im Jahre 1873." Vom k. k. Ackerbau-Ministerium. Wien, 1874. — „Bergbau- und Hüttenwesen." Von Dr. v. Vivenot. (Officieller Ausstellungsbericht.) — „Die Eisenindustrie und die Zolltarife." Denkschrift der Montan- und Eisenindustriellen. Wien. 1875. — „Ausstellungsbericht über die mineralische Kohle." Von Dr. Peez und Pechar.

		1872	1873	Geldwerth im J. 1873 (Gulden)
Quecksilber	· · · · · · · · · · · ·	6.847	6.738	1,600.000
Kupfer	· · · · · · · · · · · ·	7.252	7.326	420.000
Glätte	· · · · · · · · · · · ·	28.842	34.005	429.883
Blei	Wiener Centner (à 56 Kil.)	65.578	71.243	1,800.000
Zinn	· · · · · · · · · · · ·	617	420	36.000
Zink	· · · · · · · · · · · ·	35.174	40.798	567.000
Schwefel	· · · · · · · · · · · ·	18.818	21.318	115.000
Frisch-Roheisen	· · · · · · · · ·	4.49	5.72	36,400.000
Guss-Roheisen	· · · · · · · · ·	1.10	0.99	5,000.000
Steinsalz	· · · · · · · · ·	1.76	1.43	
Sudsalz	Millionen Wr. Ctr.)	2.56	2.65	22,200.000
Seesalz		0.72	0.73	
Industrialsalz	· · · · · · · · ·	0.19	0.23	
Braunkohle	· · · · · · · · ·	86.1	103.26	
Steinkohle	· · · · · · · · ·	74	80.12	

Beim Bergwerksbetriebe waren im Jahre 1873 über 91.000, beim Hüttenwesen und bei der Salzerzeugung 21.000 Arbeiter beschäftigt.

b) in Ungarn:

		1872	Geldwerth in Gulden
Gold, Wiener Münzpfund	· · · · ·	2.868.06	1,936.142
Silber, „ „	· · · · ·	34.272.66	1,542.270
Kupfer	· · · · · ·	21.191	1,119.832
Blei	· · · · · ·	29.671	349.910
Zink	· · · · · ·	9.939	120.270
Nickel und Kobalt	· · · · · ·	6.667	342.238
Quecksilber	Wiener Ctr.	273	51.980
Frisch-Roheisen	· · · · · ·	2,438.841	7,697.111
Guss-Roheisen	· · · · · ·	183.640	1,171.613
Steinkohle	· · · · · ·	11,451.800	3,111.359
Braunkohle	· · · · · ·	16,869.829	3,767.250
Erdharz u. Petroleum	· · · · · ·	33.377	158.851 u. s. w.

Eisen und Kohle sind vom grössten Einflusse auf die Entwicklung der Industrie und des Nationalwohlstandes und verdienen desshalb die besondere Beachtung des Statistikers und Nationalökonomen.

Betrachten wir zuerst die Production und Consumtion an **Roheisen** in Oesterreich-Ungarn während der 26jährigen Periode 1848 bis Ende 1873 (in Millionen Zollcentnern):

	Jahr	Production	Consum (nach Abzug der Ausfuhr)	Die inländ. Production hatte Antheil am Consum in %
a)	1848	3.86	3.32	106.07
	1855	5.50	5.69	96.67

Jahr	Production	Consum (nach Abzug der Ausfuhr)	Die inländ. Production hatte Antheil am Consum in %
b) 1856	5.75	6.71	84.74
1857	6.36	8.54	74.40
1858	6.67	10.04	66.66
c) 1859	6.35	7.25	87.48
1867	6.39	6.13	104.36
d) 1868	7.50	12.26	61.16
1869	8.10	16.36	49.15
1870	8.00	16.56	48.47
1871	8.49	17.69	48.00
1872	8.74	18.01	48.52
1873	10.07	17.45	57.71

a) In der ersten Periode (1848—1855) steigen Production und Consum ziemlich gleichmässig, d. h. der inländische Bedarf an Roheisen wird von der heimischen Production bis auf einen minimalen Bruchtheil vollständig gedeckt; Einfuhr und Ausfuhr bilanciren sich nahezu.

b) Im Triennium 1856—1858 mit dem kräftigeren Eisenbahnenbau stieg die Production um nur $9/_{10}$, der Consum dagegen um mehr als $3\frac{1}{3}$ Millionen Centner, welcher selbstverständlich durch den Import gedeckt werden musste. In diesen drei Jahren überstieg die Einfuhr an Roheisen jene der Ausfuhr um mehr als $6\frac{1}{2}$ Millionen Centner.

c) Während der neunjährigen Periode vom Jahre 1859—1867 wird der inländische Bedarf durch die heimische Production in der Regel vollständig gedeckt, die Schwankungen sind unbedeutend. Allerdings ist die Production nahezu stationär, der Consum in den letzten drei Jahren sogar im progressiven Fallen; jedenfalls ist für diese Zeit kein Aufschwung in der Eisenindustrie zu verzeichnen.

d) In der letzten sechsjährigen Periode vom Jahre 1868—1873 ist die inländische Production von $7\frac{1}{2}$ auf über 10 Millionen, der Consum von $12\frac{1}{4}$ auf nahezu $17\frac{1}{2}$ Millionen gestiegen; den grössten Sprung bemerkt man vom Jahre 1867 auf 1868, in welcher Zeit die Production zwar um $1\frac{1}{5}$ Million sich steigerte, aber der Consum von 6.1 auf über 12.2 Millionen plötzlich gestiegen ist. Der namentlich durch den in riesigen Dimensionen wachsenden Eisenbahnbau — vom Jahre 1867 bis Ende 1872 wurden in Oesterreich-Ungarn

über tausend Meilen Bahnen gebaut — hervorgerufene
Consum an Eisen hatte einen Import in den sieben Jahren
(1868 bis inclusive 1874) zur Folge, welcher den Export aus
dem Kaiserstaate um mehr als $44^3/_5$ Millionen Centner überwog,
und einen Gesammtwerth von nahezu 340 Millionen Gulden repräsentirt. Es wurden im Jahresdurchschnitt der letzten sieben
Jahre alljährlich über 6,357.000 Centner im Werthe von
fl. 48.570.000 importirt, und im Jahresdurchschnitt um $18^1/_6$ Millionen Gulden exportirt. In diesen sieben Jahren betrugen (in
Millionen Gulden)

	der Import	der Export
1868	31.29	13.62
1869	50.42	15.21
1870	51.65	14.16
1871	59.85	17.18
1872	63.78	17.46
1873	53.85	18.97
1874	29.12	30.56
	339.96	127.16
daher im Jahresdurchschnitt	48.56	18.16

Dass die inländische Eisenindustrie unter dieser erdrückenden Einfuhr schwer leidet und gegenwärtig in einer hilfebedürf-
tigen Situation sich befindet, lässt sich nicht bestreiten; ebenso,
dass der gegenwärtige Zustand in die Länge nicht dauern kann
und darf, soll nicht eine der festesten Grundlagen des nationalen
Wohlstandes bis in's innerste Mark ihrer Existenz gefährdet
werden. Wohl aber lässt sich über die Mittel, welche für
die Hebung der österreichischen Eisenindustrie angewendet
werden sollen, discutiren, und reiflich erwägen, ob diese Situation in der gegenwärtigen Zoll- und Handelspolitik ihren Grund
habe, oder ob nicht andere Momente schwerwiegend hierbei
auch in Frage kommen. *Videant consules!*

Unter den grossen Producenten und Consumenten von
Eisen nimmt Oesterreich-Ungarn erst die sechste Stelle
ein, was auf die volkswirthschaftliche Bedeutung des Staates
schliessen lässt. Es producirten im Jahre 1871 in Millionen
Centnern:

Grossbritannien	134.6	das ist per Kopf	423 Pfund
Nordamerika	47.0	" " " "	122 "
Deutschland	33.3	" " " "	81 "

Belgien . . . .   11.$_3$ das ist per Kopf 73 Pfund
Frankreich . . . .   23.$_6$ „ „ „ „ 62 „
Oesterreich-Ungarn .   8.$_5$ „ „ „ „ 24 „

Stein- und Braunkohle. Mit dem Steigen der industriellen Production, namentlich mit dem Wachsen der Roheisen-Production und des Eisenbahnbaues ist die Production an mineralischer Kohle in grossen Dimensionen gestiegen.

Während sie im Jahresdurchschnitt des Decenniums 1819 bis 1828 nur 2.$_3$ Millionen Centner, des Decenniums 1829 bis 1838 nur 4.$_7$ betragen hatte, stieg sie im nächsten Decennium 1839—1847, in welchem Zeitraume schon Eisenbahnen in der Länge von 150 Meilen befahren wurden, auf 12.$_{18}$ Millionen Centner. Mit der Entwicklung des Eisenbahnbaues und der Roheisenproduction stieg die Förderung der Kohle; diese drei Factoren stellen sich folgender Art:

Jahr	Meilen Eisenbahnen	Roheisen und Kohle	(in Millionen Zollctr.)
1848	155.$_{40}$	3.$_{86}$	18.$_{77}$
1851	216.$_{59}$	4.$_{04}$	23.$_{92}$
1861	652.$_{09}$	6.$_{31}$	81.$_{30}$
1871	1533.$_{04}$	8.$_{63}$	200.$_{96}$
1873	2145.$_{06}$	10.$_{07}$	237

Es entfällt sonach im Jahre 1873 eine Kohlenförderung von 632 Pfund per Kopf der Bevölkerung, was relativ zwar noch immer wenig ist; denn es entfallen (im Jahre 1872) per Kopf in: England 7887, in Belgien 6156, in Nordamerika 2147, in Deutschland 2061, in Frankreich 872 Pfund; nur in Russland ist diese relative Ziffer kleiner als in Oesterreich, wo trotz des immensen Aufschwunges um 315 Percent vom Jahre 1866 bis 1872 (von 5.$_3$ auf 21.$_{94}$ Millionen Centner) nur 27 Pfund per Kopf entfallen.

An der Gesammtproduction der mineralischen Kohle, welche für das Jahr 1872 auf ungefähr 5126 Millionen Centner berechnet wird, hatte Oesterreich-Ungarn einen Antheil mit etwas mehr als vier Percent, während England mit mehr als 2500 Millionen Centnern nahezu 49 Percent, Deutschland mit ungefähr 846 (845.$_3$) Millionen Centnern über 16$\frac{1}{2}$ Percent, Nordamerika mit 830 Millionen Centnern an 16$\frac{1}{5}$ Percent, Frankreich mit 320 und Belgien mit 314 Millionen Centnern je über sechs Percent daran theilnehmen.

Im Jahre 1873 wurden zu Tage gefördert (Wiener Centner):

	Steinkohlen	Braunkohlen
in Böhmen	45,145.466	64,132.874
„ Niederösterreich . . . . · . . .	901.157	747.537
„ Oberösterreich . . . . ·.	15.459	5,232.247
„ Mähren	9,165.460	1,828.562
„ Schlesien	19,284.751	14.302
„ Steiermark . . . . ·	84.461	25,931.804
„ Krain	—	2,745.511
„ Galizien	5,526.718	98.442
„ Tirol . . . . · . . .	—	422.546
„ Kärnten	—	1,350.125
„ Dalmatien	—	140.520
„ Istrien	—	621.700
	80,123.472	103,266.170

d. i. zusammen in Zollcentnern . . .	205,396.399	
im Jahre 1872 . . . . · . . .	74,056.339	86,123.260
in Ungarn im Jahre 1872	11,451.800	16,869.829
d. i. zusammen in Zollcent- nern (Ungarn 1872) } . . .	31,720.224	

Die gesammte Production wurde von Privaten zu Tage gefördert, mit Ausnahme der ärarischen von 421.510 zu Hall in Tirol.

Die Grubenpreise betrugen (in Kreuzern) im Jahre 1873 per Wiener Centner:

	bei Steinkohle	bei Braunkohle
in Böhmen	26.7	10.48
„ Niederösterreich	42.0	20.4
„ Oberösterreich	54	16.5
„ Mähren	32.7	11.3
„ Schlesien	33.5	10.7
„ Steiermark	45.1	23.93
„ Galizien	19	13.7
„ Tirol	—	44.3
„ Kärnten	—	27.2
„ Krain	—	19.5
„ Dalmatien	—	42.4
„ Istrien	—	44
Im Durchschnitt	28.7	14.7

		bei der Braunkohle fl.	bei der Steinkohle fl.
Der Geldwerth der geför- derten Producte betrug . .	1872	12,148.710	21,104.300
	1873	15,203.893	23.014.428

Die im Jahre 1873 eingehobenen Bergwerks-Abgaben in Oesterreich beliefen sich auf: 1,652.460 Gulden, darunter als Einkommensteuer: 1,325.511, an Massen-Gebühren 120.773, und an Freischurf-Gebühren 206.175 Gulden.

Bei sämmtlichen Bergbau-Unternehmungen (mit Ausschluss des Salzbergbaues) wurden Arbeiter beschäftigt:

	1872	1873
beim Steinkohlenbergbau	37.232	38.844
„ Braunkohlenbergbau	24.645	27.898
„ Eisensteinbergbau	10.535	11.028
bei den übrigen Bergbauen	14.316	13.353
	86.728	91.123
beim Hüttenwesen, u. z.		
bei der Roheisen-Gewinnung	10.069	9.795
bei anderen Rohmetallen	2.104	1.501
	12.173	11.296
beim Bergbau und Hüttenwesen	98.901	102.419

b) Industrie.

§. 59. Behandlung des statistischen Materials.

Die Gesammtheit der menschlichen Thätigkeit, durch welche allein, oder mit Beihilfe von Naturkräften oder Maschinen irgend ein Stoff eine Werthszunahme, eine Veredlung erfährt, heisst Industrie.

Die Statistik der Industrie ist die schwierigste, wohl auch noch der unvollständigste Zweig der allgemeinen Statistik; an die Vollständigkeit und Verlässlichkeit der diesbezüglichen Ziffern ist oftmals kaum zu denken, was mehrfach seinen Grund in der Natur des Gegenstandes selbst hat. Uebrigens gibt es für den Statistiker, dessen Forschungen auf Zustände gerichtet sind, welche täglichem Wechsel unterliegen, ohnehin keine absolute Richtigkeit, er muss letztere in der Approximation, in der Annäherung an die Richtigkeit suchen. Ist die Approximation mit Anwendung einer möglichst sachgemässen Combination erfolgt — und den Weg der Combination muss der Statistker in fast allen Richtungen verfolgen, wenn er den ziffermässigen Ausdruck für die Verhältnisse nach einem verlässlichen Massstabe finden will —; so drückt diese Approximation das der Forschung unterzogene Verhältniss in einer Weise aus, welche für die sich daran knüpfenden statistischen Folgerungen vollkommen genügt, und sie ist zugleich für eine gegebene Periode der allein dauernde Ausdruck der im steten Flusse begriffenen Thatsachen.

Die Industrie-Statistik gliedert sich nach einer zweifachen Thätigkeit:

1. Die Eintheilung der industriellen Production nach den verschiedenen Zweigen der gewerblichen Erzeugung;

2. die Erhebung und Bewerthung jener Elemente, deren Kenntniss nothwendig ist, um Einsicht in die Bedingungen und Ergebnisse der industriellen Production und dadurch in die Bedeutung, in den Umfang, in die volks- und staatswirthschaftliche Wichtigkeit der einzelnen Productionszweige zu gewinnen.

1. Die Industrie beschäftigt sich mit der Verarbeitung von Rohproducten. Hier tritt die erste Schwierigkeit entgegen, denn es ist nicht leicht, jederzeit und bestimmt anzugeben, was ein „Rohproduct" im Gegensatze zu einem „Industrieproducte" sei, d. h. wenn ein Product aufhört, zu den Rohproducten zu zählen, und beginnt, unter die industriellen Erzeugnisse gereiht zu werden. Die im „praktischen Leben" darüber gangbaren Begriffe sind sehr unsicher und schwankend; doch gewährt auch die Theorie keine so scharfe und präcise Scheidung, dass sie feststehend die Prüfung der strengen Logik aushielte. Im Allgemeinen nennt man Rohproduct ein Erzeugniss, welches die Naturkraft in ihrer organischen oder unorganischen Aeusserung hervorgebracht hat. Um jedoch ein solches „Erzeugniss der Naturkraft" zum menschlichen Gebrauche geeignet zu machen, muss in der Regel noch die menschliche Thätigkeit hinzutreten. Hat nun dieses „Erzeugniss der Naturkraft" dadurch aufgehört ein Rohproduct zu sein und ist es ein Industrieproduct geworden? z. B. das „gedroschene" Getreide, der „geschwungene" Flachs, der gefällte rohe Baumstamm, die abgehaspelte Seide u. s. w. — Oder, welcher Art muss die menschliche Thätigkeit sein, damit sie, auf das Natur-Erzeugniss verwendet, die Natur desselben als Rohproduct nicht ändert — und welcher Art ist die mensch-

liche Thätigkeit, welche Industrie-Erzeugnisse hervorbringt? — In der Statistik hat man sich dahin geeinigt, dass ein Natur-Erzeugniss seine Eigenschaft als Rohproduct noch immer bewahrt, wenn es (in der Regel von der Hand des Producenten) nur eine solche (mechanische) Zubereitung oder Herrichtung erhält, welche erforderlich ist, um es „allgemein verkäuflich" zu machen; dass aber jede weitere Verarbeitung, welche das Rohproduct darüber hinaus erfährt, es zu einem Industrie-Erzeugnisse gestaltet. Doch erleidet auch diese Eintheilung noch Ausnahmen.

Bei der Schwierigkeit einer vollständig entsprechenden Sonderung der Rohproducte von den Industrieproducten hat man eine Eintheilung der Industrieproducte nach dem verwendeten Rohstoffe versucht. Es wurden drei grosse Gruppen nach den früher gebräuchlichen „drei Naturreichen" (Mineral-, Pflanzen-, Thierreich) zur Grundlage genommen, diese sodann in Classen, die letzteren in Sectionen getheilt, wobei die Verwendung des Rohstoffes, welche er in einzelnen Industriezweigen findet, berücksichtigt wurde.

Diese Einthielung stösst jedoch auf grosse Schwierigkeiten. Denn zwischen einer dem strengen Gesetze wissenschaftlicher Systematik folgenden Eintheilung und einer solchen, welche das Bedürfniss technisch-administrativer Praxis oder gewerbliche Ausstellungen zunächst berücksichtigt, besteht eine Kluft. So viel aber steht fest, dass man, ohne eine wissenschaftliche Systematik als Ariadne-Faden zu haben, aus dem Labyrinthe industrieller Productionen keinen Ausweg findet.

Gegenwärtig ist so ziemlich allgemein das von der kaiserlich-königlichen österreichischen Statistik auf dem Wiener statistischen Congresse vorgeschlagene und angenommene Eintheilungs-Schema in Anwendung. Darnach werden die industriellen Erzeugnisse an sich, nicht aber die Gewerbe oder gewerblichen Anstalten in Gruppen, Classen u. s. w. eingetheilt.

Jede der acht „Gruppen" umfasst eine Hauptabtheilung der industriellen Production, welche sich in natürlicher Reihenfolge an einander fügen, nämlich: 1. Maschinen, Werkzeuge, Transportmittel und Instrumente; 2. Erzeugnisse aus nichtmetallischen Mineralien; 3. Metalle und Metallwaaren; 4 chemische Producte; 5. Nahrungsmittel und sonstige Verzehrungssteuer-Gegenstände; 6. Garne, gewebte, gewirkte und dergleichen Stoffe, dann Arbeiten aus denselben; 7. Arbeiten aus sonstigen organischen Stoffen; 8. Erzeugnisse der Bau- und Kunstgewerbe.

Beruht die Eintheilung dieser „Gruppen" mehr auf einer theoretischen, die Uebersichtlichkeit fördernden Grundlage, so bilden die 34 „Classen", in welche die Gruppen eingetheilt sind, die selbstständigen, der technischen und administrativen Praxis entsprechenden Abtheilungen, die eigentlichen Grundpfeiler dieser ganzen Eintheilung. Den Eintheilungsgrund bildet der Gegenstand der Production. — Die Classen zerfallen schliesslich in 185 Unterabtheilungen.

Obige Gruppen zerfallen in folgende Classen:

I. Gruppe: 4 Classen (1. Motoren; 2. Transportmittel; 3. Arbeitsmaschinen, Apparate und Werkzeuge; 4. Instrumente für Gewerbe, Kunst und Wissenschaft);

II. Gruppe: 3 Classen (5. Thonwaaren; 6. Glas und Glaswaaren; 7. Arbeiten aus Stein und Erde);

III. Gruppe: 4 Classen (8. Eisen und Eisenwaaren; 9. sonstige unedle Metalle; 10. edle Metalle; 11. Metall-Leguren);

IV. Gruppe: 4 Classen (12. Chemikalien im engeren Sinne; 13. Fettwaaren, Leucht- und Zündstoffe; 14. Farbwaaren; 15. sonstige chemische Erzeugnisse);

V. Gruppe: 4 Classen (16. animalische, 17. vegetabilische Nahrungsstoffe; 18. Getränke; 19. Tabakfabricate);

VI. Gruppe: 8 Classen (20. Garne und Gewebe aus Seide; 21. aus Schafwolle; 22. aus verschiedenen Thierhaaren; 23. aus Flachs und Hanf; 24. aus Baumwolle; 25. Webwaaren aus verschiedenen Garnen; 29. gewirkte, genetzte, geklöppelte, gestickte Stoffe; 27. Arbeiten aus diesen Stoffen);

VII. Gruppe: 5 Classen (28. Leder und Lederwaaren; 29. aus Pelzwerk und anderen animalischen Stoffen; 30. Papier und Papierarbeiten; 31. aus Stroh, Bast, Kautschuk, Guttapercha; 32. aus Holz und sonstigen Stoffen);

VIII. Gruppe: 2 Classen (33. Erzeugnisse der Baugewerbe; 34. der Kunstgewerbe).

2. Schwieriger ist die Erhebung der Menge und des Werthes der Erzeugnisse eines jeden Industriezweiges, und die Zusammenstellung der gesammten industriellen Thätigkeit

eines Landes. Die Industrie ist eines der belangreichsten Elemente der Staatskräfte eines Landes und seines volkswirthschaftlichen Lebens. Die Kenntniss der Bedeutung der Industrie wird aber nur möglich durch Kenntniss der industriellen Thatsachen; diese aber setzt die Kenntniss der Bedingungen der industriellen Production der hiefür verwendeten Rohstoffe, Naturkräfte und Menschenkräfte voraus.

Es ist schwierig, die benöthigten Nachweisungen über diese Bedingungen der Production in verlässlicher Weise sich zu beschaffen. Unmittelbare Erhebungen führen höchst selten zum Ziel, weil ein grosser Theil der Industriellen — durch mannigfache Interessen, wohl auch durch Vorurtheile bestimmt — die Angaben entweder gänzlich verweigert, oder dieselben nur sehr ungenau und unvollständig macht. Nachweise über verschiedene Beschäftigungen der kleinen und der Hausindustrie, deren Production für das Totalergebniss eines Landes immerhin beachtenswerth ist, sind nach der Natur der Verhältnisse fast gar nicht zu erhalten.

Die Nachweisungen, welche von den Industriellen gegeben werden, benöthigen somit in der Regel einer eingehenden, sachgemässen Controle, sollen nicht die augenfälligsten Widersprüche, wie man solchen leider in so mancher „Statistik" begegnet, vorkommen. Um diese Controle dem Gegenstande entsprechend vorzunehmen, sind vor Allem dem Industrie-Statistiker gewisse technische Kenntnisse nothwendig. So lassen sich z. B. aus der Kraft der Motoren, aus der Menge des verbrauchten Brennstoffes Schlüsse auf die in Bewegung gewesenen Maschinen und das daraus genommene Erzeugniss ziehen; — bei manchen Productionszweigen ist die „Zahl der Arbeiter" so entscheidend, dass auf dieser Basis allein der Werth der Erzeugnisse berechnet werden kann; — kennt man die Menge der verwendeten Rohproducte oder Halbfabricate, so ist bei manchen Industrien das vollständig ausreichend. Sind Motoren, Arbeitsmaschinen, Arbeiter und Rohstoff bekannt, so lässt sich mit Benützung der technischen Praxis die Menge der erzeugten Producte so weit annähernd berechnen, wie sie für statistische Zwecke benöthigt wird. Die Berechnung des Werthes unterliegt keiner Schwierigkeit.

Bei der Controle vorliegender Daten, oder bei der Aus-
füllung unvollständiger Ausweise tritt die Rücksicht auf technische Praxis in den Vordergrund. In jedem Industriezweige
bildet irgend ein Element die „technische Einheit", so z. B.
bei der Spinnerei die Spindel, bei der Weber-Industrie der Webstuhl, bei Thonwaaren der Ofen, beim Glase der Hafen und
die Fritte, bei der Maschinenfabrication der Arbeiter, bei der
chemischen Fabrication der Rohstoff u. s. w. Aus der technischen Einheit kann fachmännisch mit ziemlicher Wahrschein-
lichkeit die Menge der Production berechnet werden, wobei
gegebene Factoren (z. B. das Verhältniss der Arbeitsmaschinen
zu der Verarbeitung des Rohstoffes und zur Zahl der Arbeiter)
einen Massstab für die Controle der ausgeführten Berechnung
gewähren.

Ueberdies gibt es noch mehr Wege und Mittel, die von
den Industriellen gelieferten Daten zu controliren und zu com-
pletiren; insbesondere seitdem durch die Rechnungslegung der
auf Actien betriebenen Industrie-Etablissements ein genauer Einblick in das ganze Getriebe eines Unternehmens gewonnen
ward, und einer gründlichen technischen Bildung des control-
lirenden Fachmannes keinerlei Geheimthuerei den Weg mehr
verlegen kann.

Einzelne Handelskammern des Reiches haben recht an-
erkennenswerthe statistische Bearbeitungen ihrer Kammerbezirke,
oder einzelner Productionszweige geliefert; auch seitens der
Regierung sind einige Zweige und Perioden der industriellen
Production statistisch dargestellt zur Veröffentlichung gelangt;
allein derlei vereinzelte Arbeiten gewähren kein genaues, über-
sichtliches Bild von der Entwicklung, Leistungsfähigkeit und
wirklichen Leistung der gesammten industriellen Thätigkeit.
Thatsache ist, dass eine verlässliche, umfassende Industrie-
Statistik zur Stunde in Oesterreich noch fehlt; dass nur die
Handelsausweise über Import und Export von Hilfsstoffen für
die Industrie, von Halb- und Ganzfabricaten die allgemeine
industrielle Bewegung beleuchten; dass auf Grund der nicht
überall ausreichenden Daten vielfach der Weg der Combination
betreten werden muss.

§. 60. *Die Zoll- und Handelspolitik*

Gegenwärtig bewegt die Frage, ob die in Oesterreich etablirten Industrien unter den dermalen bestehenden Zollverhältnissen der Concurrenz des Auslandes gewachsen sind, — die industriellen und commerciellen Kreise, sowie auch „theoretische" Nationalökonomen. Die „Gesellschaft österreichische Volkswirthe" hatte Anfangs April 1875 den „ersten volkswirthschaftlichen Congress" in Wien abgehalten, auf welchem „die Valutafrage", die „Bankfrage", die „Principien der Steuerreform", die „Eisenbahntarife" und die „Zoll- und Handelsverträge" Oesterreich-Ungarns mit dem Auslande in motivirten Gutachten vorgelegt und berathen worden sind.* Begreiflich war der Kampf um die einzuschlagende Zollpolitik der lebhafteste; „Schutzzöllner" und „Freihändler" standen sich mit dem ganzen Arsenal umfassenden theoretischen Wissens, praktischer Erfahrung und allem Aufwand einer überzeugungslustigen Beredsamkeit gegenüber. Ob das in der Abstimmung, d. h. in der Annahme der von den „Schutzzöllnern" vorgeschlagenen Resolutionen zum Ausdruck gelangte Resultat des Congresses auf die Regierung von bestimmendem Einflusse sein werde, mag unerörtert gelassen werden, wie überhaupt in vorliegender Schrift die erwähnte Streitfrage nicht discutirt werden soll. Wir haben es vorderhand nur mit der Constatirung der Thatsachen zu thun; Folgerungen und Schlüsse aus diesen Thatsachen zu ziehen, dieselben als nationalökonomische Sätze

---

* Die einzelnen Referate wurden geliefert: über die „Valutafrage" von Dr. Theod. Hertzka; die „Bankfrage" von Max Wirth und Dr. v. Dorn; über die „Steuer-Reform" von Dr. v. Höfken und Dr. Emil Sax; die „Eisenbahntarife" von Dr. v. Bilinsky; die „Zoll- und Handelsverträge" von (den Freihändlern) Max Baron Kübeck und F. Buchaczek, dann von den (Schutzzöllnern) Dr. A. Peez und Dr. Max Menger. Sehr schätzenswerth ist die gediegene Arbeit des rühmlich bekannten Herausgebers des „Compass", Gustav Leonhardt, über das „österreichisch-ungarische Handelsbündniss", welche nebst einem Elaborate über die „Eisenindustrie" zur Vertheilung gelangte. Diese fachmännischen Arbeiten sind im vorliegenden Werke mehrfach zu Rathe gezogen und benützt worden; sie verdienen die Beachtung eines Jeden, der sich über die einschlägigen Verhältnisse in Oesterreich unterrichten will.

der Beachtung massgebender Kreise zu empfehlen, ist nicht die Aufgabe dieser Arbeit. Die Statisik der Industrie stellt die Diagnose des industriellen Zustandes fest; — die National-ökonomie mag die Therapie dieser Zustände in die Hand nehmen.

Blicken wir auf den Weg, welchen Oesterreich in den letzten 25 Jahren in der Zoll- und Handelspolitik gegangen ist. Am 1. Juli 1851 war die Zwischenzolllinie, welche, im Jahre 1793 „zur Verbesserung der ungarischen Finanzen" aufgerichtet, zwischen Oestereich und Ungarn bestanden und unter dem herrschenden Prohibitivsysteme die Entwicklung der Industrie sicherlich nicht gefördert hatte, gefallen. Damit öffnete sich der österreichischen Industrie ein weites Gebiet sowohl für den zollfreien Bezug vieler Rohstoffe, als auch für den zollfreien Absatz ihrer Erzeugnisse. War der Verkehr zwischen den beiden Reichstheilen schon während des Bestandes der Zwischenzolllinie ein ansehnlicher, so musste er sich nach Beseitigung dieses Hemmnisses naturgemäss erhöhen.

Mit dem Fallen dieser Zollschranke fiel auch das Pro-hibitvsystem. Am 1. Februar 1852 trat der Zolltarif vom 6. November 1851 in Wirksamkeit; an Stelle des Prohibitiv-das Schutzzollsystem. Die Einfuhr fremder Fabricate wurde zwar gestattet, aber hohe Zölle bildeten die schwer zu über-steigende Schranke und „schützten" die inländische Industrie vor zu starkem Import. Der zweite „Schutz" bestand darin, dass die Eingangszölle für Roh- und Hilfsstoffe der Industrie, sowie die Ausgangszölle auf Fabricate auf ganz unbedeutende Beträge herabgesetzt wurden. Durch den Beitritt Liechten-steins, welches zeitweise ein bedenkliches Schmuggel-Depôt für Schweizer Fabricate bildete, zum österreichischen Zollverbande, und durch die Verträge mit den früheren italienischen Herzog-thümern Modena und Parma (1. Februar 1853) wurde das Zollgebiet noch erweitert.

Der Abschluss des Zoll- und Handelsvertrages mit den Staaten des deutschen Zollvereins (19. Februar 1853) erleichterte der österreichischen Industrie den Bezug vieler Industrie-Erzeugnisse, Roh- und Hilfsstoffe und eröffnete einen neuen Markt für ihre Waaren.

Der Zolltarif vom 5. December 1853 beseitigte die Eingangszölle für die meisten Rohstoffe der Fabrication und nahezu alle Ausgangszölle. In den Jahren 1856 und 1858 traten weitere Zollermässigungen in Wirksamkeit.

Seit der Beseitigung des Prohibitivsystems hatte die österreichische Industrie unverkennbare Fortschritte gemacht und auf den Industrie-Ausstellungen zu London und Paris „glänzende Erfolge" errungen. Desshalb schritt die Regierung auf dem betretenen Wege der Zollreform vorwärts. Der Zoll- und Handelsvertrag mit den deutschen Zollvereinsstaaten vom 11. April 1865 führte Erleichterungen im internationalen Verkehre ein. Nun folgte die Epoche der Abschliessung jener Handelsverträge, welche von den Anhängern des „Schutzes der heimischen Industrie" so perhorrescirt werden, dass deren Nicht-Erneuerung, eventuell Kündigung als ein dringendes Postulat hingestellt wird; diese „Resolution" ist vom „ersten Congresse österreichischer Volkswirthe" mit einer erdrückenden Majorität angenommen worden. Es sind dies die Handelsverträge: mit Grossbritannien (vom 16. December 1865 und der „Nachtrags-Convention" dazu vom 30. December 1869), — mit Frankreich vom 11. December 1866, — mit Belgien vom 23. Februar 1867, — mit den Niederlanden vom 26. März 1867, — mit Italien vom 23. April 1867, — mit den deutschen Zollvereinsstaaten vom 9. März 1868, — mit der Schweiz vom 14. Juli 1868, — ferner mit der Republik Liberia, mit Spanien, Portugal, Norwegen und Schweden. In diesen Verträgen wurde die „gegenseitige Behandlung auf dem Fusse der meistbegünstigten Nation" zugestanden.

Durch die erwähnten Handelsverträge ist seit dem Jahre 1865 thatsächlich eine neue handelspolitische Richtung eingeschlagen worden, und es drängen sich nun die Fragen auf: Können die verschiedenen Zweige der österreichischen Industrie — in erster Reihe die Eisen- und die Textil-Industrie — unter den durch die bestehenden Handelsverträge gegebenen Bedingungen gedeihen oder nicht? Ist die im Jahre 1865 eingeschlagene Richtung der österreichischen Handels- und Zollpolitik die richtige, oder soll dieselbe verlassen werden? — Dass die Antworten auf diese Fragen nicht einseitig blos nach theoretischen Principien, sondern nach realen Resultaten der bisherigen Entwicklung der Industrie und des Handelsverkehrs zu geben sind, ist selbstverständlich: die Realpolitik, die Politik der Interessen des eigenen Landes ist gerade auf dem Gebiete der Volkswirthschaft eine unabweisbare Nothwendigkeit. Diese aber zeichnen klar den Weg.

Eines darf nicht unerwähnt gelassen werden, was auch von Fachmännern, an deren Sachkenntniss ebenso wenig, wie an deren Uneigennützigkeit und Reinheit der Absichten zu zweifeln ist, offen ausgesprochen wurde.* Die Annahme des Systems des höheren Schutzzolles in Oesterreich führt gerechter- und consequenterweise zur Annahme des selbstständigen Zollgebietes von Ungarn. Die österreichische Fabriksindustrie schlösse zwar die Concurrenz des Auslandes von ihrem Gebiete aus, — sie verlöre aber gleichzeitig Ungarn, den bedeutendsten und sichersten Consumenten ihrer Artikel. Der Verlust wäre jedenfalls grösser als der Gewinn; der Verfall der Industrie in Oesterreich die sichere Folge davon.

Die österreichische Industrie ist aber auch der grösste und sicherste Consument ungarischer Rohproducte; eine Schwächung der österreichischen Industrie müsste eine bedeutende Rückwirkung auf die ungarischen Productionsverhältnisse ausüben. — Es müssen also alle diese Wechselbeziehungen gründlich erwogen und berücksichtigt werden.

Theilen wir den oben erwähnten Zeitraum in drei durch die Zollpolitik naturgemäss getrennte Perioden:

a) Vom Jahre 1831—1851, d. i. 21 Jahre, unter den Prohibitivzöllen,

b) vom Jahre 1852—1865, d. i. 14 Jahre, unter den Hochschutzzöllen,

c) vom Jahre 1866—1874, d. i. 9 Jahre, seit dem Abschluss der Handelsverträge mit England und den Continentalstaaten,

und betrachten den Import und Export mit Ausschluss der Edelmetalle in diesen Perioden (in Millionen Gulden):

---

* Darunter verweisen wir auf Moriz Wahrmann, Kaufmann in Pest, eines der hervorragendsten Mitglieder und der bedeutendste Vertreter der commerziellen Interessen im ungarischen Parlamente.

	Einfuhr	Ausfuhr	Ueberschuss der	
			Einfuhr	Ausfuhr
a) 1831—1841	1384.7	1265.2	119.55	—
1841—1850	1690.7	1560.5	130.2	—
1851	152.5	163.9	—	11.4
Summe in 21 Jahren .	3228.2	2989.6	238.6	—
b) 1852—1865				
Summe in 14 Jahren .	3318.3	3670.8	—	352.5
c) 1866 (Kriegsjahr) . .	217.9	329.5	—	112.6
1867	294.3	407.4	—	113.1
1868—1874	3541.4	2993.9	547.6	—
Summe in 9 Jahren .	4053.6	3730.7	321.9	—

Die abgeschlossenen Handelsverträge üben ihren Einfluss
erst seit 1868 aus; desshalb haben wir die sieben Jahre 1868
bis einschliesslich 1874 abgesondert behandelt; in dieser
Periode betrug der Werth der Mehreinfuhr 547.6 Millionen
Gulden.

Um einen richtigen Einblick in diese Handelsbewegung
zu gewinnen, wie er für die Charakterisirung der österreichischen
Industrie nothwendig ist, scheiden wir aus obigen allgemeinen
Summen sowohl bei der Einfuhr, als bei der Ausfuhr die
Roh- und Hilfsstoffe der Industrie, und die Fabricate
aus und betrachten den Handelsverkehr in denselben. Darnach ergibt sich für die Zeit von 1865—1874 folgendes Resultat
(in Millionen Gulden):

	Roh- und Hilfsstoffe		Einfuhr		Fabricate		Ausfuhr	
	Einfuhr	Ausfuhr	mehr	weniger	Einfuhr	Ausfuhr	mehr	weniger
1865	99.3	110.6	—	11.3	118.8	189.0	70.2	—
1866	92.0	100.9	—	8.9	91.0	185.3	94.3	—
1867	109.0	96.7	12.3	—	143.4	232.3	88.9	—
1868	118.1	104.4	13.7	—	216.9	230.4	13.5	—
1869	115.3	91.2	24.1	—	254.1	272.6	18.5	—
1870	113.7	86.7	27.0	—	262.9	258.3	—	4.1
1871	149.5	104.6	44.9	—	328.0	302.6	—	25.4
1872	145.5	94.1	51.4	—	375.5	265.1	—	110.4
1873	129.5	124.0	5.5	—	352.6	266.1	—	86.5
1874	205.6	122.6	83.0	—	297.8	247.5	—	50.3

Bei den Roh- und Hilfsstoffen für die Industrie begann
somit die überwiegende Mehreinfuhr im Jahre 1867, die
Mehreinfuhr der Fabricate datirt seit dem Jahre 1870 und

sind diese Mehreinfuhren seit den bezeichneten Perioden constant geblieben.

Mit Ausnahme des abnormalen Jahres 1873 ist der Import von Roh- und Hilfsstoffen für die Industrie ein stetig steigender gewesen. Die österreichische Industrie, welche diese Stoffe importirte, hatte sie ohne Zweifel nur zur Verarbeitung, nicht „auf Lager" eingeführt; die industrielle Arbeit, die industrielle Production seit dem Jahre 1865 ist demnach gestiegen. Dies ergibt sich auch aus dem seit 1865 ansehnlich gestiegenen Exporte österreichischer Fabricate, welche vom Auslande gekauft, also preiswürdig und concurrenzfähig befunden worden sind. Von einem Rückgang der industriellen Production in Oesterreich seit dem Abschlusse der „unheilvollen Handelsverträge" kann somit nicht gesprochen werden; unbestreitbare Thatsachen, in Ziffern ausgedrückt, widerlegen die Behauptung von einem „Niedergange der Production".

Andererseits ist es ebenso unbestreitbar, dass einige Industriezweige Oesterreichs mit den gleichartigen Industriezweigen anderer hochentwickelter Productionsstaaten zu concurriren gegenwärtig nicht in der Lage sind, u. z. aus Gründen, deren Beseitigung nicht in der Macht der Industriellen liegt. Der österreichische Fabrikant leidet an „theurem Geld", an den „Valutaschwankungen", an der Strenge der „Bauvorschriften", welche ihm die Anlage der Fabriken unverhältnissmässig vertheuern, an der übermässigen Höhe der „Kohlenpreise" und an den hohen „Eisenbahn-Frachttarifen", an relativ hoher „Besteuerung einzelner Industriezweige" und an einer lästigen Steuercontrole, an dem nicht zeitgemässen (nach dem Principe der „Theilung der Arbeit") geregelten Vertriebe seiner Erzeugnisse, an zu vielen „Feiertagen", an geringerer Vorbildung des „Arbeiterpersonals" und noch einigen derartigen Hemmnissen. Bessere Credit-, Fracht- und Arbeitsbedingungen werden die einheimische Industrie wirksamer, weil naturgemäss und von innen heraus, kräftigen und stärken, als die vermeintliche Panacée für alle Schwächen und Sünden — ein „hoher Schutzzoll".

Wie aber bis zu jener Zeit, in welcher wenigstens einige der obgenannten Hemmnisse der Industrie beseitigt sein werden, die Einzelposten in den Zollverträgen zu fixiren sind, das lässt sich nur durch genauen Einblick in die Existenz- und Arbeitsbedingung des einzelnen Industriezweiges ermitteln. An den Industriellen selber liegt es, Wahrheit und Klarheit in die Sache zu bringen, durch sachgemässe, aber nicht übertriebene Schilderungen jene Informationen den „massgebenden Kreisen" zu bieten, welche zur Wahrung der einheimischen materiellen Interessen unbedingt nothwendig sind.

§. 61. Uebersicht der einzelnen Industriezweige.

Die Industrie in Oesterreich hat in den 25 Jahren unbestreitbare Fortschritte gemacht, welche die relativ kleinen Fortschritte in der Landwirthschaft beiweitem überwiegen. Allerdings herrscht hierin noch eine grosse Verschiedenheit unter den einzelnen Ländern. In Böhmen, Mähren, Niederösterreich und Schlesien ist das Fabriks- und Manufacturwesen bereits sehr blühend; diesen zunächst stehen Vorarlberg, Steiermark und Oberösterreich. In anderen Provinzen sind zwar grössere Fabriksunternehmungen noch seltener, aber das gewöhnliche Handwerk, das „Kleingewerbe" ist in ausreichender Anzahl vertreten; in Galizien, der Bukowina und in Dalmatien kommt hingegen selbst das Kleingewerbe nicht hinreichend vor.

Auch in Ungarn, das bis jetzt unter die Industrieländer noch nicht eingereiht werden kann, hat in den letzten Jahren die Industrie sowohl an Umfang, als an Ausdehnung zugenommen. Im Allgemeinen wird die Verarbeitung der Rohstoffe überwiegend gewerbsmässig betrieben; die Zahl der Fabriken, sowie der in Verwendung stehenden Dampfmaschinen ist verhältnissmässig noch gering, obwohl hierin von Jahr zu Jahr riesige Fortschritte gemacht und die neuen Etablissements grösstentheils in grossartigem Umfange und nach den neuesten Systemen angelegt werden. Aber in Croatien, Slavonien und in der früheren Militärgrenze sind diese Verhältnisse ungünstiger; hier kommt selbst das Kleingewerbe nicht in ausreichender Anzahl vor. Die Hauptsitze gewerblicher Thätigkeit in Ungarn sind im Westen und Norden des Landes; doch deckt dieselbe beiweitem nicht den Bedarf des Landes.

Den hervorragendsten Platz nehmen die Eisen- und die Textil-Industrie ein; doch finden auch Lederwaaren, Glas- und

Thonwaaren, Chemikalien, Maschinen, Papier, Galanterie- und Luxusartikel, sowie Bier, Branntwein und Zucker, Anerkennung und lohnenden Absatz. Der Werth der industriellen Production kann im Jahresdurchschnitt gegenwärtig sicherlich mit 3000 Millionen Gulden angenommen werden. Mit Benützung officieller und anderer verlässlicher Quellen ergibt sich für die Darstellung der einzelnen Industriezweige folgende Uebersicht:

1. Die Eisenindustrie.

Die Eisenindustrie Oesterreichs ist auf zwei Hauptgruppen vertheilt. Die eine, die alpine, umfasst Ober- und Niederösterreich, Steiermark, Kärnten, Krain; — die andere, die nördliche, ist in Böhmen, Mähren, Schlesien und Galizien vertreten. Die alpine Gruppe enthält eine fast unerschöpfliche Menge der ausgezeichnetsten und reichhaltigsten Eisenerze zur Gewinnung des besten Eisens und Stahls, sie besitzt auch vorzügliche Glanzkohle; — die nördliche Gruppe hat zwar minder reichhaltige und minder qualitätsmässige Erze, doch diese in bedeutender Menge, die sich zu gewöhnlichem Stabeisen und zu Gusswaaren vorzüglich verwenden lassen; überdies überreiche Lager der besten Stein- und Braunkohle.

In Ungarn ist sie am stärksten in Nordungarn und in erfreulichem Wachsthum. Die Productionsmengen sind bereits früher (§. 58 Seite 237) dargelegt und erörtert worden.

Mit Ausnahme des Küstenlandes und Dalmatien, dann Croatien nebst Slavonien produciren alle Länder grössere oder geringere Quantitäten an Stabeisen; das meiste liefern Steiermark und Kärnten, dann Böhmen, Mähren und Ungarn. Die Stahlproduction ist in den Alpenländern, insbesondere in Steiermark, sehr bedeutend; in Gusswaaren liefern Mähren, Böhmen und Niederösterreich Vorzügliches.

Es ist jedoch nicht zu bestreiten, dass unsere Eisenindustrie dermalen in äusserst schwieriger Lage sich befindet, wie schon früher bei der Roheisen-Production nachdrücklich betont worden ist. Die Hochöfen, die Hüttenwerke, die Walzwerke, die Stahlwerke mit ihrem altbewährten Rufe, — sie alle leiden und sehen in den Zollsätzen und in der bisherigen Zoll-

und Handelspolitik ihren Ruin. Diese Frage ist für den Nationalwohlstand zu wichtig, als dass sie mit einigen Sentenzen zu erledigen wäre; wir machen hier nur neuerdings darauf aufmerksam.

Die Verarbeitung von Eisen und Stahl ist eine sehr mannigfaltige. Bemerkenswerth sind: Ackergeräthe (inbesondere Sensen, Sicheln, Strohmesser), Schlosserwaaren, Möbel, Cassen, Koch- und andere Geschirre, Nadeln, Stahlfedern, Hufschmiedewaaren, Waffen, Geschütze u. a. m. Am stärksten wird die Verfertigung von Eisenwaaren in Ober- und Niederösterreich, Steiermark, Kärnten und Böhmen betrieben, und zwar in Wien, Waidhofen (an der Ybbs), Steyer, welche Orte einen Weltruf geniessen.

Den ersten Platz in der Eisenindustrie nimmt der **Maschinenbau** ein; ist doch die Maschine die Grundlage für jede Grossindustrie. Hat auch dieser Industriezweig mit der ausländischen Concurrenz einen sehr schweren Kampf, weil die Theuerung des Brennstoffes und Eisens nebst der mehrfach noch unzureichenden Bildung der Arbeiter und die bereits früher erwähnten Hemmnisse, unter denen jeder österreichische Fabrikant leidet, schwer auf der Maschinen-Industrie lasten: so hat dieselbe doch immense Fortschritte gemacht, wenn man die Geschichte dieses Industriezweiges seit etwa 40 Jahren verfolgt, und ist namentlich auf den Gebieten des Eisenbahnmaterials, der Einrichtungen für Spiritusbrennereien, Zuckerfabriken, Mühlen und der Präcisions-Mechanik sehr Anerkennendes geleistet worden. Hauptsitze der Maschinen-Industrie sind: Wien und Niederösterreich (für Locomotiven, Werkzeugsmaschinen, Nähmaschinen, landwirthschaftliche und Feuerlösch-Requisiten), Prag (Dampfmaschinen, Einrichtungen von Zuckerfabriken, Bierbrauereien, Mühlen u. a.), Reichenberg und Brünn für Einrichtungen von Spinnereien und Webereien, letzteres auch für Dampfmaschinen und Kessel, dann Budapest und Triest (Schiffsmaschinen).

In der Erzeugung von Transportmitteln ist der Bau von Eisenbahnwaggons in Wien und Prag (nebst Umgebung) der bedeutendste Zweig. Bemerkenswerth sind zudem die Werften für Seeschiffe zu Triest, Pola und Lussin piccolo, für

Flussschiffe zu Linz, Prag und Ofen; endlich der Bau von Kutschen und Luxuswagen in Wien, sowohl für den Bedarf des Inlandes, als auch für den Export nach den Donaufürstenthümern, der Türkei und Russland. Die Industrie in wissenschaftlichen Instrumenten hat sich in Oesterreich ungemein gehoben und arbeitet namentlich in Wien und Prag viel für den Export. Einen hohen Rang nehmen die musikalischen Instrumente ein, darunter vor Allem die Blasinstrumente (Wien, Prag, Königgrätz, dann Grasslitz und Schönbach im Erzgebirge); ferners die Streichinstrumente, der Orgelbau und ganz vorzüglich die Clavierfabrication in Wien. Die Uhrmacherei beschäftigt sich nur mit Pendel-, Stock- und Thurmuhren; Taschenuhren werden zumeist importirt.

Zur Beleuchtung der Eisenindustrie geben wir folgende zwei Nachweise:

	Stahl		Bleche, Platten, Draht u. s. w.		Eisenwaaren	
	Einfuhr (Zoll-Ctr.)	Ausfuhr	Einfuhr (Zoll-Ctr.)	Ausfuhr	Einfuhr (Zoll-Ctr.)	Ausfuhr
1872	22.224	72.357	537.695	51.312	585.350	229.414
1873	12.827	64.345	378.681	39.691	598.962	200.837
1874	7.536	91.951	105.004	72.808	408.981	255.907

	Maschinen und Bestandtheile		Eisenbahnschienen	
	Einfuhr (Werth in Gulden)	Ausfuhr	Einfuhr (Zollcentner)	Ausfuhr
1872	684.791	63.225	1,316.783	4.752
1873	577.579	149.596	1,049.633	14.251
1874	373.563	268.623	205.246	140.735

	Eisenbahnwagen		
	Einfuhr		Ausfuhr
	Stück	Werth in Gulden verzollt	Stück
1872	147	3,305.667	382
1873	198	2,988.219	2
1874	60	620.788	1401

2. Die Textil-Industrie.

Der wichtigste Rohstoff der Textil-Industrie ist die **Baumwolle.** Die Erzeugung von Baumwollgarn und von Baumwollwaaren befindet sich nicht in so ungünstiger Situation, wie man bisweilen behaupten hört. Die Wiener Weltausstellung im Jahre 1873 berechtigte zu dem Urtheile, dass Oesterreich in diesem Industriezweige neben Gutem auch manches Vorzügliche leistet. Die von Industriellen vorgebrachten Klagen, dass dieser Industriezweig noch nicht auf jener Stufe der Entwicklung steht, um den Kampf mit vorgeschritteneren, capitalsreicheren und unter günstigeren Productionsverhältnissen arbeitenden Industrien des Auslandes mit Aussicht auf Erfolg aufzunehmen, dürften kaum zu erweisen sein. Ganz unbegründet aber scheint es uns, über den „Verfall der Baumwoll-Industrie" zu klagen; denn die Ausweise über Import und Export an Baumwolle, Baumwollgarnen und Baumwollstoffen beweisen nament lich im Jahre 1874 das Gegentheil. Hier der ziffermässige Beweis:

	Import	Zollcentner		Export	
	Baumwolle*	Baumwollgarn	Baumwollwaaren	Baumwollgarn	Baumwollwaaren
1867—1871	858.357	198.162	14.407	4.336	23.654
1872 . .	949.782	253.987	30.980	4.472	23.429
1873 . .	850.517	206.591	31.963	5.571	23.251
1874 . .	1,042.180	218.400	26.517	10.417	31.696

Im Quinquennium 1852—1856 wurden durchschnittlich an 710.000, im nächsten (1857 — 1861) an 803.000 Zollcentner importirt, während welcher Zeit mechanische Webstühle zollfrei eingeführt wurden. In die Periode 1862—1866 fallen der deutsch-dänische und der preussisch-österreichische Krieg; kommen daher nicht in vergleichende Betrachtung als abnormale Jahre. Seit 1867 aber ist die Menge der zur Verarbeitung importirten Baumwolle wieder stetig gestiegen. — Auch der Export an Garnen und Baumwollstoffen, insbesondere im Jahre 1874, zeigt eine erfreuliche Zunahme.

In Oesterreich können drei Hauptgruppen geschieden werden: Böhmen mit den meisten Spindeln, überwiegt auch in der Weberei und Druckerei; — Nieder- und Oberösterreich, im ersteren liegt der Schwerpunkt in den zahlreichen Spinnereien; — endlich Vorarlberg, welches in der Färberei und Buntweberei seine Specialität besitzt. Im Ganzen arbeiteten im Jahre 1871 155 Spinnereien mit 1,526.555 Feinspindeln, davon entfielen:

	Fabriken	Feinspindeln		Arbeiter	Centner Baumwolle
auf Niederösterreich	31	430.204	circa	6.870	an 352.700
„ Tirol u. Vorarlberg	25	253.444	„	2.900	„ 155.130
„ Böhmen	86	705.279	„	11.250	„ 531.060

---

* Nach Abzug der ausgeführten Mengen verblieben soviel für die inländische Verarbeitung.

Auch in Oberösterreich, Steiermark, Krain und Görz arbeiten Spinnereien. Ueber 60 Percent des Rohstoffes wird seit der Eröffnung des Suez-Canals aus Ostindien bezogen; daneben wird auch Levantiner Baumwolle (namentlich in Niederösterreich) versponnen. Die Situation der österreichischen Baumwollspinnerei kann jedenfalls als eine gekräftigte und fortschrittlich entwickelte genannt werden; auch hat sie im Bereiche der Nuancen, die hier versponnen werden, keine Concurrenz zu scheuen.

Die Weberei wird im Grossen fabriksmässig, aber auch noch als Handweberei auf dem Lande betrieben. Die mechanische Weberei hat bereits an 40.000 Stühle im Betriebe, zumeist in Böhmen, dann in Vorarlberg, Niederösterreich, Mähren und Schlesien. Die Gesammtproduction beläuft sich auf mindestens sechs Millionen Stück (à 40 Ellen) im Werthe von etwa 60 Millionen Gulden.

Die Färberei von Garnen und Geweben, sowie die Druckerei stehen auf hoher Stufe, inbesondere in Böhmen (Kosmanos), Vorarlberg, dann in Niederösterreich, Mähren, Schlesien, im Küstenlande (Heidenschaft) u. s. w.

Ungünstiger sind die Verhältnisse der **Schafwoll**-Industrie. Die Production und der Handelsverkehr in Wolle sowohl überhaupt in Europa, als insbesondere in Oesterreich-Ungarn sind bereits früher (§. 57, S. 234 u. ff.) dargelegt worden, und haben wir es hier nur mehr mit der Verarbeitung des Rohstoffes, dem Handelsverkehr in Halb- und Ganzfabricaten zu thun.

Die wichtigsten Productionsplätze sind Reichenberg und Brünn; ersteres, sowie einige andere Plätze in Böhmen und Schlesien (Asch, Jägerndorf, Bielitz) haben nebst anderen günstigeren Momenten auch die geographisch bessere Lage für sich; Brünn dagegen, im Innern des Reiches gelegen und von manchen damit zusammenhängenden Hemmnissen härter betroffen, leidet zumeist an der Concurrenz von Verviers und Leeds, welche eben jene Waarengattungen forciren, auf welche Brünn zumeist berechnet ist. Ferner wird betont, dass der heutige mechanische Webstuhl der Modewaarenfabrication den Handstuhl noch nicht unbedingt zu ersetzen vermag; zudem lasten auf einem mechanischen Stuhl ungefähr fl. 130 an Fracht und Zoll.

Wir geben hier den Verkehr in Garnen und Geweben in
den letzten Jahren:

Jahr	Schafwollgarn (Zollcentner)		Schafwollwaaren	
	Einfuhr	Ausfuhr	Einfuhr	Ausfuhr
1869	13.290	Jahres-	61.131	86.137
1870	13.849	durch- schnitt	47.759	81.640
1871	21.368	12.601	70.623	85.205
1872	71.306	21.438	87.957	76.166
1873	56.066	20.828	74.285	73.539
1874	68.231	24.411	66.377	74.514

Die letzten zwei Jahre weisen bei der Einfuhr von
Garnen sowohl, als von fertiger Waare kleinere Ziffern aus;
es wird jedoch behauptet, dass relativ betrachtet, d. h. mit
Bezug auf die im Inlande versponnenen Wollmengen, auf den
steten Rückgang der inländischen Production seit 1872, und
auf die seit 1873 jäh abfallende Consumtionsfähigkeit, der
Import an Garnen und Geweben relativ zugenommen habe.

Diesen von Seite der Fabrikanten aufgestellten Behaup-
tungen möchten wir Folgendes gegenüberstellen:

Bis zum Jahre 1868 wurde von österreichisch-ungarischer
Wolle mehr exportirt als importirt; seit dieser Zeit ist aber
(mit alleiniger Ausnahme des Jahres 1873) alljährlich mehr,
und zwar ansehnlich mehr ausländische Wolle importirt, als
heimische exportirt worden (§. 57, Seite 235). In der in Betrachtung stehenden Periode 1869 bis inclusive 1874 wurden
86.$_{672}$ Millionen Centner Wolle importirt, dagegen nur 73.$_{917}$ Millionen Centner exportirt; der Mehrimport an Schafwolle beträgt in den sechs Jahren somit 12.$_{755}$ Millionen Centner. Ist
dieser Import nicht auch in Oesterreich verarbeitet worden?

Darnach würde sich die „Menge der im Inlande versponnenen Wolle" und die „inländische Production" anders gestalten, als von den betheiligten Kreisen behauptet wird.

Dessungeachtet aber verdient dieser Industriezweig, einer
der ältesten und bedeutendsten unseres Vaterlandes, die vollste
Beachtung der Staatsverwaltung, wenn über Classification und
Zollsatz bei Erneuerung der Handelsverträge berathen wird.

Die Spinnerei für Streichgarn wird vorzugsweise in
Mähren, Böhmen und Schlesien, für Kammgarn in Böhmen
betrieben. Von den ungefähr 580.000 Feinspindeln entfallen

über 5oo.ooo auf Streichgarn. Die Gewebe aus Streichgarn sind in der Quantität ebenso bedeutend, als hinsichtlich der Qualität geschätzt und anerkannt. Brünn (dann Iglau, Zwittau, Namiescht, Teltsch, Gross-Meseritsch, Trebitsch u. a. in Mähren), Reichenberg sammt Umgebung (sowie Gablonz, Senftenberg, Bodenbach, Pisek, Klattau und viele Orte längs der böhmisch-mährischen Grenze), Bielitz, Troppau, Jägerndorf (Odrau, Wagstadt, Freudenthal, Freiwaldau, Teschen und andere Orte in Schlesien) produciren ausgezeichnete Tuch- und Modestoffe. Gewebe aus Kammgarn (Merinos, Thibets, Kachemirs, Orleans) werden zumeist in Reichenberg und Wien erzeugt. Die Shawls- und Teppich-Fabrication wird in Wien und Reichenberg betrieben.

Erwähnenswerth sind weiter die feinen Tücher aus Kärnten („Egalisirungstücher", verschiedenfarbig in Viktring und Klagenfurt); die „Linzer Teppiche", das „Lodentuch" aus Steiermark und Tirol, nebst den „Tiroler Teppichen"; ordinäre „Kotzen" aus Krain; das Halinatuch in Galizien, wo nur Biala eine bedeutendere Tuchindustrie besitzt.

In Ungarn besteht trotz der Menge und Güte des im Lande gewonnenen Rohmaterials bis jetzt keine Grossindustrie in diesem Zweige. In Oberungarn werden Kotzen und Halina-tuch (aus Zackel- und Zigajawolle), längs der Westgrenze ordinäre und Mitteltuche erzeugt (Oedenburg, Güns, Skalitz u. a.); grösseren Ruf genoss die Fabrik in Gács; überdies arbeiten viele Tuchweber im Neutraer und Gömörer Comitat, in der Zips (Leibnitz) und in Kaschau. In Siebenbürgen bestehen Schafwollspinnereien und Tuchwebereien in Kronstadt, Hermann-stadt, Mediasch, Schässburg, welche für den Landesbedarf erzeugen (Guniaz- und Halinatuch, Flanell, Glugen und Szeketuch).

Bei der Industrie in **Flachs** und **Hanf** treten die Hemm-nisse, welche wiederholt schon betont worden sind, nicht so störend wie bei der Wollindustrie auf; im Ganzen genommen bekundet dieser alte Industriezweig einen beachtenswerthen Aufschwung. Nebst dem heimischen Rohproducte findet ein stets steigender Import an Flachs, Hanf, Seegras und Wald-wolle statt. An Garnen und an fertiger Waare wird weit mehr exportirt als importirt, und sind es vornehmlich mittelfeine und feine Waare, in denen die Einfuhr durch die Ausfuhr am

stärksten übertroffen wird; wie es die folgende Uebersicht
ziffermässig nachweist (in Zollcentnern):

	Rohstoff: (Flachs, Hanf, Seegras, Waldwolle).		Garne:		Leinen- u. Hanfwaaren:	
	Einfuhr	Ausfuhr	Einfuhr	Ausfuhr	Einfuhr	Ausfuhr
1867 — 1871 (Jahresdurchschnitt)	419.828	69.984	42.792	81.607	76.608*	117.134
1872 . . .	493.031	90.360	37.524	114.454	68.685	155.047
1873 . . .	587.759	104.805	30.656	154.634	86.958	118.329
1874 . . .	709.629	100.329	32.338	183.581	79.867	165.252

Flachs wird in grossen Quantitäten an den Abhängen
der Karpathen gebaut, doch fällt die Verarbeitung desselben
zumeist der Hausindustrie anheim. Nur in den höher gelegenen
Karpathengegenden (Oberungarn und Galizien) übersteigt die
Production an Leinwand den eigenen Bedarf; in Galizien sind
hierin erwähnenswerth: Radymno, Komarno, Jaroslaw, Kenty,
Biala, Dukla, Tarnow, Rzeszow, Przemýsl, Tarnopol, das
Ropathal, überhaupt der Osten des Landes. Für den grösseren
Verkehr und den Export arbeiten vorwiegend Böhmen, Schlesien
und Mähren; doch ist die mechanische Spinnerei nicht so umfangreich als die fast allgemein als landwirthschaftliche Nebenbeschäftigung betriebene Handspinnerei. An mechanischen Feinspindeln arbeiten über 400.000, wovon über die Hälfte auf
Böhmen, ein Fünftel auf Schlesien, ein Sechstel auf Mähren
entfallen, wo auch die Hauptsitze der Leinenweberei, namentlich für feinere Leinen und Damast sind. In Böhmen: Rumburg, Warnsdorf, Starkenbach, Reichenberg, Taus, (Band-
weberei), Schönlinde, Kamnitz, und Hainsbuch (für Zwirn-
waaren), Spitzenklöppelei und Stickerei im Erzgebirge (um
Karlsbad); — in Mähren: Schönberg, Gross-Meseritsch, Sternberg, Lettowitz, Brünn u. a. O.; — in Schlesien: Freiwaldau, Zuckmantel, Würbenthal, Bennisch u. a.

Im Osten und Süden der Monarchie ist die Cultur des
Hanfes und dessen Verarbeitung, zumeist für den Localbedarf,

---

* Die Einfuhr betrug bis zum Jahre 1866 durchschnittlich 2000 bis
3000 Centner per Jahr; von da an 70.000—80.000 Centner! Die Erklärung
liegt darin, dass früher „leere Säcke aus grauer Sackleinwand", welche als
Emballage für Getreide und andere Waaren dienten, nur dem Losungs-Vor-
merkverfahren unterzogen wurden, jetzt aber die „gebrauchten Säcke" zollfrei eingeführt und unter der „Einfuhr" registrirt werden.

vorherrschend. In den Küstenländern werden für den Bedarf der Marine Taue, Segelleinwand u. dergl. geliefert; auch an Seilerwaaren findet ein nennenswerther Export statt.

Die Seiden-Industrie Oesterreichs hat seit dem Anschlusse Lombardo-Veneziens an Jtalien von ihrer früheren Bedeutung eingebüsst. Die Production an Rohseide in Südtirol ist nicht unbedeutend, aber die Bearbeitung des Urmaterials reicht an die Italiens nicht hinan. Ungarn besitzt in seinen südlichen Theilen zwar alle Bedingnisse zu einer ausgedehnten Seidencultur; allein bis jetzt ist es noch nicht gelungen, diesen Culturzweig entsprechend zu pflegen. In Görz, Istrien und Dalmatien macht die Seidencultur Fortschritte. Die österreichische Seiden-Industrie beschäftigt sich mit sämmtlichen Artikeln der modernen Industrie, mit Ausnahme des grossen Façonnés für Kleiderstoffe; in glatten Stoffen (schwarzen und färbigen) hat es bedeutende Fortschritte aufzuweisen; die „Bauernartikel" und jene „für den Orient" bilden eine Specialität Oesterreichs. Das Gleiche lässt sich von der Seidenband-Industrie sagen. Der Hauptsitz der Seidenweberei ist Wien; doch sind die bedeutenderen Etablissements „auf's Land" verlegt, und nur die commerzielle und technische Vertretung ist in der Residenz. Auch in Böhmen, Mähren und Tirol kommt dieser Industriezweig vereinzelt vor.

Man hat diesen Industriezweig öfters eine „Treibhauspflanze", welcher die natürlichen Existenzbedingungen in Oesterreich zum grossen Theile fehlen, genannt, wogegen die Industriellen hervorheben, dass das Jahresrevirement 24—3o Millionen Gulden beträgt, wovon über $9\frac{3}{5}$ Millionen auf Löhne und Arbeitsgewinne entfallen. Dass die Industriellen gegen die Vorliebe für französische Seidenstoffe schwer ankämpfen, ist unbestreitbar; doch zeigen die Ausweise, dass mit Ausnahme des Jahres 1872 in den letzten acht Jahren der Export an Seidenwaaren alljährlich grösser war als der Import.

| | Seide und Seiden-Abfälle | | Seidenwaaren | |
	Einfuhr (Zollcentner)	Ausfuhr	Einfuhr Zoll-centner	Ausfuhr
1867—1871 im Durchschnitt	14.142	8.253	4.846	6.859
1872	18.173	10.938	8.105	7.484
1873	13.204	9.698	8.308	8.327
1874	19.193	14.884	7.475	7.899

§. 62. Fortsetzung der einzelnen Industriezweige.

Ausser diesen Hauptindustrien Oesterreichs verdienen noch besondere Hervorhebung:

1. Die **Thonwaaren**-Industrie, welche namentlich in der Fabrication von Porzellan auf hoher Stufe steht (in Böhmen, dann Ungarn); insbesondere arbeiten die 18 böhmischen Fabriken (darunter in Schlaggenwald, Pirkenhammer, Klösterle, Dallwitz, Alt-Rohlau, Aich u. a.) viel für den Export; in Ungarn ist zu Herend das bedeutendste Etablissement. Steingut-, Terralith- und Siderolithwaaren werden zumeist in Böhmen — ersteres auch in Mähren und Oberösterreich — erzeugt. In Terracottawaaren leistet Anerkennendes die Umgebung von Wien, dann Böhmen, Schlesien und Salzburg. Ziegelbrennereien zählt man an 5000; die Erzeugung von Bauziegeln ist jetzt Gegenstand der Grossindustrie, insbesondere bei Wien, wo an 200 Millionen Stück im Jahre erzeugt werden.

In der Glas-Industrie steht Böhmen auf einer hohen Stufe der Ausbildung, „böhmisches Glas" geniesst einen Weltruf. Die meisten anderen Länder erzeugen Glas minderer Qualität; in der Gesammtmonarchie arbeiten über 200 Glashütten, wovon auf Oesterreich an 165 kommen. Spiegelglas wird fast ausschliesslich im westlichen Böhmen erzeugt; die Raffinirung von Hohlglaswaaren wird in der Umgebung von Haida (Böhmen), die Erzeugung von Glasquincaillerien und Glasperlen um Gablonz (Nordböhmen) betrieben. Den Glanzpunkt bildet das Krystallglas (Raffinirung um Haida und Steinschönau). Der Export an Glaswaaren, von den ordinärsten bis zu den feinsten, übersteigt weitaus den Import; nur grosse Spiegelgläser werden aus Belgien bezogen.

2. Die Production von **Chemikalien** weist in allen Verzweigungen einen erfreulichen Fortschritt auf, wenn sie auch Deutschland und anderen Staaten noch nachsteht. Vor einigen Decennien musste der ganze Bedarf importirt werden; jetzt gelangen mehrere Fabricate zum Export. Niederösterreich (Wien, Liesing), Böhmen (Prag, Aussig, Chlumetz, Türnitz u. a.), Kärnten (Klagenfurt, Wolfsberg), Krain (Idria), Triest und Budapest sind in verschiedenen Zweigen bemerkenswerth.

Die wichtigsten Erzeugnisse sind: Schwefelsäure, Salpeter- und Salzsäure, Pottasche, Glaubersalz, Eisenvitriol, Bleiweis, Zinnober. Kerzen und Seifen aller Art werden theils fabrikmässig, theils gewerbemässig über den inländischen Bedarf erzeugt (in Böhmen, Niederösterreich, Steiermark). Zur Berühmtheit ist die Zündwaaren-Industrie gelangt (Niederösterreich und Böhmen); sie hat zwar in neuester Zeit die schwedische und deutsche Concurrenz auf dem Weltmarkte zu bestehen, hat aber an der Grossartigkeit der Production nichts eingebüsst.

3. Unter der Industrie in **Nahrungsmitteln** (und sonstigen Verzehrungssteuer-Gegenständen) nahm bis in die letzten zwei Jahre, welche für diesen Industriezweig nicht günstig waren, die Rübenzucker-Erzeugung den ersten Platz ein. In der Campagne 1871/72 waren 225, in der von 1872/73 sogar 233 Fabriken in Thätigkeit. Die meisten hatte im Jahre 1872 Böhmen (164), an dieses reihen sich Mähren mit 49, Schlesien mit 10, Niederösterreich mit sechs und Galizien mit fünf Fabriken an. In der Campagne 1872/73 wurden 31.$_{86}$ Millionen Zollcentner Rüben verarbeitet (in Böhmen 21.$_{01}$, in Mähren 8.$_{03}$, in Schlesien 1.$_{66}$, in Niederösterreich 0.$_{73}$, in Galizien 0.$_{41}$ Millionen Zollcentner). Die Jahre 1873/74 und 1874/75 werden ein so günstiges Ergebniss wohl nicht ausweisen.

Die Bierproduction steht auf sehr hoher Stufe, die Qualität des Fabricates scheut keine Concurrenz. Die Zahl der Brauereien vermindert sich zwar, aber die bestehenden werden ungemein vergrössert, wie aus der gesteigerten Production ersichtlich ist. Im Jahre 1873 bestanden 2335 Brauereien (948 in Böhmen, 274 in Oberösterreich, 245 in Mähren, 241 in Galizien, 139 in Kärnten, 137 in Tirol und Vorarlberg, 136 in Ungarn und 112 — jedoch die grössten darunter — in Niederösterreich). Die Gesammtproduction belief sich auf mehr als 12.$_6$ Millionen Hektoliter (über 22 1/3 Millionen Eimer), u. z. Böhmen über 9, Niederösterreich 5.$_3$, Mähren nahezu 2, Oberösterreich 1.$_4$, Steiermark 1.$_2$ Millionen Eimer; diesen reihen sich an: Galizien (812.711), Schlesien (447.128), Salzburg (365.360), Tirol, Vorarlberg, Kärnten, Krain u. s. w. Exportirt wurden 283.988 Eimer, zumeist in die Levante und nach Frankreich.

Die Branntwein-Erzeugung ist in Galizien, der Bukowina und in Ungarn am umfangreichsten, wird aber zumeist als landwirthschaftliche Nebenbeschäftigung betrieben; denn von den 106.511 Brennereien (40.429 in Oesterreich, 66.082 in Ungarn) gehörten (im Jahre 1870) nur 5084 den Fabriken und dem Kleingewerbe an. Die grössten sind in Galizien, in der Bukowina, in Böhmen, Mähren und Schlesien. In Ungarn 640 Spiritus-, 448 Branntweinfabriken.

Der Anbau und die Fabrication von Tabak ist in beiden Reichstheilen Staatsmonopol. Die Zahl der ärarischen Fabriken hat sich in Oesterreich bedeutend, in Ungarn nur wenig vermehrt, desgleichen die Fabrication, wie aus folgender Zusammenstellung ersichtlich ist:

		Fabriken	Arbeiter	Cigarren (Stück)	Rauch- und Schnupftabak (Ctr.)
				Production	
Oesterreich	1868 . . .	15	15.418	717,366.680	435.011
	1872 . . .	26	26.315	1.058,770.650	519.552
Ungarn	1868 . . .	7	?	233,723.402	178.496
	1872 . . .	10	10.666	529,334.000	225.703

Der Tabakverkauf und die daraus erzielten Einnahmen betrugen im Jahre

	Cigarren	Schnupftabak (Ctr.)	Rauchtabak (Ctr.)	Gelderlös
1873 . . .	1,138.018.395	41.235	358.787	fl. 59,591.043
1874 . . .	1,097.361.698	40.962	344.958	„ 57,232.038

Für die Erzeugung von Mahlproducten bestehen über 49.300 Mühlen (davon an 27.000 in Oesterreich); die Zahl der Dampf- und Kunstmühlen ist in stetiger Zunahme, der Betrieb wird in grossen Etablissements concentrirt. Insbesondere hat Ungarn in diesem Industriezweige sehr grosse Fortschritte gemacht und erzeugt aus seiner ausgezeichneten Körnerfrucht Mehl von vorzüglicher Qualität.

4. Die Erzeugung von **Leder** wird vorwiegend handwerksmässig betrieben; nur in Wien und Prag, in Brünn und Budapest nebst einigen wenigen Orten in Nieder- und Oberösterreich, Mähren und Böhmen bestehen auch Fabriken in grösserem Umfange. Besonders sind Galizien, die Bukowina und Ungarn reich an Roth- und Weissgärbereien, obwohl in der ganzen Monarchie

für den Localbedarf geringere Qualitäten erzeugt werden; an feineren findet ein ansehnlicher Import statt. — In Leder-waaren nimmt Oesterreich einen der ersten Plätze ein. In Schuhwaaren arbeiten Wien, Prag und Münchengrätz (Böhmen) zum Theil fabriksmässig, auch für den Export; — Handschuhe von Prag, Wien, Salzburg und aus Tirol; die Sattler-, Riemer-und Taschnerwaaren, insbesondere aber die Leder-Galanterie-artikel von Wien haben sich einen ehrenvollen Ruf auf dem Weltmarkte erworben.

5. Die **Papier**-Industrie ist fortwährend im Steigen, und ist in allen Ländern — mit Ausnahme von Dalmatien — mehr oder minder vertreten. Die Handarbeit ist nahezu vollständig von der Maschine verdrängt. Niederösterreich, Böhmen, Mähren, Schlesien, dann Steiermark, Krain, Oberösterreich, Salzburg und Tirol erzeugen alle Arten Papiere, erstere auch Buntpapier, Tapeten, Pressspäne. In Ungarn ist Fiume nebst dem Kaschauer und Pressburger Comitat bemerkenswerth. — Die Arbeiten aus Papier (Pappe- und Cartonagewaaren, Papiermaché-Artikel, Spiel-karten), sowie die Buchbinderarbeiten von Wien, Triest, Prag, Budapest geniessen begründeten Ruf. — Die Buchdruckereien und lithographischen Anstalten, mit der Vervielfältigung literarischer und künstlerischer Producte beschäftigt, liefern in Bezug der Eleganz und Correctheit Erzeugnisse, die denen des Auslandes in keiner Weise nachstehen. In Oesterreich gibt es gewiss wenig Städte über 5000 Einwohner, wo nicht eine Buchdruckerei bestände; in Ungarn ist dieses Verhältniss minder günstig.

6. Der Reichthum an Holzarten begünstigt die Verfertigung von **Holz-** und **Flechtwaaren.** Landwirthschaftliche und Haus-geräthe werden zumeist von kleinen Gewerbsleuten erzeugt; doch beginnt seit Errichtung von Fachschulen auch die feine Holzschnitzerei („Berchtesgadner-Waaren"), namentlich in Salz-burg (Hallein) und in Tirol (im Grödner Thal) sich zu ent-wickeln. In der Kunsttischlerei liefern die Hauptstädte, namentlich Wien, dann auch Prag, Triest, Graz, Budapest sehr Anerkennenswerthes. Die Erzeugung von Parqueten hat an Ausdehnung zugenommen. Flechtwaaren werden vorwiegend nur für den Localbedarf verfertigt.

7. Die Leistungen der **Bau-** und **Kunstgewerbe** stehen in Oesterreich auf hoher Stufe und ist in diesen Zweigen ein höchst erfreulicher Aufschwung bemerkbar. Die zahlreichen, zum Theile monumentalen Bauten in Wien haben der Architektur und den mit ihr in Verbindung stehenden Künsten und Gewerben ein reiches, lohnendes Feld der Thätigkeit erschlossen, und Wien nimmt mit seinen Palästen und ärarischen, sowie Privatbauten einen der ersten Plätze unter den Grossstädten ein. Auch die ungarische Reichshauptstadt Budapest weist mit berechtigtem Stolz auf ihre kunstreichen Prachtbauten und die grossstädtische Entfaltung hin. Dem Beispiele der beiden Hauptstädte des Reiches folgen die grösseren Provinzstädte: Graz, Prag, Brünn u. a. — Für das Kunstgewerbe wirkt das „Museum für Kunst und Industrie" in Wien in höchst beachtenswerther Art.

Concurrirt Oesterreich-Ungarn auch schwer mit den grossen Industriestaaten, wo die Massenproduction und vielfach günstigere Vorbedingnisse gute Waare zu relativ billigerem Preise zu liefern vermögen; in der Kunstindustrie kann Oesterreich mit Aussicht auf sicheren Erfolg den Kampf mit allen Industriestaaten aufnehmen. Die glückliche natürliche Begabung mit dem heiteren Sinn und dem lebensfreudigeren Temperament des Südländers, welches in Oesterreich zur Geltung sich bringt, — das an Naturschönheiten überreiche Land, — die „geschickte Hand", die grossen Kunstsammlungen, Kunstsinn und Kunstliebe in allen Schichten der Bevölkerung: dies Alles weist Oesterreich auf das Gebiet der Kunstindustrie hin, auf welchem es keine Rivalen zu fürchten hat.

Auf allen Gebieten gewerblicher Thätigkeit ist, wie schon ein flüchtiger Blick auf das „geschäftliche" Leben zeigt, ein erfreulicher Aufschwung bemerkbar, und der Patriot kann ohne Schönfärberei, mit Bewusstsein die aufmunternden Worte den Industriellen Oesterreich-Ungarns zurufen: **Nur muthig vorwärts!**

c) Handel und Verkehr.

§. 63. Der äussere Handel im Jahre 1874.

Der Gesammtwerth des österreichisch-ungarischen Waaren-
verkehrs in den letzten zwei Jahren beziffert sich, wie folgt:

	1874 (Gulden)	1873
in der Einfuhr . . .	565,615.888	582.736.218
in der Ausfuhr . . .	452,257.103	418,467.535
	1,017,872.991	1,001,203.753

Der Werth * der Einfuhr im Jahre 1874 war also um
fl. 17,140.330 geringer, — jener der Ausfuhr um fl. 33,789.586
grösser als im Vorjahre 1873.

Diese Ziffern repräsentiren jedoch nicht den Gesammtwerth
aller im Jahre 1874 aus dem Auslande und den Zollausschlüssen
ein- und dahin ausgeführten Waaren; sondern blos die Ein-
und Ausfuhr der wichtigeren Handelsgegenstände.

Bei Vergleichung des Gesammtwerthes der Einfuhr mit
jenem der Ausfuhr im Jahre 1874 stellt sich ein Mehrwerth
für die Einfuhr von fl. 113,358.785 heraus; doch war die
Einfuhr, wie oben bereits beziffert, im Jahre 1874 um 17,14 Millionen Gulden geringer als im Jahre 1873. Dieses mindere
Ergebniss wurde vorzugsweise veranlasst: durch den geringen
Import an rohen und halbverarbeiteten Metallen (17.3 Millionen),
an Maschinen und Kurzwaaren (11.2 Millionen), an Webe- und
Wirkwaaren (8.3 Millionen), an Holz-, Glas- und Steinwaaren
(4.8 Millionen), an Metallwaaren (4.4 Millionen), an Landfahr-
zeugen (2.9 Millionen), dann an Thieren (2.6 Millionen). Der
Ausfall wäre noch bedeutend grösser, wenn nicht die Einfuhr
an Webe- und Wirkstoffen, an Tabak und Tabakfabricaten, an
Feldfrüchten, an Garnen und an Fettwaaren um 40.5 Millionen
Gulden zugenommen hätte.

Die Waarenausfuhr hat sich sehr günstig gestaltet, da
bei der Mehrzahl der Tarifclassen sich ein grösserer Export

---

* Obwohl die officiellen Werthangaben nach veralteten, für die letzten
Jahre nicht mehr ganz richtigen Einheitspreisen berechnet sind, auch nicht
alle, sondern nur die wichtigeren, in den Aussenhandel gelangten Waaren
umfassen, so können auf dieser Grundlage doch leichter und richtigere Vergleiche angestellt werden als auf Grundlage der Mengen-Angabe.

ergeben hat, welcher im Ganzen die beträchtliche Summe von 33.$_7$ Millionen im Werthe übersteigt. An diesem günstigen Resultate participiren hauptsächlich: die Holz-, Glas-, Stein- und Thonwaaren mit 13.$_4$ Millionen, die Brenn-, Bau- und Werkstoffe, dann die Land- und Wasserfahrzeuge mit je 5.$_9$ Millionen, die Metallwaaren mit 5.$_7$, die Maschinen- und Kurzwaaren mit 5.$_6$, die Webe- und Wirkwaaren mit 5.$_4$, die rohen und halbverarbeiteten Metalle mit 3.$_5$, die Garne mit 2.$_9$ und die Getränke mit 2.$_3$ Millionen Gulden.

Der Werth der ein- und ausgeführten Edelmetalle, dann der Gold- und Silbermünzen, insoweit solche der Zollbehandlung unterzogen wurden, betrug:

	1874 (Gulden)	1873
in der Einfuhr	19.349.268	38,006.116
in der Ausfuhr	19,528.932	23.056.981
Gesammtverkehr	38,878.200	61,063·097

Der berechnete Zollbetrag belief sich für die Ein- und Ausfuhr im Jahre 1874 auf 20,723.901, — im Jahre 1873 auf 26,207.751 Gulden.

Nachdem die Zoll- und Handelspolitik Oesterreich-Ungarns bereits früher (§. 60) beleuchtet, auch das Zoll- und Handelsbündniss zwischen Oesterreich und Ungarn in den wichtigsten Positionen dargelegt worden ist (§. 30), wurde (im §. 60) der Aussenhandel für die Zeit vom Jahre 1831 bis Ende 1874, mit Rücksicht auf die jeweilige Zoll- und Handelspolitik, in 3 Perioden: a) des Prohibitivsystems, b) des Schutzzolles und c) seit Abschluss der Handelsverträge — eingetheilt, erörtert und der Handelsverkehr in Roh- und Hilfsstoffen der Industrie, sowie in Fabricaten ziffermässig dargelegt. — Weiters wurde der Handel in Cerealien (§. 56), in Thieren und thierischen Producten, namentlich Wolle (§. 57) und in Roheisen (§. 58 und §. 61) sowohl für sich, als auch im Verhältnisse zu den stärksten Producenten der betreffenden Handelsartikel behandelt. Schliesslich wurde der Aussenhandel in den Artikeln der Textil-Industrie, sowohl in Bezug auf Rohstoff als auf Halb- und Ganzfabricate (§. 61) fachgemäss beleuchtet.

Demnach genügt es, wenn wir hier nur noch die Werthe, vertheilt auf die 22 Zolltarifsclassen, und zwar zum Zwecke der Vergleichung auch aus den Jahren 1873 und 1872 (in Millionen Gulden) vorlegen:

Zolltarifs-Classen	Einfuhr			Ausfuhr		
	1874	1873	1872	1874	1873	1872
1. Colonialwaaren und Südfrüchte	31.2	33.3	31.0	18.9	25.7	17.2
2. Tabak- und Tabakfabricate	39.7	28.9	24.2	3.8	5.7	7.0
3. Garten- und Feldfrüchte ...	67.1	58.1	43.9	43.4	46.9	35.8
4. Thiere	19.5	21.3	28.5	8.4	11.7	9.3
5. Thierische Producte	13.6	13.2	19.1	18.3	17.2	13.6
6. Fette und fette Oele	21.9	18.3	21.9	4.6	3.3	2.9
7. Getränke und Esswaaren . . .	4.6	5.7	5.0	7.6	5.2	5.0
8. Brenn-, Bau- und Werkstoffe .	21.1	22.6	23.0	42.7	37.9	31.5
9. Arznei-, Gärbe-, Farb- u. chemische Hilfsstoffe	42.3	41.7	39.7	5.8	5.0	6.2
10. Metalle, vererzt, roh und als Halbfabricat	15.1	31.9	41.9	8.7	4.7	5.2
11. Webe- und Wirkstoffe	90.9	72.5	88.9	40.8	47.7	36.6
12. Garne	33.9	30.5	37.2	17.9	15.1	12.4
13. Webe- und Wirkwaaren . . .	63.3	71.2	72.9	61.8	59.4	61.5
14. Waaren aus Borsten, Stroh, Papier u. s. w.	4.4	4.9	4.5	11.3	9.6	8.6
15. Leder, Gummi, u. Lederwaaren	15.5	15.6	22.2	11.5	11.8	16.5
16. Holz-, Glas-, Stein- und Thonwaaren	18.7	20.0	27.6	39.7	26.6	26.2
17. Metallwaaren	15.5	19.5	19.4	20.1	14.4	15.7
18. Land- und Wasserfahrzeuge .	0.99	3.7	4.1	9.5	4.1	6.5
19. Instrumente, Maschinen und Kurzwaaren	22.9	34.0	37.0	60.5	55.0	51.3
20. Chemische Producte, Farb-, Fett- und Zündwaaren	6.8	6.3	6.0	7.5	7.7	6.9
21. Literarische u. Kunstgegenstände	15.2	16.0	15.0	7.7	8.0	7.0
22. Abfälle	0.4	0.4	0.3	1.7	1.4	1.0
	565.6	570.6	613.4	452.2	424.1	384.6
Edelmetalle, roh, in Abfällen und als Münzen	19.3	38.0	36.5	19.5	23.0	66.1

Der Verkehr zu Lande beträgt sowohl bei der Einfuhr als bei der Ausfuhr ungefähr 80 %, jener zur See nur an 20 % von der Gesammtsumme.

§. 64. Förderungsmittel der materiellen Cultur.

Für die Benützung, Hebung und Erweiterung der natürlichen Hilfsquellen des Staates, für Förderung der materiellen und geistigen Cultur des Volkes sorgen Staats- und
Privatanstalten. Ohne uns in weitgreifende Einzelheiten in
dieser Beziehung einzulassen, betrachten wir nur die zwei wichtigsten Hebel des volkswirthschaftlichen Aufschwunges: die
Communicationsmittel und die Geld- und Credit-
institute.

a) Die Eisenbahnen.

Unter den Communicationsmitteln nehmen die Eisenbahnen den ersten Platz ein. Oesterreich geniesst den Ruhm,
die erste Eisenbahn auf dem europäischen Continente, und
damals auch die längste Bahn überhaupt besessen zu
haben; die Pferde-Eisenbahn Linz-Budweis war im Jahre 1828
von Budweis bis Kerschbaum (8.$_2$ Meilen = 62.$_2$ Kilometer)
eröffnet. — Die erste Locomotiv-Bahn in Oesterreich wurde
von Floridsdorf nach Deutsch-Wagram am 23. November 1837
(1.$_{73}$ Meilen) als Theilstrecke der Kaiser Ferdinands-Nordbahn eröffnet, welche bis zum Jahre 1855 auf eine Betriebslänge von 64.$_{17}$ Meilen angewachsen war. — Im Jahre 1841
befuhr die Südbahn ihre ersten 8.$_{24}$ Meilen; im Jahre 1855
schon 61.$_{77}$. — Die Staatsbahn eröffnete ihren Betrieb erst
im Jahre 1845 mit 32.$_{89}$ Meilen; im Jahre 1855 hatte sie
136.$_{94}$ Meilen. Die zwei letzten Bahnen dehnten ihren Betrieb
auch auf Ungarn aus, und hatten im Jahre 1855 die Südbahn
3.$_{24}$, die Staatsbahn 69.$_{24}$ (= 72.$_{48}$) im Betriebe, während in
Oesterreich in diesem Jahre schon 190.$_{40}$ Meilen befahren
wurden.

Die zweite Periode des Eisenbahnbaues umschliesst die
Zeit vom Jahre 1856—1866. Im Jahre 1856 wurden zwei neue
Bahnen eröffnet: die Kaiserin Elisabeth-Westbahn mit 3.$_{79}$,
— die galizische Carl Ludwig-Bahn mit 14.$_{58}$, — im Jahre
1857 die Theissbahn mit 19.$_{69}$ Meilen. — Diese drei Bahnen
waren im Laufe des Decenniums bis 1866 bedeutend verlängert
worden und hatte die erste eine Betriebslänge von 56.$_{53}$, die

zweite von $46._{31}$ und die dritte von $76._{53}$ Meilen. — In dieser Periode (1855—1866) entstanden auch mehrere Localbahnen und die drei alten „grossen" Bahnen vergrösserten ihre Betriebslänge, so dass von den im Jahre 1866 befahrenen Linien — $785._{89}$ Meilen — auf Oesterreich $507._{08}$, auf Ungarn $278._{81}$ Meilen entfielen.

Seit dem Jahre 1867 fand der grösste Aufschwung im Eisenbahnbau statt, insbesondere wurden mehrere der früher gezogenen Grundlinien ausgefüllt. Von 1867 bis Ende 1874 war die Betriebslänge aller Bahnen von $785._{80}$ auf $2101._{08}$ Meilen gestiegen. Von letzter Ziffer waren $647._{13}$ Meilen beiden Reichstheilen gemeinsam, $933._{50}$ österreichische und $520._{55}$ ungarische Linien. Im Laufe des Jahres 1874 sind nur $66._{18}$ Meilen eröffnet worden, — eine so geringe Ziffer, wie sie schon seit Jahren nicht vorgekommen ist.*

Am 1. Januar 1875 war der Stand folgender:

a) Gemeinsame Eisenbahnen.

	Meilen Betriebslänge
1. Erste ungarisch-galizische Eisenbahn	$35._{18}$
2. Kaschau-Oderberger	$48._{30}$
3. Staatsbahn und Brünn-Rossitzer	$221._{00}$
4. Südbahn	$292._{95}$
5. Ungarische Westbahn	$49._{61}$

$647._{13}$

b) Oesterreichische.

1. Aussig-Teplitz	$12._{07}$
2. Böhmische Nordbahn	$23._{79}$
3. Böhmische Westbahn	$25._{58}$
4. Braunau-Strasswalchen	$4._{63}$
5. Buschtiehrader	$49._{22}$
6. Dnjestr-Bahn	$14._{84}$
7. Dux-Bodenbach	$11._{44}$
8. Erzherzog Albrecht-Bahn	$9._{89}$
9. Galizische Karl Ludwig-Bahn	$78._{92}$
10. Graz-Köflacher	$11._{93}$
11. Kaiser Franz Josef-Bahn	$94._{06}$
12. Kaiserin Elisabeth-Westbahn, Hauptbahn, (Wien-Salzburg, Wels-Passau, Penzing-Hetzendorfer Flügel	$52._{61}$
Transport .	$389._{18}$

* Im Jahre 1873 sind $224._{84}$ Meilen, — 1872: $278._{99}$, — 1871: $286._{61}$, — 1870: $206._{42}$, — 1869: $116._{34}$, — 1868: $97._{51}$ Meilen eröffnet worden. Das Jahr 1874 ist also weit zurückgeblieben hinter allen diesen Jahren.

		Meilen	Betriebslänge
Transport .		389_{18}	647_{13}

Lambach-Gmunden ($3._{79}$), Budweiser ($19._{25}$), Neumarkt - Braunau ($7._{97}$), Salzburg - Hallein ($2._{44}$),
Wien-Kaiser-Ebersdorf ($2._{35}$) — zusammen . . . $35._{80}$

13. Kronprinz Rudolf-Bahn . . . . $83._{29}$
14. Kaiser Ferdinands-Nordbahn . . . . $77._{17}$
15. Mährisch-schlesische Nordbahn . . . . $18._{93}$
16. Lemberg-Czernowitz-Jassy (österreichische Linie) . $46._{89}$
17. Leoben-Vordernberg . . . . $2._{01}$
18. Lundenburg-Grussbach . . . . $12._{22}$
19. Mährische Grenzbahn . . . . 15_{25}
20. Mährisch-schlesische Centralbahn . . . . $18._{56}$
21. Oesterreichische Nordwestbahn:
   Garantirte Strecke $82._{86}$
   Ergänzungsnetz . $39._{47}$ } . . . . $122._{33}$
22. Ostrau-Friedland . . . . $4._{33}$
23. Pilsen-Priesen . . . . $22._{18}$
24. Prag-Dux . . . . $18._{29}$
25. Süd-norddeutsche Verbindungsbahn . . . . $29._{43}$
26. Turnau-Kralup-Prag . . . . $15._{92}$
27. Vorarlberger Bahn . . . . $12._{73}$
28. Wien-Pottendorf und Wiener-Neustadt . . . . . . $8._{99}$

$933._{50}$

c) Ungarische:

1. Alföld-Fiume . . . . $51._{87}$
2. Arad-Temesvár . . . . $7._{54}$
3. Donau-Drau (Battaszek-Dombovár-Zakany) . . . . $21._{80}$
4. Eperies-Orlod (Tarnow) . . . . $7._{09}$
5. Erste Siebenbürger . . . . $38._{21}$
6. Fünfkirchen-Barcs . . . . $8._{93}$
7. Mohacs-Fünfkirchen . . . . $7._{25}$
8. Theissbahn . . . . $76._{35}$
9. Ungar. Nordostbahn (Hauptlinie $63._{45}$,
   Nyiregyhaza-Ungvar $12._{15}$) } zusammen $75._{60}$
10. Ungarische Ostbahn . . . . $79._{79}$
11. königlich ungarische Staatsbahnen:
   Nördliche Linie . . . . $77._{58}$
   Miskolcz-Diosgyör . . . . $1._{16}$
   Grossbreinitz-Schemnitz . . . . $3._{07}$
   Gömörer Industriebahnen . . . . $22._{05}$
   Südliche Linie . . . . $36._{32}$
12. Waagthalbahn . . . . $5._{94}$

$520._{55}$

Betriebslänge sämmtlicher Bahnen (Meilen) . . . . $2101._{08}$

Die Verkehrsverhältnisse der österreichisch-ungarischen Eisenbahnen waren im Jahre 1874 keine günstigen; denn gegen das Jahr 1873 hat der Personenverkehr um mehr als 4% abgenommen, der Frachtenverkehr hingegen hat um nahezu 10½ Millionen Zollcentner oder 1½% zugenommen. Das finanzielle Ergebniss zeigt gegen das Jahr 1873 zwar eine Abnahme um 8 Millionen Gulden, dagegen eine Zunahme von 16⅓ Millionen gegen das Jahr 1872 und von 24⅘ Millionen gegen 1871.

Der Gesammtverkehr in den letzten Jahren war folgender:

	1874	1873
Personen	38,866.766	40,547.386
Frachten (Zollcentner)	670,105.204	659,632.185

	1874	1873	1872	1871
Geldeinnahmen (Mill. Gulden) .	177.6	185.6	160.3	152.8

Eine Vergleichung der Geldeinnahmen der einzelnen Bahnen im Jahre 1874 und 1873 zeigt, dass ungeachtet der Verlängerung ihres Betriebsnetzes eine Minder-Einnahme (in Percent ausgedrückt) hatten: Elisabeth-Westbahn (um 18.71%), österreichische Staatsbahn (14.40), ungarische Staatsbahnen (12.11), Südbahn (11.48), Franz Josefs-Bahn (8.91).

Alle übrigen Bahnen, deren Netz sich verlängerte, hatten Mehreinnahmen, welche mitunter in grossen Percenten ihren Ausdruck finden, z. B. erste ungarisch-galizische Verbindungsbahn (nahezu 51%), Lundenburg-Grussbach (über 47%), ungarische Ostbahn (fast 42%), Prag-Dux (über 34%), dann die Waagthal-, Graz-Köflacher, Carl Ludwig-Bahn u. s. w.

Unter jenen 21 Bahnen, deren Netz im Jahre 1874 und 1873 die gleiche Betriebslänge hatte, weisen acht Bahnen eine Mehr- und 13 eine Minder-Einnahme aus. Zu den ersteren gehören: Dux-Bodenbach, Kaschau-Oderberg, Leoben-Vordernberg, Vorarlberg, Lemberg-Czernowitz, Salzburg-Hallein, Mährischschlesische Centralbahn und Ferdinands-Nordbahn. — Empfindliche Mindereinnahmen hatten nur die Siebenbürger Bahn (— 29.76%), die Fünfkirchen-Barcs (— 23.55%) und die Hauptlinie der Elisabeth-Westbahn (— 20.66%); während die Abnahme des Brutto-Ertrages bei den anderen Bahnen sich meist in geringeren Percentsätzen bewegt.

Die Bevölkerung der Gesammtmonarchie am Schlusse des Jahres 1874 mit rund 37½ Millionen, das Areale mit 11.333 Quadrat-Meilen, die Betriebslänge der Bahnen mit 2101 Meilen angenommen, entfallen:

auf 1 Meile Bahnlänge 5.4 Quadrat-Meilen Area.

„ 1 „ „ 17.856 Bewohner,

„ 100.000 Einwohner kommen 5.6 Meilen Bahnen.

b) Die Schifffahrt.

Das Meer, die Seen und Flüsse sind natürliche, die Canäle künstliche Wasserstrassen. Im Verhältnisse zu den zahlreichen natürlichen Wasserstrassen muss die Länge der künstlichen in Oesterreich nur eine geringe genannt werden; denn das Verhältniss der künstlichen zu den natürlichen ist wie 1 : 10.

Auf dem Adriatischen Meere und in der ganzen Levante vertritt der „österreichisch-ungarische Lloyd in Triest" am stärksten die österreichische Handelsflagge. Die Handelsmarine zählte im Jahre 1873: 7207 Schiffe mit 341.467 Tonnen und einer Mannschaft von 27.564 Köpfen; — im Jahre 1874 dagegen nur: 7203 Schiffe mit 332.005 Tonnen und einer Bemannung von 27.381 Köpfen.

Davon kommen auf:

	Schiffe	Tonnen	Mann
Oesterreich	6.655	262.362	24.700
Ungarn	548	69.643	2.681

Seit dem Jahre 1870 hat die Anzahl der Segelschiffe alljährlich abgenommen; bei den Dampfern ist sie von 74 auf 78 gestiegen. Der Lloyd besitzt 63 Dampfer. — Der eigentliche Repräsentant des österreichischen Seeverkehrs ist Triest. Leider ist hier seit dem Jahre 1871 ein steter Rückgang des Handels zu beklagen. Der Verkehr gestaltete sich folgender Art (in Millionen Gulden):

Jahr	Einfuhr			Ausfuhr			Gesammt-verkehr
	zur See	zu Land	Summe	zur See	zu Land	Summe	
1871	156.33	92.44	248.77	110.47	104.38	214.85	463.62
1872	156.89	83.94	240.87	97.68	99.44	197.12	437.99
1873	140.16	82.39	222.55	92.37	102.03	194.40	416.95
1874	128.36	83.18	211.54	92.65	84.3	176.68	388.22

Die gesammte Handelsbewegung ist während dieser vier Jahre von 463.62 auf 388.22 Millionen Gulden, d. i. um 16 Percent gesunken; die Ausfuhr ist um 38 Millionen, und um beinahe eben so viel die Einfuhr zurückgegangen, und haben in beiden Rubriken der Land- und der Seeverkehr abgenommen.

Von den Seen werden der Boden-, Gmundner-, Platten- und Wörthersee zwar mit Dampfschiffen befahren, doch ist der Verkehr für den inländischen Handel von untergeordneter Bedeutung. Von grösserer Wichtigkeit für die Flussschifffahrt ist die Donau-Dampfschifffahrt. Diese Gesellschaft befährt mit 146 Dampfern und 551 Schleppbooten die Donau von Passau bis Galacz, die Theiss bis Tokay, die Save bis Sissek, die Drave bis Essegg. — Die Elbe und Weichsel werden gleichfalls von Dampfern befahren. Wichtige Wasserstrassen sind ferner die Moldau, der Inn, die Etsch, der Dnjester.

Canäle bestehen nur in Niederösterreich und Ungarn; in Niederösterreich der Wiener-Neustädter-Canal, dessen ohnehin nur geringe Bedeutung durch die neuen Eisenbahnlinien für den Verkehr vollends herabgedrückt wird; — in Südungarn verbindet der Franzens-Canal die Donau mit der Theiss und der Bega-Canal macht die Bega schiffbar; der Sárviz-Canal entwässert den Sumpfboden zwischen Stuhlweissenburg und Szekszard, und der Albrecht-Karasicza-Canal jenen in der Baranya.

c) Post- und Telegraphenwesen.

Das Postwesen und die Telegraphen sind (mit Ausnahme des Wiener Privat-Localtelegraphen) Staatsanstalten und in fortwährender Zunahme begriffen.

Die Zahl der beförderten Briefe und Postsendungen ist in Folge der Portoherabsetzung ungemein gewachsen; im Jahre 1871 wurden 292, im Jahre 1873 nahezu 416 Millionen Briefe und Zeitungen von etwa 5200 Postbureaux befördert. Im Jahre 1874 betrug der Briefpostverkehr in der Gesammtmonarchie 314.6 Millionen Stück, wovon auf Oesterreich 245.9 — auf Ungarn 68.7 Millionen entfielen. — Der Fahrpostverkehr repräsentirt den Werth von 4200 Millionen Gulden (Oesterreich 3062½, Ungarn 1137½ Millionen).

Die Anlegung der Telegraphen hat im Jahre 1847 begonnen, und waren am Schlusse jenes Jahres 10 Stationen in einer Linienlänge von 124.7 geographischen Meilen im Betriebe. Im

Jahre 1874 hatten die Telegraphenlinien eine Länge von über 34.060 Kilometer (= 4590 Meilen), wovon auf Oesterreich 20.633 Kilometer (=2781 Meilen), auf Ungarn 13.427 Kilometer (=1810 Meilen) entfielen. — Die Summe aller „behandelten"· Depeschen betrug im Jahre 1873 8,048.300, im Jahre 1874 nur 6,811.788, wofür 1873 an fl. 2,858.300, im Jahre 1874 an fl. 2,548.000 bezahlt wurden.

Die Monarchie ist auch dem internationalen Telegraphenvertrage (14. Januar 1872) und dem Weltpostvertrage beigetreten.

§. 65. Geld- und Credit-Institute.

Weitere Förderungsmittel der materiellen Cultur sind jene Anstalten, welche zur Beförderung der Geldcirculation, zur Erleichterung des Credites und der Capitalsanlage dienen, als: die Börsen (Wien, Buda-Pest, Triest, Prag), die Banken, Assecuranzen, Sparcassen. Ferners zählen hierzu die wirthschaftlichen Vertretungs-Corporationen: Handels- und Gewerbekammern, Gewerbevereine, Industrie-Ausstellungen u. s. w.

Actien-Gesellschaften und **Banken.** Der 9. Mai 1873 bildet in der Geschichte der österreichischen Capitals-Associationen einen Wendepunkt; denn auf dem Gebiete des gesammten Bankwesens ist durch den „Krach" ein gründlicher Umschlag hervorgebracht worden. Es ist somit nothwendig, die Vorgeschichte dieser Börsenkatastrophe statistisch, ziffernmässig darzustellen, um die Concurse und Liquidationen der Jahre 1874 und 1875 richtig zu beurtheilen.

Es ist über den „Krach" wohl schon eine kleine Bibliothek „zusammengeschrieben" worden; für eine wissenschaftliche Abhandlung scheint es uns vollständig genügend, wenn sie das Ziffernmaterial in objectiver Form nach officiellen Ausweisen gruppirt und vorlegt. * Das Urtheil über die Börsenkatastrophe des Jahres 1873 steht bei jedem Denker, welchem nationalökonomische und ethische Grundsätze nicht leere Phrasen, nicht ein Fangball für Jeden und zu jeder Zeit sind, — ohnehin unerschütterlich fest. Was nach gegebenen Prämissen unter damaligen Verhältnissen von Einsichtigen voraus-

---

* Jahrbuch der k. k. statistischen Central-Commission, 8. Heft, und G. Leonhardt's vorzügliches Repertorium: „Der Compass."

gesehen worden, was bei der überschäumenden Gründungs-
fluth eintreten musste — das ist eben als unausbleibliche
Consequenz eingetreten. Bis sich die Sturmesfluthen ver-
laufen, der Strom in seinem Bette wieder ruhig dahinfliesst,
bis das verwüstete Feld neuerdings urbar und fruchtbringend
gestaltet wird — dazu bedarf es: Zeit, Arbeit, Sparsamkeit. Ein einfaches, banal klingendes Recept; — aber dessen
Wirkung ist sicher, untrüglich.

1872. Zu Ende des Jahres 1872 bestanden 661 Actiengesellschaften mit einem Nominalcapitale von 2669 Millionen
Gulden und in 11,109.513 Actien, worauf jedoch nicht ganz
1800 Millionen (fl. 1.799,869.600) eingezahlt waren. — Ueberdies befanden sich Prioritäten, Pfandbriefe und Lotterie-
Anlehen im Betrage von fl. 1.455,467.512 im Umlaufe.

Diese Actiengesellschaften vertheilten sich nach den einzelnen
Ländern, wie folgt (Capital rund in Millionen Gulden):

	Actien-gesellschaft	eingezahltes Capital		Actien-gesellschaft	eingezahltes Capital
Niederösterreich	261	1.484.41	Tirol, Vorarlberg	7	1.23
Oberösterreich	9	3.24	Böhmen	228	179.10
Salzburg ...	3	1.01	Mähren	54	33.79
Steiermark ..	18	17.61	Schlesien ...	14	6.16
Kärnten ...	4	14.10	Galizien	13	12.50
Krain	3	2.10	Bukowina ...	—	—
Küstenland ..	35	41.65	Dalmatien ...	12	2.98

1873. Im Jahre 1873 wurden noch 117 Gesellschaften mit
einem Nominalbetrage von 550.4 Millionen Gulden protokollirt,
von denen 95 auf das erste Halbjahr und nur 22 auf das
zweite kommen.

Von diesen 661 Gesellschaften waren 126 „Banken" mit
einem eingezahlten Actiencapitale von . . . fl. 508,834.890
davon 43 Millionen in Silber. Ausserdem verfüg-
ten diese Banken noch über . . . . . . fl. 295,400.000
aus der Emission von Pfandbriefen, zusammen also 804,234.890

Von diesen Banken haben 35 (mit 111.56 Millionen Gulden)
für das Jahr 1872 keinen Geschäftsbericht veröffentlicht; —
die anderen 91 Banken (mit 397.27 Millionen Gulden — ohne
Pfandbriefe) haben pro 1872 ein Erträgniss von fl. 133,257.851
erzielt, so dass nach Abschlag von . . . . fl. 44,381.250
als Ausgaben noch ein Rein-Erträgniss von . fl. 88,876.601

verblieb, was einer Verzinsung des Capitals von nahezu $22\frac{1}{2}\%$ entspricht.

Von diesem Reinertrage gelangten $60._3$ Millionen an die Actionäre zur Vertheilung, — $5._9$ Millionen erhielten die Verwaltungsräthe als Tantièmen, — $15._2$ Millionen wurden zur Dotirung des Reservefondes verwendet, — $6._3$ Millionen auf Rechnung des Jahres 1873 vorgetragen, und $1._1$ Million zu sonstigen Zwecken (Steuer-, Reserve-, Pensionsfonds u. s. w.) verwendet.

Die Aufstellung einer **Hauptbilanz für alle diese Banken** (im Gesammtbetrage von 1968 Millionen Gulden) mit Ende 1872 weist ungefähr folgende Positionen aus:

(rund Millionen Gulden)

Activa:		Passiva:	
Debitoren	827	Creditoren	$559._4$
Wechsel	337	Actien-Capital	$397._3$
Hypothekar-Darlehen	$301._8$	Banknoten (der Nationalbank)	$318._4$
Vorschüsse	$166._8$	Pfandbriefe	$294._4$
Metallschatz (der National-		Cassenscheine und Einlagen	$142._7$
bank)	$147._7$	Accepte und Anweisungen	$100._4$
Effecten, Devisen, Valuten	$92._4$	Gewinn- und Verlust-Conto	$77._4$
Realitäten und Baugründe	$10._8$	Dann: Cautionen, Depositen, Reserve-	
Cassenbaarschaft	$38._7$	fonds Tilgungsfonds u. s. w.	

1874. — Von den bei Ausbruch der Krisis bestandenen Banken waren Ende 1874 nur noch 28 mit einem Capital von $288._{68}$ Millionen Gulden (welches übrigens bis heute um einige Millionen sich ohne Zweifel noch vermindert hat) in Thätigkeit.*

Diese 28 Banken haben für Ende 1873 ein Capital von $355._1$ Millionen angegeben. Im Laufe des Jahres 1874 ist diese Summe neuerdings um $71._{92}$ Millionen „ermässigt" worden, sank somit auf $283._{18}$, — welchen Betrag „neue Einzahlungen" auf $288._{68}$ Millionen erhöhten.

Nicht für alle diese Banken hat die „Börse eine gute Meinung"; denn am Schlusse des Krisenjahres wurde sieben derselben, am Schlusse 1874 erst nur neun Banken ein Aufgeld ge-

---

* Nach dem Economist der „Neuen freien Presse" vom 5. Mai 1875. Ueber die Rentabilität der Banken in den Jahren 1871, 1872 und 1873 brachte der Economist der „Neuen freien Presse" am 16. März 1875 einen sehr eingehenden, sachgemässen Artikel, in welchem die Banken in Wien und jene in der Provinz detaillirt und gründlich behandelt sind.

währt; bei den übrigen 19 der „Ueberlebenden" schätzt man mehr als ein Dritttheil des Capitals verloren, — einige darunter rücken schon an die verhängnissvolle Grenze, wo der „Paragraph 240 des Handelsgesetzbuches" bei „Verlust der Hälfte des Actiencapitals" seine Wirksamkeit antritt. Diese neun Auserwählten sind: 1. Nationalbank, 2. Creditanstalt, 3. Escompte-Anstalt, 4. Hypothekenbank, 5. Anglobank, 6. Austroegyptische, 7. Bodencreditanstalt, dann 8. der Giro- und Cassenverein und 9. der Wiener Bankverein.

Ende 1873 hatten die sieben Erstgenannten (in Millionen Gulden): ein

Nominalcapital von . . . . $175._{10}$

einen Courswerth von $266._{91}$

daher ein Aufgeld von $+ 91._{81}$

Ende 1873 hatten die 21 übrigen Banken: Nominal . . . . $180._{00}$

Courswerth . . . . $102._{55}$

daher ein Disagio von $— 77._{45}$

Ende 1874 repräsentirten obige neun Banken (in Millionen Gulden):

ein Nominalcapital von $181._{30}$

einen Courswerth von $278._{00}$

daher ein Aufgeld von $+ 96._{70}$

Ende 1874 repräsentirten die übrigen 19 Banken: Nominal . . . . $107._{38}$

Courswerth . . . . . $68._{38}$

Daher ein Disagio von $— 39._{00}$

Ob alle obgenannten neun Banken ihr Aufgeld verdienen, und ob in diesem Masse — mag hier unerörtert gelassen werden.

Concurse und Liquidationen. — Von dem Gesammtstande der österreichischen und ungarischen Actiengesellschaften sind seit dem Ausbruche der Krisis bis Ende 1874 in Abfall gekommen 231 Gesellschaften mit einem Actiencapitale von 400.$_{495}$ Millionen Gulden, und zwar:

		Concurse:		Liquidationen:	
		Anzahl	mit Millionen Gulden	Anzahl	mit Millionen Gulden
1873	Oesterreich .	16	19.1	94	242.3
	Ungarn .	12	4.3	23	19.7
		28	23.4	117	262.0
1874	Oesterreich	20	7.6	49	101.3
	Ungarn . .	3	0.17	14	6.025
		23	7.77	63	107.325
Hauptsumme . .		51	31.17	180	369.325

| Davon entfielen: auf Oesterreich: | 36 | Concurse | mit | 26.₇ | Mill. Gulden |

Davon entfielen: auf Oesterreich: 36 Concurse   mit 26.₇ Mill. Gulden
„   „   auf Ungarn: 15   „   „   4·47   „   „
„   „   auf Oesterreich: 143 Liquidationen „   343.₆ „   „
„   „   auf Ungarn: 37   „   „   25.₇₂₅ „   „

Mehrere der bestehenden Banken haben die Gebahrungs-
resultate für das Jahr 1874 bereits veröffentlicht, andere halten
ihre Generalversammlungen erst im Juli; und eine dritte Gruppe
scheint die Oeffentlichkeit zu scheuen, und — schweigt.

So viel steht fest, dass auch im Bankwesen im Jahre 1874
ein Fortschritt, ein Streben nach Consolidirung bemerkbar
ist; dass eine mässige Verzinsung der Anlagecapitalien verdient
worden, und dass die Zeit der grossen Verluste hoffentlich
vorüber ist. Ganz ohne Verluste dürfte das Jahr 1875 wohl
schwerlich verfliessen, weil die Frivolität, mit welcher einzelne
Institute die Bilanzen pro 1873 abgeschlossen, im Jahre 1874
schon schwere Folgen hatte, denen hie und da eine Katastrophe
im Jahre 1875 folgen muss. Möge diese unheilvolle Krisis eine
Lehrmeisterin für die zukünftige Entwicklung des volkswirthschaftlichen Lebens werden! *

II. GEISTIGE CULTUR.

§. 66. Das Kirchenwesen.

Für die geistige Ausbildung und sittliche Veredlung der
Nation wirken das Kirchen- und das Schulwesen, die An-

---

* Die einzelnen „wirthschaftlichen Individualitäten" in Oesterreich-
Ungarn hat der Secretär der österreichischen Nationalbank Gustav Leonhardt in seinem nach jeder Richtung hin mustergiltigen „Compass"
mit der von allen Fachmännern rühmlich anerkannten Gründlichkeit und
Unparteilichkeit behandelt. Dieses unentbehrliche Nachschlagebuch behandelt 1579 Gesellschaften und Anstalten, und verweisen wir Jeden, der sich
im Detail informiren will, auf besagtes Werk.

stalten für Pflege der Wissenschaft und Kunst und die periodische Presse. Diese sind die eigentlichen Träger, die Motoren der geistigen Cultur eines Volkes.* Nach Artikel 15 des Staatsgrundgesetzes vom 21. December 1867 „über die allgemeinen Rechte der Staatsbürger" hat jede gesetzlich anerkannte Kirche und Religions-Genossenschaft das Recht der gemeinsamen öffentlichen Religionsübung, ordnet und verwaltet ihre inneren Angelegenheiten selbstständig, bleibt im Besitze und Genusse ihrer für Cultus-, Unterrichts- und Wohlthätigkeitszwecke bestimmten Anstalten, Stiftungen und Fonds, ist aber, wie jede Gesellschaft, den allgemeinen Staatsgesetzen unterworfen.

Nach Artikel 14 ist Jedermann die volle Glaubens- und Gewissensfreiheit gewährleistet. Der Genuss der politischen und der bürgerlichen Rechte ist von dem Religionsbekenntnisse unabhängig; doch darf den staatsbürgerlichen Pflichten durch das Religionsbekenntniss kein Abbruch geschehen. — Niemand kann zu einer kirchlichen Handlung oder zur Theilnahme an einer kirchlichen Feierlichkeit gezwungen werden, insofern er nicht der nach dem Gesetze hiezu berechtigten Gewalt eines Andern untersteht.

Dieses vorausgeschickt geben wir eine gedrängte Schilderung der Organisatien und Verwaltung des Kirchenwesens.

1. Die **katholische** Kirche mit lateinischem, griechischem und armenischem Ritus. — Das Haupt der katholischen Kirche und der Träger der katholischen Kirchengewalt ist der Papst. Ihm unterstehen in kirchlichen Angelegenheiten die Erzbischöfe und Bischöfe, welche in den ihnen zugewiesenen Diöcesen das Kirchenregiment führen. Die Diöcese ist in Decanate getheilt (mit Dechanten, Erzpriestern), denen Pfarrer, Localpfarrer und Cooperatoren (oder Capläne) beigegeben sind.

---

* „Statistisches Jahrbuch" der k. k. statistischen Central-Commission. Wien. 1875. — V. Heft.
„Jahrbuch des königl. ungarischen statistischen Bureaus." Budapest. 1874.
„Statistische Skizzen der europäischen Staaten" von Hofrath Dr. Bracchelli. — Leipzig. 1875.
Selbstverständlich sind auch die auf das Kirchenwesen einschlägigen Gesetze berücksichtigt worden.

Die Erzbischöfe und Bischöfe werden in der Regel vom Kaiser und König ernannt, vom Papste canonisch bestätigt. Die Erzbischöfe von Olmütz und Salzburg werden von ihrem Domcapitel gewählt; — der Erzbischof von Fogaras (zu Blasendorf in Siebenbürgen) wird von einer Wahlsynode berufen; — der Erzbischof von Salzburg besitzt das Ernennungsrecht der Bischöfe von Lavant (Marburg) und Seckau (Graz) und, abwechselnd mit dem Kaiser, des Bischofs von Gurk (Klagenfurt).

In Oesterreich sind: neun Erzbisthümer, und zwar sieben lateinisch-katholische, — je eines griechisch- und armenisch-katholisch; erstere in Wien, Salzburg, Görz, Prag, Olmütz, Zara, Lemberg — in letzter Stadt sind auch die zwei anderen Erzbisthümer. — 25 lateinisch-, ein griechisch-unirter, und zwei griechisch-nichtunirte Bischöfe. — Bischöfliche Jurisdictionen üben aus: die Generalvicare zu Feldkirch und Teschen, und der Feldvicar der k. k. Armee.

Die Anzahl des Säcular-Clerus belief sich im Jahre 1870 auf 18.983. — Der Ertrag der Pfründen wurde auf fl. 5,335.920, — der Zuschuss aus dem Religionsfond auf fl. 2,106.540, — zusammen: fl. 7,442.460 angegeben.

Klöster und Stifte, katholische: Männerorden bestanden 463 mit 7389 Individuen (die zahlreichsten sind: 1451 Franciskaner, 1003 Benedictiner, 978 Kapuziner, 527 Jesuiten, 508 Cisterzienser u. s. w.); — dann (in der Bukowina und in Dalmatien) 14 griechisch-orientalische Klöster mit 85 Mönchen.

Frauenklöster bestanden 290 mit 6001 Individuen (die zahlreichsten sind: barmherzige Schwestern 2030, — Schulschwestern 567, — Ursulinerinnen 537, — Franciskanerinnen 473 u. s. w.).

Die grösste Anzahl von Mönchen und Nonnen lebt in Tirol (von den ersten 1436, von den zweiten 1503), — dann in Niederösterreich (1321 und 1058); die wenigsten Mönche sind in Schlesien (50) und Krain (76), die wenigsten Nonnen im Küstenland (93), Krain (95) und Dalmatien (95).

Die eigenen Einkünfte der Klöster und Stifte wurden im Jahre 1870 mit fl. 4,027.350 angegeben, der Zuschuss aus dem Religionsfond betrug fl. 298.929.

In Ungarn sind: 5 Erzbisthümer: in Gran (Primas von Ungarn), Erlau, Kalocza, Agram und das griechisch-katholische zu Blasendorf in Siebenbürgen; — 16 lateinisch- und 5 griechisch-katholische Bischöfe; ausserdem noch 34 „Titular-Bisthümer", von welchen im Jahre 1872 nur die Hälfte besetzt war. — Bischöfliche Jurisdiction üben aus der Generalvicar zu Tyrnau und der Erzabt der Benedictiner-Abtei zu Martinsberg.

Die Anzahl des Säcular-Clerus belief sich im Jahre 1872 auf 8018 (5467 lateinisch-katholisch, — 2551 griechisch-katholisch).

An Klöstern bestanden: männliche 195 mit 2297 Mönchen; weibliche 64 mit 915 Nonnen.

2. Die evangelische Kirche.

In Oesterreich ist der Oberkirchenrath die oberste Kirchenbehörde und verhandelt alle rein confessionellen Angelegenheiten abgesondert nach beiden Bekenntnissen; bei gemeinsamen Fragen dagegen vereint. — Die Vertretung der Gesammtgemeinde jeder Confession ist die General-Synode, zusammengesetzt aus den Superintendenten, Curatoren, Senioren, dazu für jedes Seniorat Ein weltlicher Abgeordneter und Einer von der evangelisch-theologischen Facultät in Wien. Sie soll jedes sechste Jahr in Wien zusammentreten und die kirchliche Gesetzgebung behandeln. -- Die Augsburger Confession zählt 6 Superintendenzen und 15 Seniorate, — die helvetische 3 Superintendenzen mit 7 Senioraten. — Organe des Kirchenregimentes sind: für jede der 186 Pfarrgemeinden das Presbyterium und die Gemeindevertretung; — für das Seniorat der Senior mit dem Seniorats-Ausschusse und die Seniorats-Versammlung; — für die Diöcese der Superintendent mit dem Superintendential-Ausschusse und die Superintendential-Versammlung; — für die Gesammtheit der Diöcesen der „k. k. evangelische Oberkirchenrath" in Wien und die General-Synode.

In Ungarn hat die Augsburger Confession eine von Siebenbürgen verschiedene, die helvetische Confession hingegen in beiden Ländern die gleiche Verfassung; die wenigen evangelischen Gemeinden in Croatien-Slavonien gehören zu ungarischen Superintendenzen.

Für die Augsburger Confession besteht ein weltliches
General-Inspectorat, und als Gesammtvertretung der
General-Convent. — Das Land ist in 5 Superintendenzen
(4 in Ungarn, 1 in Siebenbürgen), diese in 46 Decanate mit
1109 Pfarrern und Hilfsgeistlichen eingetheilt. Ueber Kirchen-
und Schulsachen berathen Convente.

Für die helvetische Confession ist das oberste Verwaltungs-
organ der General-Convent. Es bestehen 5 Superintendenzen
(4 in Ungarn, 1 in Siebenbürgen), welche in 56 Decanate mit
2263 Pfarrern und Geistlichen eingetheilt sind.

3. Die **griechisch-orientalische** Kirche. Die Kirchengewalt ruht in der bischöflichen Synode. — In Oesterreich ist Metropolit der Erzbischof in Czernowitz, welchem
die Bischöfe in Zara und Cattaro unterstehen. Für die Bukowina besteht der Kirchencongress unter dem Vorsitze des Erz-
bischofes, welchen 24 geistliche und 24 weltliche Vertreter
bilden.

In Ungarn sind zwei Metropoliten: für die serbischen
Glaubensgenossen der Erzbischof von Karlowitz mit dem Titel
„Patriarch", der zugleich den ersten Rang unter den griechischen
und orientalischen Kirchenfürsten der Monarchie einnimmt, —
für die romanischen der Erzbischof zu Hermannstadt; jenem unterstehen sechs, diesem zwei Bischöfe. — Die kirchlichen, Schul- und
Stiftungsangelegenheiten dürfen auf „Kirchencongressen" erledigt
werden, zu denen nebst den geistlichen Oberhirten auch geistliche und weltliche Abgeordnete entsendet werden. Der Kirchencongress ernennt (unter Vorbehalt der königlichen Bestätigung)
die beiden Erzbischöfe; die serbischen Bischöfe werden von
der Episcopal-, die romanischen von der Diöcesan-Synode gewählt.

Im Jahre 1872 zählte diese Kirche in Ungarn-Siebenbürgen
2802 Pfarrer; in Oesterreich (im Jahre 1870) 316 Pfarreien
und 10 Localcaplaneien.

4. Für die **unitarische** Kirche in Siebenbürgen wirkt die
Synode und das Ober-Consistorium als höchste geistliche Behörde; ihr ist für die Verwaltung das Repräsentativ-Consistorium
beigegeben. Die Superintendenz ist in acht Decanate eingetheilt;
die Zahl der Pfarrer war im Jahre 1872 106.

5. Die Angelegenheiten des **israelitischen** Cultus sind den Kirchengemeinden überlassen, welche ihre Geistlichen selbst bestellen und ihre Fonde verwalten. In Oesterreich sollen 150, in Ungarn 350 Kirchengemeinden bestehen.

§. 67. Das Schulwesen.

Das Schulwesen, in welchem sich das allgemein erhöhte Streben nach Bildung, der geistige Fortschritt des Volkes kundgibt, ist das Fundament aller geistigen Entwicklung, ist einer der Hauptträger, der bedeutendste Motor der geistigen Cultur. Die Staatsverwaltung, die Landesvertretungen und Gemeinden, Corporationen und Private haben in den letzten Jahren grosse finanzielle Mittel diesem Zwecke zugewendet. Die Vermehrung und Hebung der Volksschulen, die Organisirung der Mittel- und Hochschulen, die Errichtung zahlreicher Special-Fachschulen haben in neuester Zeit grosse Fortschritte gemacht und üben einen nicht zu verkennenden Einfluss auf Wissenschaft und Kunst, auf Gewerbe und Handel aus.

a) Oesterreich.*

a) Im Jahre 1874 bestanden sechs **Universitäten**, zu: Wien, Graz, Innsbruck, Prag, Lemberg, Krakau; im Schuljahre 1875/76 tritt eine neue Universität in Czernowitz ins Leben.

Die Zahl der **Professoren** und Docenten betrug 699, jene der **Studirenden** im Wintersemester 8957, im Sommersemester 8628. Die stärkste Frequenz hatte Wien: Lehrende 256, Studirende 3813, zunächst steht Prag mit 166 Lehrenden und 1947 Studirenden; Graz zählte 975, Lemberg 969, Innsbruck 641 und Krakau 612 Studenten.

Nach der **Nationalität** vertheilen sich die Studirenden in: 4096 Deutsche, 3865 Slaven (1605 Czechen, 1282 Polen, 494 Ruthenen, 484 Südslaven), dann 418 Italiener, 84 Rumänen, 429 Magyaren und 92 Ausländer mit fremden Idiomen.

Nach der **Confession**: 7330 Katholiken, 163 orthodoxe Griechen, 170 Evangelische, 1115 Israeliten, 179 „Andere".

---

* Bearbeitet nach dem statistischen Jahrbuch der k. k. statistischen Central-Commission. V. Heft. 1875. — Dann Reichsgesetz vom 14. Mai 1869, welches (nebst mehreren „Landesgesetzen") das Volksschulwesen in Oesterreich organisirt.

An Collegiengeldern sind in beiden Semestern bezahlt worden. fl. 279.427; dagegen kamen fl. 258.793 an Stipendien zur Vertheilung.

An sämmtlichen Universitäten Oesterreichs sind 551 Doctoren promovirt worden.

b) An den sieben technischen Hochschulen zu: Wien Graz, Prag (deutsches und czechisches polytechnisches Landesinstitut), Brünn, Lemberg und Krakau, docirten 288 Professoren und Docenten. Die Zahl der Studirenden betrug 3477. Die stärkste Frequenz hatte Prag mit 86 Lehrenden und 1294 Lernenden (776 an der czechischen, 518 an der deutschen); dann folgt Wien mit 83 Lehrenden und 1203 Studirenden. Lemberg zählte 327, Graz 286, Krakau 210 und Brünn 157 Studirende.

Nach der Nationalität: 1441 Deutsche, 1814 Slaven (1097 Czechen, 582 Polen, 39 Ruthenen, 96 Südslaven), dann 51 Italiener, 21 Rumänen, 129 Magyaren und 21 fremder Nationalität.

Nach der Confession 2991 Katholiken, 52 orthodoxe Griechen, 148 Evangelische, 240 Israeliten, 46 „Andere".

An Collegiengeldern gingen ein fl. 92.295, an Stipendien wurden bezahlt fl. 48.938.

c) An der Hochschule für Bodencultur, den Forst-, Berg- und Handels-Akademien, theologischen und chirurgischen Lehranstalten (im Ganzen 55, darunter 44 theologische) betrug die Anzahl der Lehrenden 432, jene der Studirenden 3411.

d) An Mittelschulen bestanden 304 mit 4361 Lehrern und 59.114 Schülern.   Diese vertheilen sich in:

α) 94 Gymnasien mit 1668 Professoren, 22.308 Schülern,

β) 58 Real-Gymnasien mit 790 Professoren, 10.258 Schülern,

γ) 72 Realschulen mit 1251 Professoren, 20.724 Schülern,

δ) 62 Lehrer-Bildungsanstalten mit 608 Professoren, 4988 Schülern.

Die übrigen kommen auf die nautischen Schulen (Lussin piccolo, Cattaro, Ragusa, Spalato) und 14 Hebammen-Lehranstalten.

Auf die einzelnen Länder vertheilen sich dieselben in folgender Art:

Land	Gymnasien			Real-Gymnasien			Realschulen			Lehrer-Bildungsanstalten		
	Anzahl	Lehrer	Schüler	Anzahl	Lehrer	Schüler	Anzahl	Lehrer	Schüler	Anzahl	Lehrer	Schüler
Niederösterreich	9	191	2357	11	182	2148	12	249	3546	6	61	555
Oberösterreich	2	40	528	2	26	201	2	39	537	2	20	143
Salzburg . . .	1	21	197	—	—	—	1	20	313	1	14	77
Steiermark . .	4	77	962	2	19	189	3	50	677	3	34	237
Kärnten . .	2	28	286	1	10	100	1	17	285	2	13	138
Krain . . .	2	31	412	2	22	165	1	19	309	2	13	105
Küstenland . .	5	76	783	—	—	—	6	102	1034	5	57	199
Tirol und Vorarlberg .	7	117	1298	1	22	145	4	46	459	6	43	345
Böhmen . . .	25	386	4991	20	279	4353	16	251	5880	18	101	1241
Mähren . . .	10	173	2737	10	116	1609	13	208	3623	10	75	708
Schlesien . . .	3	60	795	2	18	245	4	68	1251	4	40	504
Galizien . . .	17	356	5632	4	66	933	5	126	2096	9	102	542
Bukowina . .	3	57	856	—	—	—	2	32	537	2	16	82
Dalmatien . .	4	55	474	3	30	170	2	24	177	2	19	52
Summe	94	1668	22308	58	790	10258	72	1251	20724	62	608	4988

Nach der Nationalität unterschied man die Schüler in:

	Deutsche	Slaven	Italiener	Andere Nationalitäten
an den Gymnasien . .	9.129	11.795	961	423
„ „ Realgymnasien	5.561	4.590	58	49
„ „ Realschulen . .	10.950	8.340	1026	263

Nach dem Glaubensbekenntnisse:

	katholisch	griech.-orthod.	evang.	israel.	andere
an den Gymnasien . .	19.146	457	395	2295	15
„ „ Realgymnasien	8.668	53	156	1380	1
„ „ Realschulen . .	17.243	103	586	2632	18

e) Special-Lehranstalten (öffentliche und private Lehr- und Erziehungsanstalten) bestanden im Jahre 1874 in Oesterreich 1027 (darunter 54 Handels-, 139 Gewerbeschulen, 153 für darstellende und bildende Kunst und Musik, 66 für Land- und Forstwirthschaft, 171 weibliche Arbeitsschulen u. s. w.) — mit 4296 Lehrern und 67.713 Schülern (darunter 18.560 an Gewerbe-, 7277 an Handels-, 7077 an Arbeitsschulen u. s. w.).

f) Die Volkschulen (einschliesslich der Privatschulen mit und ohne Oeffentlichkeitsrecht) sind erst für das Jahr 1871 angegeben; die nächste Erhebung findet im Jahre 1875 statt.

Im Jahre 1871 bestanden 14.769 Volksschulen mit 25.259 Lehrern und 1,777.619 Schülern.

Die Anzahl der Volkschulen, Lehrer und Schüler, — dann der Schulpflichtigen und der Schulbesuchenden in den einzelnen Ländern erhellt aus folgender Tabelle:

Land	Volksschulen			Schulpflichtige			Schulbesuchende	
	Anzahl	Lehrer	Schüler	von sechs bis inclusive zwölf Jahren	über 12 bis inclusive 14 Jahren	an den Bürgerschulen	an den allgemeinen Volksschulen	
Niederösterr. .	1.267	3.333	203.868	205.473	69.657	7.673	201.391	
Oberösterreich	506	1.004	81.830	76.757	24.678	1.545	81.929	
Salzburg . . .	155	294	16.436	15.148	5.070	—	17.274	
Steiermark . .	690	1.349	94 655	126.640	41.068	146	100.000	
Kärnten . . .	318	439	29.542	38.219	12.655	—	30.450	
Krain	234	450	35.959	57.377	18.721	—	37.144	
Küstenland . .	396	768	35.469	73.058	23.134	—	37.291	
Tirol und Vorarlberg	1.926	2.824	114.164	97.743	32.090	—	116.123	
Böhmen . . .	4 190	7.151	673.149	662.939	215.125	1.723	682.130	
Mähren . . .	1.866	2.885	258.013	250.025	82.272	1.228	259.550	
Schlesien .	433	707	63.282	68.695	21.337	—	70.196	
Galizien . . .	2.374	3.453	152.832	775.174	236.326	1.819	153.949	
Bukowina . .	167	283	8 617	74.921	24.537	—	9.815	
Dalmatien . .	241	319	9.803	61.149	20.252	—	10.334	
Summe . . .	14.769	25.259	1,777.619	2,583.178	826.922	14.134	1.806.576	

Nach dem Glaubensbekenntnisse wurden gezählt 1,741.511 katholische, — 42.147 evangelische, — 5.090 griechisch-orthodoxe, — und 31.962 israelitische Schüler.

Nach der Nationalität: 895.719 deutsche, — 890.313 slavische, — 79.693 italienische, — und 3.388 anderen Nationalitäten angehörende Kinder.

b) Ungarn.*

In den Ländern der ungarischen Krone bestanden im Jahre 1872:

---

* Bearbeitet nach den Daten des „*Magyar statistikai évkönyv*" etc. (Statistisches Jahrbuch für Ungarn; vom königlich ungarischen statistischen Bureau). — Budapest 1874. Das Volksschulwesen in Ungarn und Siebenbürgen ist durch den Gesetzartikel XXXVIII vom Jahre 1868, — in Croatien und Slavonien durch das Gesetz vom 14. October 1874 neu organisirt.

a) Hochschulen:

drei Universitäten (zu Budapest, -- Klausenburg, — und seit dem Herbste 1874 die südslavische zu Agram); ein königliches Polytechnicum zu Budapest; 14 Rechtsakademien, und zwar sechs königliche zu: Raab, Kaschau, (Klausenburg, jetzt Universität), Hermannstadt, Grosswardein, Pressburg, und acht Lyceen (confessionell) zu: Erlau, Fünfkirchen (beide katholisch), dann die evangelischen zu: Eperjes, Debreczin, Kecskemét, Marmarossziget, Pápa und Sárospatak; — 46 theologische Lehranstalten, darunter 24 römisch- und vier griechisch-katholische, vier der nicht-unirten Griechen, 13 evangelische und eine unitarische; mit 276 Professoren und 1476 Studirenden.

b) Mittelschulen:

147 Gymnasien und 31 Realschulen.

c) 15.246 Volksschulen.

In Betreff der Lehrer und der Frequenz dieser Lehranstalten stellen wir folgende Daten zusammen:

1. Universität Budapest: 140 Professoren und Docenten; 2492 Studirende.

Letztere vertheilen sich nach der Nationalität in: 2411 Magyaren, — 28 Slaven, — 48 Oesterreicher und andere Ausländer.

Nach der Confession sind: 1455 katholisch, — 457 evangelisch, — 82 nicht-unirt griechisch, — sechs Unitarier, — 492 Israeliten.

2. Für die Universität Klausenburg liegen Daten nur für die medicinische und juridische Facultät vor. Darnach sind an der medicinischen: 14 Professoren, 55 Studenten; — an der juridischen: acht Professoren, 179 Studenten.

3. An der im Herbste 1874 eröffneten südslavischen Universität zu Agram waren Anfangs November 1874 (bei Eröffnung) 270 Studirende inscribirt.

4. Am k. Polytechnikum zu Budapest: 47 Professoren, 511 Studirende.

Letztere vertheilen sich nach der Nationalität: 480 Magyaren, — neun Slaven, — 20 Oesterreicher und andere Ausländer.

Nach der Confession: 271 katholisch, — 170 evangelisch, — 11 orthodoxe — neun Unitarier, — 50 Israeliten.

5. An den sechs königlichen Rechtsakademien waren
5o Professoren und 1118 Studirende; — an den acht „sonstigen"
ebenfalls 5o Professoren und 885 Studirende; zusammen 100
Professoren, 2003 Studirende.

Letztere vertheilen sich nach der Nationalität: 1772 Magyaren, —
58 Deutsche, — 68 Slaven, — 100 Romanen, — zwei Ausländer.

Nach der Confession: 1079 katholisch, — 748 evangelisch, —
87 orthodoxe, — 14 Unitarier.

6. An den 147 Gymnasien: 1842 Lehrer, 27.360 Schüler.

Letztere vertheilen sich nach der Nationalität: 20.775 Magyaren, —
2418 Deutsche, — 2195 Romanen, — 1863 Slaven.

Nach der Confession: 13.644 katholisch, — 8913 evangelisch, —
1449 orthodoxe, — 247 Unitarier, — 3107 Israeliten.

7. An den 31 Realschulen: 315 Lehrer, 5803 Schüler.

Letztere vertheilen sich nach der Nationalität: 3815 Magyaren, —
1530 Deutsche, — 326 Slaven, — 115 Romanen.

Nach der Confession: 3384 katholisch, — 1010 evangelisch, —
310 orthodoxe, — drei Unitarier, — 1096 Israeliten.

8. An den 15.246 Volksschulen: 18.546 Lehrer,
1,379.671 Schüler.

Letztere vertheilen sich nach der Nationalität: 664.220 Magyaren,
— 264.501 Deutsche, — 293.778 Slaven, — 179.066 Romanen.

Nach der Confession: 853.753 katholisch, — 340.648 evangelisch,
— 148.273 orthodoxe, — 5787 Unitarier, — 53.104 Israeliten.

§. 68. Wissenschaft und Kunst.

Nebst den Universitäten, den technischen Hoch- und
höheren Specialschulen, sowie den Kunst-Akademien, den
eigentlichen Pflegern und Förderern von Wissenschaft und
Kunst, sind es gelehrte Corporationen, wissenschaftliche und
Kunstsammlungen, welche an der Hebung der geistigen Cultur
des Volkes unmittelbaren, thätigen Antheil nehmen.

Dass eine vollständige Aufzählung der einschlägigen Anstalten und Sammlungen nicht Aufgabe dieser Schrift sein
kann, ist selbstverständlich; es genügt, in grossen Zügen darauf
aufmerksam gemacht zu haben.*

---

* Ueber die „Bibliotheken": „Mittheilungen der k. k. statistischen Central-Commission." 20. Jahrgang. 2. Heft. Wien. 1873. — Ueber Kunst, Kunstindustrie: „Mittheilungen des k. k. Museums für Kunst und Industrie." —
Ueberdies die Fachzeitschriften, von denen einige gerade in streng wissenschaftlicher, andere in künstlerischer Richtung Ruf und Ansehen geniessen.

Unter den Gelehrten-Gesellschaften nimmt den höchsten Rang ein: die kaiserliche Akademie der Wissenschaften in Wien; dann folgen die königlich ungarische Akademie in Budapest, die königlich böhmische Akademie der Wissenschaften in Prag, die südslavische Akademie in Agram, die Gesellschaft der Wissenschaften in Krakau. Daran schliessen sich die verschiedenen Vereine für wissenschaftliche oder praktische Fachzwecke (Juristen, Mediciner, Schulmänner, Künstler u. s. w.), für Landeskunde der einzelnen Länder.

An wissenschaftlichen und an Kunstsammlungen ist die Monarchie viel reicher als man gewöhnlich annimmt; sie sind jedoch zumeist weniger bekannt, als es die mitunter höchst werthvollen Sammlungen verdienen.

Die Bibliotheken gliedern sich in Hof-, Staats- und Privat-Bibliotheken. Die Staatsbibliotheken sind Universitäts- oder Studienbibliotheken. Quantitativ und qualitativ die reichste Bibliothek der Monarchie ist die k. k. Hofbibliothek in Wien mit über 410.000 Bänden, 12.000 Incunabeln, zahlreichen werthvollen Handschriften, 30.000 Kupferstichen u. s. w. Auch die kaiserliche Fideicommiss-Bibliothek und die Separatbibliotheken der übrigen Hofsammlungen sind sehr bedeutend. — Unter den Universitäts-Bibliotheken nimmt jene von Wien (212.000) den ersten Rang ein. Dann folgen Prag (145.000), Krakau, Graz, Innsbruck und Lemberg. Auch die technischen Hochschulen besitzen wichtige Büchersammlungen. — In den Studien-Bibliotheken von Olmütz, Salzburg, Laibach, Klagenfurt, Triest, Linz sind Bücherschätze in der Anzahl von je 30 — 60.000 Bänden vorhanden. Auch die Ministerien und einige gelehrte Anstalten haben ihre sehr beachtenswerthen Bibliotheken. — Die Mittelschulen legen ebenfalls Bibliotheken an, welche gewöhnlich in eine „Lehrer"- und eine „Schüler"-Bibliothek getheilt sind. — In Ungarn haben nebst Budapest (über 100.000) die Universitäten Agram und Klausenburg, sowie die Lyceen und Rechtsakademien in Eperjes, Sárospatak, Pressburg und Oedenburg werthvolle Büchersammlungen.

Mitunter sehr zahlreiche, wissenschaftlich bedeutende Bibliotheken besitzen die Stifte und Klöster, insbesondere diejenigen in Niederösterreich, Böhmen und Mähren, sowie einige in Ungarn.

Corporationen und Private besitzen gleichfalls erhebliche Büchersammlungen: das National-Museum in Buda-Pest (130.000), das Ossolinski'sche Institut in Lemberg (62.000), die Landesmuseen in Prag, Brünn, Salzburg, Troppau, Innsbruck, Agram, die Landesbibliothek in Czernowitz, das Bruckenthal'sche Museum in Hermannstadt u. s. w.

Unter den Privat-Bibliotheken sind die bedeutendsten jene des regierenden Fürsten von Liechtenstein, des Erzherzogs Albrecht, der Fürsten Metternich, Auersperg, Schwarzenberg, Kinsky, Lobkowitz, Dietrichstein, Salm; der Grafen Harrach (Wien), Baworowski (Lemberg), Potocki und Möszynski (Krakau), Apponyi (Pressburg), Festetits (Keszthely), Karoly (Pest), Deszewffy, Zay, Miko, Teleky u. A. m.

Naturwissenschaftliche Sammlungen in grösserem oder geringerem Umfange haben alle Hoch- und Mittelschulen. Das grösste Institut dieser Art ist das k. k. Hof-Naturaliencabinet in Wien; dann die geologische Reichsanstalt und noch andere.

An archäologischen und Kunstsammlungen ist Wien reich: die Schatzkammer, die Ambraser-Sammlung, das Museum für Kunst und Industrie, die Waffensammlungen des Arsenals und des bürgerlichen Zeughauses. Grossartig sind die Sammlungen des National-Museums in Budapest. Fast alle Hauptstädte der Kronländer haben Landesmuseen. Viele archäologische und Kunstschätze befinden sich auf den Schlössern der Adeligen und in den Stiften der Geistlichen. Der Kunstsinn der Oesterreicher hat seit jeher der Pflege der Kunst mit Liebe und Verständniss sich zugewendet, und spricht sich in neuester Zeit in der Richtung der Kunstindustrie auch mit Rücksicht auf die Zeitströmung aus.

Unter den Kupferstichsammlungen nimmt jene des Erzherzogs Albrecht, die „Albertina" (mit über 300.000 Stichen, 16.000 Handzeichnungen u. s. w.) den ersten Rang ein. Sehr bedeutend sind überdies die Sammlungen der Hofbibliothek und der k. k. Akademie der bildenden Künste in Wien, der Kunstakademie in Prag, des Fürsten Liechtenstein, der Grafen Harrach (Wien) und Czernin (Prag).

Unter den Gemäldegalerien sind bemerkenswerth: das kaiserliche Belvedere, die Akademie der bildenden Künste,

die Galerie des Pester National-Museums, der Kunstfreunde
in Prag, jene des Fürsten Liechtenstein, der Grafen Czernin
und Schönborn, der Kunstschule in Krakau und viele Sammlungen in der Residenz, den Hauptstädten, Schlössern und Stiften.

§. 69. Die periodische Presse.

Die Ausbreitung der Bildung, — das Hineinleiten des
Stromes der Aufklärung in die Massen, — Tag für Tag alle
Agitationsmittel der modernen Cultur unermüdlich, ungehemmt
im Dienste der Verbreitung von Licht und Wahrheit, im
Kampfe für Recht und Freiheit in Bewegung setzen: — das
ist die Aufgabe der periodischen Presse, der „sechsten Gross-
macht".

Die Bedeutung der Presse darlegen und begründen wollen,
ist überflüssig; — „so weit das Auge reicht, Alles ringsum
ist Presse". Der Werth der Presse für die geistige Cultur
eines Volkes ist unberechenbar. Täglich träufeln Ansichten,
Reflexionen, Urtheile in die Millionen Leser hinein, welche
schliesslich das für ihr geistiges Eigenthum, für das Resultat
ihres eigenen Denkens ansehen, was ihnen doch in zarten
homöopathischen oder kräftigen allopathischen Dosen durch
„ihr Blatt" beigebracht worden ist. Dann kommt die Rückwirkung des Lesers auf „sein" Blatt, die sich in Mittheilungen,
Anfragen u. s. w. ausspricht. Dieser Wechselrapport, dieses
gegenseitige Geben und Nehmen prägt sich in grossen Dimensionen als „öffentliche Meinung" aus. Die Presse wird dadurch
eine Macht, welche in den verschiedensten Richtungen ihren
Einfluss zur Geltung zu bringen bestrebt ist.

Eine andere Thätigkeit entwickeln die Fachblätter. Der
Kreislauf ist im Allgemeinen nahezu immer derselbe — es
wird nur anderes Material in der grossen Maschine der Wechselwirkung verarbeitet.

Die Anzahl der periodischen Druckschriften ist auch einer
der Gradmesser der Cultur eines Volkes. Allerdings käme
dabei auch die Qualität des Gebotenen in Betracht. Vom
Standpunkte der Statistik haben wir es jedoch nur mit der
Quantität zu thun und überlassen die kritische Analyse dem
Literatur- und Culturhistoriker.

Die Daten über die periodische Presse, soweit sie das „Statistische Jahrbuch" (1875. V. Heft) umfasst, beziehen sich auf das Jahr 1873. Seither haben sich die Verhältnisse der Presse sehr geändert und dürften diese Angaben durch die Zeitverhältnisse längst überflügelt sein.

Im Jahre 1873 erschienen in Oesterreich 866 periodische Druckschriften. Nach dem Gegenstande vertheilen sich dieselben in:

267 politische,	64 pädagogische,
92 volkswirthschaftliche,	22 historische,
60 landwirthschaftliche,	35 für Theater und Kunst,
44 gewerbliche,	13 für specielle Standesinteressen,
9 militärische,	74 Witzblätter,
35 medicinische,	69 belletristische,
24 theologische,	43 Anzeigeblätter.
15 juristische,	

Nach den Ländern:

370 in Niederösterreich,	32 in Tirol und Vorarlberg,
19 „ Oberösterreich,	180 „ Böhmen,
7 „ Salzburg,	54 „ Mähren,
27 „ Steiermark,	23 „ Schlesien,
12 „ Kärnten,	58 „ Galizien,
13 „ Krain,	1 „ der Bukowina,*
62 im Küstenlande,	8 „ Dalmatien.

Nach den Sprachen:

590 in deutscher,	3 in italienischer und illirischer,
105 „ czechischer,	2 „ englischer,
61 „ italienischer,	2 „ griechischer,
49 „ polnischer,	1 „ ungarischer,
18 „ slovenischer,	1 gleichzeitig czechisch, polnisch
9 „ ruthenischer,	ruthenisch und slovenisch (in
9 „ hebräischer,	Böhmen),*
6 „ deutscher und czechischer,	1 gleichzeitig deutsch, französisch,
5 „ französischer,	englisch, italienisch (in Triest).
3 „ illirischer,	

Nach der Art des Erscheinens:

93 täglich,	40 dreimal monatlich,
2 viermal wöchentlich,	181 zweimal „
30 dreimal „	152 einmal „
61 zweimal „	20 vier- bis zehnmal im Jahre.
287 einmal „	

---

* Die seit 1862 in Czernowitz erscheinende amtliche „Czernowitzer-Zeitung" ist die einzige periodische Druckschrift in der Bukowina!

In's Einzelne übergehend, zeigt es sich, dass Wien, der Mittelpunkt des politischen, wirthschaftlichen und wissenschaftlichen Lebens, auch der Hauptsitz der journalistischen Production ist. Es erschienen in Wien 355 periodische Druckschriften, in Prag 100, Triest 48, Lemberg 34, Brünn 33, Graz 23, Krakau 14, Laibach 13, Linz und Klagenfurt je 11, Görz 10, Olmütz 9, Innsbruck, Troppau, Zara je 8, Salzburg 6 u. s. w.

Dass das deutsche Element in der Presse beiweitem alle übrigen überwiegt, ist augenscheinlich; denn von dem Umfange der Tagespresse (die mehrsprachigen so oft gezählt, als sie Sprachen repräsentiren — wornach 883 anstatt 866 kämen) kommen 67.7 % auf die Deutschen, — 22.3 % auf die Slaven, — 7.3 % auf die Italiener, — 2.7 % auf die übrigen Nationalitäten.

Tagesblätter haben nur die Deutschen, Italiener, Czechen und Polen; eine für das geistige Leben der verschiedenen Volksstämme des Reiches gewiss laut redende Erscheinung. — Dass ein vielfacher Wechsel und Veränderungen mannigfacher Art in der periodischen Presse stattfinden, liegt wohl im öffentlichen Leben selbst und in der Natur dieses wichtigen Factors im politischen und socialen Leben des Volkes.

II. BESONDERER THEIL.

CULTURBILDER.

EINLEITUNG.

§. 70.

Nachdem im „Allgemeinen Theile" die in Zahlen ausgedrückten gesellschaftlichen Thatsachen der österreichisch-ungarischen Monarchie, nach Materien vertheilt, dargelegt worden sind, wollen wir es versuchen, die aus der kritischen Analyse der natürlichen und biologischen, der politischen und wirthschaftlichen Zustände der Gesammtmonarchie gewonnenen Ergebnisse in abgeschlossenen „Culturbildern" der einzelnen Königreiche und Länder — mit thunlichster Vermeidung des „unsympathischen Apparates" der Ziffern-colonnen und Tabellen — vorzuführen. Die Ergebnisse der wissenschaftlichen Forschung treten in übersichtlicher Darstellung, in knapper Fassung und lesbarer Form vor den Leser.

Man hat es verstanden, die schwierigsten, mitunter trockendsten Themata aus den Naturwissenschaften in gefällige Form zu kleiden, ohne der Wissenschaftlichkeit des Gegenstandes Abbruch zu thun; man machte die Resultate der wissenschaftlichen Forschung allgemein verständlich, daher allgemein zugänglich und leitete in solcher Art den Strom der

Aufklärung in die Massen hinein. Die Erfolge dieser Bestrebungen rechtfertigen auf's Glänzendste die angewendete
Methode.

Es sei also auch gestattet, auf statistischem Gebiete die
gleiche Behandlungsart in Anwendung zu bringen. Nachdem
im I. Theile die wissenschaftliche Analyse und kritische Prüfung der staatlichen und wirthschaftlichen Zustände nach allen
Richtungen und im Detail vorgenommen worden, wird im
II. Theile die Bilanz daraus gezogen, deren Resultate in
Culturbildern von Land und Leuten vorgelegt werden.

§. 71. Niederösterreich.

Niederösterreich, der Krystallisationspunkt für die Baben-
berger-Herrschaft und die nachfolgende Habsburgische Dynastie,
bildet mit dem „Lande ob der Enns" das „Erzherzogthum Oesterreich". Seit fast neun Jahrhunderten * bezeichnet der Name
Oesterreich das Gebiet an der Donau, welches durch glückliche
Feldzüge, durch Erbschaft und Mitgift, durch Kauf und kaiserliche Verleihungen die Grenzen erweiterte, bis es allmälig zu
der Macht und Grösse des Kaiserstaates herangewachsen war. An
den Kernpunkt dieses Staates, an das Herz des grossen Reichs-
körpers Oesterreich, in dessen Pulsschlage die politischen und
wirthschaftlichen Geschicke des Gesammtstaates stets erkennbar
waren, hatten sich im Laufe der Jahrhunderte die übrigen
Königreiche und Länder angeschlossen, und mit allem Rechte
gab das Stammland seinen Namen — Oesterreich — dem zur
Einheit verbundenen Ländercomplexe.

Die Donau scheidet das Land in zwei Theile. Südlich
dieses Stromes treten aus Oberösterreich und Steiermark die
Kalkalpen, und im Südosten die letzte Bergreihe der Central-
alpen (der „Wechsel") ins Land; der Wienerwald mit dem
Kahlengebirge bildet einen Ausläufer der ersteren, das Leithagebirge einen der letzteren. Nördlich von der Donau bildet
die Südabdachung des böhmisch-mährischen Gebirges bergige
Hochflächen, deren Rand gegen das östliche Hügelland der

---

* Der Name Oesterreich (Osterrichi) kommt zuerst in einer Urkunde
Otto's III. vom 1. November 996 als Benennung einer dem baierischen Herzoge
zugewiesenen Markgrafschaft des Deutschen Reiches vor.

Mannhartsberg heisst. Die grösste Ebene ist das Wiener Becken
an den beiden Donau-Ufern. Am linken Ufer bis zu den kleinen
Karpathen liegt das fruchtbare Marchfeld, sowie das Tulnerfeld,
nordwestlich vom Wienerwalde; am rechten das anmuthige,
fruchtbare Wiener Becken im engeren Sinne, in dessen südöst-
lichem Theile sich das unfruchtbare Neustädter Steinfeld aus-
breitet.

Der grösste Theil Niederösterreichs ist Berg- und Hügelland mit sand- und kalkhaltigen Lehmabhängen. Mehr als
95 Percent des Bodens sind anbaufähig; davon entfallen etwa
zwei Fünftel auf das Ackerland, nicht ganz ein Drittel auf die
Waldungen und ein Sechstel auf Wiesen und Gärten. Der
Ackerboden ist im Allgemeinen nur mittelgut; die fruchtbarsten
Theile sind das Tulner- und das Marchfeld. Am stärksten
wird der Ackerbau in der Ebene an der Donau, an der March
und Thaya betrieben; doch reicht die Jahresproduction an
Körnerfrüchten für den Bedarf des Landes, zunächst der Residenz,
nicht aus. — Unter den Handelspflanzen sind Flachs und Hanf
noch immer erwähnenswerth, obwohl deren Anbau abnimmt;
weniger wichtig sind der Senf (bei Krems) und Saffran (bei
Maissau). Dagegen liefert Niederösterreich viel (an 1 1/2 bis
2 Millionen Eimer) und gute, mitunter ausgezeichnete Weine
auf der Productionsfläche von etwa sieben Quadrat-Meilen. Für
die Pflege und Veredlung der Weincultur geschieht in neuester Zeit
viel, wobei das Stift Klosterneuburg mit seiner Weinbauschule
vorangeht. Geschätzte Sorten sind: Gumpoldskirchner, Vöslauer,
Retzer, Klosterneuburger u. a. m. — In der Viehzucht sind
keine besonders nennenswerthen Resultate bemerkbar; im westlichen Landestheile wird die Zucht des Rindviehes, der veredelten
Schafe und des Geflügels betrieben; doch wird der grosse Bedarf
der Residenz an Fleisch durch Zutrieb aus Galizien und Ungarn,
des Geflügels aus Mähren und Ungarn gedeckt. — Unter den
Producten des Bergbaues ist die Gewinnung der Mineralkohle
(etwa 1 3/5 Millionen Centner) für den grossen Bedarf der
Fabriken und der Residenz ganz unbedeutend zu nennen, wesshalb starke Zufuhren aus Schlesien, Mähren, Böhmen und
Steiermark stattfinden. Ausserdem gewinnt man Eisen, Alaun,
Graphit, vortrefflichen Kalk, Gyps und Mühlsteine.

In der Industrie nimmt Niederösterreich den ersten
Rang in der Monarchie ein; Wien sammt Umgebung bildet
den Mittelpunkt dafür, zunächst steht der Theil zwischen
Wien und dem Semmering. Die Jahresproduction dürfte den
Werth von 45o — 5oo Millionen Gulden erreichen. Alle nam-
hafteren Zweige des Gewerbefleisses sind hier vertreten, und in
vielen derselben gibt sich ein erfreulicher Aufschwung kund.
In der Grossindustrie sind die Baumwollspinnerei (mit fast
$1/_3$ sämmtlicher Feinspindeln der Monarchie), der Maschinenbau
(Wien, Wiener-Neustadt), die Bierbrauerei (Schwechat, Liesing,
Wien) besonders hervorragend; obwohl auch die Schafwoll-
waaren, Papier und Papierwaaren, Seidenwaaren, Chemikalien,
Rübenzucker, Oel, Glas und Spiegel, Leinenwaaren und Zwirn
in ansehnlicher Quantität erzeugt werden. In Wien ist die
Gewerbsthätigkeit sehr mannigfaltig, sowohl im Gross-, als im
Kleinbetriebe. Von Bedeutung sind die Galanterie- und Luxus-
gegenstände aus Gold, Silber, Legirungen, Leder, Meerschaum,
dann Mode- und Seidenwaaren, Shawls, Maschinen, physi-
kalische und musikalische Instrumente (namentlich Claviere),
Leder, chemische Producte. In Wien haben die meisten grosssen
Fabriken des Reiches ihre Niederlagen: die Stadt sammt den
industriellen Vorstädten bildet gleichsam eine permanente In-
dustrie-Ausstellung.

Die Residenz ist ferner der Hauptsitz für den österreichischen Geld- und Waarenhandel. Aus allen Theilen des
Reiches begegnen sich hier Angebot und Nachfrage, und der
Verkehr zieht seine Bahnen nach Triest und Hamburg, sowie
nach Frankreich und den Donaufürstenthümern; vermittelt zu-
meist von hier aus unter den Provinzen, wie mit dem Aus-
lande. Nach allen Richtungen (besonders zahlreich nach Norden)
laufen die Radien des verzweigten Eisenbahnnetzes aus; die
Donau verbindet Wien mit den productenreichen Ländern des
Ostens. Zahlreiche Geld- und Creditinstute, Assecuranzen,
Vereine und Corporationen sind für Hebung der materiellen
Interessen thätig.

Die an $2^1/_7$ Millionen Seelen zählende Bevölkerung, von
der auf Wien nebst den Vororten über 1 Million entfällt, ist
mit Ausnahme Wiens — wo alle Nationalitäten und Con-

fessionen zwar vertreten sind, sich aber dessungeachtet der
Charakter des Landes vorwiegend ausprägt — deutschen Stammes,
katholischer Confession mit ganz wenig Ausnahmen (96 Percent
Katholiken, an zwei Percent Evangelische und zwei Percent
Israeliten, zumeist in Wien).

Gemüthlichkeit und Frohsinn sind das schönste Erbtheil
des Niederösterreichers, des Dorf- und Stadtbewohners. Zuvor-
kommend gegen Fremde, begeistert für „sein" Oesterreich und
„sein Kaiserhaus", ist er ein wackerer Vertheidiger seines schönen
Vaterlandes; empfänglich für Bildung und Fortschritt, eine
treue Stütze der Reichsverfassung.

Wien, als Mittelpunkt des staatlichen, wirthschaftlichen
und geistigen Lebens, übt begreiflich einen nicht zu verkennenden
Einfluss auf das ganze Land aus. Das Schulwesen in allen
Stadien erfreut sich sorgsamer Pflege; Staatsverwaltung, Landesausschuss, die Commune — Allen voran die Gross-Commune,
die Residenzstadt Wien — leisten sowohl in finanzieller Beziehung, als auch in Bezug auf die Förderung der didaktischen
und wissenschaftlichen Entfaltung der Lehranstalten höchst
Anerkennenswerthes. An die zahlreichen Lehranstalten der
Residenz schliessen sich die wissenschaftlichen und Kunstsammlungen an; und die reiche periodische Literatur sorgt für
Ausbreitung der Bildung in alle Schichten der Bevölkerung.

Sowohl die materielle als auch die geistige Cultur Niederösterreichs steht auf einer erfreulichen Stufe der Entwicklung,
und der der lebensheitern, aber auch arbeitstüchtigen Bevölkerung innewohnende Drang nach Fortschritt und Freiheit sichert
es vor jeder Stagnation, vor jedem Rückschritte in der Cultur.

Mögen auch über diese Lichtseiten bisweilen Wolken
verdunkelnd ziehen; mag die Leichtlebigkeit und sprichwört-
liche „Wiener Gemüthlichkeit" hie und da die Grenzen überschreiten und über den geschäftlichen Ernst, über den sorgsamen Sparsinn den Sieg davontragen: im Ganzen gilt doch
vom schönen Donaulande und seinen Bewohnern, was der
grosse Freiheitssänger unseres Vaterlandes — Anastasius
Grün — von der „Austria" singt:

„Viel hat Dich der Herr gesegnet, doch Du darfst auch rühmend sagen,
Dass bei Dir die edlen Keime reich und herrlich Früchte getragen!"

§. 72. Oberösterreich.

Oberösterreich ist grösstentheils Gebirgsland. Seine südliche Hälfte füllen Theile und Ausläufer der nördlichen Kalkalpen, die nördliche hingegen Zweige des hercynischen Bergsystems aus. Das Hauptthal des Landes ist das Donauthal, in welches dessen bedeutendste südliche Thäler (das Inn-, Traun- und Ennsthal) einmünden. Von Linz bis über Wels breitet sich die grösste Ebene aus, die „Welser-Haide", welche nur durch unsäglichen Fleiss für die Cultur gewonnen worden ist. Dieses an Naturschönheiten reiche, von einer arbeitsamen Bevölkerung bewohnte Land weisst uns in fast allen Zweigen menschlicher Thätigkeit erfreuliche Ergebnisse auf. Ueber 90% der Gesammtfläche sind productiver Boden, von welchem über ein Drittheil auf das Ackerland, und fast ebensoviel auf den Waldstand entfallen. Die Getreideproduction übersteigt den eigenen Bedarf. Ausser Roggen und Weizen ist die Obstcultur für die ausgedehnte Obstmost- (Cider-) Bereitung sehr ansehnlich. Der Wiesenbau, der stärkste im Kaiserstaate, und sehr gute Alpenweiden befördern die Viehzucht. Im Allgemeinen wird die Wirthschaft sehr rationell betrieben, und die Bauernwirthschaften Oberösterreichs könnten vielfach als Muster dienen. — Der Bergbau liefert viel Braunkohle (Wolfsegg) und Salz (Hallstadt, Ischl, Ebensee). Den wichtigsten Industriezweig bildet die theils fabriksmässige, häufiger jedoch handwerksmässige Erzeugung von Eisen- und Stahlwaaren, wofür das Rohmaterial auf der Enns aus Steiermark bezogen wird. In Sensen und Sicheln behauptet es den ersten Rang; doch werden auch Messer, Nägel, Handwerkszeuge und Geräthschaften sehr geschätzt. Grossartig in der Anlage und Production ist die Waffenfabrik in Steyer; überhaupt bildet diese Stadt den Mittelpunkt für die gesammte Eisenindustrie des Landes, für welche über 700 grössere und kleinere Etablissements bestehen. Die Erzeugnisse finden nicht nur im Inlande guten Absatz, sie gehen auch nach den Donaufürstenthümern, in den Orient, nach Russland (bis nach Kamtschatka) und Nordamerika. — Die Baumwollindustrie macht glänzende Fortschritte; die Spinnerei hat die Sensenindustrie im Produc--

tionswerthe überflügelt. In der Erzeugung von Leinen-, Schaf-
woll-, Leder- und Papierwaaren ist ein stetiger Fortschritt unverkennbar. In der Holzindustrie verdienen nebst dem ansehnlichen Schiffbau und den ordinären Holzarbeiten auch die
Schnitzereien und Berchtesgadner-Artikel Beachtung. Die Bierbrauereien stehen in gutem Rufe. Im Allgemeinen ist sonach
die Industrie in der Zunahme und das Land in der Lage,
sowohl Bodenproducte als Industrie-Erzeugnisse zu exportiren.
Der Fremdenverkehr in den reizenden Gebirgspartien und Landschaften, welche von den Bewohnern der Residenz auch vielfach als Sommersitze benützt werden (Ischl, Gmunden u. A.),
bringt beachtenswerte Summen ins Land und veranlasst, bessere
Communicationen herzustellen, wodurch auch der Handelsverkehr gehoben wird.

Die Bevölkerung — über 740.000 Seelen — ist
deutschen Stammes und fast ausschliesslich katholisch. Der
vorwiegend agricole Charakter prägt sich im politischen, kirchlichen und socialen Leben vielfach aus; in den Industrie-
Districten und Städten ist dagegen ein Vorwärtsstreben bemerkbar. Das Land ist reich an zeitgemäss eingerichteten Schulen,
welche mit Vereinen und Humanitätsanstalten für die Wohlfahrt dieser arbeitsamen Bevölkerung sehr thätig sind.

§. 73. Salzburg.

Salzburg ist ein malerisch-schönes Land mit herrlichen
Alpenpartien und einer ausgedehnten Gletscherwelt, über welche
Bergriesen mit über 10.000 und 11.000 Fuss emporragen. Die
tiefen Waldthäler, rauschenden Wildbäche und grossartigen
Wasserfälle nebst den grünen Alpenseen gestalten dieses von
Alpenketten umwallte Gebirgsland zu einem der schönsten Europas.

Die Schönheit, die Grossartigkeit der Natur erhebt zwar
die feinfühlende, poetische oder künstlerische Natur und reisst
zur Bewunderung hin; aber sie ist wenig geeignet, die leib-
lichen Bedürfnisse des in der Prosa des Alltagslebens sich ab-
mühenden Gebirgsbewohners zu stillen. Wäre für den Fremdenverkehr durch gute Communicationen und behagliche Unter-
kunft besser gesorgt, wie es etwa die betriebsamen Schweizer
einzurichten verstehen, dann wäre die grossartige Alpennatur

auch für die Salzburger eine sichere und ansehnliche Einnahmsquelle für das Land und seine Bewohner. In den gegenwärtigen, vielfach noch primitiven Verhältnissen werfen die
Naturschönheiten noch „keine Rente" ab, und der Culturstand
des Volkes lässt noch Manches zu wünschen.
Wegen der Ungunst der Bodenverhältnisse — Salzburg
hat so viel unproductiven Boden, wie kein anderes Land in
Oesterreich, nämlich ein Fünfttheil seiner Gesammtfläche —
und des verhältnissmässig rauhen Klimas ist der Ertrag des müh-
sam betriebenen Ackerbaues so geringe, dass selbst in guten
Jahren beinahe die Hälfte des Bedarfes an Körnerfrüchten eingeführt werden muss. Denn vom productiven Boden ist nur
ein Zehnttheil dem Ackerbau gewidmet, während je ein Dritt-
theil auf Wälder und „Almen" (Alpenweiden) entfallen.
Letztere begünstigen die Viehzucht und die Milchwirthschaft,
welche nur in wenigen Theilen des Reiches auf so bedeutender
Höhe steht, als im Pinzgau (oberes Salzathal) und Pongau
(mittleres Salzathal). In der Pferdezucht gilt die Pinzgauer
Gebirgsrace als das ausgezeichnetste schwere Zugpferd in
Oesterreich. — Unter den Producten des Bergbaues ist
Salz das wichtigste (in Hallein). Die Eisengruben in der
Flachau liefern zu wenig Erz für den Bedarf, der aus
Steiermark und Kärnten gedeckt wird. Das Goldbergwerk
zu Rauris, an der Schneegrenze gelegen, liefert wenig;
dagegen wird viel Arsenik, dann Kobalt und Nickel gewonnen. Grossen Reichthum hat das Land an Marmor im
Untersberg, welcher für die Kunstbauten im benachbarten
Baiern in grossen Massen gebrochen wurde. Berühmt sind
überdies die heissen Quellen von Wildbad-Gastein, mit der
malerischen Umgebung, sowie der Badeort Hof-Gastein, welche
stark besucht werden. — Die Industrie dieses dünn bevölkerten Landes, in welchem der Alpencharakter am reinsten
in Oesterreich ausgeprägt ist, genügt weder durch die Menge,
noch durch die Mannigfaltigkeit der Erzeugnisse. In neuerer
Zeit ist jedoch ein nachhaltiger Fortschritt bemerkbar, einige
Artikel gelangen zum Export, z. B. Chemikalien (aus Oberalm),
Holzwaaren (aus Hallein), Thonwaaren, Salzburger Kirschen-
geist u. a. m.

Die Bevölkerung — etwa 153.000 — ist deutschen Stammes und fast ausschliesslich katholisch. Es ist ein tüchtiger Menschenschlag, kräftig, an anstrengende Thätigkeit gewöhnt; es sind gute Alpenwirthe und Bergleute. Wie bei allen Alpenbewohnern kommen halsbrechende Kraftspiele und das lustige Almenleben mit mancherlei Volkseigenthümlichkeiten vor, wobei nicht Alles romantische Idylle ist. Leider sind die Hochgebirgsthäler auch reich an unglücklichen Geschöpfen, den Kretins, wie sie überhaupt in den Hochalpen vielfach vorkommen.

§. 74. Steiermark.

Die „grüne Steiermark" gehört zu den Alpenländern und ist gleich ausgezeichnet durch den Reichthum malerischer Landschaften und grossartiger Alpenpartien, wie durch die Fülle und Ueppigkeit des Pflanzenwuchses in den Ebenen. Der nördliche und westliche Theil sind Gebirgsland; im südlichen und östlichen wechseln Berg- und Hügellandschaften mit fruchtbaren Thälern und Ebenen. Reich ist das Land an fliessenden Wassern, die zum Geäder der Donau gehören, darunter die für den Verkehr wichtige Mur und deren bedeutendster Nebenfluss die Drave, welche ihr Kärntens Gewässer zuführt und die beiden „Eisenländer" mit einander verbindet. An Wasserfällen und Seen steht es den anderen Alpenländern nach, dagegen ist es reicher an Mineralquellen.

Durch Bodenerhebung und Klima zerfällt das Land in zwei grosse Theile: Untersteiermark, südlich von Graz, Obersteiermark, der nördliche und nordwestliche Theil des Landes. Im Ganzen sind über 92 Percent des Bodens productiv, und darunter sind an 45 Percent Waldungen, relativ die meisten in Oesterreich. Nicht ganz ein Fünfttheil nimmt das Ackerland, ein Achtel das Weinland, ein Sechstel das Grasland ein. In Untersteiermark bildet die Landwirthschaft die wichtigste Ernährungsquelle des Volkes; der fleissig und rationell bebaute Boden liefert reichen Ertrag, der jedoch den Bedarf des ganzen Landes nicht zu decken vermag. Besondere Sorgfalt wird auf den Wein- und Obstbau verwendet; ein Drittel der Weinberge entfällt auf den (ehemaligen) Grazer, zwei Drittel auf den Marburger Kreis; beliebte Weinsorten

sind: Luttenberger, Kerschbacher, Pickerer, Marburger Stadt-
wein. Aus dem Mostobst wird Cider bereitet. Auch die Pflege
des Maulbeerbaumes und die Anfänge der Seidencultur sind
bemerkenswerth. Die Viehzucht ist minder bedeutend. Der
Bergbau wird auf Braunkohlen mit Erfolg betrieben (Köflach,
Eibiswald, Hrastnike). Die Industrie ist vorwiegend durch
das Kleingewerbe vertreten; in Graz und Umgebung arbeiten
auch grössere Fabriken für Maschinen, Chemikalien, Zucker,
Papier u. s. w.

In Obersteiermark entfällt kaum ein Zehntel auf das
Ackerland, mehr als die Hälfte nehmen die Waldungen, etwa
ein Viertheil das Grasland, und ungefähr ein Siebentel die unproductive Area ein. Die Ackerfläche ist demnach gering, das
Klima rauh, die Bevölkerung eine dünne; die Landwirthschaft deckt in keiner Richtung den Bedarf. Die vielen Alpenweiden und grassreichen Thäler sind der Entwicklung der
Viehzucht sehr günstig; unter dem Hornvieh nimmt die
Mürzthaler Race einen höchst beachtenswerthen Rang ein;
das Ennsthal liefert tüchtige schwere Pferde. Wie Untersteiermark das „Wein- und Getreideland" ist, — so ist Obersteiermark das Kohlen- und Eisenland. Steiermark producirt
das meiste Eisen in Oesterreich; die Qualität des schon zu
Römerzeiten hochgeschätzten „norischen Eisens" hat ihren Ruf
durch Jahrhunderte bewährt. Sehr bedeutend ist die Production
an Braunkohle, beachtenswerth jene von Salz. Der Hütten-
betrieb und die Verarbeitung der Metalle, insbesondere in den
Thälern der oberen Mur bis in die Nähe von Graz, die Gusswaaren, Haus- und Ackergeräthe der steierischen Fabrication
geniessen Weltruf. Ausgezeichneten Stahl und Bessemerstahl
liefert die Steiermark am meisten unter allen österreichischen Provinzen. Die Etablissements dieser Art stehen den vortrefflich-
sten des Auslandes nicht nach und haben wiederholt schon als
Muster gedient. Seine Eisen- und Stahlwaaren exportirt das
Land nach dem ganzen Inland, nach Italien und Deutschland,
Frankreich und Russland.

Von der Bevölkerung — nahezu 1,161.000 — gehören
der Abstammung nach bei nicht ganz zwei Drittel dem deutschen
und über ein Drittel dem slavischen Stamme (Slovenen) an;

20 *

Letztere bewohnen den südlichen und südöstlichen Landestheil. Dem Glaubensbekenntnisse nach sind die „Steirer" fast durchgehends katholisch; nur an 6000 Evangelische. Zwischen dem Obersteirer und dem Untersteirer ist ein ebenso grosser Unterschied, als zwischen dem grossartigen Hochgebirge mit den wildromantischen Schluchten und mächtigen Waldhöhen, den brausenden Wassern und dem weithin rollenden Donner der gewaltigen Eisenhämmer, — und den freundlichen Landschaften an rebenbekränzten Hügeln und reichen Kornfeldern, in denen ein fröhliches Völkchen die reichen Gaben der Natur bei Gesang und Becherklang geniesst. In dem Einen aber sind sie Alle gleich die kräftigen, lebensfrohen Bewohner der schönen grünen Steiermark: in der Liebe für ihr an Naturschätzen so reiches Land, in der aufopfernden Begeisterung für freiheitlichen Fortschritt im socialen und politischen Leben. Die Steiermark hat in den letzten anderthalb Decennien die wackersten Stützen und Verfechter des Verfassungslebens, manchen entschiedenen Vorkämpfer für Freiheit und Licht, für Wahrheit und Recht dem verjüngten Kaiserstaate gegeben.

§. 75. Kärnten.

Kärnten ist zum grössten Theile Gebirgsland, in welches das Drauthal von West nach Ost eine nur an wenigen Stellen breite Ebene schneidet; in dieses Längsthal münden die durch hohe Gebirgszüge abgegrenzten Thäler der Möll und Lieser, der Gail, Gurk und Lavant. Namentlich sind es die majestätischen Centralalpen im Norden und Nordwesten des Landes, welche den Stempel des Hochgebirges tragen; darunter die Gruppe des Grossglockner, der über das hochgelegene Alpendorf Heiligenblut und einen der schönsten Gletscher der Alpenwelt, die „Pasterze", von kühnen Reisenden vielfach bestiegen wird. Zahlreiche Burgen, alte Schlösser und Ruinen auf waldigen Bergeshöhen verleihen durch malerische Schönheit und historische Erinnerungen einen romantischen Reiz, welcher durch die bekannten Kärntner Seen noch gehoben wird. Desshalb wird das Land in neuester Zeit zahlreich besucht.

Als Gebirgsland hat es verhältnissmässig viel unproductiven Boden (etwa 13 Percent); vom productiven entfallen über zwei

Fünftel auf Waldungen, über ein Drittel auf das Grasland und nur ungefähr ein Siebentel auf Ackerboden. Kärnten hat somit zu we-nig A c k e r l a n d, und auch relativ ist der Ertrag ein zu geringer, um den Bedarf an Brotfrucht zu decken. In den Thälern und an den Bergabhängen ist der Wiesenbau vorherrschend, daher die Viehzucht ziemlich bedeutend ist, welche überdies durch schöne Alpenweiden gefördert wird. — Sehr wichtig ist der B e r g b a u und der H ü t t e n b e t r i e b nebst der darauf sich gründenden Metall-Industrie. In keinem Lande Oesterreichs leben verhältniss-mässig so viele Bewohner davon, als in Kärnten. Es ist ferner der stärkste Producent von Blei in Oesterreich. Auch Braun-kohle wird viel gefördert. — Die I n d u s t r i e ist stets im Wach-sen. Zumeist beschäftigt sie sich mit der Bearbeitung von Me-tallen; die Eisen- und Stahlwaaren-Erzeugung gehört zu den stärksten in der Monarchie. Der Hauptabsatzort war seit jeher in Italien, daher die directe Verbindung des Landes über den Pontebapass nach Italien beinahe als eine Lebensfrage für die kärntnerische und steierische Eisen- und Stahlindustrie betrachtet wird. Berühmt in dieser Beziehung sind nächst Prévali auch Lippitzbach, Lölling, Buchscheiden. Die Bleiweissfabriken in Kla-genfurt und Wolfsberg, die ausgezeichneten Tücher von Vik-tring, die Riemerwaaren von Klagenfurt und mehrere andere Fabricate geniessen wohlbegründeten Ruf in der Handelswelt. — Die geographische Lage des Landes bestimmt es als Binde-glied zwischen dem mittleren Donaugebiete und Italien, ins-besondere für die Eisendistricte der alpinen Region nach den Niederungen am Po und seinen Zuflüssen.

Von der B e v ö l k e r u n g — an 344.000 — sind mehr als zwei Drittel Deutsche, ein Drittel Slovenen; vorwiegend katho-lisch, etwa 18.000 Evangelische. Der deutsche Kärntner hat in seinem Wesen, in seiner Tracht Vieles gemein mit dem benach-barten Steirer. Das Zusammenhalten der Kärntner in der Hei-math wie in der Fremde, die Begeisterung für ihre schöne Hei-math, der freiheitliche Drang nach Bildung und Fortschritt in allen Richtungen ist so scharf ausgeprägt, wie sich die schönen Charakter-Eigenschaften bei Gebirgsvölkern als typisch manifesti-ren. Es herrscht ein freudiges, rühriges Leben auf allen Gebie-ten menschlichen Schaffens. Die Slovenen Kärntens folgen den

Strömungen der Stammesbrüder in Krain, die wir später beleuchten werden. Im Allgemeinen bietet auch Kärnten, wie sein Nachbarland Steiermark, ein freundliches Culturbild.

§. 76. Krain.

Durch die Verschiedenheit der Bodengestaltung ist Krain in drei Theile geschieden: „Oberkrain", das obere Flussgebiet der Save bis zur Einmündung der Laibach, ist im nordwestlichen Theile Alpenland, mit den Bergmassen des Triglav und des Mangart; in letzterer Berggruppe ist eine so zahlreiche Anhäufung von Passbildungen, wie sie ausser der Gotthartgruppe in den Alpen kaum irgendwo vorkommt. Der grossen Alpennatur verleihen der liebliche Veldes- und der Woheiner-See nebst prachtvollen Wasserfällen einen grossen landschaftlichen Reiz. Das Alpenland fällt ostwärts zum oberkrainischen Becken herab. Oberkrain treibt Landwirthschaft, doch werden auch industrielle Unternehmungen mit Erfolg betrieben. „Unterkrain", zwischen der mittleren Save und oberen Kulpa, ist im Ganzen ein Hügelland, treibt neben der Feldwirthschaft auch Weinbau. In seinem westlichen Theile beginnt die muldenförmige Bodenformation, welche in „Innerkrain", dem Repräsentanten des Karstplateaus, die vorherrschende ist. Die Steinwüste des Karst, gleichsam ein grossartiger Leichenstein auf dem Grabe einstiger Vegetation, stimmt ernst, düster, wehmüthig. Hingegen sind es die unterirdischen Wunder, die meilenlangen Grotten — die bedeutendste bei Adelsberg — diese mächtigen Felsendome mit fantastischen Stalaktitgebilden, den rauschenden Wassern, tiefen Seen, der eigenthümlichen Grottenfauna und Flora, welche den Besucher zur Bewunderung hinreissen und alljährlich am Pfingstmontage Tausende heranlocken.

Das Land hat zwar wenig ganz unproductiven Boden (nur 5 Percent), doch nehmen vom productiven Boden reichlich zwei Fünftel der Waldstand und nahezu zwei Fünftel das Grasland ein, so dass auf das Ackerland wenig mehr als ein Siebentel entfallen. Der Bedarf des Landes an Getreide muss daher selbst in guten Jahren durch Zufuhren gedeckt werden. Dagegen liefert es viel Holz in den Triester Handel. Die Viehzucht steht nirgends auf wünschenswerther Höhe; nur die Bienenzucht wird umfangreich betrieben; sie liefert geschätzte Bienenstöcke, Honig und Wachs für den Export. Im Ganzen hängt der Landmann viel zu sehr am Althergebrachten und wird hierin noch bestärkt; für Neuerungen und rationellere Bewirthschaftung ist er schwer zugänglich. Unter den Producten des Bergbaues nimmt das Quecksilber in Idria (nächst Almadèn in Spanien die reichste Quecksilber-Ausbeute in Europa) den ersten Rang ein; auch die Gewinnung an Braunkohle, Roheisen, Blei und Zink ist beachtenswerth. Die Industrie ist von geringem Belange. Grosse Fabriken gibt es wenig; das Kleingewerbe ist ziemlich gut vertreten. Die meiste industrielle Thätigkeit hat Oberkrain; hier bildet die Eisenverarbeitung den Hauptzweig (Jauerburg, Sava, Neumarktl). Die grössten Fabriken sind bei Laibach: Baumwollspinnerei, Tabakfabrik, Zündwaaren, Papier, Oel (bei Josefsthal). Erwähnenswerth sind noch die Spitzenklöppelei in Idria, Lodentuch, Pferdedecken, Rosshaarsiebe u. dgl. Im Handel nehmen einige Landesproducte und das Getreide den Hauptplatz ein.

Die Bevölkerung — 481.000 — gehört mit Ausnahme von etwa 36.000 Deutschen (darunter an 25.000 Gottscheer) dem südslavischen Stamme der Slovenen an und ist fast ausschliesslich katholisch. Der Slovene ist erst im letzten Vierteljahrhundert zu einem schärfer ausgeprägten Selbstbewusstsein gekommen und verschaffte sich trotz so vieler Hindernisse Anerkennung und Geltung. Geistige Begabung und Bildungsdrang sind ihm nicht abzusprechen, wenn er auch etwas zähe am Gewohnten hält und Neuerungen nicht so leicht zugänglich ist. Den Kampf um sein nationales und politisches Dasein kämpft er mit Entschiedenheit und Ausdauer. Dass er auch treu und fest am Katholicismus hält, ist nach dem Gesagten selbstverständlich, und die Volksmasse legt auf die Führerschaft der Geistlichkeit hohes Gewicht. Dies gilt im Allgemeinen von der Landbevölkerung. In der Landeshauptstadt Laibach und in einigen bedeutenderen Orten ist das deutsche Element vorherrschend, welches im Vereine mit Deutschösterreich für freiheitliche Entwicklung und Verfassungsleben, überhaupt für die Culturentwicklung im deutschen Geiste ringt und in jüngster Zeit auch manchen Erfolg errungen hat. Es ist ein lebhafter

Culturkampf, wo Slaventhum und Deutschthum selbstbewusst und machtentfaltend sich gegenüberstehen. Zunächst ist es das Schulwesen, worin sich dieses bemerkbar macht. Begreiflich schreitet dasselbe unter solchen Verhältnissen nur langsam vorwärts. Im Ganzen bietet Krain ein Terrain, auf dem es in materieller und geistiger Beziehung noch viel zu arbeiten gibt; es benöthigt tüchtiger, uneigennütziger, ausdauernder Kräfte.

§. 77. Küstenland.

Unter „Küstenland" versteht man die Gebiete der Grafschaft Görz mit Gradisca, die reichsunmittelbare Stadt Triest und die Markgrafschaft Istrien nebst den dazu gehörigen Inseln. Der nordwestliche Theil des Görzer Gebietes gehört zum Alpengebiete mit den Gruppen des Monte Canin und des Triglav, welche sich am Engpasse der Flitscher Klause, in welche man über die Predil-Senkung hinuntersteigt, am nächsten begegnen. Daran schliesst sich das öde Felsenplateau des Karst (pag. 17). Istrien ist ein Stufenland, welches sich gegen das Meer hinabsenkt und durch die in tiefen Rinnsalen nach Osten, Süden und Westen fliessenden Gewässer in mehrere Plateaux zerlegt wird. An der Südwestseite ist ein freundlicheres, ergiebigeres Hügelland; sonst ist der öde, dürre Karstboden wenig fruchtbar. Das Karstland ist reich an grossartigen Höhlen und Grotten mit Tropfsteingebilden von wunderbar seltsamen Formationen, wie deren bei Krain bereits erwähnt worden sind.

Im Allgemeinen ist das Küstenland ein an Ackerproducten armes Land. Mehr als die Hälfte entfällt auf das Grasland, worunter die Hutweiden den grössten Theil einnehmen. Auf den Waldstand kommt beinahe ein Viertel, auf das Ackerland ein Sechstel des productiven Bodens; relativ gross ist das Weinland. Im Görzer Gebiete wird nebst dem Ackerbau der Wein-, Obst- und Seidenbau stark betrieben. Auch die Rinderzucht ist erheblich. Einige Industriezweige, als Baumwollspinnerei, Zuckerraffinerie, Seidenzeugfabrication, Rothgarnfärberei (Seidenstoff) leisten sehr geschätzte Waare. Görz ist zudem wegen seines milden, gesunden Klimas ein stark besuchter klimatischer Curort. — Triest ist Oesterreichs wichtigster Seehandelsplatz; hat grossartige industrielle Etablissements für den Bau und die

Ausrüstung der Schiffe und trotz der ungünstigen Zeitverhältnisse noch immer einen ansehnlichen Verkehr, wenngleich derselbe in den letzten Jahren abgenommen hat. Der „Lloyd"
unterhält im Adriatischen und im Mittelmeere, in der Levante
und über Suez mit Indien die Handelsbeziehungen der Monarchie, er ist der Träger und Repräsentant des österreichischen
Handelsgeistes und der österreichisch-ungarischen Flagge. In
Triest sind alle bedeutenderen Staaten durch Consulate vertreten; hier ist ein Zusammenfluss der verschiedensten Nationalitäten und Confessionen. Ist auch der Grund, auf welchem
diese wichtige Seestadt steht, slavischer Boden, so ist doch der
Slavismus nur in den unteren Volksschichten vertreten; die
Geschäftssprache ist vorwiegend italienisch, das sociale Leben
zeigt, dass man an der Pforte zu Italien steht. Auch das deutsche
Element ist im Grosshandel bedeutend und einflussreich. Nebst-
bei sind Italiener, Schweizer, Griechen, Franzosen und andere
Nationen mehr oder minder auf diesem lebhaft durcheinander
schwirrenden Geschäftsplatze vertreten. Es ist ein lärmendes
Drängen und Treiben am Hafen, in welchem Hunderte von
Schiffen ankern, aus- und einladen und die seltsamsten Gestalten
und Gruppen ein anziehendes, interessantes Bild gewähren. In
den dumpfen, engen Gässchen der Altstadt drängt, schreit,
lärmt die unterste Masse; in den breiten, luftigen Strassen der
Neustadt sind die Kaufläden, Comptoirs und Magazine der
ruhig rechnenden Kaufherren. Hier ist Alles Handel; der
Kaufmann und der Rheder sind tonangebend; es ist eine See-
handelsstadt, welche die vollste Beachtung der Regierung
verdient.

In Istrien beschränkt sich die Hauptthätigkeit auf den
Wein- und Oelbau, die Gewinnung von Seesalz, die Fischerei
und den Schiffbau, sowie auf jene Gewerbe, welche mit der
Ausrüstung der Schiffe in Verbindung stehen. Fabriken be-
stehen noch keine, auch das Kleingewerbe ist von geringem
Belange. Metalle kommen nicht vor; nur Albona und Pinguente
liefern Braunkohle. Dagegen hat es ausgezeichnete Bausteine
(Istrianer Marmor), aus welchem mancher Palast und manche
Kirche in der Lagunenkönigin Venezia gebaut worden. In
neuester Zeit werden „Karststeine" auch bei den Wiener Bauten

vielfach verwendet. Von besonderer Bedeutung ist der erste
Kriegshafen mit dem See-Arsenal, das an römischen, wohlerhal-
tenen Alterthümern reiche Pola an der Südspitze dieser Halb-
insel. — Aehnliche Verhältnisse walten auf den Inseln vor,
unter denen Lussin piccolo durch Schiffbau und Rhederei den
ersten Rang behauptet. Die vielen Buchten und Häfen sind für
Oesterreichs Seehandel beachtenswerth.

Die Bevölkerung — 634.000 — ist vorwiegend slavischer
Nationalität (an 63 Percent, darunter zwei Drittel Slovenen,
ein Drittel Croaten); zunächst steht das italienische Element
(mit 31 Percent), die Deutschen betragen nicht ganz 7 Percent.
Ueberdies sind in Triest viele Nationalitäten vertreten. Mit
Ausnahme von Triest, wo Geschäftsleute verschiedener Confessionen wohnen, ist die Bevölkerung fast ausschliesslich
katholisch. In Istrien herrscht in den Städten das italienische
Element mit italienischer Sitte und Cultur vor; das Landvolk ist durchwegs slavisch, und sind Volkscharakter, Strebungen und Tendenzen nahezu die gleichen wie bei den
slovenischen Stammesbrüdern in Krain. Die Italiener stehen
im Wesentlichen denselben in ähnlicher Art gegenüber wie in
Krain die Deutschen den Slovenen, obwohl in Istrien die Gegensätze minder schroff sich gegenüberstehen und weniger
heftig auf einander prallen. Für das Schulwesen, sowie für
Hebung der geistigen Cultur wird viel gethan; doch steht verhältnissmässig die slavische Bevölkerung den beiden anderen
Nationalitäten -- Italienern und Deutschen — noch bedeutend
nach, obwohl in neuerer Zeit auch die Slovenen des Küstenlandes mit Selbstbewusstsein auftreten und Beachtung und Anerkennung sich erworben haben. Besseres Schulwesen wird auch
hier noch Manches bessern.

§. 78. Dalmatien.

Dalmatien ist ein Terrassenland, welches nebst den vorgelagerten Inseln zum Karstgebiete gehört. Mehrere parallele
Gruppen ziehen südöstlich, bis sie sich zum grossartigen Berglande mit Mulden und Thalfurchen zusammenballen, welches
gegen die zerrissene Küste steil abfällt. Das Land hat, entsprechend der Karstnatur, keine grösseren offenen Flussthäler;

ist dagegen sehr reich an Engpässen und Höhlen, an grossartigen Wasserfällen der reissenden Gebirgsflüsse. Das Adriatische Meer bespült auf einer Länge von 153 Meilen die sehr steile, schwer zugängliche Küste; die vielen Inseln bilden hingegen in ihren Buchten treffliche Ankerplätae. Das Land hat zwar viel (über 96 Percent) productiven Boden, doch sind darunter weit über die Hälfte (über 56 Percent) noch Weideland, von dem nur 1 Percent als eigentliches Wiesland anzusehen ist. Mehr als ein Fünftel nehmen die Waldungen, ein Zehntel die Aecker ein; dagegen hat es das meiste Weinland (über 5 Percent). Von der wirklich cultivirbaren Bodenfläche wird nicht einmal ein Viertel wirklich cultivirt. Nimmt man dazu den wenig erträgnissreichen Karstboden, die grosse Zerstückelung der Gründe, den Mangel an Arbeitskräften, die Unlust für den Ackerbau und die äusserst niedere Bildungsstufe der slavischen Landbevölkerung, welche im Hauswesen und in socialer Hinsicht sich häufig kaum über die primitiven Anfänge halbcivilisirter Völker erhebt; so wird man die geringe Production der Bewirthschaftung des Bodens begreifen und einsehen, dass damit nicht einmal die fast urzuständlich kleinen Bedürfnisse befriedigt werden können. Wein und Oel sind die Hauptproducte; doch ist von einer rationellen Kellerwirthschaft, wie von einer Raffinade und Verfeinerung des Oels keine Rede. Das Klima und die fruchtbaren Mulden und Thalfurchen wären der Cultur von Südfrüchten, des Maulbeerbaumes — womit sehr gelungene Experimente seit Jahren gemacht werden —, selbst der Baumwolle sehr zuträglich; auch der Waldstand könnte vermehrt, die Hutweiden in Wiesenland verwandelt, kurz die agricole Production ungemein gehoben werden. Auch die Viehzucht steht auf sehr niederer Stufe; zahlreich sind nur Ziegen und grobwollige Schafe, welche die beliebte Castradina — an der Luft getrocknetes Schaffleisch — liefern. Sehr bedeutend ist an der Küste der Fischfang, und mit der Pflege der Badeschwämme sind befriedigende Versuche gemacht worden. — An Producten des Bergbaues ist es das ärmste Land in Oesterreich; die Ausbeute an Kohle (bei Dernis und Sign) ist unbedeutend; auf der Insel Brazza werden asphalthältige Steine gebrochen,

aus welchen der Dalmatiner Asphalt destillirt wird. Von Industrie im eigentlichen Sinne kann nicht gesprochen werden;
denn ausser Zara, wo einige Etablissements für Rosoglio- und
Maraschino-Liqueur u. dgl. bestehen, erzeugt das Land nur ordinäre Schafwoll- und Lederwaaren für den dringendsten Bedarf;
überhaupt ist auch das Kleingewerbe wenig entwickelt. Für
die Ausfuhr an Oel, Wein, Feigen, rohen Häuten, Schafwolle,
Rosoglio und Meersalz führt es Getreide, Mehl, Tabak und
Industrie-Erzeugnisse ein. Ausser dem Verkehr zur See findet
er auch mittelst Carawanen und Saumthieren nach den türkischen Provinzen und Montenegro statt, zu welchem Zwecke
mehrere Grenz-Bazare bestehen. Der Mittelpunkt des staatlichen wirthschaftlichen und geistigen Lebens ist Zara; doch
rivalisirt mit dieser Stadt das aus den Ruinen des goldenen
Palastes Diocletian erstandene Spalato, die Repräsentantin
italienischer Sitte und Cultur, mit wissenschaftlichen Sammlungen und den freundlichsten Umgebungen unter allen dalmatinischen Städten. Ragusa, eine verblichene Grösse, einst
eine selbstständige Republik und Sitz der angesehensten, reichsten Patrizierfamilien, im 16. und 17. Jahrhunderte für die
südslavische Literatur von Bedeutung, hat eine unleugbar
grosse Vergangenheit, sie ist die Trägerin des slavischen Geistes.
In ihrem Hafen von Gravosa haben seit Jahrhunderten Flotten-
abtheilungen der Seevölker vor Anker gelegen. Cattaro mit
seiner befestigten Bucht, die „Bocche" (Mündungen), eingeschlossen von kahlen, hohlen Felsmassen, in steter Verbindung
mit den benachbarten und befreundeten Stammgenossen in
den „schwarzen Bergen", ist ein Kriegshafen ersten Ranges,
von strategischer Wichtigkeit für die Monarchie. Hier scheint
die westeuropäische Cultur bereits erstorben zu sein, — es beginnt der Orient mit slavischem und türkischem Typus. In
den Umgebungen fanden zwischen Türken, Bocchesen, Mon-
tenegrinern und den Völkergruppen in diesen wilden Bergmassen blutige Kämpfe seit jeher statt; es sind schwer zu
bändigende, verwegene, tollkühne Naturmenschen, fast gänzlich
unberührt von europäischer Gesittung und Cultur.
Unter den 478.000 Bewohnern dieses Landes gehören
über neun Zehntheile dem slavischen, etwa ein Zehntheil (zu-

meist in den Küstenstädten) dem italienischen Stamme an.
Dem Glaubensbekenntnisse nach sind über vier Fünftel katholisch, nicht ganz ein Fünftel griechisch-orthodox. Die Slaven
gehören zum serbo-croatischen Stamme mit verschiedenen Local-
bezeichnungen, als: Morlakken, Bocchesen u. s. w. Zu Römerzeiten waren diese Küstenbewohner als verwegene Seefahrer,
tollkühne Seeräuber gefürchtet; im Mittelalter und bis zum
eigenen Niedergange holte Venedig hier seine Matrosen und
Seetruppen; Dalmatiner und Istrianer — die „Schiavoni" Venedigs — erkämpften der Dogenstadt die vielen Siege gegen
Türken und gefährliche Nebenbuhler. Oesterreichs Marine zählt
Dalmatiner und Istrianer zu ihrer tüchtigsten, ausdauerndsten
Mannschaft. Die Geschichte der Seekriege und Unternehmungen
zur See zählt zahlreiche Namen von Seehelden und kühnen
Seefahrern, deren Wiege in Dalmatien gestanden. Die slavische
Landbevölkerung lebt zumeist von der Viehzucht und dem be-
schwerlichen Ackerbau; es ist ein kräftiger Menschenschlag.
Türkenhass, religiöser und nationaler Fanatismus gähren in der
Brust; — es bedarf nur eines kleinen Funkens, und die nicht
zu bändigenden wilden Naturen entbrennen zum mörderischen
Vernichtungskampfe. Zwischen Slaven und Italienern bestehen
Reibungen wie in Itrien; nur macht das südliche Blut hier
rascher die Pulse schlagen und die Gegensätze platzen mitunter heftig an einander: übrigens — diese Frage harrt noch
ihrer Lösung, vermuthlich auch ihrer Kämpfe.

Die geistige Cultur, namentlich der slavischen Landbevölkerung ist eine noch sehr geringe; besser steht es in den
Städten, wo italienischer Geist und Sitte vorherrschen. Die
241 Volksschulen wurden (im Jahre 1871) von nur 9803
Schülern besucht, obgleich die Zahl der Schulpflichtigen über
81.400 betrug; es blieben somit mindestens 88 unter 100
Kindern ohne Schulunterricht! Es ist eine schwere Arbeit, in
dieses Land die europäische Gesittung in jenem Grade ein-
zuführen, wie es in den meisten übrigen Ländern Oesterreichs
schon thatsächlich der Fall ist.

§. 79. *Tirol und Vorarlberg.*

Tirol ist das höchste Gebirgsland in Oesterreich. Als gewaltige Felsenburg, wenig zugänglich, hält es Grenzwacht nach Westen, Süden und Norden; — blickt in die sonnigen, doch auch mit deutschem Blute oftmals getränkten Felder der oberitalienischen Ebene hinab, — dann über den Rhein und den Bodensee hinüber nach der Freiheitsburg unseres Erdtheiles, in deren Gauen die Wiege der Ahnen unseres Kaiserhauses gestanden; — lugt aus nach Baierns Hochebene und ins Deutsche Reich, — wie es einem treuen Wächter ziemt. Allüberall sind es schneebedeckte Häupter mit Eispanzern, welche in langen Ketten an den Grenzmarken stehen, oder im Innern des Landes die herrlichen Thäler einschliessen. Vom Westen her, anfangs in grossen Massen sich zusammenballend, aus denen der höchste Punkt des Kaiserstaates, der Ortler (12.356′ hoch) emporragt, ziehen die Centralalpen mit ihren weiten Schnee- und Gletscherfeldern („Fernern”), von denen insbesondere im Frühjahre donnernde Lawinen in die tiefen Kluften und Abgründe herunterstürzen, — mit den zahllosen Wasserfällen und zackigen Felsenhörnern in langem Zuge mitten durch's Tirolerland. Die nordwärts dieses Alpenwalles, der „Tiroler Alpen”, entstehenden Flüsse spenden ihre Wasser der Donau, die südwärts gehen der italienischen Ebene zu. Ein Zweig mit dem Arlberg trennt Tirol und das vor dem Arlberg liegende Land, „Vorarlberg”, mit seiner allemannischen, betriebsamen, freiheitsliebenden Bevölkerung, und in weiterem Zuge Tirol von Baiern. Die südlichen Kalkalpen im Osten der Etsch imponiren durch Anhäufung zerrissener Bergstöcke mit hohen Kuppen und durch die im Fassathale senkrecht aufsteigenden zerklüfteten Wände der Dolomitfelsen. . Von den Hauptzügen zweigen Seitenzüge aus, welche den grössten Theil des Landes bedecken. Dazwischen dehnen sich prachtvolle Thäler aus, jedes beinahe eine kleine Welt für sich, abgeschlossen und reich an Eigenthümlichkeiten. Aber über Bergeshöhen und durch alle Thäler, vom eisigen Firnenkranze bis in die tiefsten Schluchten zieht sich ein Band, das alle Tirolerherzen aneinander bindet, es ist die Liebe und Anhänglichkeit an „ihr Tirol”, es ist die Treue, die sie für Fürst und Vaterland in hundert Kämpfen bewiesen, für die sie hundertfältig die Bluttaufe als Oesterreicher empfangen haben. Trotz so mancher unbequemer Volkseigenthümlichkeiten in dieser Alpenburg darf dieser Zug des Tiroler Volkes niemals zu gering angeschlagen werden. Dass dieses Hochgebirgsland viel unbenutzbaren Boden hat, ist begreiflich; beinahe ein Fünftel kann nicht der Cultur zugewendet werden. Drei Viertel des productiven Bodens sind halb Wald-, halb Grasland, nur ungefähr ein Sechzehntel desselben ist Ackerland. Zudem ist der Ackerbau vielfach mit grossen Schwierigkeiten und Hemnissen verbunden; der Ertrag ist ein geringer, so dass der grösste Theil des Bedarfes an Brodfrucht aus Baiern bezogen wird. In Nord- und Deutschtirol sind nebst dem Ackerbau die Alpenwirthschaft mit der Viehzucht der Hauptnahrungszweig, in Süd- und Wälschtirol mit dem Charakter der italienischen Landschaft bilden der Weinbau, die Obstcultur und die Seidenraupenzucht die wichtigsten Einnahmsquellen, zu denen auch der Fremdenverkehr nach den klimatischen Curorten (Meran und am Garda-See) ansehnliche Summen beisteuert. In Vorarlberg ist nebst dem Landbau die Milchwirthschaft und Käsebereitung bedeutend. — Die Ausbeute an Producten des Bergbaues ist relativ unerheblich.

Noch schärfer treten die drei Landestheile hervor, wenn man die gewerbliche Industrie ins Auge fasst. Vorarlberg, namentlich das Rheinthal und der Wallgau, hat eine sehr schwunghafte Industrie, es gehört zu den industriellsten Ländern des Kaiserstaates. In Baumwolle ist es nächst Niederösterreich und Böhmen der stärkste Producent. In den genannten Landestheilen gibt es fast in jeder Gemeinde eine oder mehrere Fabriken, und wo locale Umstände deren Einrichtung nicht gestatten, gründete man Handwebereien, Stickereien u. dergl. (Kennelbach, Feldkirch, Bludenz, Dornbirn, Hohenems u. a.). Wichtig sind überdies der Maschinenbau, die Gusswerke, Papier, der Schiffbau und Verfertigung von Alpenhütten für die Schweiz. — In Deutschtirol kommt die Industrie nur vereinzelt in den Thälern vor, und sind am stärksten die Leder- und Eisenarbeiten vertreten. Spinnen und Weben von Flachs und Wolle ist fast allgemeine Hausbeschäftigung. Das Ziller- und Pusterthal erzeugen Handschuhe, das Grödnerthal Spitzen und Holz-schnitzereien im ausgedehnten Masse. In den Städten ist das Kleingewerbe genügend vertreten.

Tirol hat grosse, mitunter Kunststrassen und Alpenüber-gänge, zu denen in neuester Zeit die Eisenbahnen kamen, als: von Baiern über Innsbruck und den Brennerpass nach Italien, von Villach durch's Pusterstal nach Brixen, — die Vorarlberg-bahn um den Bodensee und über den Rhein nach der Schweiz; ein directer Anschluss von Salzburg nach der Schweiz, durch-wegs auf österreichischem Gebiete — durch den Arlberg — wird ohne Zweifel zu Stande kommen; commerzielle und emi-nent politische Motive fordern unbedingt dieses Opfer seitens des Staates. Dies Alles bringt einen lebhaften Verkehr in's Land. Auch der Hausirhandel wird bedeutend betrieben. Tau-sende Tiroler durchziehen mit Handschuhen, Teppichen und derlei Artikeln halb Europa; mit dem ersparten Gewinne aber kehrt der Alpensohn gerne in seine schöne, liebe Heimath zurück.

Die Bevölkerung — über 900.000 — gehört zu drei Fünftel dem deutschen, zwei Fünftel dem wälschen Stamme an.

Im „Lande der Glaubenseinheit" leben begreiflich fast ausschliesslich Katholiken. Die Deutschtiroler sind ein schöner, kräftiger Menschenschlag, gemüthlich, treu, tapfer und gottes-fürchtig, — gute Schützen, wackere Patrioten. Dass sie am „Herkommen" mit eigener Zähigkeit festhalten, für „ihr Landl" manche Eigenthümlichkeiten beanspruchen, in staatsrechtlichen und kirchlichen Fragen vom „Alten" nicht ablassen wollen und daher in mancherlei Conflicte schon gerathen sind, ist nicht zu bestreiten; doch wird ein weises Vorgehen und kluge Mässigung über derlei Fragen sicher hinüberleiten. — Die Wälschtiroler haben italienischen Charakter im Aeussern, wie in Sitten und Beschäftigungen. — Die Vorarlberger sind bereits früher skizzirt worden.

Land und Leute bieten so reichen Stoff zu erhebenden Schilderungen, dass wir nur widerstrebend, nur im Hinblick auf den engen Rahmen der Culturbilder in diesem Buche diese Skizze schliessen.

§. 80. Böhmen.

Böhmen liegt im Kessel des hercynisch-sudetischen Hoch-
landes, so dass die Landesgrenzen zumeist mit dem Rande des
Kessels zusammenfallen. Als Randgebirge ziehen sich im
Westen der Böhmerwald, nordwärts davon die Abdachung des
Fichtelgebirges, und nordwestlich das Erzgebirge bis an den
Durchbruch der Elbe; jenseits der Elbe sind das Lausitzer Plateau, das Iser- und Riesengebirge und südwärts ziehend das
Adlergebirge mit der hohen Mense. Von hier bis zum Böhmerwalde, im Süden des Landes, breitet sich das wellenförmige
böhmisch-mährische Plateau aus, von der Wittingauer und der
Budweiser Ebene unterbrochen, vielfach bewaldet, minder fruchtbar. Breite Flussthäler hat Böhmen wenige; die Wasserläufe
durchziehen häufig enge Schluchten. Seen hat es keine; desto
reicher ist es an grossen Teichen und Torfmooren im Böhmerwalde.

Berühmt sind die „böhmischen Bäder": Karlsbad, Marienbad, Franzensbad, Teplitz u. a., welche alljährlich von Tausen-
den Curgästen aus allen Ländern besucht werden.

Der grösste Theil (an 97 Percent) der Gesammtfläche
Böhmens sind nutzbarer Boden; fast die Hälfte davon (48 Percent) ist fruchtbares, gut bestelltes Ackerland, dessen Ertrag
über den Bedarf des Landes reicht. Die Waldungen nehmen
nahezu ein Drittel, das Grasland ein Fünftel des productiven
Bodens ein. Geringere Sorgfalt wird dem Wiesenbau zugewendet; dagegen stehen die Obstcultur und der Gemüsebau auf
hoher Stufe. Der Weinbau hat einen beschränkten Bezirk (Melnik). Von besonderer Wichtigkeit ist der Hopfenbau in den
Bezirken von Saaz, Eger und Leitmeritz. Der Flachsbau im
Riesengebirge und die ausgebreitete Runkelrübe sind für die
Industrie bedeutend. Die ausgedehnten Waldungen liefern Brenn-,
Bau- und Industrialholz in grossen Quantitäten. — Die Viehzucht steht zwar im Allgemeinen noch nicht auf der wünschenswerthen Höhe, doch geniessen die grossen Schafheerden
mit feiner Wolle und die ansehnliche Pferdezucht guten Ruf.

Reich ist Böhmen an Producten des Bergbaues. Ehemals galt es für das gold- und silberreichste Land in Europa;

jetzt ist die Ausbeute an Edelmetallen nicht bedeutend, obwohl Przibram und Joachimsthal noch an 38.000 Münzpfund Silber im Jahre liefern. Wenig belangreich, im Vergleiche zu den anderen Ländern des Reiches, ist die Ausbeute von Zinn, Eisen, Blei, Schwefel; im Süden die Graphitgruben, im Norden die „böhmischen Granaten". Dagegen ist die Förderung an Mineralkohle eine höchst bedeutende (im Jahre 1873 über an 110 Millionen Centner, und zwar über 64 Braun-, über 45 Steinkohle) und stets steigende. Nur Salz fehlt; dieses wird auf der Linz-Budweiser Bahn aus Oberösterreich bezogen.

Der Reichthum an Wäldern, Mineralkohle und Wasserkräften, die Fruchtbarkeit des Bodens und die Dichte der Bevölkerung sind günstige Vorbedingungen für die Entwickelung der Industrie, worin Böhmen den ersten Rang in Oesterreich einnimmt. Die Hauptsitze der Fabriksindustrie befinden sich im Norden Böhmens, obwohl einzelne Zweige im ganzen Lande vorkommen. Der Hauptzweig ist die Textil-Industrie. In der Baumwoll-Industrie hat Böhmen mehr als die Hälfte sämmtlicher in Oesterreich etablirter Spinnereien, der darin arbeitenden Spindeln und der Arbeiter, welche auch mehr als die Hälfte des gesammten Baumwoll-Importes verarbeiten; ebenso überwiegt Böhmen in der Weberei und Druckerei alle Provinzen. In der Verarbeitung von Schafwolle ist Reichenberg der Hauptsitz für Tuche und Modestoffe; an dieses Centrum schliessen sich die Umgebung der Stadt und zahlreiche Orte bis nach Mähren hinein. Von den mechanischen Feinspindeln in der Leinen-Industrie kommen über die Hälfte auf Böhmen; Rumburg ist der wichtigste Träger dieses Zweiges. In der gesammten Textil - Industrie steht Böhmen allen österreichischen Provinzen voran. — Sehr anerkannt ist ferners „böhmisches Glas"; in einigen Artikeln der Glasindustrie, wie Krystallglas und Glasquincaillerien, nimmt dieses Land den ersten Rang unter allen Staaten ein und scheut keine fremde Concurrenz. In Nordböhmen bestehen grosse Fabriken für Schleifen und Raffinirung von Hohlglas (Haida, Steinschönau), für Quincaillerien (Gablonz), künstliche Edel- und Schmucksteine (Turnau), Spiegel (Burgstein, Neuhurkenthal); im Böhmerwalde arbeiten viele Glashütten.

Diesen Hauptindustrien zunächst stehen: die Rübenzucker-Erzeugung (Böhmen hat über zwei Drittel sämmtlicher Fabriken in Oesterreich, welche über zwei Drittel der Rübenmenge verarbeiten); — die Bierproduction, worin es an drei Viertel des gesammten Quantums (über 9 von 12.6 Millionen Hektoliter) erzeugt; die bekannten Porzellan- und Steingutfabriken Nordböhmens liefern treffliche Waare auf den Weltmarkt. Die Industrie in Metallwaaren, Chemikalien, in Papier, Leder u. s. w. ist durch Quantität und Qualität der Erzeugnisse hervorragend. — Neben der Grossindustrie ist das Kleingewerbe in den zahlreichen, dichtbevölkerten Städten und Städtchen gut vertreten; überall herrscht Rührigkeit, ein erfreulicher Aufschwung.

Dass diese reiche Production einen lebhaften Handel im Gefolge hat, ist selbstverständlich. Sowohl im eigenen Lande, als mit den anderen Provinzen des Reiches und dem Auslande, sogar nach überseeischen Ländern besteht ein lebhafter Verkehr, der seinen Hauptsitz in Prag und den grossen Industrie-Centren hat. Gute Strassen, relativ die meisten Eisenbahnen, Geld- und Creditinstitute arbeiten an der Hebung des internen und internationalen Handels, welcher sich in grossen Dimensionen bewegt.

Von der Bevölkerung — an 5,427.000 — sind nahezu 61 Percent slavischen Stammes (Czechen), über 37 Percent Deutsche, an 2 Percent Israeliten. Dem Glaubensbekenntnisse nach vorwiegend Katholiken (an 90.000 Evangelische, an 86.000 Israeliten).

Die Czechen nehmen die Mitte des Landes ein und ziehen sich nach Osten und Südosten, wo sie sich an ihre Stammgenossen in Mähren anschliessen; die Deutschen bewohnen in einem 10—15 Meilen breiten Gürtel die nordöstlichen, nördlichen und westlichen Grenzgebiete. An einzelnen Stellen sind die Deutschen, welche übrigens in allen grösseren und bedeutenderen Städten zum Theil vorwiegend, zum Theil in sehr ansehnlicher Minorität sich bemerkbar machen, tiefer ins Land hineingedrungen, und Sprachinseln finden sich vielfach zerstreut. Bis zur Nationalitäten-Bewegung des Jahres 1848 traten die Nationalitäten nicht mit dem Selbstbewusstsein auf, wie dasselbe nach und nach stärker hervortrat und seit den Sechziger-Jahren jene scharfen Gegensätze im staatlichen Leben schuf, welche zum

Nachtheile des Gesammtstaates bis jetzt noch nicht beseitigt werden konnten. Dass geistige Begabung und ausdauernde Energie in beiden Lagern sich vorfinden, dass hüben wie drüben nur das Eine Ziel: Die Grösse und Machtentfaltung Oesterreichs, wenngleich auf verschiedenen Wegen, mitunter auch mit verschiedenen Mitteln angestrebt wird — das dürfte kaum zu bestreiten sein. Hoffen wir sonach, dass die zeitweilig hadernden Brüder der Einen Heimath doch wieder Einigkeit umschlingen werde, weil ein Zustand wie der gegenwärtige in die Länge nicht bestehen darf, sollen nicht „Haupt und Glieder" darunter leiden und tief geschädigt werden. War doch Böhmen seit jeher ein Sitz für die Pflege der Wissenschaften und die Heimath ausgezeichneter Staatsmänner und Gelehrter; die Geschichte Oesterreichs weist auf fast jedem Blatte Männer, welche diesem Lande angehörten und sich in den verschiedensten Kreisen menschlicher Thätigkeit um das Gesammtvaterland verdient gemacht haben.

§. 81. Mähren.

Mähren ist im Allgemeinen ein wellenförmiges Plateau mit südlicher Abdachung; im Westen, Norden und Osten ist es von höheren Bodenerhebungen eingeschlossen. Westlich ist das Land eine Fortsetzung des böhmisch-mährischen Plateaus; vom Norden streicht das Adlergebirge mit dem „Gesenke" bis an das Oderthal; im Osten erheben sich die mährischen Karpathen. Das Innere des Landes ist grösstentheils hügelig, strichweise auch eben. Unter den Thälern ist das bedeutendste das der March, dann das Oderthal — „Kuhländchen" — die fruchtbare weite „Hanna" südlich von Olmütz und das Thaya-Thal. Mähren hat überdies grossartige Erdfälle — die „Mácocha" — und nächst dem Karstlande, welchem das „dürre Thal" äusserlich fast vollständig gleicht, auch die meisten Höhlen.

Der grösste Reichthum des Landes liegt in den Producten der Landwirthschaft. Von der Gesammtfläche sind nahezu 96 Percent productiv und mehr als die Hälfte davon ist dem sorgfältig betriebenen Ackerbau zugewiesen, worin Mähren den ersten Rang in Oesterreich einnimmt. Die Jahresproduction liefert über den eigenen Bedarf, daher auch für den Export. Der fruchtbarste Landestheil ist die Hanna. Die Wiesencultur ist geringer; auf das Grasland entfällt ein Fünftel, auf den Waldstand ein Viertel des nutzbaren Bodens. Der Obst- und Gemüsebau wird sorgfältig und sehr lohnend betrieben; um Bisenz und an den Thaya-Hügeln wird viel Wein gebaut. — Auch die Viehzucht weist befriedigende Ergebnisse. Die Wolle der hochveredelten Schafe gehört zu den feinsten und gesuchtesten; schönes Rindvieh und starke Pferde nebst einer sehr grossen Menge Federviehes (Gänse) liefert die Hanna; endlich verdient auch die schwunghafte Bienenzucht und das vorzügliche Wachs besondere Erwähnung.

Mähren besitzt kein Kochsalz und keine edlen Metalle; der Bergbau liefert dagegen viel Kohle (nahezu 11 Millionen Centner im Jahre 1873 — darunter $9^1/_6$ Millionen Stein-, nahe an zwei Millionen Centner Braunkohle), Eisen, dann Graphit und Alaun. Die Industrie steht auf hoher Stufe. An Mannigfaltigkeit der Producte steht sie zwar der böhmischen nach, doch ist der Werth der Production relativ grösser. Die wichtigsten Artikel sind Tuch, Leinen und Rübenzucker; der Hauptsitz des Gewerbefleisses ist Brünn. In Schafwollwaaren nimmt Mähren sowohl in Hinsicht der Menge, als der Mannigfaltigkeit der Erzeugnisse, von den ordinärsten bis zu den feinsten Qualitäten, den ersten Rang ein; — Brünn, dann Iglau, Zwittau, Namiešt, Telč, Gross-Meserič u. a. liefern anerkannt gute Waare. — Die Leinenindustrie blüht im „Gesenke" und auf dem böhmisch-mährischen Plateau; der Hauptsitz ist Schönberg, dann Gross-Meserič, Sternberg, Lettowic, Brünn u. a. — Die Industrie in Baumwoll- und Halbwollstoffen schliesst sich an das Gebiet der Leinenindustrie an, ist in der Zunahme und wird nur von Böhmen übertroffen. Am schwunghaftesten ist sie in und um Sternberg, dann Prossnitz, Zwittau, Trebič, Mistek u. a. In der Rübenzucker-Erzeugung sind rühmlichst bekannt Selowitz, Doloplas, Grussbach; in seinen 49 Fabriken verarbeitete Mähren in der Campagne 1872—73 über acht Millionen Centner Rüben; in 245 Bierbrauereien wurden zwei Millionen Hektoliter Bier producirt. — An Eisenwaaren liefern: Blansko Gusswaaren und Maschinen, — Friedland und Witkowitz Maschinenbestandtheile, — Zöptau Eisenbahnschienen. Erwähnung verdienen noch die

ausgebreitete Lederfabrication, die Rosoglio- und Branntweinbrennereien, Steingut, auch Papier und Glas.

Die Handelsbewegung ist bei dem Bedarf von Roh- und
Hilfsstoffen der Industrie, von Colonialwaaren und Salz, —
sowie bei dem Ueberschusse der agricolen Production und der
schwunghaft betriebenen Industrie begreiflich sehr bedeutend; die
Brünner Märkte gehören zu den besuchtesten in Oesterreich.
Ein entwickeltes Eisenbahnnetz, Geld- und Creditinstitute för-
dern dieselben.

Die Bevölkerung — nahezu 2,112.000 — besteht aus
fast drei Viertel Slaven (Czechen und Slovaken), ein Viertel
Deutschen und an 45.000 Israliten. Nach dem Glaubensbekenntnisse sind vorwiegend Katholiken, nur an 53.000 Evangelische
und die schon erwähnten Israeliten. Bezüglich der nationalen
und staatsrechtlichen Verhältnisse der beiden Nationalitäten zu
einander gilt das Gleiche, was bei Böhmen gesagt worden ist.
— Für die geistige Ausbildung des Volkes wirken an 1870 Volksschulen, die technischen Lehranstalten in Brünn, 40 Mittel- und
66 Specialschulen; so dass auf allen Gebieten ein erfreulicher
Fortschritt bemerkbar ist. Mähren gehört nach jeder Richtung
zu den cultivirtesten Ländern des Kaiserstaates.

§. 82. Schlesien.

Schlesien, aus zwei getrennten Gebietstheilen bestehend,
ist ein Gebirgsland; insbesondere ist der westliche mit den
Auszweigungen des „Gesenkes" sehr gebirgig; der kleinere,
östliche Landestheil am Nordabhange der Beskiden ist durch
den Jablunka-Pass mit Ungarn verbunden. Von der Gesammtfläche sind beiläufig 97 Percent productiv, wovon nahezu die
Hälfte (47 Percent) auf das Ackerland, beinahe ein Drittel auf
Waldungen und nicht ganz ein Fünftel auf das Grasland entfallen. Trotz der fleissigen, rationellen Bebauung deckt der relativ minder fruchtbare Boden im rauhen Klima selbst in guten
Jahren nicht den Bedarf der dichten Bevölkerung. Hauptfrüchte
sind Roggen und Hafer; von Handelspflanzen der Flachs an der
Oder; doch ist die Landwirthschaft im Ganzen nicht von
Belang. In der Viehzucht bildet die musterhaft veredelte
Schafzucht den Glanzpunkt; einige Schäfereien geniessen euro-

päischen Ruf (Freistadt, Hennersdorf, Hotzenplotz u. a.). Die hochfeine Wolle wird nach Brünn, Reichenberg und Frankreich ausgeführt, während zur einheimischen Verarbeitung geringere Qualitäten ungarischer und russischer Wolle importirt werden. — Der Bergbau wird nur auf Steinkohle und Eisen betrieben; bei Troppau wird vorzüglicher Schiefer gebrochen. An Steinkohle ist es nach Böhmen der stärkste Producent in Oesterreich (Polnisch-Ostrau, Karwin 1873 über $19\frac{1}{4}$ Millionen Centner). Schlesien gehört zu den industriellsten Ländern des Kaiserstaates. Unter den mehrfach geschätzten Producten physischen Gewerbfleisses nehmen die Leinenwaaren und Zwirne den ersten Rang ein. In Schlesien arbeiten über 80.000 mechanische Feinspindeln; hier ist auch die Weberei feiner Leinen und Damaste, namentlich in und um Freiwaldau, Zuckmantel, Würbenthal, Bennisch u. a. sehr verbreitet. „Schlesische Leinen" geniessen guten Ruf im Handel. Musterbleichen und Flachsspinnschulen haben zur Hebung dieses Industriezweiges wesentlich beigetragen; die ärmere Gebirgsbevölkerung beschäftigt sich auch mit der wenig lohnenden Handweberei. Für die Wollindustrie, namentlich Tuche, Modestoffe u. dgl., sind beachtenswerth: Bielitz, Jägerndorf, Troppau, Teschen, Freudenthal, Freiwaldau u. a. Baumwollstoffe geringer Qualität werden von der Landbevölkerung um Friedeck erzeugt und nach Ungarn abgesetzt. Runkelrübenzucker und Branntwein werden in ansehnlicher Menge erzeugt; die Fabrikanten sind meistens grosse Grundbesitzer. In den Thälern des Gesenkes und in den Karpathen wird Eisen verarbeitet; die Draht- und Blech-Erzeugung, sowie der Maschinenbau (Freudenthal, Bielitz) sind nicht unbedeutend. Ueberdies bilden die Lederbereitung, Waldwolle, Käse und Liqueure eine namhafte Einnahmsquelle.

Die Bevölkerung — an 548.000 — gehört in der Majorität dem deutschen Stamme an, der zumeist im westlichen Landestheile wohnt; — die Slaven, nahe an 48 Percent (19.2 Percent Czechen, 28.7 Percent Polen) bewohnen den östlichen Landestheil, innerhalb dessen die deutsche Sprachinsel um Bielitz liegt. Der Confession nach sind sie überwiegend katholisch (an 62.000 evangelisch, 6500 israelitisch).

Die (deutschen) Schlesier sind ein anspruchsloses, genüg-
sames Volk, rührig und fleissig, treu zu einander haltend,
geistig strebsam. Trotz der Ungunst der physischen Beschaffenheit des Landes wissen sie demselben möglichst viel abzu-
ringen und im Gewerbefleisse das Fehlende zum Lebensbedarfe
zu finden. Die Czechen und Polen („Wasserpolaken") haben
die Licht- und Schattenseiten ihrer Stammgenossen, mit denen
sie in mehrfachem Verkehre stehen. Im Allgemeinen ist in
Schlesien eine gleichmässige Entwicklung auf allen Gebieten
zu beobachten, was sich auch in der gleichmässigen Volksdichtigkeit in allen Bezirken ausspricht, die in keinem Lande
der Monarchie in so hohem Grade zu Tage tritt, als in
Schlesien.

§. 83. Galizien.

Galizien ist im südlichen Theile Bergland, im nördlichen
Tiefland. Die aus Schlesien hereintretenden Beskiden werden
durch das Dunajec-Thal von den Central-Karpathen geschieden,
die zwar Hochgebirgscharakter haben, aber den ungarischen an
Höhe nachstehen. Oestlich vom Poprad beginnt die minder
hohe, jäh abfallende Werchowyna (karpathisches Waldgebirge)
mit kurzen Querthälern und einigen Pässen nach Ungarn. Diesen
Gebirgen sind die mazurischen Hügel vorgelagert, welche das
ganze Land erfüllen und zum wellenförmigen Plateau der po-
dolischen Landhöhe abfallen. Jenseits dieser dehnt sich die galizische Ebene aus, welche zur grossen slavischen Ebene Nordost-
Europas gehört. Die Flüsse des wasserreichen Landes nehmen
als Nebenflüsse der Weichsel den Lauf nach der Ostsee, oder
(im östlichen Theile) mit dem Dnjester nach dem Schwarzen
Meere.

Die wichtigste Nahrungsquelle des Volkes liegt in der
Landwirthschaft. Ungefähr 96 Percent des Bodens sind
productiv; davon entfallen nahezu die Hälfte (46 Percent) auf
das Ackerland, mehr als ein Viertel auf den Waldstand und
beinahe ein Viertel auf das Grasland. Der Boden ist dem
Ackerbau im Allgemeinen günstig, doch ist die Bewirthschaftung zumeist noch zu wenig intensiv. Das Erträgniss ist ein sehr
wechselndes; während in schlechten Jahren der Bedarf an

Körnerfrüchten nicht gedeckt wird, stellt sich in guten ein grosser Ueberschuss heraus. Da das Land noch immer nicht ausreichende Communicationsmittel besitzt und die Entfernung von den Kornmärkten mitunter eine grosse ist, wird der Ueberschuss zum grossen Theile in den zahlreichen und grossen Spiritusbrennereien verwerthet. Bei diesen Brennereien wird auch das in Russland und in der Moldau eingekaufte Jungvieh gemästet und nach dem Westen, hauptsächlich nach Wien, verkauft. Hauptfrüchte sind Roggen, Gerste und Hafer, als Nachfrucht der Buchweizen; in den gebirgigen Theilen wird sehr viel Flachs gebaut. Der Weinbau fehlt. Aus den Karpathen wird viel Holz auf die polnische Landhöhe oder auf der Weichsel nach Danzig gebracht. — Die Menge Grasland begünstigt die Viehzucht, insbesondere jene der Rinder; die Pferdezucht ist in der Aufnahme; die Schafzucht wird bedeutend betrieben. Auch Bienen und das Geflügel sind sehr zahlreich.

Unter den Producten des Bergbaues nimmt das Salz den ersten Rang ein. Das unerschöpfliche Salzflötz dehnt sich von Wieliczka bis in die Bukowina im grossen Halbbogen aus; bergmännisch wird es in Wieliczka und Bochnia zu Tage gefördert, in Ostgalizien bestehen Cocturen. Im Jahre 1873 wurden in Ostgalizien 782.000, in Westgalizien 1,566.000 Centner Salz gewonnen. An Kohle lieferte Westgalizien über 5½ Millionen Stein-, Ostgalizien nahezu 100.000 Centner Braunkohle; dann Zink und Schwefel.

Die Industrie ist zumeist nur in jenen Zweigen im Aufschwung, welche sich auf die Landwirthschaft stützen. Der Reichthum an Flachs und Hanf begünstigt die Leinen-Industrie in Westgalizien, wo sowohl ordinäre Leinen, als auch Damaste und feinere Waare erzeugt werden; in Ostgalizien verfertigt man nur ordinäre Waare. Mit der Weberei beschäftigt sich überwiegend das Landvolk zur Winterszeit; in den Städten arbeiten auch Weber. Zunächst steht die Spiritusbrennerei, welche zwar in den letzten Jahren etwas abgenommen hat, dessungeachtet aber noch immer sehr bedeutend ist, weil sie über den starken Consum im eigenen Lande noch exportirt. Wichtig und umfangreich ist die Leder-Erzeugung, obwohl die Gerberei vorwiegend gewerbsmässig betrieben wird. Wichtig ist die

Rübenzucker-Fabrication; die Fabriken von Tlumacz und Lancut gehören zu den grössten in der Monarchie. — Erwähnenswerth sind noch Tuch, ordinäres Glas, Papier; in den grösseren
Städten Galanteriewaaren u. dgl. — Die Montan-Industrie ist
vorherrschend in den Kreisen von Krakau und Bochnia; in
den Städten ist dieser Zweig durch Kleingewerbe vertreten,
welche zumeist Waare geringerer Qualität für den Landbedarf
liefern.

Der Handel umfasst in der Ausfuhr vorwiegend Rohproducte: Getreide, Salz, Rinder, Holz, Honig, Wachs, dann
Weber- und Seilerwaaren, Branntwein; Industrie-Erzeugnisse
des Westens werden nach Russland durchgeführt; zur Einfuhr
kommen Colonialwaaren, Manufactur- und Kunstproducte. Auf
die Erweiterung und Verbesserung der Communicationen, namentlich den Bau von Eisenbahnen im Lande und zur Verbindung nach Ungarn wird viel Sorgfalt verwendet.

Die Bevölkerung — über 5,790.000 — gehört fast ausschliesslich dem slavischen Stamme an; darunter sind an 50
Percent Ruthenen (zumeist im Osten), 48 Percent Polen und
Slovaken im Westen; ferners 1 Percent Deutsche, an 575.000
Israeliten. — Nach der Confession überwiegend katholisch (beiläufig die Hälfte römisch-, die Hälfte griechisch-katholisch), an
30.000 Evangelische und die benannten Israeliten. — In nationaler Beziehung bezeichnet man unter den Polen die Bewohner
des Krakauer Gebietes als „Krakowiak"-en; sie sind die vorgeschrittensten unter der polnischen Landbevölkerung. Das
lebhafte, starkgebaute Bergvolk im westlichen Theile der Karpathen sind die „Goralen"; — die Bewohner des vorgelagerten
Hügellandes heissen „Mazuren"; — die „Huzulen" bewohnen
die in den Bezirken von Kolomea und Stanislau sich erhebenden
Karpathen und deren Gebirgsthäler. Sie alle sprechen polnisch
am reinsten die Krakowiaken. In Hinsicht der geistigen Cultur
herrscht noch ein grosser Unterschied zwischen der ländlichen
Bevölkerung und dem grossen Grundbesitzer, oder dem vornehmen Polen, dem „Franzosen des Nordens". Während das
Landvolk in der Aufklärung zurückgeblieben ist, hat sich der
vornehme Pole vorzüglich französische Sitte angeeignet. In
neuester Zeit wird im Wege der Schule und durch gemein-

nützige Vereine auf die Hebung der unteren Classen, sowie für höhere wissenschaftliche und gewerblich-technische Ausbildung ernstlich hingearbeitet. Es bestanden zu diesem Zwecke (im Jahre 1871) 2374 Volksschulen, 17 Gymnasien, 9 Realgymnasien und Realschulen, zwei technische Lehranstalten und zwei Universitäten (Lemberg, Krakau); doch besuchten von 100 schulpflichtigen Kindern nur 15 die Schule! Der kleinrussisch sprechende, kräftige und abgehärtete Ruthene (östlich vom Sanflusse) steht in der Entwicklung dem Polen, dessen ausgebildetere Sprache eine reiche Literatur besitzt, mehrfach zurück. Die Israeliten sind zumeist Wirths- und Handelsleute des Landes, auch betreiben sie viele Gewerbe fast ausschliesslich. Die Deutschen bilden mehrere Sprachinseln im Lande, und bewohnen überdies gemeinschaftlich mit den anderen Nationalitäten Städte und Märkte. Es herrscht jedoch eine grosse Verschiedenheit im Volkscharakter, in Sitten und Bräuchen, in Wohnung und Tracht in den entlegenen Landestheilen.

§. 84. Bukowina.

Die Bukowina, das „Buchenland", seit 1775 zu Oesterreich gehörig, ist im Ganzen Hochland, nur am Dnjestr und Pruth ist Tiefland. Zwischen diesen Flüssen dehnt sich ein wellenförmiges Plateau aus, welches vom Dnjestr rasch aufsteigt, zum Pruth jedoch sich allmälig herabsenkt. Am rechten Pruthufer findet wieder eine rasche Stufenerhebung statt. Diese terrassenförmige Erhebung der Flussthäler wiederholt sich noch beim Sereth und der „goldenen" Bistritz. Nur bei Radautz ist eine grössere Ebene, sonst hat das Land nur erweiterte Flussthäler und reichbewaldete Ausläufer der Karpathen, über welche Jochübergänge in die Nachbarländer führen.

Beiläufig 88 Percent des Bodens sind productiv; davon entfallen über zwei Fünftel auf die theilweise noch wenig benützten Waldungen, je ein Viertel auf das Acker- und das Grasland. Das eigentliche Culturland liegt zwischen dem Dnjestr und der Suczawa, wo viel Ackerbau betrieben wird. Nur die grösseren Grundbesitzer und der mit Landeigenthum reich dotirte griechische Clerus, sowie die fremden Ansiedler haben eine bessere Bewirthschaftung eingeführt; der Bildungsgrad des

Bauers ist meist ein noch geringer. Trotz der nicht befriedigenden Bearbeitung gibt der fruchtbare Boden lohnendes Erträgniss. Die Hauptfrucht ist der Mais („Mamaliga" = Maiskuchen ist eine sehr verbreitete Nationalspeise); doch wird davon noch aus Bessarabien und der Moldau eingeführt. Zunächst steht der Hafer; andere Ackerproducte werden nicht in genügender Menge gewonnen. Auch die Obstbaumpflege entspricht nicht den günstigen klimatischen Verhältnissen. Selbst die Viehzucht, für welche alle Bedingungen vorhanden sind, hat nicht die wünschenswerthe Ausdehnung. Verhältnissmässig am stärksten sind die Hornvieh- und Schafzucht; die Pferdezucht im Staatsgestüte zu Radautz nimmt in Oesterreich den ersten Rang ein. Die schwunghaft betriebene Bienenzucht deckt kaum den grossen Bedarf an Wachs für die griechischen Kirchen; Honig wird exportirt.

Die Industrie ist kaum im Entstehen; selbst das Kleingewerbe ist nicht in ausreichender Menge vorhanden. Capital und Arbeitskräfte sind relativ theuer, die Bildungsstufe des Volkes eine geringe, die Communicationen noch ungenügend. Am ausgedehntesten sind die Branntweinbrennereien; die Bierbrauereien decken den geringen Bedarf; die Pottaschesiederei wird nicht mehr in der früheren Ausdehnung betrieben. In der Eisenindustrie nimmt Jacubeni mit den dazu gehörigen Werken einen beachtenswerthen Rang ein. Die Gewinnung von Waschgold, vornehmlich von Zigeunern betrieben, ist ganz unbedeutend; in Poszoritta wird Kupfer gewonnen; die Salzgewinnung ist kaum nennenswerth. Fabriksmässig werden ausser den Werken von Jacubeni ein paar Papierfabriken (Radautz, Czernowitz), die Maschinen- und Broncefabrik in Czernowitz und einige Glashütten betrieben. Ausgedehnt ist die Saffian- und Corduanleder-Erzeugung in Suczawa.

Im Handel ist nur der Grenzverkehr nach Bessarabien und der Moldau wichtig, zunächst der Grenzort Folticzeny (in der Moldau), wohin österreichische Fabricate exportirt werden. Auch der Transit nach Galizien, Ungarn, Siebenbürgen ist belangreich. In den grösseren Orten werden stark besuchte Jahrmärkte abgehalten.

Die Bevölkerung — an 553.000 — zerfällt in 48 Percent Ruthenen, 40 Percent Rumänen, dann Deutsche, Polen,

Magyaren; nach der Confession ist sie überwiegend griechisch-
nichtuniert, nur an 36.000 lateinisch- und 10.000 griechisch-
katholisch, 8000 Evangelische, 15.000 Israeliten. Bei der Besitz-
nahme des Landes durch Oesterreich vor hundert Jahren zählte
man 50.000 Rumänen und etwa 20.000 Ruthenen. Die fünfzig-
jährige Recrutirungsfreiheit und förmliche Colonisation führten
galizische und Marmaroser Ruthenen, dann Gross-Russen, Armenier, Israeliten, Magyaren und Deutsche in's Land. Nach und
nach verschwand das Uebergewicht der Rumänen unter den
Ruthenen; die Zahl der Deutschen und Magyaren ist geringe;
die zahlreichen Zigeuner haben sich grossentheils sesshaft
gemacht. Eine Secte der orthodoxen Griechen bilden die Lipowaner, welche sich nebst Ackerbau mit Leinweben, Teichgraben
und Obstbaumzucht beschäftigen. Diese früher vielfach verfolgte
Secte kam aus Russland, hat mit Andersgläubigen keine Gemein-
schaft und lebt sehr nüchtern, einfach nach strengen religiösen
Vorschriften. — Dass in diesem Völkergemische der Stand der
geistigen Cultur ein noch geringer ist, begreift sich. Es werden
zwar Volksschulen errichtet (im Jahre 1871 bestanden deren
167); doch ist der Schulbesuch relativ der geringste in Oesterreich, denn von 100 schulpflichtigen Kindern besuchen nicht
9 die Schule (im Jahre 1871: schulpflichtige 99.458, schulbesuchende 8617)! Ferners bestanden im Lande drei Gymnasien
und zwei Realschulen. Im Herbste dieses Jahres wird in Czernowitz eine deutsche Universität errichtet werden. Als ein
Symptom des geistigen Lebens und des Lesebedürfnisses in der
Bukowina mag auch der Umstand gelten, dass im ganzen Lande
nur Eine Zeitung herausgegeben wird, und zwar die seit
1862 in Czernowitz erscheinende amtliche „Czernowitzer
Zeitung"!

Die rege Thätigkeit, welche seit der Abtrennung des Landes von Galizien erwacht ist, lässt die allmälige Behebung so
mancher Mängel und Gebrechen erwarten.

§. 85. Ungarn.

Das „Ungarland" ist zum grösseren Theile Flachland, mit
den beiden Tiefebenen: der „grossen" zwischen Donau und
Theiss, der „kleinen" am rechten Donau-Ufer nach Nieder-

Österreich sich ausdehnend. Das Bergland erhebt sich im nördlichen Landestheil. Im Osten des Marchflusses steigen die Karpathen auf, bilden im grossen Halbbogen die Scheidewand Ungarns gegen Mähren, Schlesien, Galizien und die Bukowina, und ballen sich im siebenbürgischen Hochlande zu gewaltigen Massen zusammen. Die im Westen und Süden der Donau sich erhebenden Berg- und Hügelzüge gehören dem Alpengebiete an. Ungarn gehört (mit Ausnahme eines ganz unbedeutenden Gebietes im Norden) ganz zum Gebiete der Donau, welche es von Theben bis Orsowa auf 141 Meilen im langsamen, trägen Laufe durchfliesst, alle Flüsse des Karpathenlandes aufnimmt und dadurch die materiellen Interessen des Landes an diese nach dem Osten hinweisende Wasserstrasse knüpft. Nächst der Donau hat die Theiss die grösste culturelle Bedeutung für das Land. Dieser tief in das angeschwemmte Land einschneidende Fluss durchzieht trägen Laufes in vielfach verschlungenen Krümmungen einen der fruchtbarsten Landstriche unseres Erdtheils und verwandelte nicht selten die segensreiche Ebene durch seine und seiner Nebenflüsse Ueberschwemmungen in eine zusammenhängende Reihe von unübersehbaren, das Land versumpfenden und verpestenden Wasserlachen. Diese Uebelstände sind durch das grosse nationale Unternehmen der Theissregulirung zum Theil schon beseitigt, zum Theil wird daran und an anderen ähnlichen, für Ungarns wirthschaftlichen und culturellen Aufschwung bedeutsamen Unternehmungen noch gearbeitet.

Von der Gesammtfläche sind über 83 Percent productiv; davon nehmen die Aecker mehr als ein Drittel, über ein Viertel die Waldungen und beiläufig soviel das Grasland ein. Von 46 1/2 Millionen Joch (à 1600 Quadratklafter) werden nahezu 43 1/2 als ertragsfähig mit einem durchschnittlichen Reinertrag von beiläufig 114 Millionen Gulden im Jahre berechnet. Die Landwirthschaft wird in neuerer Zeit, besonders auf den grossen Grundcomplexen, weit rationeller betrieben als ehemals; die Production übersteigt in der Regel den Bedarf und liefert ansehnliche Quantitäten für den Export. Das eigentliche Getreideland sind die beiden Tiefebenen, vorzüglich die Ebene jenseits der Theiss und der in Südungarn gelegene Landestheil, „die Bacska". Der Flugsand an der Donau und Theiss, sowie die häufigen Ueberschwemmungen sind jedoch Hindernisse für den Getreidebau. Die Production an Brotfrucht betrug in Millionen Metzen: im Jahre 1873 . . 35.$_8$, 1872 . . 46.$_8$, im reichen Jahre 1868 sogar 86, worunter der Weizen mehr als die Hälfte, das Korn etwa ein Dritttheil dieser Quantitäten einnimmt. Unter den Handelspflanzen behauptet der Tabak den ersten Rang, dessen durchschnittliche Jahresproduction mit einer halben Million Centner angenommen wird. Der Anbau von Reps, Runkelrüben, Farbpflanzen, Zwiebelgewächsen, Hülsenfrüchten, Melonen und Kürbissen ist sehr bedeutend. Ganz besondere Aufmerksamkeit verdient der hochgeschätzte Ungarwein. Ungarn ist, das Verhältniss des Weinlandes zur Gesammtarea ins Auge gefasst, das erste Weinland der Erde; die Qualität der Weine wird von keinem Lande, die Quantität nur von Frankreich übertroffen. Den ersten Rang darunter nimmt der auf der Hegyallya auf etwa fünf Quadratmeilen wachsende Tokayer ein; sehr vortheilhaft bekannt sind: Ofner, Ruster, Meneser, Villanyer, Schomlauer, Szekszarder u. a. Die gesammte Weinbaufläche beträgt an 740.000 Joch mit einem durchschnittlichen Jahresertrage von sieben Millionen Eimern (im Jahre 1873 nur wenig über fünf Millionen Eimer). — Die Waldcultur lässt noch Vieles zu wünschen übrig. Zudem ist die ungleichmässige Vertheilung von Waldungen nachtheilig; denn im Innern des Landes, in den Tiefebenen herrscht empfindlicher Holzmangel, in den Gebirgsgegenden Holzüberfluss.

Der reiche Viehstand liefert einen bedeutenden Ertrag. Das Hornvieh, die mitunter hoch veredelten Schafe, die dauerhaften Pferde werden in den Ebenen gezogen; in den fruchtbaren Gegenden kommt das ungarische Zackelschaf vor; in den sumpfigen Landstrichen und in den grossen Eichenwaldungen der Baranya, des Zalaer-, Arader-, Biharer-Comitates, im Bakonyerwalde u. a. O. in grosser Menge das Borstenvieh. Auch die Zucht der Ziegen, namentlich aber jene des Geflügels ist ungemein ausgebreitet; dagegen ist die Bienenzucht minder bedeutend, jene der Seidenraupe erst im Entstehen. Jagd und Fischerei — letztere insbesondere in der „fischreichen" Theiss, Donau, im Poprad- und Plattensee — geben sehr reiche Ausbeute. Dieser grosse Reichthum an Naturproducten aller Art

veranlasst den stolzen Nationalspruch: „Extra Hungariam non
est vita, et si est vita, non est ita — ausserhalb Ungarns gibt
es kein Leben, und gibt es auch eines, so ist es doch kein
solches!"

Ungarn ist ferner durch die Mannigfaltigkeit der Producte
des Bergbaues nicht minder ausgezeichnet, als durch deren
Menge und Qualität. Die reichsten Goldgruben sind zu Schemnitz, Kremnitz, Nagy-Bánya, Neusohl, wozu noch einige kleine
Goldwäschereien kommen; der Ertrag war im Jahre 1872 über
2868 Münzpfund im Werthe von nahezu 2 Millionen Gulden.
Silber wird in den eben genannten Bergwerken, dann in
Schmöllnitz, Kapnik u. a. O. gewonnen (beiläufig 34.300 Münz-
pfund, Geldwerth über $1\frac{1}{2}$ Millionen Gulden). An Kupfer ist
das Land, besonders im Schmöllnitzer Districte gleichfalls reich
(über 21.000 Centner, und $1\frac{1}{8}$ Millionen Gulden). Ober-Ungarn
producirt viel Eisen, insbesondere in den Comitaten Gömör und
Zips, doch steht es in der Qualität dem steierischen nach (über
$2\frac{1}{2}$ Millionen Centner, im Werthe von nahezu 9 Millionen
Gulden). Steinsalz liefert die Marmaros, Sudsalz das Saroser
Comitat. Die Ausbeute an Braunkohle (an 17) und Steinkohle
(an $11\frac{1}{2}$ Millionen Centner) ist stets steigend, insbesondere
kommt erstere in grosser Mächtigkeit vor; die Reviere von
Oravizza und Fünfkirchen sind ganz bedeutend. Die Gewinnung
von Blei, Zink und anderen Erzen und Mineralien wird mit
Erfolg betrieben.

Bis jetzt ist Ungarn noch kein Industrieland; doch
hat die Industrie in den letzten Jahren sowohl intensiv, als ex-
tensiv erfreuliche Fortschritte gemacht. Im Allgemeinen wird
die Verarbeitung der einheimischen Rohstoffe vorwiegend nur
gewerbsmässig betrieben; die Anzahl der Fabriken, sowie der
in Verwendung stehenden Dampfmaschinen ist verhältnissmässig
noch gering, obwohl hierin Ungarn von Jahr zu Jahr fort-
schreitet. Die neuen Etablissements sind grossentheils nach den
neuesten Systemen und mitunter in grossartigem Masstabe angelegt. Gegenwärtig deckt die ungarische Industrie beiweitem
nicht den Bedarf des Landes; allein, da die Natur so viele
Vorbedingungen für die Industrie geboten hat und ein Vorwärtsstreben der Nation überall bemerkbar ist, so kann an dem

Aufschwunge der Bevölkerung auch in technischer Cultur nicht gezweifelt werden. Statistische Detailnachweisungen über den Zustand der Industrie in Ungarn können nicht gegeben werden, weil das von den Industriellen an die Staatsverwaltung abgelieferte Material zu unvollständig ist, um eine die Wissenschaft und die Administration befriedigende Industrie-Statistik verfassen zu können. Für das Jahr 1871 (das letzte, über welches officielle Daten vorliegen) wurden in Ungarn 2213, in Siebenbürgen 492 industrielle Etablissements angegeben, von denen 640 als Spiritusfabriken, 448 als Branntweinfabriken, 161 als Sägemühlen, 136 als Bierbrauereien aufgeführt sind. Von oberwähnten 2705 Etablissements verarbeiten also mehr als die Hälfte, nämlich 1385, Erzeugnisse der heimathlichen Landwirthschaft; demnach ist die Anzahl jener Etablissements, welche importirte Rohstoffe, oder Rohstoffe der einheimischen Viehzucht und des Bergbaues fabriksmässig in grösserem Um-fange verarbeiten, eine relativ kleine. Daraus kann auch auf die geringen Bedürfnisse der Bevölkerung und deren Cultur-Zustand überhaupt geschlossen werden. Auch das „Kleingewerbe" ist relativ nicht stark entwickelt; denn es werden nur 268.814 Individuen, u. zw. 241.731 in Ungarn, 27.083 in Siebenbürgen als dabei beschäftigt angegeben. Am entwickeltsten ist die technische Cultur im Westen und Nordwesten des Landes, wo sie an vorgeschrittene Culturdistricte Oesterreichs grenzt, sie nimmt aber auf ihrem Wege von West nach Ost allmälig ab. Die grösste Zahl der Gewerbe entfällt auf den westlichen Landestheil; am höchsten steht die „Reichshaupt-stadt" Budapest, der wichtigste Platz für das Fabrikswesen und Kleingewerbe, der Mittelpunkt für das Geld- und Credit-wesen, für den ungarischen Handel und die geistigen Interessen. Dann folgt Pressburg sammt Umgebung; bedeutend schwächer in technischer Cultur ist die Gegend um Kaschau; am schwächsten ist der Landestheil im Osten der Theiss.

Am ausgedehntesten, obgleich vorwiegend nur handwerks-mässig wird die Lederbereitung betrieben. Die Leinen-Industrie hat ihren Hauptsitz im slovakischen Oberungarn; fabriksmässig ist der Betrieb nur an der westlichen Grenze. Von einer Fabriksindustrie in Schafwollwaaren kann trotz der Menge und

Güte des im Lande gewonnenen Rohstoffes noch nicht gesprochen werden; dagegen ist Budapest ein sehr wichtiger Handelsplatz für Wolle und Wollwaaren. Die Eisen-Industrie, in beachtenswerther Weise fortwährend wachsend, ist am stärksten in Nord-Ungarn. Bemerkenswerth sind schliesslich die vielen Glashütten und Papiermühlen (im Norden), die Gärbereien, Tuchwebereien, Rübenzuckerfabriken, Brennereien und Brauereien (im Westen). Für den Kern der magyarischen Bevölkerung ist Debreczin ein wichtiger Gewerbe- und Handelsplatz, wo zahlreiche Gewerbe für den nationalen Bedarf arbeiten, und auf den grossen Messen absetzen. Auch der Speditionsplatz Szolnok mit seiner grossen Maschinenfabrik, Temesvár, Szegedin, Grosswardein, Erlau, Eperjes und noch andere Orte können vom ungarischen Standpunkte aus als gewerbefleissige Orte angesehen werden.

Der Reichthum an mannigfaltigen Rohstoffen und Wasserkräften, das grosse Absatzgebiet im Lande und in den agricolen Nachbarstaaten im Süden und Südosten, relativ billige Arbeitskräfte, eine die freie Arbeit begünstigende Gesetzgebung, Freiheit im bürgerlichen und politischen Leben, der Aufschwung im Schulwesen, die Gründung von Gewerbevereinen nebst den acht Handelskammern, — dies Alles zusammengenommen beginnt ein rühriges Leben auf dem Felde industrieller Thätigkeit zu entwickeln, so dass ein Vergleich zwischen heute und etwa anderthalb Decennien früher ein sehr befriedigendes Urtheil im Sinne der fortschrittlichen Entwicklung zulässt.

Der Ueberfluss an Rohproducten und der Mangel an Industrie-Erzeugnissen hat einen lebhaften Gütertausch und Handelsverkehr mit den Nachbarländern zur Folge. Seit dem Auflassen der Zollschranken zwischen Ungarn und Oesterreich (am 1. Juli 1851) und dem Zoll- und Handelsbündnisse zwischen den beiden Reichstheilen (1867) hat die Verbesserung und Erweiterung der Communicationsmittel, insbesondere der Eisenbahnbau im Innern und zur Verbindung mit den Nachbarn einen erheblichen Aufschwung genommen. Im Jahre 1855 hatte Ungarn erst 72 Meilen im Bahnbetriebe; im nächsten Decennium (bis Ende 1866) wurden über 200 Meilen dazugebaut, und betrug deren Länge 279 Meilen. Den mächtigsten Aufschwung hat der Bahnbau seit der durch den „Ausgleich" erlangten

„Selbstständigkeit Ungarns" genommen; denn in diesen sieben Jahren sind 567 Meilen neuer Linien dem Betriebe übergeben worden; so dass im Jahre 1874 in Ungarn 846 Meilen im Betriebe standen, und das Land mit 40 Percent an der Gesammtlänge der Bahnen des Kaiserstaates (Ende 1874 über 2100 Meilen) participirt. Auch auf die Verbesserung der Landstrassen, die Regulirung der Flüsse, Austrocknung der Sümpfe, Erweiterung der Schifffahrt wird grosse Thätigkeit gerichtet, und dem entsprechend nimmt der Handel ˙ stets grössere Dimensionen an. Nach Abzug der Durchfuhr berechnet man den Werth der Einfuhr im Jahre 1871 mit fl. 472.$_3$, im Jahre 1870 mit fl. 344.$_0$ und 1868 mit fl. 319.$_7$ Millionen; — jenen der Ausfuhr 1871 mit fl. 357.$_6$, — im Jahre 1870 mit fl. 342.$_9$ und 1868 mit fl. 329.$_9$ Millionen. Für die weitaus grössten Geldsummen werden Industrieproducte importirt, — für die grössten Beträge Naturproducte (und Mahlproducte) exportirt. Dieses Resultat beweist das früher ausgesprochene Urtheil über die agricole und industrielle Thätigkeit des Ungarlandes.

Von der Bevölkerung — über 11½ Millionen im eigentlichen Ungarn (die „Länder der ungarischen Krone", also Ungarn im weiteren Sinne, haben über 15½ Millionen) gehören etwa 5.$_1$ Millionen dem magyarischen Stamme an; 1¼ Mill. sind Deutsche, 2⅗ Mill. Slaven, 1⅕ Mill. Romanen, an 400.000 Israeliten und noch kleinere Stämme. Nach der Confession sind an sechs Millionen katholisch (lateinisch, griechisch und armenisch), über 2⅙ Millionen evangelisch, über eine Million griechisch nicht-unirt, und die früher erwähnten Israeliten. Trotz dieses bunten Völkergemisches, in welchem die magyarische Bevölkerung nicht die Hälfte bildet, ist dem ganzen socialen und politischen Leben doch der Stempel des „Magyarismus" aufgeprägt; die officielle Sprache ist die magyarische, die Landestrachten sind typisch magyarisch, das geistige Leben in Wissenschaft und Literatur, im geselligen Verkehr ist magyarisch; das „Magyarisiren" hat seit einigen Jahren grosse Fortschritte gemacht. Theils freiwillig und der inneren Ueberzeugung folgend, theils dem „Drucke der Verhältnisse" nachgebend, treten immer neue Recruten in die Reihen der tonangebenden, reichbegabten „Magyaren", welche mit Consequenz und Energie,

22*

getragen von feurigem Patriotismus, auf der betretenen Bahn vorwärts schreiten. Der Unterschied in der geistigen Cultur zwischen den einzelnen Nationalitäten, den Bewohnern der Städte und der ausgedehnten Ortschaften, insbesondere zwischen den dem Hirtenleben Obliegenden, den Ackerbauern und Gewerbetreibenden ist ein so grosser, wie er kaum in einem Staate von diesem Umfange neben einander sich vorfindet. Es ist eine grosse Stufenleiter in der Civilisation vom Hirten im Bakony-walde bis zur Intelligenz, welche etwa in Budapest uns freundlich entgegenkommt. Eine Schilderung der verschiedenen Stadien in der Cultur Ungarns nach Nationalität, Beschäftigung, Wohnsitz u. s. w. gäbe ein buntes Bild mit fast orientalischen Tinten, wo Orient und Occident in Sitte und Brauch, in Denkart und Cultur sich nahe rücken, bisweilen unmerklich in einander fliessen, aber diesem Buche ist ein engerer Umfang bemessen, und wir müssen auf solche Detailschilderungen verzichten. Es genüge, hingedeudet zu haben.

Dass für die Hebung der geistigen Cultur viel geschieht, ist nicht zu bestreiten. Gegenwärtig bestehen über 11.000 Volksschulen, 75 Gymnasien, 43 Unter- und Realgymnasien, 22 Realschulen; dann Lyceen und Rechtsakademien. Dazu kommen die Handelsakademie, das Polytechnikum, die Universität, die königliche Akademie der Wissenschaften in Budapest. Alle diese Bestrebungen gewinnen einen noch höheren Werth, wenn man die höchst eigenthümlichen Verhältnisse des Landes, die Verschiedenheit der Bevölkerung nach Nationalität, Sitte und Glaubensbekenntniss dabei berücksichtigt. Ist aber auch thatsächlich in viele Kreise, nach vielen Richtungen das Verständniss für moderne Culturarbeit eingedrungen und macht sich ein erfreulicher Fortschritt in den letzten Jahren geltend, so gehört doch noch viel Energie, viel Thatkraft dazu, das Land auf der Bahn wirthschaftlichen und geistigen Fortschrittes stets vorwärts zu bringen. Dass es geschehe, ist unser aufrichtiger Wunsch, unsere begründete Hoffnung.

§. 86. Siebenbürgen.

Siebenbürgen ist ein Hochland. Die in Gestalt eines Viereckes emporgehobene Bergmasse hängt nur im Nordosten mit den Hauptketten der Karpathen zusammen; die Randgebirge erheben sich 4000—6000 Fuss hoch. Im Innern des Landes streichen zahlreiche Berggruppen und Hügelreihen; nirgends kommt eine ausgedehnte Hochebene vor. Eine der am meisten ebenen Gegenden ist die Klausenburger „Kampia" oder „Mezöség." Nach den Nachbarländern führen mehrere Pässe: der Pass Rodna in die Bukowina, der Gymes- und der Ojtos-Pass nach der Moldau, der Törzburger-, Rothenthurm- und Vulcanpass nach der Walachei, der Pass des eisernen Thores in die ehemalige „Militärgrenze". Dieses an Naturschönheiten wie an Naturproducten reiche Land erhebt sich zwischen der ungarischen und der walachischen Tiefebene als Felsenburg an des Kaiserstaates Grenze, dieselbe bewachend gegen den nimmer ruhenden Orient und die Völker, die „dort unten auf einander schlagen". Siebenbürgen ist aber auch der äusserste Vorposten deutschen Culturlebens gegen Osten; ringsum Trümmer der grossen Völkerwanderung, über welche asiatische Erinnerungen herüberstreichen, und Zukunftspläne über die Donau und die Felsenburg nach dem Hellespont und Balkan hinüberfliegen. Es hat eine reiche, bewegte Geschichte durchlebt.

Von der Gesammtfläche sind etwa 86 Percent productiv; darunter kommen fast zwei Fünftel auf Waldungen, nicht ganz ein Viertel auf das Ackerland, etwas über ein Viertel auf das Grasland. Das Bergland besitzt herrliche Laubwälder mit sanften Abhängen, welche gut bebaut und mit Rebenanlagen geschmückt sind; in den wiesenreichen Thälern stehen Dörfer mit vielen Obstgärten. In Folge der mehrfach mangelhaften Bewirthschaftung ist der Ertrag in der Regel zu gering, um den Bedarf des Landes an Körnerfrucht zu decken. Wein wird im Szamos-Thale, in den unteren Thälern der Kokel (Kükülö) und Maros von guter Qualität und in erheblicher Menge gewonnen. Die Obstcultur ist ziemlich ausgedehnt, desgleichen der Tabak-, Flachs- und Hanfbau. Der Viehzucht wird eine grössere Pflege zugewendet als der Bodencultur. In der Pferdezucht steht das Land am höchsten in Oesterreich; auch die Zucht des Rindviehes, der Schafe und Schweine ist sehr bedeutend. Siebenbürgen gehört schliesslich zu den wildreichsten Ländern der Monarchie; doch bilden hauptsächlich nur Hasen-

und Fuchsfelle einen ergiebigen Handel nach der Walachei. Der Bergbau liefert grosse Mengen an edlen Metallen und Salz. Voran steht die Goldgewinnung, die stärkste im Kaiserstaate, dann jene von Silber. Die wichtigsten Fundorte von Golderzen sind: Zalatna, Abrudbánya, Vöröspatak; die wichtigsten Goldwäschereien an der Maros, Szamos und Aranyos. Auch die Ausbeute an Quecksilber und Kupfer ist erheblich, dagegen jene von Eisen und fossiler Kohle noch gering.

Die Industrie beschränkt sich grösstentheils auf die Befriedigung der geringen Bedürfnisse des Landes und kommt nur vereinzelt in einigen Zweigen vor. Dem Geldwerthe nach steht am höchsten die Ledererzeugung (im Lande der „Szekler"); unter den „Sachsen" findet man Leinen- und Schafwollweberei, doch hauptsächlich als häusliche Nebenbeschäftigung; mit der Eisenverarbeitung beschäftigen sich die Hammerwerke im „Lande der Ungarn". Im Süden arbeiten viele Glasfabriken. Um Kronstadt, Hermannstadt, Schässburg, Klausenburg und anderen Orten kommen auch grössere industrielle Unternehmungen vor. Die wichtigste Fabriks- und Handelsstadt des Landes ist Kronstadt. Zur Ausfuhr gelangen zumeist Rohproducte, zur Einfuhr Manufacte; im Ganzen ist jedoch der Handel nur von geringer Bedeutung. An hinreichenden und guten Landstrassen ist noch vielfach Mangel. Eisenbahnen verbinden das Land mit Ungarn (Arad-Broos, Grosswardein-Klausenburg) und die wichtigeren Orte im Innern unter einander. Anschlüsse von Kronstadt (Predial- oder Törzburgerpass?), von Hermannstadt (Rothenthurmpass) und von Petroseny (Vulcanpass) nach der Walachei und an die türkischen Bahnen stehen in Aussicht.

Die Bevölkerung — 2,115.000 Seelen — zerfällt nach der Nationalität in: 1 Million Rumänen („Walachen"), etwa 520.000 Magyaren („Szekler"), über 200.000 Deutsche („Sachsen" und „Landler"), über 90.000 kleinere Stämme, an 14.000 Israeliten; nach der Confession an 780.000 Katholiken (lat., griech., arm.), an 625.000 nicht-unirte Griechen, über 470.000 Evangelische, gegen 48.000 sonstige Confessionen und die oberwähnten Israeliten. Gegenwärtig ist Siebenbürgen mit Ungarn zu Einem Staatskörper vollständig verbunden. — Die Rumänen oder Walachen, bis in die Neuzeit nur ein „geduldeter" Stamm, der weder politische Rechte, noch Vertretung auf dem Reichstage besass, bewohnen den Nordwesten und Süden des Landes, mit Ausnahme einiger magyarischer und deutscher Sprachinseln. Die Szekler, welche Sitten, Bräuche und Tracht ihrer Vorfahren treuer bewahrt als ihre magyarischen Stammgenossen in Ungarn, nehmen den östlichen Theil und furchenartig die Flussthäler im Westen ein. Im Süden und Nordosten leben Deutsche. Schon im 12. Jahrhunderte (1141—1161) kamen deutsche Ansiedler aus Flandern und vom Niederrhein in die „Wüste jenseits des Waldes", welche ihnen als unbeschränktes Eigenthum unter volksthümlicher Verwaltung und unter königlicher Unmittelbarkeit verliehen wurde. Im Jahre 1211 kamen neue deutsche Ansiedler in das Burzenland. Durch den Freiheitsbrief Andreas II. vom Jahre 1224 (das „Andreanische Privilegium") wurden den deutschen Einwanderern alle früheren Rechte bestätigt. Auf dem „Königsboden" herrscht deutsches Wesen, deutscher Fleiss, darum auch Wohlstand und Sittlichkeit.

In neuerer Zeit wird für die Pflege geistiger Cultur viel gethan. Ueber 2200 Volksschulen, mehrere Gymnasien und Realschulen, die Universität in Klausenburg, sowie zahlreiche Vereine, insbesondere unter den „Sachsen" sorgen für die Ausbildung der Bevölkerung dieses schönen und strebsamen Landes.

§. 87. Croatien-Slavonien.

Im Süden Ungarns, im Osten von Untersteiermark und Krain, zwischen der Drave und Save, und nach der Einmündung dieser Flüsse in die Donau zu beiden Seiten dieses Stromes bis Semlin, dann am linken Stromufer bis zu dessen Austritt aus der Monarchie — also vom Fiumaner Golf bis an Siebenbürgens Hochland dehnt sich als Grenzland Oesterreichs gegen die Türkei Croatien-Slavonien aus. Es ist im Allgemeinen ein weniger bekanntes Land und häufig unrichtig beurtheilt. Wohl mögen traditionelle Ueberlieferungen aus vergangenen Zeiten, in denen „Panduren" und „croatische Horden" Deutschlands Fluren sengend und plündernd durchzogen hatten, manches Urtheil noch heute beirren. Auch das in unseren Tagen von nationalem Selbstbewusstsein stark gehobene Auftreten dieses slavischen Stammes trug dazu bei, manche Zustände anders aufzufassen, als es der Wirklichkeit entspricht. Zu allem diesen gesellte sich noch das sprachliche Hinderniss, welches den internationalen Austausch der Ideen und Intentionen erschwert oder unmöglich macht. Heute ist es ein Bestandtheil der ungarischen Krone mit gewissen Zugeständnissen, die wir an anderer Stelle beleuchtet haben. Es sind zwei getrennte, nur im Süden nahe an einander reichende Theile. In Croatien ist das Bergland, in Slavonien und der ehemaligen „Grenze" das Tiefland vorherrschend. Das Adriatische Meer bespült (von Fiume bis südlich von Carlopago) die steile, wenig zugängliche Küste. Den nördlichen Theil Croatiens durchzieht das Warasdiner-, den südlichen das Uskoken-Gebirge; im croatischen Küstenlande treten die parallelen Arme der grossen und kleinen Kapella hervor. In Slavonien erheben sich die Fruškagora und das Wrdnik-Gebirge als letzte Ausläufer der südlichen Kalkalpen.

Von der Gesammtfläche sind 87 Percent productiv; davon entfallen nahezu zwei Fünftel auf Waldungen, über ein Viertel auf das Ackerland; grosse Strecken in den Niederungen sind Moor- und Sumpfboden. Das Ackerland ist zumeist ungemein fruchtbar. Croatien erzeugt nicht genügend Getreide für den Bedarf; dagegen ist Slavonien, zwischen Donau und Save, nicht mit Unrecht „Oesterreich's Mesopotamien" genannt worden; denn das „zwischen den Flüssen" liegende Land gemahnt an die Fruchtbarkeit jener asiatischen Niederung. Besonders fruchtbar an Körnerfrüchten, Obst, dann an vortrefflichem Wein und der üppig gedeihenden Maulbeercultur ist das „kleine Paradies" Syrmien, die östlichste Ecke Slavoniens, im Flusswinkel zwischen Donau und Save. Die slavonischen Waldungen liefern treffliches Bauholz, und die ausgedehnten Eichenwälder dienen auch der Mastung des Borstenviehes, das in enormer Menge gehalten wird. Im Uebrigen aber ist die Viehzucht unzulänglich. Erwähnenswerth sind die grossen Quantitäten Blutegel, welche aus den Teichen und Sümpfen von Essegg in den Handel gebracht werden.

Von Producten des Bergbaues sind nur der vorzügliche Schwefel von Radoboj, das Kupfer von Szambor, Marmor und

Bausteine im Küstenlande zu erwähnen. Die Industrie beschränkt sich zumeist auf die städtischen Gewerbe und die Hausindustrie auf dem Lande; eine selbstständige, von der Urproduction des Landes unabhängige Fabriksindustrie ist kaum im Entstehen. Bedeutendere Etablissements sind in Fiume (Papier, Seife, Zucker, Rosoglio, Tabak, Chemikalien, Schiffbau, Segeltuch u. a. m.). Agram liefert Porzellan, Eisenwaaren, Leder; überdies werden erzeugt Glas, Steingut, Holzwaaren, Slivovitz, ordinäre Leinwand und derlei Tuch. Der Handel ist hauptsächlich Zwischenhandel für Körnerfrüchte und sonstige Naturproducte, welche aus den östlichen Kornkammern des Reiches nach dem Westen abgesetzt werden; dann Holz- und Weinhandel. Im Küstenland ist der Export an Nutzholz sehr im Wachsen. Slavonien hat bedeutende Ausfuhr in Getreide nach Sissek, in rohen Häuten und Fellen nach Essegg, dann in Ochsen, Schweinen, Honig und Wachs. Eingeführt werden alle Arten Manufacte, Luxus- und Kunstgegenstände. Fiume ist für ganz Ungarn ein höchst wichtiger Platz und nimmt im Ganzen einen grossen Aufschwung.

Die Bevölkerung — mit Fiume 1,864.000 — gehört beinahe ausschliesslich dem slavischen (serbo-croatischen) Stamme an, nur ungefähr 30.000 Deutsche, 15.000 Magyaren, 10.000 kleinere Stämme. Nach der Confession zumeist katholisch aller drei Riten; dann 150.000 nicht-unirte Griechen, an 5500 Evangelische und 5000 Israeliten.

Der Stand der geistigen Cultur ist verhältnissmässig ein noch niederer. Für Hebung der Sprache und der National-Literatur herrscht in den letzten Decennien eine begeisterte Thätigkeit; doch wird auch für Gründung von Volks- und Mittelschulen in neuester Zeit viel gethan. Die Errichtung der südslavischen Akademie der Wissenschaften und der k. Franz Josefs-Universität zu Agram charakterisiren die Bestrebungen und Ziele der Nation, welche in neuester Zeit auch auf wissenschaftlichem Gebiete manches höchst schätzenswerthe Resultat bereits erzielt haben.

———

Wir können die Culturbilder des östlichen Reichstheiles nicht schliessen, ohne auf die früher bestandene „Militärgrenze"

einen Blick zu werfen. Die „Provincialisirung", — die Uebernahme in Civilverwaltung und Untertheilung unter die benachbarten Staatsgebiete der ungarischen Krone — ist bereits früher
dargelegt worden; es erübrigt nur mehr auf die „eigenthümlichen Einrichtungen" und auf das „patriarchalische Leben"
des Grenzvolkes hinzuweisen. Erstere haben immerhin noch
ein culturhistorisches Interesse und üben noch nachhaltig ihren
Einfluss auf die materielle Wohlfahrt und geistige Entwicklung
des Volkes aus; letzteres dagegen bleibt unter dem Schutze der
Gesetze fortbestehen.

Aufgabe und Zweck der Militärgrenze war, Oesterreich
und das gesammte Abendland gegen die Einfälle der Türken
zu schützen. Den Grund zu dieser Grenzbewachung hatte schon
König Sigismund durch Errichtung des „Capitanat Zengg" gelegt; ausgebildet wurde sie vom Erzherzog Ferdinand von
Oesterreich, welchem König Ludwig II. die festesten Plätze
Croatiens abtrat, um jene Landstriche gegen die häufig wiederkehrenden, räuberischen Einfälle der Türken zu schützen. Den
in Croatien sich ansiedelnden Morlakken und Walachen über-
gab Ferdinand II. im Jahre 1597 an 70 verlassene Schlösser.
Rudolf II. verlieh ihnen Religionsfreiheit und Steuerbefreiung,
in Folge dessen die Einwanderung so zunahm, dass im Jahre 1699
drei Grenz-Generalate militärisch geordnet wurden, welche Croatien und das Banat im Süden begrenzten. Leopold I. fügte im Jahre
1702 die slavonischen Gebiete, Maria Theresia die Čaikisten- (1763),
die siebenbürgische (1764) und walachische Grenze (1766) dazu.

In dieser Ausdehnung wurde die Grenze in zwei Landes-
Militärcommanden eingetheilt: das croatisch-slavonische mit dem
Commandositze Agram, das banatisch-serbische mit Temesvár.
Jedes Commando bestand aus Regiments- oder Bataillonsbezirken;
von den ersteren zerfiel jedes in 12, von den letzteren in sechs
Compagniebezirke. Einen Compagnie-Bezirk bildeten entweder
Eine grössere oder mehrere kleine Ortsgemeinden. In jedem
Landes-Militärcommando bestanden freie „Militär-Communi-
täten", im ersteren sieben: Carlopago, Zengg, Petrinia, Kostai-
nica, Bellovár, Ivanić, Brod; — im letzteren fünf: Peterwardein, Carlovic, Semlin, Pančova, Weisskirchen. Diese hatten
die Bestimmung, Gewerbe und Handel zu treiben, die Pro-

duction und den Absatz zu erleichtern, waren von der „besondern" Wehrpflicht befreit, nur der „allgemeinen" unterworfen und unterstanden, vom Regimentscommandanten unabhängig, nur dem Landes-Commandanten.

Die weiteren Einrichtungen waren folgende:

Alle waffenfähigen Männer waren vom 20. Lebensjahre an waffenpflichtig. Die „besondere" Wehrpflicht bestand in der Bewachung und Vertheidigung der Reichsgrenze, in der Aufrechthaltung von Ruhe und Ordnung im Innern und in der Pflicht, auch ausser Landes ins Feld zu rücken. Der Grenzsoldat erhielt vom Staate Bekleidung, Bewaffnung und Munition, den Sold jedoch nur im Felddienste. Zur Erfüllung der Zwecke der Grenzbewachung bestand der „Cordon", der nach Massgabe der Gefahr 5000, 7000, bei naher Gefahr 11.000 Mann als Wache bedurfte. Den Cordon bildeten Wachthäuser — *csardáke* — längs der ganzen über 200 Meilen langen Grenzlinie, jedes mit 4, 8 oder 12 Mann Wache. Der Grenzdienst erforderte grosse Wachsamkeit und war sehr anstrengend, denn nicht blos „türkische Kriegs- und Räuberbanden", auch Schmuggler und die — Pest sollten abgehalten werden. Tag und Nacht patrouillirte die ganze Wachkette an der Grenze; es mussten für dieselbe besondere Wege angelegt, über Sümpfe und Flüsse Brücken geschlagen, Bergabhänge überbaut, steile Felswände gangbar gemacht werden. In den sumpfigen Niederungen standen auch die Wachthäuser auf erhöhtem Mauerwerke und waren durch Dammwege miteinander verbunden. In der Regel war der Grenzer Eine Woche „im Dienste", dann zwei Wochen bei seiner Wirthschaft. Im Falle der Noth bildeten die Grenzer ein Kriegsheer von 100.000 Mann, welche zu den besten Truppen gehörten. Die nicht im activen Dienste stehenden Grenzer beschäftigten sich mit Ackerbau, Viehzucht, Gewerbe und Handel. Die Gendarmerie der Grenze bildeten die „Serešaner" — die gefürchteten „Rothmäntler", nach Art der Orientalen mit langer Flinte, Pistolen und dem Handžar (langes Messer) bewaffnet.

Diese Organisation hat nun aufgehört, und ist die Grenze theils unmittelbar zu Ungarn, theils zu Croatien-Slavonien einverleibt und in Civilverwaltung übernommen worden.

In häuslicher Beziehung führen die Grenzer ein pa-
triarchalisches Familienleben; diese Nationalsitte wurde beibehalten und unter den Schutz des Gesetzes gestellt. Die Folge
der früher geschilderten Verhältnisse war, dass Gewerbe und
Handel sich zumeist auf die Militärcommunitäten beschränken,
während die Mehrzahl der 1., Million betragenden Bevölkerung sich mit Ackerbau und Viehzucht beschäftigt; indess die höchst geringen Bedürfnisse an Wäsche und Kleidung
durch die Hausfrauen befriedigt werden, welche für Mann und
Kind spinnen, weben, färben und nähen. Die genannte Bevölkerung vertheilt sich unter 84 Percent Slaven (serbo-croati-
scher Stamm), 12 Percent Rumänen und 4 Percent Deutsche;
nach der Confession 52 Percent Griechen, 45 Percent Katholiken, 2 Percent Evangelische und nur einige wenige Israeliten.

Mehrere verwandte, verschwägerte oder frei in die „Haus-
gesellschaft" aufgenommene Personen oder Familien bewohnen
ein Haus und bilden zusammen eine „Haus-Communion".
Alle liegenden Güter der Grenzbewohner sind gegen Erfüllung der
Grenzobliegenheiten vollständiges Eigenthum der Grenz-Com-
munionen. Alle Männer der Haus-Communion haben gleiche
Rechte auf das unbewegliche Eigenthum des Hauses; bei dem
Austritte aus dem Hause verliert jedoch das Mitglied sein Recht,
welches von selbst den übrigen zuwächst. Ist kein Mann mehr
im Hause, so geht das Recht in gleicher Weise auf die Weiber
über. Der letzte Sprosse einer Haus-Communion kann über das
unbewegliche Vermögen letztwillig verfügen; ist kein Testament
und keine erbberechtigte Person vorhanden, so fällt das Vermögen dem Grenzinstitute anheim.

Als Familie Eines Hauses werden alle Personen betrachtet,
welche bei dem Hause conscribirt und nicht Dienstboten sind.
Um Ruhe, Ordnung, Eintracht, Religiosität und Sittlichkeit
unter der Haus-Communion zu erhalten, hat in der Regel der
älteste, fähige, dienstfreie Mann die Hausvaterstelle zu führen;
sein, oder ein hierzu besser geeignetes Weib hat die Haus-
mutter zu sein. Die Wahl des Hausvaters geschieht durch die
Familie und wird der Behörde angezeigt. Alle Mitglieder der
Haus-Communion nehmen alle Obliegenheiten des Hauses und
der Feldwirthschaft ohne Lohn auf sich. Was mit gemeinsamen

Kräften erworben wird, ist gemeinsames Hausgut, welches zur Bestreitung der Auslagen des Hauses und des Unterhalts aller Familienglieder dient. Kein Hausgenosse darf für sich oder seine Familie eine abgesonderte Wirthschaft treiben, überhaupt nichts unternehmen, was die gemeinsame Hausarbeit stört. Nur wenn an Zeit erübrigt wird, darf er dieselbe für sich verwenden, Geld, Geräthe erwerben und besitzen; doch muss ein Theil davon in die Hauscasse abgegeben werden. Die Theilung der Haus-Communion ist nur unter gewissen Bedingungen gestattet.

Fassen wir das Resultat, welches aus diesen „Culturbildern" uns entgegentritt, zusammen, so lässt sich in wenig Sätzen sagen:

In Oesterreich-Ungarn findet man vom Nomadenleben der Zigeuner bis zum höchsten Standpunkte der Civilisation, wie er unter den Deutschen, den vornehmlichsten Trägern der Wissenschaft und des geistigen Lebens, im Kaiserstaate zum Ausdruck gelangt, alle Abstufungen in den Culturverhältnissen. Die Mannigfaltigkeit der Bevölkerung hinsichtlich ihrer Abstammung und Sprache wird unter den europäischen Staaten nur von Russland übertroffen; sie ist ähnlich der Mannigfaltigkeit der Bodenverhältnisse. Es sind jedoch im Grossen und Ganzen keine schroff sich gegenüberstehenden Gegensätze. Der Humanismus der Neuzeit, die in alle Kreise und Schichten der Bevölkerung eindringende „allgemeine Bildung" und zeitgemässe Aufklärung schleifen die scharfen Kanten ab, welche zumeist von der Nationalitäts- und Confessions-Verschiedenheit in schneidige Ecken zugespitzt worden sind; die nationalen Eigenthümlichkeiten, die Schattirungen im Volksleben, in Sitte, Tracht Beschäftigung verschwimmen mehr und mehr in einander, je rascher die Begriffe von Entfernung und Zeit bei den grossen Erfindungen unserer Tage verschwinden, je näher die Völker an einander rücken, sich besser kennen lernen und nach allgemeinen Grundsätzen sich entwickeln, ausbilden. Bleibt

auch der Typus des Stammes und seine Sprache aufrecht, in
der Beschäftigungsart, im Gange der technischen und geistigen
Cultur vereinigt sich das gesammte Volksleben im Kaiserstaate
zu einem zwar bunten, aber harmonisch geordneten Volksbilde.
Oesterreich ist ein Glied der grossen Völkerfamilie, welche den
Fortschritt in materieller und geistiger Cultur auf ihre
Fahne geschrieben hat. Dieser Fahne folgen wir nach dem
Pulsschlage des Herzens, auf das Commando, welches aus
tiefer Seele heraus ruft:

> „Auf, gewalt'ges Oesterreich!
> Vorwärts! thu's den andern gleich!
> **Vorwärts!"**

ALPHABETISCHES REGISTER.

A.

Abauj 51.
Abony 79.
Abrudbanya 342.
Achensee 22.
Ackerbauministerium (k. k.) 162.
Actiengesellschaften und Banken 278.
Adelsberg 44, 310.
Adler 25.
Adlergebirge 321, 324.
Adriatisches Meer 21, 276.
Aerztliches Personal 81.
Aeusserst geringe Sterblichkeit 122.
Aeusserer Handel im Jahre 1874 269.
Agram 29, 51, 78, 127, 159. 169, 285, 291, 293, 294, 345, 346.
Aich 264.
Albanesen 61.
Albrecht-Karasicza-Canal 277.
Allgemeine Rechte und Pflichten der Staatsbürger 133.
Allgemeine Staatsschuld 173.
Allerh. Handschreiben vom 14. November 1868 130.
Almissa 76.
Alpen, cadorische 16.
— karnische 16.
— julische 16.
— lessinische 16.
— Trienter 16.
Alpengebiet 13.
Alsó-Fehér 51.
Alter, productives und unproductives 65, 66.
Alt-Kaniža 79.
Alt-Rohlau 264.
Altvater 18.

Aluta 24.
Ampezzo 104.
Amstetten 41, 99, 102.
Anlehen in Papier 208.
Apatin 79.
Arad 51, 78, 335.
Aranyos 51, 342.
Archäologische und Kunstsammlungen 294.
Armenier 61.
Artillerie 211.
Arva (Fluss) 24.
Arva (Stadt) 29.
Arvaer Gruppe 19.
Asch 46, 77, 105, 259.
Attersee 22.
Aupe 25.
Auspitz 47.
Aussig 46, 76, 264.
Avisio 26.

B.

Bachergebirge 14.
Bács 51.
Bacska 334.
Baden 41, 102.
Baja 78.
Bakony-Wald 14, 335.
Banus 170.
Baranya 51, 277.
Bars 51.
Bártfa 79.
Baumwoll-Industrie 258.
Bau- und Kunstgewerbe 268.
Beamte 81.
Becwa 24.
Bedenkliche Sterilität 96.

Bega 24, 277.
Békés 51, 78.
Belovar 51.
Benkowacz 50.
Bennisch 262, 327.
Beraun 25.
Berchtesgadner Gruppe 15.
Bergbau- und Hüttenwesen 236.
Bergdirectionen 167.
Berghauptmannschaften 163, 167.
Berg-, Hütten-, Forst- und Domänenver-
    waltungen 163, 167.
Bergland 12.
Bergwerks-Abgaben 242.
Bernina-Kette 13.
Berzsowa 24.
Beschäftigte beim Bergbau 81,
    — bei Industrie, Gewerbe und Handel 81,
    — beim Landbau 81.
Beskiden 19, 326, 328.
Bestandtheile der Monarchie 127.
Beträchtliche Sterblichkeit 122.
Bevölkerung 1, 5.
    — absolute 7, 30.
    — relative 7, 37.
    — nach der Beschäftigung 79.
Bevölkerungsstand 6, 30.
Bevölkerungswechsel 8, 83.
Bezirksausschuss 148.
Bezirksgerichte 166, 170.
Bezirkshauptmannschaften 164.
Bezirksschulräthe 161.
Bezirksvertretungen 148.
Biala 49, 77, 261, 262.
Biela 25.
Bielitz 48, 77, 106, 147, 259, 261, 327.
Bierproduction 265.
Bihar 51, 335.
Bihaž 29.
Bisenz 325.
Bistritz 79.
Bistritza 26, 331.
Blansko 325.
Blasendorf 285.
Blei 237.
Blinde 82.
Bludenz 29, 104, 319.
Bocche di Cattaro 22, 213, 316.
Bochnia 49, 77, 329.
Bodenbach 261.
Bodensee 22, 277.
Bodrog 24.
Böhmen 45, 53, 59, 73, 87, 90, 95, 98, 101,
    104, 110, 114, 115, 122, 127, 139, 143,
    167, 224, 236, 241, 254, 255, 256, 259,
    260, 262, 264, 265, 267, 279, 289,
    290, 321.

Böhmerwald 18, 321.
Böhmisch-Brod 98, 105.
Böhmisch-Leipa 46, 77.
Böhm.-mähr. Gebirge 17, 321.
Börsen 278.
Bösörmény 78.
Bolechow 167.
Bora 28.
Borgo 45, 104.
Borsod 51.
Borszczow 49.
Boskowitz 47.
Bozen 45, 76, 104, 147.
Brandeis 25.
Branntwein-Erzeugung 266.
Braunau 42, 46, 102.
Braunkohle 237, 240.
Brautleute, Alter und Civilstand der, 91.
Brazza 315.
Bregenz 45, 104.
Brenner 14.
Bries 79.
Brod 346.
Brody 76, 135.
Broos 51, 79.
Bruck a. d. Leitha 41.
Bruck a. d. Mur 43, 102.
Brunnberg 24.
Brünn 29, 47, 76, 105, 122, 127, 159, 163,
    165, 166, 256, 259, 261, 262, 266, 268,
    288, 294, 297, 325.
Brüx 77, 105, 165.
Brzesko 49.
Brzezan 77.
Brzozow 49.
Bšowka 25.
Buccari 135.
Buchdruckereien und lithographische An-
    stalten 267.
Buchscheiden 309.
Budapest 24, 127, 152, 159, 168, 169, 170, 171,
    256, 264, 266, 267, 268, 278, 291,
    293, 294, 337.
Budget für Oesterreich 173.
    — für Ungarn 173.
Budgetwirthschaft (österr.) von 1868—1873
    184.
    — (ungar.) von 1868—1874 192.
Budweis 25, 76.
Budweiser Ebene 321.
Bug 25.
Bukowina 49, 53, 59, 73, 87, 90, 95, 101.
    107, 110, 114, 115, 122, 127, 139, 143, 167,
    224, 254, 279, 289, 290, 331.
Bulgaren 61.
Burgstein 322.
Bürgermeister 165, 172.

C.

Cabinetskanzlei 157.
Canäle 277.
Capo d'Istria 44. 77.
Carlopago 135, 346.
Carlowitz 346.
Časlau 77.
Cattaro 29, 50, 107, 213, 288, 316.
Cavalese 104.
Cavallerie 211.
Central-Alpen 13.
Centralverwaltung in Oesterreich 160.
Český les 18.
Cilli 43, 103, 147.
Chemikalien 264.
Cherso 22, 77.
Chirurgische Lehranstalten 288.
Chlumetz 264.
Chotim 25.
Chrudim 77.
Chrudimka 25.
Chrzanow 49.
Cles 45, 104.
Comitate 171.
Comitats-Gerichstafeln 171.
Communalämter 164.
Communicationsmittel 272.
Concurse und Liquidationen 281.
Consolidirte Schuld 173, 198.
Cordon 347.
Cormons 77.
Croatien-Slavonien 51, 53, 65, 73, 92, 95,
    101, 114, 116, 122, 127, 148, 154, 170,
    171, 172, 236, 254, 343.
Croatisch-slavonisches Miuisterium 170.
Csaba 78.
Csanad 51.
Csegled 78.
Cserhát 19.
Csongrad 51, 78.
Curie, königl. 169.
Cultur 220.
Culturbilder 298.
Curzola 50.
Czernowitz 29, 49, 76, 107, 127, 164, 165,
    166, 287, 294, 332.
Czortkow 49.

D.

Dabrowa 49.
Dachstein 15.
Dačic 106.
Dallwitz 264.
Dalmatien 50, 53, 59, 73, 90, 95, 101, 107,
    110, 114, 115, 122, 127, 139, 143, 167,
    224, 236, 241, 254, 263, 279, 284, 289,
    290, 311.

Debreczin 78, 291, 338.
Debrecziner Haide 21.
Decret vom 20. Februar 1811 206.
Deés 79.
Delegationen 136.
Dernis 76, 315.
Dettva 79.
Deutsche 2, 4, 9, 57, 58, 98.
Deutsch-Landsberg 43.
Deutsch-Tirol 319.
Dévávanya 79.
Dichtigkeits-Inseln, positive und negative 39.
Diener 81.
Dinara 17.
Diplom vom 20. October 1860 129.
Dnjester 25, 277, 328.
Dobraš 16.
Dörfer 73.
Dolina 49.
Doloplas 325.
Donau 3, 23, 277, 290, 333, 334.
Donau-Dampfschifffahrt 277.
Donauregulirungs-Anlehen 174.
Donaureich 3.
Dornbirn 319.
Drave 24, 277, 306, 308, 343.
Dreifelder-Wirthschaft 230.
Dreiherrnspitze 14.
Dreisesselberg 18.
Drohobicz 76.
Dürres Thal 324.
Dukla 262.
Duna-Földvár 79.
Dunajec 25, 328.
Dwory 25.

E.

Ebensee 303.
Eger 25, 76, 98, 105, 321.
Eheliche Geburten 97.
Eheschliessungen zwischen Ledigen 89.
— von Verwitweten 89.
Eibiswald 307.
Einjährig-Freiwillige 216.
Eintheilungs-Schema der industriellen Er-
    zeugnisse 244, 245.
Ein- und Auswanderung 87.
Einwohnerzahl von Wien am 17. April
    1875 76.
Eipel 24.
Eisack 26.
Eisen 237.
Eisenbahnen 272.
Eisenburg 51.
Eisenindustrie 255.
Eisthalerspitze 19.
Elbe 24, 277, 321.

Elbebach 24.
Elbebrunnen 24.
Elbewiese 24.
Enns 24.
Entschädigungsrenten 199.
Eperjes 79, 291, 293, 338.
Erdharz und Petroleum 237.
Erhebung der Menge und des Werthes der
    industriellen Erzeugnisse 245.
Erlau 78, 285, 291, 338.
Erzgebirge 18, 321.
Esel 231.
Essegg 78, 277, 344.
Ethnologische und klimatische Einflüsse 116.
Etsch 26, 277.
Evangelische Kirche 285.
Ex- und Import in Baumwolle und Baum-
    wollwaaren 258,
— — in Edelmetallen 270,
— — in Flachs und Hanf etc., Garnen-,
    Leinen- und Hanfwaaren 262,
— — in Körnerfrüchten 228,
— — in Roh- und Hilfsstoffen und
    Fabricaten 252,
— — in Schafwollgarn und Schafwoll-
    waaren 260,
— — in Seide und Seidenwaaren 263,
— — in Stahl, Eisenwaaren, Maschinen
    u. Maschinenbestandtheilen, Eisen-
    bahnschienen und Waggons 257,
— — nach dem Werthe der 22 Zolltarifs-
    classen in den Jahren 1874, 1873,
    1872 271.
— — von Triest 276.

F.

Fabova 19.
Falkenau 98, 105.
Fatra 19.
Färberei und Druckerei 259.
Feistritz 24.
Feldbach 43.
Feldjäger-Bataillone 211.
Feldkirch 45, 104, 284, 319.
Felegyháza 78.
Felsö-Banya 79.
Festungshübel 24.
Fichtelgebirge 18, 321.
Finanzbezirksbehörden 162, 166.
— directionen 165, 170,
— inspectoren 165,
— landesbehörden 162. 166.
— landesdirectionen 165,
— ministerium, k. k. 161.
— — k. ung. 170.
— procuraturen 162, 166.
Fiume 29, 51, 52, 53, 73, 78, 127, 169, 170, 345.

Flachland 20.
Flachs und Hanf 261.
Flächeninhalt 10.
Flotten- (Marine-) Personal 213, 219.
Flüsse 23.
Föhn 28.
Förderungsmittel der materiellen Cultur 272.
Fogaras 248.
Folticzeny 332.
Forst-, Berg- und Handelsakademien 288.
Frankstadt 77.
Franzensbad 321.
Franzens-Canal 277.
Freie Districte 171.
Freistadt 42, 48, 102, 106, 327.
Freistädte, königl. 153, 171.
Freiwaldau 48, 77, 106, 261, 262, 327.
Freudenthal 48, 77, 106, 261, 327.
Friedeck 147.
Friedensstand des Landheeres 217.
Friedland 327.
Frisch-Roheisen 237.
Fruchtbarkeit, starke, mittlere, schwache 95.
Fruška-Gora 16, 344.
Fünfkirchen 78, 336.
Fuhrwesencorps 212.
Fuschel-See 22.

G.

Gabel 46.
Gablonz 45, 77, 261, 264, 322.
Gács 261.
Gail 24.
Galacz 277.
Galizien 48, 53, 59, 73, 87, 90, 95, 101, 106,
    110, 114, 115, 122, 127, 139, 143, 167,
    224, 236, 241, 254, 261, 265, 279, 289,
    290, 328.
Galizische Ebene 21.
Garda-See 22, 319.
Gastein 29.
Gaya 47, 99, 106.
Gebatsch-Ferner 14.
Geburten 94, 115
Geistige Cultur 282.
Geistliche 81.
Geld- und Credit-Institute 278.
Gelehrten-Gesellschaften 293.
Gemäldegalerien 294.
Gemeinde- und Bezirksverfassung 147.
Gemeinden und Municipien in Ungarn-
    Siebenbürgen 152.
Gemeindevorsteher 165
Gemeinsame Angelegenheiten 134.
— Budget für 1875 173, 175.
— Eisenbahnen 273.
— Ministerium 158.

Gemeinsamer oberster Rechnungshof 160.
Generalat 159.
General-Commanden 159.
General-Inspector des Heeres 158.
Genie- und Pionnier-Truppen 212.
Georgenthaler Ebene 21.
Gerichtshöfe 170.
Geringe Sterblichkeit 122.
Gerlsdorfer Spitze 19.
Gerste 223, 227.
Gesammtbevölkerung am 1. Januar 1875 36.
Gesammtproduction an Kohle 240.
Geschiedene 71.
Geschwornengerichte 166, 170.
Gesenke 18, 324.
Gesetz vom 2. April 1873 130.
Gesetze aus den Jahren 1722—23, 1741, 1790
    bis 1791, 1825—27, 1832—36, 1847—48,
    1865—67 (österr. - ungar. Ausgleich),
    1868 und 1873 130—133.
Gewässer 21.
Gewitter 28.
Giömbér 19.
Glätte 237.
Glas-Industrie 264.
Glatzer Randgebirge 18.
Gmunden 42, 77, 99, 102, 107, 304.
Gmundner See 277.
Göding 77.
Göllnitzbánya 79.
Görz 44, 76, 103, 143, 165, 167, 259, 263,
    284, 297, 312.
Gogu 20.
Gold 236, 237.
Goldene Bulle 130.
Golf von Fiume (Quarnero) 22.
— von Triest 22.
Gondján 20.
Goralen 330.
Gottschee 44, 103.
Gradisca 44, 99, 143, 165, 312.
Gran 24, 51, 79, 285.
Graslitz 46, 98, 257.
Gravosa 316.
Graz 29, 43, 76, 102, 122, 127, 159, 163, 165,
    267, 268, 284, 287, 288, 293, 297, 306.
Grazerfeld 21.
Gregorianische Armenier 63.
Grenzen, nationale 11.
— natürliche 11.
— politische 11.
— Sprachen- 11.
Grenzgebirge, nördl., südl., östl. 20.
Griechisch-orientalische Kirche 286.
Grintouz 19.
Grodek 77, 106.
Gross-Becskerek 78.

Gross-Enzersdorf 41, 102.
— -Glockner 14, 308.
— -Kaniža 79, 169.
— -Kikinda 51, 78.
— -Meseritsch 77, 261, 262, 325.
— -Wardein 78, 169, 291, 338.
Grotte von Adelsberg 17, 310.
— von Corgnale 17.
— Magdalenen- 17.
Grubenpreise der Kohle 241.
Grundentlastungs-Schuld 174, 200.
Grundmacht 1.
Grund und Boden 1, 5.
Grussbach 325.
Güns 79, 261.
Gumpoldskirchen 300.
Gurk 284.
Gurkfeld 44, 103.
Guss-Roheisen 237.
Gymnasien 288.
Gyöngyös 78.
Gyula 78.

H.

Hafen von Almissa 22.
— — Buccari 22.
— — Capo d'Istria 21.
— — Carlopago 22.
— — Fiume 22.
— — Gravosa 22,
— — Macarsca 22.
— — Pirano 21.
— — Pola 21.
— — Portorè 22.
— — Rabač 22.
— — Rovigno 21.
— — Spalato 22.
— — Trau 22.
— — Triest 21.
— — Volosca 22.
— — Zara 22.
— — Zengg 22.
Hafer 223, 227.
Hagel 28.
Haida 264, 322.
Hainsbuch 262.
Hajduken-District 51.
Hajdu-Nánás 78.
Hajdu-Ssoboszló 79.
Halas 78.
Hall 78.
Hallein 267, 305.
Hallstadt 303.
Hallstädter See 22.
Halycz 26.
Handelsministerium k. k. 162.
Handels- und Gewerbekammern 162.
Handelsverträge 250, 251.

Handel und Verkehr 269.
Hanna 21, 324,
Hargita 20.
Hartberg 43.
Hauptbilanz der Banken mit Ende 1872 280.
Hauscommunion 155, 348.
Haus der Abgeordneten 138.
Haus- und Rentenbesitzer 81.
Hegyallya 335.
— Gebirge 19.
Heidenschaft 259.
Heiligenblut 308.
Hennersdorf 327.
Herend 264.
Hermagor 43.
Hermannstadt 29, 78, 159, 169, 261, 291, 294, 342.
Hernad 24.
Hernals 41, 102.
Herrenhaus 138.
Herrnskretschen 24.
Heves 51.
Historischer Rückblick auf die Staatsschuld 203.
Hochschule für Bodencultur in Wien 162, 203.
Hodmező-Vásárhely 78.
Hof-Gastein 305.
Hofstaat 126.
Hohe Mense 321.
Hohenelbe 24, 29, 77.
Hohenems 319.
Hohenfurt 25.
Hohenmauth 77, 165.
Hohenstadt 47, 99, 106.
Hoher Kriván 19.
Hohe Tatra 19.
Holeschau 47.
Holz- und Flechtwaaren 267.
Honvéd 213.
Horn 41.
Horodenka 106.
Hotzenplotz 327.
Hrastnike 307.
Humwald 25.
Huzulen 330.

I.

Idria 167, 264, 311.
Iglau 47, 76, 105, 147, 261, 325.
Imoschi 50, 76, 107.
Industrial-Salz 237.
Industrie 242.
Industrie-Producte 243.
Infanterie 210.
Inn 24, 277.
Innerkrain 310.

Innsbruck 29, 45, 76, 104, 122, 127, 159, 163, 165, 166, 167, 287, 293, 294, 297.
Irrsinnige 82.
Ischl 77, 303, 304.
Iser 25.
Isergebirge 18, 321.
Isohyetose 28.
Isotherme 27.
Israeliten 63.
Israelitischer Cultus 287.
Istrien 135, 143, 165, 236, 241, 263, 312.
Ivanić 346.

J.

Jacubeni 332.
Jägerndorf 48, 77, 106, 261, 327.
Jahrestemperatur, mittlere 27.
Jaroslau 106.
Jaroslaw 76, 262.
Jaslo 19.
Jáss-Berény 78.
Jauerburg 311.
Jaworina 19.
Jičin 46, 77.
Joachimsthal 105, 322.
Joch, Arlberg- 15.
— Hirschbühel- 16.
— Katschberg- 15.
— Packalpe 15.
— Radl- 15.
— Radstätter Tauern 15.
— Rechenscheidck 15.
— Rottenmann-Tauern 15.
— Stilfser- 15.
— Wormser- 15.
Josefstadt 25.
Josefsthal 311.
Juden 58, 61.
Judenburg 43, 98, 102.
Jungbunzlau 77.
Justizministerium, k. k. 162.
— k. ung. 169.

K.

Kaaden 78.
Kärnten 43, 53, 59, 73, 87, 90, 95, 101, 103, 110, 114, 115, 122, 127, 139, 143, 167, 223, 236, 241, 255, 256, 261, 264, 265, 279, 289, 290, 308.
Kärntner Gurk 24.
Kahlengebirge 16, 299.
Kalkalpen, nördliche 15, 299.
— südliche 16.
Kalocsa 78, 285.
Kalte Moldau 25.
Kammnitz 25, 262.
Kampia 21, 341.
Kapella, grosse und kleine 17, 344.

Kapnik 336.
Karczag 78.
Karencs 19.
Karlovicz 79.
Karlsbad 77, 105, 262, 321.
Karlsburg 79.
Karolinenthal 46, 76.
Karpathen 18, 334.
Karst 17, 310, 312.
Kartoffeln 226.
Karwin 327.
Kaschau 78, 159, 169, 261, 267, 291, 337.
Katholische Kirche 283.
Kecskemet 78, 291.
Keilberg 18.
Kékes 19.
Kelemen 20.
Kemmelbach 319.
Kenty 262.
Kerzen und Seifen 265.
Keszthely 294.
Kimpolung 49, 107.
Kindersterblichkeit 111, 115.
Kirchdorf 42, 99, 102.
Kirchenwesen 282.
Kis-Ujszállás 79.
Kitzbüchel 29, 98, 104.
Kladno 77.
Klagenfurt 29, 43, 76, 103, 127, 164, 165, 166, 167, 261, 264, 293, 297, 309.
Klagenfurter Ebene 21.
Klattau 77, 261.
Klausenburg 78, 169, 291, 293, 342.
Kleine Elbe 25.
Klimatische Regionen 28.
Klimatische Verhältnisse 26.
Klösterle 264.
Klosterneuburg 77, 300.
Knin 50, 76.
Köflach 307.
Königgrätz 25, 46, 77, 98, 165, 257.
Königinhof 25, 46, 77.
Königsberg (Királyhegy, Kralovahora) 19.
Königsboden 153, 172, 343.
Körös 24.
Köröshegy 14.
Kővár 51.
Kokelburg 51.
Kollin 25, 77.
Kolomea 76.
Komarno 262.
Komorn 24, 79.
Korneuburg 41.
Kosmanos 259.
Kossow 49.
Kostainica 346.
Kotzmann 49, 107.

„Krach", der, dessen Vorgeschichte 278.
Krakau 25, 29, 48, 76, 106, 122, 147, 159, 167, 287, 288, 293, 294, 297, 330.
Krakowiaken 330.
Krain 44, 53, 59, 73, 87, 90, 95, 101, 103, 110, 114, 115, 122, 127, 139, 143, 167, 223, 236, 241, 255, 259, 261, 264, 265, 267, 279, 284, 289, 290, 310,
Krainburg 44, 103.
Krainer Gurk 24.
Krassó 51.
Kraszna 51.
Kreisgerichte 166.
Kremnitz 79, 336.
Krems 41, 77, 300.
Kremsier 47, 77, 106, 147.
Kretins 82, 306.
Kreuz 51.
Kriegshäfen 213.
Kriegsmarine 210, 218.
Kriegsstand des Landheeres 217.
Kriegswesen 210.
Krivàn Fatra 19.
Kromau 47.
Kronstadt 78, 261, 324.
Krumau 46, 77.
Küste, dalmatinische 22.
  — illyrische 21.
  — österreichische 21.
  — ungarisch-croatische 22.
Küstenland 44, 53, 59, 73, 87, 90, 95, 101, 103, 110, 114, 115, 122, 127, 139, 165, 167, 224, 236, 259, 279, 284, 289, 290, 312.
Kufstein 98, 104.
Kuhlärfdchen 21, 324.
Kulpa 24, 310.
Kun-Szt. Marton 79.
Kunstindustrie 268.
Kupfer 237.
Kupferstichsammlungen 294.
Kuttenberg 76.
Kuty 77.

L.

Laibach 24, 29, 44, 76, 103, 122, 127, 164, 165, 166, 293, 297, 311.
Laibacherfeld 21.
Lancut 49, 330.
Land 9.
Landeck 45.
Landes-Administration in Ungarn 171.
  — ausschuss 147.
  — cassen 166.
  — gerichte 166.
  — -Kunstrath 168.
  — -Regierung, königl. in Agram 170.
  — -Regierungen 164.
  — -Schützen 213.

Landes-Schulinspectoren 165.
— -Schulrath 161.
— -Unterrichtsrath 168.
— -Vertheidigungs - Ministerium , k. k.
169.
— — k. ung. 169.
— — -Truppen 213.
Landskron 46, 78.
Landsturm 216.
Landtage 142.
Landtag für Croatien und Slavonien 151.
Landwehr 213.
Landwirthschaftliche Production 225.
Lausitzer Plateau 18, 321.
Lavant 24, 284.
Leder 266.
Lederwaaren 267.
Ledige 71.
Lehrer 81.
— -Bildungsanstalten 288.
Leibnitz 43, 261.
Leibnitzerfeld 21.
Leipnik 78.
Leitha 24.
Leithagebirge 14.
Leitmeritz 25, 77, 321.
Leitomischl 77.
Lemberg 29, 48, 76, 106, 122, 127, 159, 163,
165, 166, 284, 287, 288, 293, 294,
297.
Leoben 43, 98, 102.
Leopoldsberg 16.
Lesina 29, 50, 107.
Lettowitz 262, 325.
Leutschau 79.
Liesing 264, 301.
Lietzen 103.
Lilienfeld 41, 99, 102.
Limanow 106.
Linz 24, 29, 42, 76, 102, 122, 127, 159, 163,
165, 166, 279, 293, 297, 303.
Lippitzbach 309.
Lissa hora 19.
Litaj 44, 103.
Literaten und Künstler 81.
Littau 47.
Lloyd, österr.-ungar. in Triest 276, 313.
Lölling 309.
Loitsch 44.
Lomnica 26.
Lomnitzer Gebirge 19.
Lotterie-Anlehen 208.
Lugos 79.
Lussin 99.
Lussin piccolo 22, 77, 256, 288, 314.
Luttenberg 43, 28, 103.
Luznic 25.

M.

Macarsca 50, 99, 107.
Mácocha 324.
Mähren 47, 53, 59, 73, 87, 90, 95, 98, .01,
105, 110, 114, 115, 122, 127, 139, 143,
167, 224, 236, 241, 254, 255, 259, 260,
262, 264, 265, 267, 279, 289, 290, 324.
Mährisch-Ostrau 77.
— -Trübau 47, 77, 106.
Märkte 73.
Magnatentafel 149.
Magyaren 57, 60.
Mahlproducte 266.
Mais 223, 226.
Maissau 300.
Makó 78.
Malserhaide 14.
Mangart 16, 310.
Mannhartsberg 300.
Marburg 43, 76, 103, 147, 306.
March 24, 300, 334.
Marchfeld 21, 300.
Margitta 20.
Maria-Theresiopel 78.
Marienbad 321.
Marmaros 50, 336.
Marmaros-Szigeth 291.
Maros, Fluss 24, 341.
— Stuhl 51, 336
— -Vasárhely 78, 170.
Martinsberg 285.
Maschinenbau 256.
Materielle Cultur 222.
Matra 19.
Maulthiere 231.
Mauthhausen 24.
Maximum der Sterblichkeit 109.
Mazuren 330.
Mediasch 51, 79, 261.
Meeraugen 23.
Melnik 25.
Meran 319.
Metau 25.
Mezö-Berény 79.
— -Havas 20.
— -Ség 21.
— -Tur 78.
Miava-Gruppe 19.
Militär-Commanden 159.
— -Intendanz 159.
— -Gerichtsbarkeit 160.
— grenze, croat.-slav. 52, 53, 65, 73, 92,
95, 101, 114, 116, 122, 148, 155, 171,
254, 345.
— -Kanzlei 157.
Millstädter See 22.

Minimum der Sterblichkeit 109.
Minister am a. h. Hoflager Sr. Majestät, k. ung. 171.
— aus Galizien, k. k. 163.
— ohne Portefeuille, k. k. 163.
Ministerium des Innern, k. k. 160.
— — k. ung. 168.
— des k. Hauses und des Aeussern 158.
— für Ackerbau, Gewerbe und Handel, k. ung. 168.
— für Cultus und Unterricht, k. k. 161.
— — k. ung. 168.
— für öffentliche Arbeiten und Communicationen, k. ung. 169.
Ministerrath 157.
Miskolcz 78.
Misteck 325.
Mistelbach 41, 102.
Mittelschulen 288, 291.
Mittel-Szolnok 51.
Mittlere Sterblichkeit 122.
Modern 79.
Mohácz 79.
Moldau 25, 277.
Moldautein 25.
Mondsee 22.
Monte Canin 16, 312.
Mortalität 94, 108.
Mühlbach 51, 79.
Münchengrätz 267.
Mur 24, 306.
Murau 43, 103.
Musikalische Instrumente 257.

N.

Nachtrags-Credit 178.
Nadworna 49.
Nagy-Banya 79, 330.
— -Karoly 78.
— -Körös 78.
— -Szalonta 79.
Nahrungsmittel 265.
Namiescht 261, 325.
Nanos 17.
Naszod 50.
Nations-Comes 172.
— -Universität, sächs. 153, 172.
Nativität 94.
Natürliche Grenze der Vermehrung 84.
— Verminderung 86.
— Zuwachs 83.
Naturwissenschaftliche Sammlungen 294.
Nautische Schulen 288.
Negoi 20.
Netto-Gebahrung, österr. 183.
Neuhaus 77.
Neuhurkenthal 322.

Neumarktl 311.
Neunkirchen 41, 102.
Neu-Sandez 77, 106.
Neusatz 78.
Neusiedlersee 22.
Neusohl 79, 336.
Neustadt a. d. Mettau 46.
Neustadt 106.
Neustädter Steinfeld 21, 299.
Neutitschein 47, 77.
Neutra 24, 51.
Nichtchristen und Confessionslose 61.
Nickel und Kobalt 237.
Niedere Tatra 19.
Niederösterreich 40, 53, 59, 73, 86, 90, 95, 99, 101, 102, 110, 114, 115, 122, 127, 139, 143, 165, 223, 241, 254, 255, 256, 258, 264, 265, 267, 277, 279, 284, 289, 290, 299.
Niederschläge 27.
Nikolsburg 47, 77.
Nona 77.
Norische Alpen 14.
Nos 26.
Nyir-Egyháza 78.

O.

O-Bécse 78.
Oberalm 305.
Ober-Bürgermeister 171.
— -Capitän 171.
— -Gespan 171.
— -Hollabrunn 41, 102.
— -Königsrichter 171.
— -Krain 310.
— -Krainer Becken 21.
— -Landesgerichte 166.
Oberösterreich 42, 53, 59, 73, 86, 90, 95, 99, 101, 102, 110, 114, 115, 122, 127, 139, 143, 167, 223, 236, 254, 255, 256, 258, 264, 265, 267, 279, 289, 290, 303.
Oberster Gerichtshof 166.
— Rechnungshof 163.
— Verwaltung 157.
Obrovazza 77.
Odrau 261.
Oedenburg 51, 78, 169, 261, 293.
Oesterreich („Cisleithanien") 40, 53, 59, 61, 67, 70, 72, 75, 81, 90, 96, 100, 114, 119, 122, 127, 128, 138, 156, 214, 223, 232, 236, 241, 254, 266, 277, 281, 284, 285, 286, 292.
Oesterreichisches Budget für 1875 179.
— Eisenbahnen 273.
Oetscher 15.
Oetzthaler Ferner 14.
Ofen 29, 78, 175, 257.

Olmütz 47, 76, 105, 147, 284, 293, 297.
Oravizza 336.
Orden 126.
Orientalische Griechen 63.
Orosháza 78.
Ortles 13, 318.
Orts-Schulräthe 161, 165.
Ossero 22.
Ossiacher See 22.
Ostroski-Gruppe 19.

P.

Pancsova 78, 346.
Pápa 78, 291.
Papier-Industrie 267.
— -Rente 173.
Pardubitz 24, 77.
Parenzo 77, 103.
Pass, der gold. Bistritz 20.
— des Pellegrino 17.
— Bocza 20.
— Borgo 20.
— Bregenzer Klause 16.
— Brenner- 15, 320.
— Brianer Klause 15.
— Bucsin 20.
— Dobschan- 20.
— Ehrenklause 16.
— Eisernes Thor 321.
— Finstermünz- 15.
— Flitscher Klause 17, 312.
— Gscheid 16.
— Gymes- 341.
— Hochthor 15.
— Jablunka- 20, 326.
— Jauffen- 15.
— Kaisertauern 15.
— Klamm 15.
— Krimmlertauern 15.
— Lienzer- 15.
— Loibl 17.
— Luegg 16.
— Malnitzer Tauern 15.
— Mandling- 15.
— Ölyved 20.
— Ojtos- 341.
— Olahfalva 20.
— Pohorella- 20.
— Polhora- 20.
— Polnischer Kamm 20.
— Predil 17, 312.
— Predjal- 20.
— Punoo- 20.
— Pyrhn 16.
— Rodna 20, 341.
— Romul 20.
— Rothenthurm- 341.

Pass Scharnitz 16.
— Seeberg 16.
— Semmering 16.
— Szkopa 20.
— Tichaer 20.
— Tirschenreiter Einsenkung 18.
— Törzburger 20, 341.
— Velbertauern 15.
— Vulkan- 20, 341.
— Zagyàrer 20.
— über die Wurzen 17.
— von Belény 20.
— — Bleiberg 17.
— — Covelo 17.
— — Delatyn 20.
— — Dukla 20.
— — Eisenstein 18.
— — Felek 20.
— — Felvincz 20.
— — Hohenelbe 18.
— — Királyhagó 20.
— — Malborghet 17.
— — Neugedein 18.
— — Neumarkt 18.
— — Neuwelt 18.
— — Peutelstein 17.
— — Philippsreit 18.
— — Ponteba 17.
— — Posubio 17.
— — Trautenau 18.
— — Verecske 20.
— — Waldmünchen 18.
Passau 24.
Passeier 26.
Pasterze 308.
Patent vom 1. August 1804 129.
Pécska 78.
Perg 42.
Periodische Presse 295.
Personen ohne bestimmten Erwerb 81.
Pest 51, 78, 175.
Peterwardein 24, 346.
Petrinia 346.
Pettau 43, 98, 103.
Pettauerfeld 21.
Pferde 231, 232.
Pietrosz 20.
Pietroszul 20.
Pilsen 76.
Pinzgau 305.
Pionnier-Regiment 212.
Pirano 76.
Pirkenhammer 264.
Pisek 77, 261.
Pisino 76.
Placetum regium 157.
Plan 105.

Plattensee 22, 277, 335.
Plöckenstein 18.
Podgorce 25.
Podhajce 106.
Podhorce 26.
Pola 44, 103, 213, 256, 314.
Polen 330.
Polnisch-Ostrau 327.
Polyána 19.
Polzen 25.
Pongau 305.
Poprad 25, 328, 335.
Population de droit 31, 67.
— de fait 31, 67.
Portorè 135.
Porzellan 264.
Posega 51.
Post-Directionen 162, 166, 168.
Post- und Telegraphenwesen 277.
Poszoritta 332.
Prag 25, 29, 45, 76, 104, 122, 127, 159, 163, 165, 166, 167, 256, 257, 264, 266, 267, 268, 278, 284, 287, 288, 293, 294, 297, 323.
Pragmatische Sanction 128.
Predilsenkung 16.
Prerau 77.
Pressburg 24, 51, 78, 159, 168, 267, 291, 293, 294, 337.
Pressburger Karpathen 19.
Prevali 77, 309.
Primiero 98, 104.
Productiver u. unproductiver Boden 222, 223.
Prohibitivsystem 249, 251.
Prossnitz 47, 76, 325.
Protestanten 63.
Provinzialverwaltung in Oesterreich 163.
Pruth 24, 331.
Przemysl 49, 76, 106, 262.
Przibram 98, 105, 167, 322.

Q.

Quarnerische Inseln 22, 135.
Quecksilber 237.

R.

Raab, Comitat 51.
— Fluss 24.
— Stadt 78, 291.
Radautz 49, 77, 107, 332.
Radkersburg 43.
Radmannsdorf 44, 103.
Radoboj 344.
Radstädter Tauern 14.
Radymno 262,
Ragusa 29, 50, 77, 107, 213, 288, 316.
Rakonitz 98.

Rann 98, 103.
Rauris 305.
Raxalpe 14.
Real-Gymnasien 288.
— -Schulen 288.
Rechnungsabschluss, österr., für 1873 182.
Rechtsanwälte und Notare 81.
Regimenter, Grenz- 52.
Reich der Contraste 2.
Reichenberg 45, 76, 105, 147, 256, 259, 261, 262, 322.
Reichs-Centralcassa 160.
— -Finanzministerium 160.
— -Gericht 166.
— -Kriegsministerium 158.
Reichsrath 138.
Reichstag 148.
Reiskofel 16.
Repräsentantentafel 150.
Retyezat 20.
Retz 300.
Reussmarkt 50.
Reutte 104.
Revier-Bergämter 167.
Rhätische Alpen 14.
Ried 42, 102.
Riesengebirge 18, 321.
Rinder 231, 232
Riva 45, 78, 104.
Robot-Wirthschaft 230.
Rodgründe- u. Remanentienobligationen 202.
Römerstadt 47, 99, 106.
Römisch-Katholiken 63.
Roggen 223, 227.
Roheisen (Production und Consumtion) 237.
Rohproducte 243.
Rohrbach 42.
Romanen 2, 4, 9, 57, 60.
Ropathal 262.
Rosalienberg 14,
Rottenmann-Tauern 14.
Roveredo 29, 45, 77, 104, 147.
Rovigno 76, 147.
Rozwadow 25.
Rudolfswerth 44, 103.
Rübenzucker 265.
Rumburg 29, 45, 77, 262, 322.
Rzeszow 49, 77, 262.

S.

Saaz 77, 98, 105, 321.
Sächsisch-Regen 79.
Salzach 24.
Salzburg 29, 42, 53, 73, 76, 86, 90, 101, 102, 110, 114, 115, 122, 127, 139, 143, 164, 165, 166, 167, 223, 236, 264, 265, 267, 279, 284, 289, 290, 293, 294, 297, 304.

Salinenscheine 197.
Salurn 26.
Sambor 26, 76.
San 25.
Sandomir 25.
Sanitäts-Truppen 212.
Sár 24.
Sárospatak 291, 293.
Sárviz-Canal 277.
Sava 311.
Save 24, 277, 310, 343.
Sazawa 25.
Scardona 77.
Schärding 42, 102.
Schässburg 51, 79, 261, 342.
Schafe 231, 232.
Schafberg 15.
Schafwoll-Industrie 259.
Scheibbs 41, 99, 102.
Schemnitz 78, 336.
Schiffahrt 276.
Schlaggenwald 264.
Schlan 77.
Schlern 16.
Schlesien 47, 53, 59, 73, 87, 90, 95, 101, 106,
    110, 114, 115, 122, 127, 139, 143, 165,
    167, 224, 236, 241, 254, 255, 259, 260,
    262, 264, 265, 267, 279, 284, 289, 290,
    326.
Schluckenau 45.
Schmöllnitz 336.
Schneeberg 15.
Schneekoppe 18, 29.
Schönbach im Erzgebirge 257.
Schönberg 47, 77, 99, 106, 262, 325.
Schönlinde 77, 262.
Schüttenhofen 77.
Schulbezirke 165.
Schulpflichtige und Schulbesuchende 290.
Schulwesen 287.
Schutzzollsystem 249, 251.
Schwarzwasser 25.
Schwaz 98, 104.
Schwebende Schuld, allgemeine 197.
   — — österr. 173.
   — — ungar. 175, 199.
Schwechat 301.
Schwefel 237.
Schweine 231, 233.
Schwimmendes Flottenmaterial 212, 218.
Sebenico 50, 76, 107, 213.
Sechshaus 41, 102.
Seckau 284.
Seebehörde in Fiume 168.
   — in Triest 162, 166.
Seen 22.
Seesalze 237.

Seiden-Industrie 263.
Selowitz 325.
Semil 46.
Semlin 24, 79, 343, 346.
Senftenberg 46, 261.
Septemviraltafel, königl. in Agram 171.
Septimer-Kette 14.
Sered 26.
Sereth, Fluss 24, 331.
   — Stadt 49, 77, 107.
Sessana 44, 99.
Sexual-Verhältniss 54.
Siebenbürger Hochland 20, 334, 341.
Sign 50, 76, 315.
Silber 236, 237.
Silber-Anlehen 208.
   — -Rente 173.
Simonka 19.
Sirocco 28.
Sissek 277.
Skalitz 79, 261.
Skotschau 25.
Skupschtina 154.
Slaven 2, 4, 9, 57, 59.
Smichow 46, 76.
Snjatin 49, 77, 106.
Spalato 50, 76, 107, 288, 316.
Special-Lehranstalten 289.
Spieglitzer Schneeberg 18.
Spinnerei 259.
Spital 43, 77, 103.
St. Johann 42, 102.
St. Pölten 41. 77.
St. Veit 43, 103.
St. Wolfgang-See 22.
Staats-Finanzwesen 173.
   — form 125.
   — grundgesetze 128.
   — — vom 21. December 1867 130.
   — -Oberhaupt 125.
   — -Organismus 125.
   — -Rechnungshof, k. 171.
   — -Schulden 196.
Stadtgerichte 171.
Städte 73.
Stagno 77.
Stanislau 49, 76.
Starkenbach 46, 262.
Statthaltereien 163.
Stehendes Heer 210.
Stein 24, 44.
Steingut-, Terralith- und Siderolithwaaren
    264.
Steinkohle 237, 240.
Steinsalz 237.
Steinschönau 264, 322.
Steier 24.

Steiermark 43, 53, 59, 73, 86, 90, 95, 98, 101, 102, 110, 114, 115, 122, 127, 139, 143, 165, 167, 223, 236, 241, 254, 255, 256, 259, 261, 265, 267, 279, 289, 290, 306.
Sterbefälle, Zahl der 114, 115.
Sterblichkeit im Allgemeinen 107.
— nach Alter und Geschlecht 110.
— nach Beschäftigung, Stand und Beruf 123.
Sternberg 47, 76, 262, 325.
Steuer-Aemter 162, 165, 170.
— -Anlehen 209.
— -Inspectoren 162, 165.
Steyer 42, 76, 102, 147, 256, 303.
Stockerau 77.
Storozynec 49, 107.
Stou 16.
Strakonitz 77, 105.
Strudel 23.
Stry 26, 77.
Stubei-Ferner 14.
Studirende 81.
Stühle 171.
Stuhlrichterämter 171.
Stuhlweissenburg 78, 277.
Suczawa 49, 77, 107, 331, 322.
Sudeten 18.
Sudsalz 237.
Sulzbacher Venediger 14.
Sumava 18.
Syrmien 51, 344.
Szamos 24, 341.
— -Ujvár 79.
Szarvas 78.
Szegedin 29, 78, 338.
Szegszard 79, 277.
Szekler 57, 342.
Szentes 78.
Szöreny 51.
Szolnok 78, 338.

T.

Tabak-Production 265.
Tabor 77.
Tachau 105.
Tafelfichte 18.
Tafeln, kön. 169.
Tageslänge 10.
Tamsweg 42, 102.
Tarnopol 29, 76, 262.
Tarnow 49, 76, 262.
Tarnowaner Wald 17.
Tatra 19.
Taubstumme 82.
Taus 262.
Technische Hochschulen 288.
Telegraphen-Directionen 162, 166, 169.

Teltsch 261, 325.
Temes 24.
Temesvár 29, 78, 159, 169, 338, 346.
Teplitz 321.
Terracottawaaren 264.
Teschen 29, 48, 77, 106, 261, 284, 327.
Tetschen 46, 165.
Textil-Industrie 257.
Thaja 24, 300, 324.
Thal der Alm 16.
— — Arsa 17.
— — Bielach 16.
— — Cettina 17.
— — Eger 18.
— — Elbe 18.
— — Enns 16.
— — Erlaf 16.
— — Feistritz 17.
— — Gosau 16,
— — Idrizza 17.
— — Ips 16.
— — Iser 18.
— — Kanker 17.
— — Krka 17.
— — Kulpa 17.
— — Laibach 17.
— — March, ober., 18.
— — Moldau 18.
— — Narenta 17.
— — Oder, ober 18, 324.
— — Oppa 18.
— — Salzach 16.
— — Save 17.
— — Steier 16.
— — Traisen 16.
— — Traun 16.
— — Wohein 17.
— — Zermagna 17.
— — Zeyer 17.
— des Isonzo 17.
— — Quieto 17.
— Abtei- 16.
— Ampezzo- 17.
— Arl- 17.
— Bregenzer 16.
— Brixen- 15.
— Canal- 17.
— Eisack- 15.
— Enns- 15.
— Etsch-, ober. 15.
— Fleinser- 16.
— Flitscher Boden 17.
— Fusch- 15.
— Gail- 17, 308.
— Gastein- 15.
— Glan- 15.
— Grödner- 16.

Thal Gurk- 15, 3o8.
— Iller- 16.
— Inn- 15.
— Isel- 15.
— Judicarien 15.
— Kloster- 15.
— Lavant- 15, 3o8.
— Lech- 16.
— Liesing- 15.
— Möll- 15, 3o8.
— Montavon- 15.
— Mürz- 15.
— Mur- 15.
— Nauders- 15.
— Oetz- 15.
— Passeier- 15.
— Puster- 15, 319.
— Raab-, ober 15.
— Rauris- 15.
— San- 17.
— Stanser- 15.
— Stubai- 15.
— Sulzbach- 17.
— Taufers- 15.
— Trafoith 15.
— Val Sugana 16.
— Wipp- 15.
— Ziller- 15, 319.
Thalenge am Rothenthurm 20.
— bei Rakos 20.
— Bodzaer 20.
— der Körös 20.
— — Maros 20.
— des Alt 20.
— — Schirl 20.
— Lissa- 20.
— von Békás 20.
— — Gyimes 20.
— — Karansébes 20.
— — Ojtoz 20.
— — Tölgyes 20.
Theiss 24, 277, 333, 334.
Theologische Lehranstalten 288.
Thonwaaren-Industrie 264.
Thurocz 24.
Tione 104.
Tirol und Vorarlberg 45, 53, 59, 73, 87, 90,
   96, 98, 101, 104, 110, 114, 115, 122, 127,
   139, 143, 165, 167, 214, 224, 236, 241,
   254, 258, 261, 265, 267, 279, 284, 289,
   290, 318.
Tiroler Jäger-Regiment 211.
Tlumacz 33o.
Todtgeborene 110.
Török-Szt. Miklos 78.
Tolna 51.
Torda 79.

Tokaj 277.
Trau 76.
Traun 24.
— (Gmundner)-See 22.
Trautenau 46, 77, 165.
Trauungen 87, 115.
Trebitsch 77, 106, 261, 325.
Trencsin 51.
Trient 26, 29, 45, 76, 104, 147, 164.
Triest 29, 44, 76, 103, 122, 127, 135, 143, 159,
   163, 165, 166, 264, 267, 276, 278, 293,
   297, 312.
Triglav 16, 310, 312.
Troppau 29, 48, 76, 106, 127, 164, 165, 166,
   261, 294, 297, 327.
Truppenkörper der Landwehr 214.
Tschernembl 44.
Tschitscher Boden 17.
Türnitz 264.
Tulnerfrld 21, 3oo.
Tur-Keve 79.
Turnau 322.
Tyrnau 79, 285.

U.

Uebergang von Eibenstock 18.
— — Friedland 18.
— — Gabel 18.
— — Georgenthal 18.
— — Gottesgab 18.
— — Hof 18.
— — Karlsbrunn 18.
— — Mittelwalde 18.
— — Nachod 18.
— — Nollendorf 18.
— — Pressnitz 18.
— — Spieglitz 18.
— — Spornhau 18.
Uebergrosse Sterblichkeit 122.
Uebermass von Geburten 95.
Uebervölkerung, relative und absolute 39.
Ugocsa 51.
Uhrmacherei 257.
Unbehob. Zinsen, Renten u. Zahlungen 199.
Uneheliche Geburten 97.
Ungar.-Brod 99, 106.
— Budget für 1875 188.
— Eisenbahnen 274.
— -Hradisch 47, 99, 147.
— -siebenb. Grenzgebirge 20.
— Staatsschuld 174, 200.
— Tiefebene, grosse und kleine 20, 21, 333.
— -Weissenburg 51, 79.
Ungarn-Siebenbürgen 5o, 53, 59, 64, 67, 70,
   73, 81, 92, 95, 97, 100, 114, 115, 117,
   122, 127, 130, 148, 152, 156, 171, 215,
   223, 225, 232, 237, 254, 261, 264, 266,
   277, 281, 285, 286, 290, 293, 333, 340.

Unghvár 79.
Unificirung (Convertirung) der Staatsschuld
209.
Unitarier 64.
Unitarische Kirche 286.
Universitäten 287, 291.
Unna 24.
Unter-Krain 310.
Untersberg 305.
Urproduction 222.

V.

Vedretta Marmolata 16.
Veglia 22, 77.
Veldes-See 22, 310.
Velebic 17.
Verbesserte Landwirthschaft 230.
Verdoppelungs-Periode 85.
Verfassung 125.
— vom 26. Februar 1861 130.
Vergleichung der gemeinsamen Budgets für
1875, 1874, 1873 177.
— der österr. Budgets für 1875, 1874,
1873 181.
— der ungar. Budgets für 1875, 1874,
1873 191.
Verhältniss des Staates zu den Religions-
genossenschaften 155.
Verheiratete 71.
Verkehr zu Lande 271.
— zur See 271.
Verkehrsverhältnisse der österr. - ungar.
Eisenbahnen 275.
Verlicca 77.
Veröcse (Virovitz) 51.
Vertheilung der Bevölkerung nach Alters-
classen 65.
— — nach dem Civilstande 69.
— — nach Geschlechtern 52.
— — nach dem Glaubensbekenntnisse 61.
— — nach der Nationalität 55.
Vertretungskörper in Oesterreich 136.
Verwaltung 157.
Verwitwete 71.
Veszprim 79.
Vice-Gespan 172.
Viehzucht 230.
Vie moyenne 113.
Vie propable 113.
Viktring 261.
Villach 43, 103.
Villacher Alpe 16.
Virilstimmen 143.
Vöcklabruck 42.
Völkermarkt 43, 103.
Vöröspatak 342.
Volksschulen 289, 291.

Vöslau 300.
Vosca 103.

W.

Waag 24.
Wadowice 49.
Wählerclassen 144.
Wälder 223.
Wälsch-Tirol 319.
Wagstadt 261.
Waidhofen a. d. Thaya 41.
— a. d. Ybbs 41, 147, 256.
Waitzen 78.
Walachen 342.
Walachisch-Meseritsch 106.
Wappen 126.
Warasdin 51, 79.
Warme Moldau 25.
Warnsdorf 76, 165, 262.
Watzmann 15.
Weberei 259.
Wechsel 14, 299.
Weichsel 25, 277, 328.
Weiden 223.
Weinland 223.
Weinzehent - Ablösungs - Obligationen 174,
202.
Weisse Wiese 24.
Weisses Gebirge 19.
Weisskirchen 47, 79, 346.
Weisswasser 24.
Weiz 43.
Weizen 223.
Wels 42, 77, 303.
Welser Ebene 21, 303.
Wenzelstein 24.
Werchowina 328.
Werschetz 78.
Wieliczka 49, 77, 329.
Wien 24, 29, 41, 76, 102, 122, 127, 159, 163,
165, 166, 167, 256, 257, 261, 264, 266,
267, 268, 278, 284, 287, 288, 293, 294,
297, 301.
Wiener-Neustadt 41, 76, 102, 147, 301.
Wiener-Neustädter-Canal 277.
Wiener Wald 16, 299.
Wiesen 223.
Wildbad-Gastein 305.
Winde 28.
Windische Bücheln 14.
Windischgratz 103.
Wirbel 24.
Wirkungskreis des Reichsrathes 140.
Wirthschaftliche Einflüsse 120.
Wischau 47, 106.
Wisloka 25.
Wissenschaft und Kunst 292

Wissenschaftliche Instrumente 257.
— und Kunstsammlungen 293.
Wisznitz 49, 107.
Witkowitz 325.
Witti-igau 77.
Wittingauer Ebene 21, 321.
Wörther See 22, 277.
Woheiner See 22, 310.
Wohnsitze der Bevölkerung 71.
Wolfsberg 43, 103, 264, 309.
Wolfsegg 303.
Wolleproduction 234.
Wotawa 25.
Wrdnik-Gebirge 16, 344.
Würbenthal 262.

Z.

Zagyva 24.
Zahl der Geburten 96, 97.
Zala 51, 335.
Zalatna 342.
Zaleszczyk 26, 49, 106.
Zara 50, 76, 107, 127, 159, 164, 165, 166, 284, 297, 316.
Zaraud 51.
Zbaraz 106.
Zeitdifferenz 10.

Zell am See 42, 102.
Zellsee 22.
Zengg 135. 346.
Zenta 78.
Ziegelbrennereien 264.
Ziegen 231.
Zigeuner 61.
Zillenmarkt 79.
Zink 237.
Zinn 237.
Zirkniz-See 22.
Ztoczow 77.
Znaim 47, 77, 105, 147.
Zöptau 325.
Zoll-Aemter, Haupt- und Neben 165, 170.
— -Ausschlüsse 135.
— und Handels - Bündniss zwischen Oesterreich und Ungarn 135.
— und Handelspolitik 248.
Zombor 78.
Zuckmantel 262, 327.
Zündwaaren 265.
Zwettl 41.
Zwittau 77, 261, 325.
Zydaczow 26.